HITLERS WELT

GUIDO KNOPP
MIT MARIO SPORN

HITLERS WELT

EDEL
BOOKS

INHALT

VORWORT

Dieses Buch ist gleichsam eine Quintessenz meiner Arbeit über die NS-Zeit – im Fernsehen ebenso wie in all den Publikationen, die ich in den Jahren 1995 bis 2010 veröffentlicht habe.

Es begann im Jahre 1989 mit dem hundertsten Geburtstag jenes Mannes, dessen Wirken Thema dieses Buches ist. Alle Welt machte Dokumentationen über Hitler, die BBC mit ihrer weltweiten Verbreitung eine zweistündige Serie, und auch die ARD ließ sich nicht lumpen. Ich wurde vorwurfsvoll gefragt: Warum machen Sie denn nichts? Ich ging ins *heute journal* des ZDF und begründete meine Weigerung: Ein Film zum hundertsten Geburtstag eines Massenmörders, sagte ich, beleidige seine Opfer. Wenn schon Beschäftigung mit Hitler, sagte ich, dann allenfalls zum Jahrestag des Krieges, den er ausgelöst hat. Ich erklärte weiterhin: Wenn wir uns schon mit dem sogenannten »Dritten Reich« beschäftigen, dann machen wir es systematisch, analog zu einer Pyramide. Wir beginnen mit dem Herrscher, dem Tyrannen an der Spitze, und erörtern filmisch die verschiedenen Aspekte seiner Herrschaft. Dann gehen wir auf die zweite Stufe, auf die Ebene der Helfer und Träger des Systems: Hitlers Helfer, Krieger, Täter. Und am Ende widmen wir uns dem Fundament, den Organisationen, in denen viele Menschen dem System gedient haben: SS und Wehrmacht. Hierzu gehören dann auch die mörderischen Konsequenzen, der Holokaust, aber auch der Vernichtungskrieg im Osten und die Vertreibung der deutschen Bevölkerung.

So geschah es. Es begann im Jahre 1995, zum 50. Jahrestag der Kapitulation, und es endete 2010. All die Filme und dazu veröffentlichten Bücher fanden weltweit große Resonanz – in über 50 Sprachen und in bislang 140 Ländern. Es schien, als ob die Welt geradezu darauf gewartet hätte, dass eine ernsthafte Beschäftigung mit *Hitlers Welt* aus Deutschland kommen musste.

Was ist das Fazit aus all dem? Allzu viele haben damals weggesehen. Allzu viele wussten sicherlich genug, um ganz genau zu wissen, dass sie nicht mehr wissen wollten. Wir, die nach dem Krieg Geborenen, sind für all das nicht verantwortlich zu machen. Aber wir sind umso mehr verantwortlich für das Erinnern, gegen das Vergessen und Verdrängen. Keine Kollektivschuld, aber Kollektiv-Verantwortung.

Ich danke dem Verlag, der sich die Mühe machte, aus meinen diversen früheren Werken die Ausschnittrechte zu erwerben. Und ich danke Mario Sporn, der daraus eine Schneise durch den Dschungel der Geschichte schlagen konnte. Dieses Buch ist auch sein Buch.

HITLERS LEBEN

DIE GROSSE LEERE

Das Privatleben dieses Mannes war belanglos, arm. Alles, was ein Menschenleben ausmacht, was es adelt, fehlte: Bildung, Freundschaft, Liebe, Ehe. Zwar hat er ungeheuer viel gelesen, ja verschlungen, Militärisches besonders. Aber was nicht in sein Weltbild passte, nahm er nicht wahr. Hitler war der geborene Narziss. Nur was ihn interessierte, das galt. Was ihn vor allem ausmachte, ist das Absolute und zugleich Verhuschte seines Wesens – die forcierte Form, mit der er frühere Misserfolge kompensierte. Die Fähigkeit zum konstruktiven Dialog mit anderen besaß er nicht. Widerspruch ertrug er anfangs kaum, am Ende gar nicht mehr. Sein Wesen war früh festgelegt, blieb starr. Der monomane Wüterich der späten Kriegsjahre, der seine Generale anschrie, weil sie seinen Idiotien widerstrebten, war derselbe Mensch, der als Junge von seinem Vater gebrochen wurde. Als Junge hatte er sein Selbstvertrauen verloren. Als Mann lief er ihm hinterher. Er brauchte Erfolge, zunächst nur den Beifall der Massen, dann die Süße der Macht, am Ende den Rausch, Millionen Tote verursacht zu haben. Er war ein kranker Schweinehund, der seine Frustrationen kompensierte und dafür ein ganzes Volk missbrauchte.

München, September 1930: »Diese Leute dürfen nicht wissen, wer ich bin, sie dürfen nicht wissen, woher ich komme und aus welcher Familie ich stamme!« Adolf Hitler fürchtete in der Stunde seines ersten großen Erfolges unangenehme Enthüllungen. Bei den Reichstagswahlen war seine Partei gerade zur zweitstärksten Fraktion im deutschen Parlament aufgestiegen – ganz Deutschland wollte nun mehr über den Führer der NSDAP wissen. Doch um sein Privatleben hatte Hitler bislang konsequent den Mantel des Schweigens gehüllt – der Nimbus des Propheten, der aus dem Nichts in die Geschichte getreten war und sich nun anschickte, Deutschland umzuwälzen, musste um jeden Preis verteidigt werden. Eben diese Fassade schien im Herbst 1930 zu bröckeln, der Mythos ins Wanken zu geraten. Je mehr der Agitator des Rassenwahns ins Rampenlicht trat, umso mehr fragten NS-Gegner nach der Herkunft des politischen Aufsteigers. Hitler bekam zu spüren, dass er im Glashaus saß. »Dieser junge Londoner Büroangestellte, William Patrick Hitler, ist ein Neffe von Adolf Hitler, dem neuen politischen Führer in

Deutschland.« Jene Zeilen in der britischen Presse sorgten im NS-Hauptquartier für Beunruhigung. Der Diktator im Wartestand musste mit Enthüllungen rechnen. Hitler bestellte den Neffen aus England eilends nach München, um ihn und seinen ebenfalls herbeizitierten Vater, Hitlers Halbbruder Alois, zur Raison zu bringen. Mit 2000 Dollar Schweigegeld im Handgepäck reiste die lästige Verwandtschaft ab, nicht ohne vorher das Versprechen gegeben zu haben, das Verwandtschaftsverhältnis künftig zu leugnen.

Nach seiner »Machtergreifung« im Januar 1933 fiel es dem NS-Diktator leichter zu diktieren, was sein Volk wissen durfte und was nicht. Das Buch *Mein Kampf*, ein paar zensierte Biografien und Zigarettenbilderalben mit Klebebildern gaben die offizielle Lesart wieder: Die Mär von armer Leute Kind, von harter Jugend, früher Berufung und entsagungsvollem Aufstieg. Wie oft sind diese Fragen schon gestellt worden: Wo liegt der Ursprung der bösen Tat? Wie wuchs das »Schlangenei« des späteren Tyrannen? Was machte ihm zum Hasser nicht nur aller Juden, sondern aller Menschen, die nicht seinem wahnverzerrten Weltbild entsprachen? Wie kam es zur Metamorphose vom gescheiterten Künstler zum Massenmörder? Der NS-Diktator hat versucht, die Spuren zu verwischen, die Forschung hat viel getan, um ihm den Triumph nicht zu gönnen.

> »Kaum eine Erscheinung der Geschichte hat sich so gewaltsam, mit so pedantisch anmutender Konsequenz stilisiert und unauffindbar gemacht.«
>
> *Joachim Fest, Hitler-Biograf*

Über seiner Familiengeschichte lag der Schatten einer ungeklärten Herkunft; auch Spekulationen über Inzest und Polygamie machten die Runde. Hitler wurde als viertes Kind nach dem Tod dreier älterer Geschwister geboren; von den beiden Jüngeren überlebte nur seine Schwester Paula – sie sollte auf Hitlers Geheiß ihren Namen ändern. Seine Familie hatte seit Generationen im Waldviertel, einer armen, hügeligen und waldreichen Gegend im nordwestlichen Zipfel Niederösterreichs gelebt. Hitler, Hiedler, Hüttler – im 19. Jahrhunderte variierten die Schreibweisen von Namen. Im Waldviertel hieß Hüttler nichts anderes als »Kleinbauer«. Die Tochter eines dieser Kleinbauern, Anna Maria Schicklgruber, bekam 1837 ein uneheliches Kind von einem nicht näher bekannten Mann. Das Kind wurde im nahegelegenen Döllersheim auf den Namen Alois Schicklgruber getauft. Fünf Jahre später heiratete Anna Maria den Müllergesellen Johann Georg Hiedler. Das uneheliche Kind wuchs bei einem Bruder Hiedlers auf, dem Bauern Nepomuk Hiedler, der den jungen Alois nach dem Tode von Mutter und Stiefvater de facto adoptierte. Im Jahre 1876 veranlassten Nepomuk und Alois beim Gemeindepfarrer von Döllersheim eine Namensänderung: Aus Alois Schicklgruber sollte Alois Hiedler werden. Der Vermerk »unehelich« wurde gestrichen, in die Spalte »Vater« trug der wohl etwas schwerhörige Pfarrer den Namen Johann Georg Hitler ein. Damit kam der Mann, der Anna Maria Schicklgruber geheiratet hatte, etliche Jahre nach seinem Tode zu Vaterehren – ein ungewöhnlicher Vorgang.

Sein »Sohn« Alois Hitler, vormals Schicklgruber, sollte später Vater jenes Sprösslings werden, den die Welt heute als Jahrhundertverbrecher bezeichnet – Adolf Hitler. Das einzige Rätsel, das nie gelöst wurde, war die Frage, von wem Anna Maria 1836 tatsächlich geschwängert wurde. War es der besagte Johann Georg Hiedler? Oder etwa ein jüdischer Geschäftsmann aus Linz – was oft unterstellt, jedoch nie bewiesen wurde? Heute ist sicher, dass das nicht stimmt. Doch Hitler wusste es nicht. Das mag ihn insgeheim gepeinigt haben.

> »Die Legende von angeblichen jüdischen Vorfahren Hitlers ging sogar in die wissenschaftliche Literatur ein. Heute weiß man aber, dass es keine ernst zu nehmenden Hinweise für jüdische Vorfahren in Hitlers Familie gibt.«
>
> *Brigitte Hamann, Historikerin*

Natürlich verschwieg er das in seiner autobiografischen Schrift *Mein Kampf* – auch, dass sein Vater während der ersten Ehe seine spätere zweite Ehefrau schwängerte. Noch bevor die zweite Frau an einer schweren Krankheit starb, bekam die künftige dritte Frau, Hitlers Mutter Klara, ihr erstes Kind. Weil Alois und Klara Hitler weitläufig einander verwandt waren, brauchten sie eine kirchliche Sondergenehmigung zum Eheschluss.

Hitler äußerte einmal Genugtuung darüber, dass er nicht den Namen Schicklgruber, sondern Hitler trage. Gedankenspielereien zur Bedeutung des Namens »Hitler« für seine »Karriere« sind keineswegs völlig abwegig. William L. Shirer fragte nicht zu Unrecht: »Kann man sich etwa vorstellen, dass die fanatisierten deutschen Massen ›Heil Schicklgruber‹ geschrien hätten?« Was Hitler in *Mein Kampf* umständlich verklausulierte: der geborene Alois Schicklgruber stammte aus einfachen Verhältnissen und war ein Aufsteiger. Er hatte es zum Zollamtsoberoffizial gebracht. Seine Kollegen beschrieben ihn als streng, genau und pedantisch. Über weite Strecken des Familienlebens schien er der typische Haustyrann gewesen zu sein, der seine Frau unterdrückte und seine Kinder prügelte. Sein ältester Sohn Alois, Hitlers Halbbruder, büxte im Alter von 14 Jahren aus und kam nie mehr zurück. Hitlers Mutter Klara litt unter ihrem Mann, fügte sich aber in die Rolle der genügsamen und fürsorglichen Hausfrau. Die Mutter versuchte, den Kindern nach besten Kräften zu geben, was ihnen der Vater vorenthielt: liebevolle Zuwendung. Ihre ersten drei Kinder starben früh, so wurde Adolf als das erste überlebende besonders liebevoll behandelt – verhätschelt, geradezu angebetet. Viel spricht dafür, dass diese ambivalente Beziehung zu Mutter und Vater den Sohn in einen Zwiespalt trieb. So mag die Verwöhnung durch die Mutter bei ihm Größenwahn und Ich-Kult, die Brutalität des Vaters hingegen Hass und Vorurteil hervorgerufen haben. Was Hitler in seiner Jugend erlebte, war keineswegs untypisch für die Zeit: mütterliche Anbetung, Verwöhnung, Unterwürfigkeit einerseits; väterliche Härte und autoritärer Zwang andererseits. Doch das sind nur Bruchstücke im komplizierten Mosaik des Psychogramms von Adolf Hitler.

Während der Grundschulzeit im bäuerlichen Leonding gebärdete sich der Muttersohn gern als Anführer unter den Spielgefährten. Der Eintritt in die Realschule in Linz veränderte sein Leben. Unter den Bürgerkindern der Stadt mag er sich zeitweise minderwertig gefühlt haben, jedenfalls konnte er die alte Rolle nicht mehr weiterspielen. Hitler wurde zweimal nicht versetzt, der dritte Anlauf gelang nach einer Wiederholungsprüfung.

> »Hitler war entschieden begabt, wenn auch einseitig, hatte sich aber wenig in der Gewalt, zum mindesten galt er für widerborstig, eigenmächtig, rechthaberisch und jähzornig, und es fiel ihm sichtlich schwer, sich in den Rahmen einer Schule zu fügen.«
>
> *Eduard Huemer, Lehrer Hitlers, 1924*

Er selbst nannte Protest gegen den Vater als den eigentlichen Grund für sein Schulversagen. Der Streit drehte sich um seinen Lebenstraum.

Hitler wollte Künstler werden: »Ich glaubte, dass, wenn der Vater erst den mangelnden Fortschritt in der Realschule sehe, er gut oder übel eben doch mich meinem erträumten Glück würde zugehen lassen.« Das war nicht nur Ausrede, zweifelsohne waren Neigung und Begabung für die Malerei vorhanden. Hitlers Vater jedoch wollte den Sohn dazu zwingen, Beamter zu werden. In der Tischrunde berichtete Hitler später von einem aufgenötigten Besuch im Linzer Hauptzollamt, wo er »voller Abscheu und Hass« nur den »Staatskäfig« zu erkennen vermochte, in dem »die alten Herren aufeinandergehockt gesessen seien, so dicht wie die Affen«. Ein Motiv, das sein ganzes Leben durchzieht, tritt zutage. Hitler lehnte jede festgefügte Ordnung als Maßstab für sich ab. Künstler zu werden, das hieß für ihn zum einen unkonventioneller Lebensstil, zum anderen aber auch in Freiheit, völlig ungehindert, schöpferisch tätig zu sein. Das bedeutete zugleich, die Freiheit zu haben, Geschaffenes jederzeit wieder zu verwerfen. Aufrichten und Niederreißen – das war ein Leitmotiv im Leben des Adolf Hitler. Schon früh zeigte sich eine Konstante: Unwillen, wenn nicht gar Unfähigkeit zu regelmäßiger und intensiver Arbeit, auch Ausdruck seiner Abneigung gegen jede Form von Konvention, sofern er sie nicht selbst schuf. Hitler stempelte zum Feind, wer von ihm forderte, dass er sich einfügte. Den Vater, die Lehrer; er verwarf das ganze Schulsystem und den gesamten Habsburgerstaat gleich mit – wie er später alles verwarf, was sich ihm tatsächlich oder vermeintlich in den Weg stellte.

Hitler war 13 Jahre alt, als der Vater starb. Seine Pläne, Künstler zu werden, bekamen neuen Auftrieb. Dem Willen der Mutter, zuvor ordentlich die Schule abzuschließen, entsprach Hitler jedoch nicht.

> »Die träge Lebensführung, die grandiosen Phantasien, die mangelhafte Disziplin für regelmäßige Arbeit – alles Merkmale des späteren Hitler – in den beiden Jahren in Linz waren sie schon sichtbar.«
>
> *Ian Kershaw, Hitler-Biograf*

In seiner Heimatstadt Linz spielte er von nun an den Stenz, promenierte durch die Gassen, berauschte sich an den Opern Richard Wagners und füllte seine Zeichenblöcke mit neuen Skizzen. Ein neues Talent trat zutage. Hitler entwarf prachtvolle Bauten, Villen, Theater, Musentempel, monumentale Brücken und gruppierte schließlich das ganze Stadtbild von Linz zu neuer »Größe«. Später ließ er es sich nicht nehmen, jene

»Nibelungenbrücke« selber einzuweihen, die er als 15-Jähriger auf dem Zeichenblock entworfen hatte.

Von einem Brotberuf hielt er nichts, er steigerte sich in immer neue Traumgebilde. Häufige Opernbesuche leisteten dieser Neigung Vorschub.

> »Von der Stunde an, da Richard Wagner in sein Leben trat, ließ ihn der Genius dieses Mannes nicht mehr los.«
>
> *August Kubizek, Jugendfreund Hitlers*

In geradezu ekstatische Stimmung geriet er nach einer Aufführung des »Rienzi« im Linzer Stadttheater. Noch ganz berauscht von der Musik Richard Wagners und dem heldischen Epos, habe Hitler ihn nach der Aufführung auf einen nahegelegenen Berg geführt, berichtete später sein Jugendfreund August Kubizek, ein nur wenig älterer Tapezierersohn. Dort habe Hitler mit erregter Stimme von einer Mission gesprochen, die er einst von seinem Volke empfangen werde. In schillernden Farben habe er seine und seines Volkes Zukunft ausgemalt. 30 Jahre später habe der »Führer« ihm dann gestanden: »Hier begann es.« Ob Legende oder nicht – es entsprach der Neigung des NS-Diktators, die Berufung zum Politiker auf »Erweckungsmomente« zurückzuführen und für die großen Entscheidungen seines Lebens nachträglich die »Vorsehung« zu bemühen.

Viel ist über Hitlers »Logorrhoe« geschrieben worden, seine krankhaft anmutende Redesucht, auch über seinen ungestümen Geltungsdrang und den manischen Zwang zur Selbstdarstellung. Sein Gemütszustand schwankte zwischen Selbstüberhöhung und Selbstverwerfung – die Mitte schien zu fehlen.

> »Er musste eben sprechen und brauchte jemand, der ihm zuhörte. Ich staunte oft, wenn er vor mir allein mit lebhaften Gesten eine Rede hielt. Niemals störte es ihn, dass ich allein das Publikum war. [...] Solche Reden, meistens irgendwo im Freien, unter den Bäumen des Freinberges, in den Auwäldern an der Donau, wirkten oft wie vulkanische Entladungen. Es brach aus ihm, als dränge etwas Fremdes, ganz anderes in ihm empor.«
>
> *August Kubizek, Jugendfreund Hitlers*

Die Neigung, vom Boden der Realität abzuheben, um dann umso tiefer in den Abgrund zu stürzen, war ebenso eine Konstante an Hitlers Leben. Einmal erwarb er ein Lotterielos, zugleich reifte der Traum vom großen

Gewinn, eine Vision von Dolce Vita in hochherrschaftlichem Ambiente. Das war wochenlang für ihn die eigentliche Wirklichkeit. Dann zerschlug die Niete den schon sicher geglaubten Traum. Was folgte, war der Absturz: Hitler bekam einen Tobsuchtsanfall, wobei er nicht etwa nur das eigene Schicksal, sondern auch die Leichtgläubigkeit der Menschen, das Lotteriewesen und den betrügerischen Staat gleich mit in Bausch und Bogen verdammte. Wochenlang erging er sich in Selbstmitleid. Die Neigung, Schuld auf andere abzuwälzen, ist zunächst nichts Außergewöhnliches. Doch was der junge Hitler in seinen Gedanken aufbaute und niederriss, bestimmte beim späteren Theater das Schicksal von Millionen. Für Hitler gab es nur: alles oder nichts.

Der Fortzug nach Wien war wiederum eine Flucht vor einem »ordentlichen Beruf«. Sein Vormund hatte eine Lehrstelle für ihn ausgespäht – Bäcker hätte er werden sollen. Aus seiner Scheinwelt riss ihn das Schicksal der Mutter. Anfang 1907 erkrankte Klara Hitler an Brustkrebs. Hitler fühlte sich ihr verpflichtet und begann sein Leben in geordnete Bahnen zu lenken, bewarb sich an der Kunstakademie. Der erste Schritt glückte, er bestand die Vorauswahl. Das Urteil der Professoren über den Inhalt der von ihm eingereichten Mappe jedoch war niederschmetternd: »ungenügend«. Die Zurückweisung traf ihn »wie ein jäher Schlag aus heiterem Himmel«. Nie zuvor war er in seiner Eitelkeit so gekränkt worden.

Als sich der Gesundheitszustand der Mutter weiter verschlechterte, unterbrach er den Aufenthalt in Wien. Der jüdische Arzt der Mutter, Dr. Bloch, berichtete, dass Hitler nächtelang nicht von ihrer Seite wich. Im Dezember 1907 starb Hitlers Mutter in den Armen ihres Sohnes.

> »Ich habe in meiner beinahe 40-jährigen Tätigkeit nie einen jungen Mann so schmerzgebrochen und leiderfüllt gesehen, wie es der junge Adolf Hitler gewesen ist, als er kam, um mit tränenerstickter Stimme für meine ärztlichen Bemühungen Dank zu sagen.«
>
> *Eduard Bloch, Arzt von Hitlers Mutter*

Dass dieser Tod eine wesentliche Zäsur in Hitlers Leben war, ist unumstritten. Kontrovers ist freilich, was dieser Schicksalsschlag für die Psyche des späteren Diktators und Massenmörders bedeutete. Einige Psychohistoriker behaupteten, dass Hitler den Arzt bewusst oder unbewusst für den Tod der Mutter verantwortlich gemacht habe, dass er ihren Tod wie eine Tötung auffasste, dass all das später in Hass gegen die Juden umschlagen konnte. Tatsächlich spricht alles dafür, dass die Wurzeln seines Antisemitismus woanders zu suchen sind. Er blieb dem Arzt »für immer dankbar« und sorgte selbst dafür, dass Bloch der Holokaust erspart blieb – er ließ ihn 1940 in die USA ausreisen.

Der Tod der Mutter blieb nicht der einzige Schicksalsschlag. Auch der zweite Anlauf zur Aufnahme an der Akademie sollte scheitern. Sein Lebensstil blieb danach der alte. Ausgedehnte Spaziergänge, Opernbesuche, mal ein Entwurf für ein Bauprojekt, mal ein Konzept für ein Heldenepos – Traumwelt. Gewöhnlich lag Hitler fast bis mittags im Bett. Damals starben deshalb noch nicht Menschen wie später in der »Wolfsschanze«, als niemand wagte, den »Führer« zu wecken, auch wenn dringende Entscheidungen anstanden. Was Hitler über seine finanzielle Lage in den frühen Wiener Jahren schrieb, ist unwahr. Die selbstmitleidige Mär, dass er als 17-Jähriger sein Brot selbst habe verdienen müssen, gehört ins Arsenal der »Führer«-Legenden. Tatsächlich hatte er sowohl in der Linzer Zeit auch als auch anfangs in Wien ein geregeltes und ausreichendes Einkommen. Hitler bezog eine Waisenrente, hinzu kam Geld aus dem mütterlichen Erbteil. Der soziale Einbruch kam erst später.

Bei der zweiten Ablehnung an der Akademie zerbarst sein Traumschloss in tausend Stücke. Nicht nur seine Arbeitsproben wurden abgelehnt, sein Zeichentalent war generell in Frage gestellt worden. Hitler fühlte sich persönlich gescheitert.

> »Die neuerliche, noch bestimmter erfolgte Zurückweisung scheint die kränkende Erfahrung des Vorjahres vertieft und befestigt zu haben.«
>
> *Joachim Fest, Hitler-Biograf*

Dabei hatte der Direktor der Anstalt ihm sogar empfohlen, sein offenkundig stärkeres architektonisches Talent weiter auszubilden. Doch zog Hitler nicht die Konsequenzen. In den Tischgesprächen gab er Geldnot als Grund an – ein Scheinargument. Auch seine Begründung, dass man das Abitur brauchte, traf nicht für alle Architekturschulen in Österreich zu. Nein, für Hitler gab es keinen Weg zurück an die Schulbank. Er verweigerte sich in kindlichem Trotz. Er zog sich von seiner Umwelt zurück, verließ die gemeinsame Wohnung, die er mit seinem Jugendfreund teilte, und brach jeden Kontakt zur Verwandtschaft ab. Für Hitler begannen die »traurigsten fünf Jahre« seines Lebens. Er ließ sich gehen, fand sich bald »mit zerlöcherten Schuhen und wundgelaufenen Füßen« als Obdachloser im Asyl für gescheiterte Existenzen. Das väterliche Erbteil war inzwischen aufgebraucht. Es war ein Absturz ins Bodenlose für den von stetem Geldfluss verwöhnten Sohn eines Aufsteigers, der nicht ohne großbürgerliche Allüren war. »Sieg oder Niederlage« – das schien schon damals sein Leitmotiv zu sein: Auf den geplatzten Traum folgte ein selbstzerstörerisches Sich-verrotten-lassen. »Siegen oder untergehen« hieß der Schlachtruf 30 Jahre später – für ein ganzes Volk.

Der Umzug vom Asyl ins Männerwohnheim war der erste Schritt, um aus der schlimmsten Misere herauszukommen. Der Standard entsprach nicht einmal dem einer mittelmäßigen Jugendberge, aber immerhin, geschlafen wurde in Einzelkabinen. Hitler fand hier eine kleine geordnete Welt vor, die Heimat und Kameradschaft bot. Hier war Hitler in sicherer Umgebung, umgeben von Menschen, denen er überlegen war. Sie nahmen hin, was er sagte und widersprachen nicht, und wenn, dann nur hinter seinem Rücken. Das Motiv durchzieht sein Leben. Die Gemeinschaft im Wohnheim fand ihre Entsprechung im Kreis der Kameraden in der »Kampfzeit«, im Kreis der Entourage auf dem Obersalzberg und in der Tischrunde im »Führerhauptquartier« während des Zweiten Weltkrieges. Mit Hilfe der Malerei konnte Hitler sein monatliches Salär aufbessern. Meist fertigte er kleinformatige Bilder an, oft waren es nur Kopien von Postkarten und Stichen.

Es gibt Anhaltspunkte dafür, dass er in der Wiener Zeit keineswegs der Judenhasser war, als den er sich retrospektiv ausgab. Er hatte eine ganze Reihe jüdischer Bekannter und Freunde, darunter Bewohner des Männerheims und Händler, die seine Postkartenbilder verkauften. Sicher darf man solche Indizien nicht überbewerten, doch wurden die Wiener Jahre nicht nur von zahlreichen Hitlerbiografen zur formativen Phase des Hitlerschen Antisemitismus erklärt, sondern auch vom »Sujet« selbst: »Ich bin von Wien fortgegangen als absoluter Antisemit, als Todfeind der gesamten marxistischen Weltanschauung.« Sicher gab es taktische Gründe für die Rückdatierung, um zu suggerieren, sein politisches Programm sei das Ergebnis lange gereifter Überlegung. Doch spricht auch manches dafür, dass Hitler das Trauma der Wiener Jahre auf diese Weise kompensierte, in dem er die ganze »schlimme Zeit« nachträglich einem Sündenbock aufbürdete: den Juden.

»In dieser Zeit bildete ich mir ein Weltbild und eine Weltanschauung, die zum granitenen Fundament meines derzeitigen Handels wurde. Ich habe zu dem, was ich mir so schuf, nur weniges hinzulernen müssen, zu ändern braucht ich nichts.«

Hitler, »Mein Kampf«

Antisemitismus wurde einmal die Ideologie der Zukurzgekommenen genannt. Hitler fühlte sich als ein Zukurzgekommener.

Von einem festen Weltbild während oder nach der Wiener Zeit konnte jedoch nicht die Rede sein. Seine Wahrnehmung blieb willkürlich und dumpf, eine bewusste Auseinandersetzung mit den sogenannten -ismen: Marxismus, Kapitalismus, Parlamentarismus, Antisemitismus, hat vermutlich erst nach dem Ersten Weltkrieg stattgefunden. Was von Wien blieb, waren diffuse Gefühle von Untergangsstimmung in einer morbiden Epoche, vor allem aber Fremdenhass. Nirgends in Mitteleuropa war er so spürbar wie in der Vielvölker-Metropole Wien. Aus dem privaten Erleben der Wiener Jahre ist jedoch nichts zu ersehen, was auf Hitlers späteren radikalen Antisemitismus schließen lässt. Überhaupt spricht viel dafür, dass er bis zum Ende des Ersten Weltkrieges eher unpolitisch blieb. Auch der Weggang von Wien nach München im Jahr 1913 war nicht politisch motiviert. Er war eine Flucht weg von der Stätte des Versagens, und es gab ein weiteres Motiv: Hitler entzog sich schon seit geraumer Zeit dem Wehrdienst. Das Argument, er wolle nicht dem Staat dienen, den er verabscheute, mag richtig sein. Doch rein juristisch war es ein Vergehen: Stellungsflucht, ein unpopuläres Delikt, das Hitler später nach Kräften zu verschleiern suchte.

Hitlers Tagesablauf in München erinnerte an Wiener und Linzer Jahre. Ohne sich noch zum Maler berufen zu fühlen, malte Hitler von nun an für den reinen Broterwerb. Der menschenscheue Sonderling musste hausieren gehen, wenn er seine Bilder verkaufen wollte, von Restaurant zu Restaurant. Immerhin – er hatte ein Auskommen. Die spärlichen Aussagen der wenigen Zeitgenossen, die ihn damals überhaupt kannten, zeigen, dass Hitler in München eine unauffällige Erscheinung blieb, ein seltsamer Einzelgänger. Jäh aus seiner Öde riss ihn eine Vorladung der Münchner Kriminalpolizei. Die österreichische Heeresverwaltung hatte seinen Aufenthaltsort aufgespürt und verlangte die Überstellung nach Linz. Die Musterungskommission in Salzburg, bei der sich Hitler 14 Tage später einfinden musste, befand: »Zum Waffen- und Hilfsdienst untauglich, zu schwach. Waffenunfähig.« Der Ausgemusterte kehrte nach München zurück und konnte seinem Künstlerdasein weiter frönen. Sein Leben aber blieb eintönig. Nichts Neues schien hinzuzukommen.

Der 1. August 1914 brachte die Erlösung: der Kriegsbeginn. Unzählige Menschen begrüßten den Weltenbrand als Ausbruch aus den Zwängen der Epoche – in vielen Städten Europas, auch in München. Hitler war nur einer unter Tausenden, die am Tag nach der deutschen Mobilmachung vor der Feldherrnhalle spontan der Kriegsproklamation Ovationen entgegenbrachten. Als Hitler-Fotograf Heinrich Hoffmann Jahre später seinem »Führer« eine Aufnahme von der Kundgebung am 2. August zeigte, ließ der einstige Demonstrant das Foto so oft vergrößern, bis er sich wiedererkannte. Zu sehen war, wie Hitler den Krieg mit freudig erregtem Gesicht begrüßte. Was den August 1914 für Hitler groß machte, war vor allem die Befreiung aus Öde und Leere eines ziellosen Lebens. Deutschland war seine fixe Idee, sein Traumreich, wenngleich es sich immer nur in seinem Kopf abspielte. Überhaupt schien nur etwas »Höheres«, eine höhere Gewalt seinem Leben noch einen Sinn geben zu können – er, Hitler für sich allein, hatte versagt. Er brauchte Deutschland, um überhaupt noch jemand zu sein. Jetzt bot sich die Chance, mit ihm eins zu werden – eine Art Vorwegnahme des späteren »Du bist nichts, Dein Volk ist alles« –, Symptome von Eskapismus aus einer völlig desolaten Psyche in ein Über-Ich.

Die Verkettung deutet auf das grundsätzliche Thema: Hitler und die Deutschen. Wer die bewegten Bilder jener Tage im August 1914 Revue passieren lässt, Begeisterung und Euphorie erkennt, stellt Verwandtschaft zwischen dem Sujet Hitler und der Masse fest. Krieg für Volk und Vaterland als Fluchtmotiv aus der persönlichen Umschränkung. Da war Hitler auf dem Odeonsplatz lediglich der Teil eines kollektiven Phänomens. Wie groß die Masse derer auch gewesen sein mag, die damals ähnlich empfanden wie er, Ängste, Affekte, Hass gegen das Fremde, aber auch Sehnsucht nach Sinn und Perspektive, ist nicht zu ermessen. Zum ersten Mal stand das Bedürfnis Hitlers offenbar im Einklang mit den Wünschen, Zielen, Hoffnungen der meisten Bürger. Das Private war Politikum geworden. »Ich kenne nur noch Deutsche« – die Parole Kaiser Wilhelms II., der damit vor allem politische Gegner zur Bewilligung der Kriegskredite ermuntern wollte, muss Hitler vorgekommen sein wie eine Umarmung. »Ich schäme mich nicht es zu sagen, dass ich, überwältigt vor stürmischer Begeisterung in die Knie gesunken war und dem Himmel aus übervollem Herzen dankte, dass er mir das Glück geschenkt, in dieser Zeit leben zu dürfen.«

Doch Hitler war immer noch Ausländer, und nicht Deutscher. Die Aufnahme in die bayerische Armee hatte er vermutlich der Unachtsamkeit eines Feldwebels zu verdanken. Nach der Vereidigung Anfang September 1914 marschierte Hitler im deutschen Heer mit. »Ich war leidenschaftlich gern Soldat«, erinnerte er sich 1941, mitten in dem Krieg, den er selbst entfesselt hatte. Ein Vierteljahrhundert davor war er, der Gefreite an der Westfront, ein durchaus tapferer Soldat, der nach einhelliger Meinung seiner Kameraden verdient das Eiserne Kreuz II. Klasse und auch das EK I erhielt, weil er im Granatenhagel wichtige Meldungen in vorderster Linie an den Mann brachte. Seine Heimat war das Regiment. Er aber blieb der Sonderling, der oft stundenlang in einer Ecke des Untergrunds kauerte. Der einzige wirkliche Freund war ausgerechnet ein britischer Überläufer, ein weißer Terrier, der die Fronten gewechselt hatte. Hitler nannte ihn »Foxl«. Der Vierbeiner blieb drei Jahre lang an der Seite seines neuen Herrn, bis ein Diebstahl der Frontkameradschaft ein jähes Ende bereitete. »Dieser Schweinehund, der ihn mir genommen hat, weiß gar nicht, was er mir angetan hat.« Hitler und seine Hunde – ein eigenes Kapitel. Als Soldat kam er nie über den Rang eines Gefreiten hinaus. Hitler hat sich aber auch nie von sich aus um eine Beförderung bemüht. Laut dem Zeugnis seiner Vorgesetzten habe er ohnehin keine Eignung zum Anführer erkennen lassen.

> »Hitler hatte damals nach militärischer Auffassung wirklich nicht das Zeug zum Vorgesetzten. Ich sehe einmal davon ab, dass er nach den Friedensbegriffen eines aktiven Offiziers keine besonders gute Figur machte; seine Haltung war nachlässig und seine Antwort, wenn man ihn fragte, alles andere als militärisch kurz.«
>
> *Fritz Wiedemann, Regimentsadjutant im Ersten Weltkrieg*

Einige seiner Kameraden mutmaßen später, er habe eine Versetzung von der Kompanie vermeiden wollen – die hätte ihm wahrscheinlich geblüht. Auch als radikaler Antisemit ist Hitler damals nicht aufgefallen, wenngleich er auch später behauptete, seinen antijüdischen Affekt bereits im Krieg gespürt zu haben.

Die Phase der entscheidenden politischen Weichenstellungen in seinem Leben begann mit einem Trauma. Im Westen hatten sich die Fronten in endlosen Materialschlachten festgefressen, im Osten aber besiegelte der Waffenstillstand mit den Russen das Ende des Zweifrontenkriegs. Noch einmal wurden alle Kräfte an die Westfront geworfen, noch einmal gab es Zuversicht, noch einmal die Illusion des Sieges – auch für Hitler. In der Nacht vom 13. auf den 14. Oktober 1918 wurde er Opfer eines britischen Gasangriffes und erblindete vorübergehend. Im pommerschen Reservelazarett zu Pasewalk offenbarte sich dem kaum Genesenden die Katastrophe: Niederlage und Revolution. Noch ganz benommen von der Gasverätzung, fassungslos und voller Wut stürzte er in tiefe Depressionen. Verrat schien im Spiel, die nationale Schmach mutete als Machwerk innerer Feinde an. Der Wahn vom Dolchstoß ergriff schon hier von ihm Besitz. In dramatischer Übersteigerung erlebte Hitler sein Ende im Schützengraben noch einmal nach: »Ich […] warf mich auf mein Lager und grub den brennenden Kopf in Decke und Kissen. Seit dem Tage, da ich am Grabe der Mutter gestanden, hatte ich nicht mehr geweint. […] Nun aber konnte ich nicht mehr anders. Nun sah ich erst, wie sehr alles persönliche Leid versinkt gegenüber dem Unglück des Vaterlandes.« Dann soll es zu jener legendären Entscheidung gekommen sein: »Ich aber beschloss, Politiker zu werden.«

Es nimmt nicht Wunder, dass sich um das Pasewalk-Erlebnis nicht nur Legenden, sondern auch psychohistorische Thesen ranken. Hitler projizierte in das »Erweckungserlebnis« hinein, was erst später reifen sollte, während des wirren Jahres 1919: Wenn sich überhaupt ein Schritt in die Politik datieren lässt, dann Monate danach und schon gar nicht als Ergebnis einmaliger oder gar planmäßiger Entscheidungen.

> Dies höchst unwahrscheinlich klingende, gleichsam religiöse Erlebnis war Teil der Mystifikation der eigenen Person, mit der Hitler den Grundstein des Führermythos legte.
>
> *Ian Kershaw, Hitler-Biograf*

Was sich in Pasewalk bei Hitler pathologisch-psychologisch abgespielt hat, ist nie ganz geklärt worden. Die Frage, wie lange er erblindet war, ist ebenso umstritten wie der fragliche Rückfall in die Blindheit nach der Nachricht von der Niederlage – dies wird gelegentlich als Hysterie gedeutet. Jedenfalls steht Pasewalk symbolisch für ein Trauma, dass so mancher Spekulationen Nahrung gab. Die zeitgleiche Vision vom persönlichen und nationalen Zusammenbruch, die Hitler mit dem Motiv vom Grab der Mutter verwoben habe, inspirierte einige Psychohistoriker zu der Annahme, dass der Patient in Pasewalk nach der Niederlage Deutschland und die Mutter schlechthin gleichsetzte und den Juden als beider Vergifter ansah.

Um den Erkenntniswert solcher Interpretationen ist viel gestritten worden. Psychologische Vorgänge bei Hitler selbst mögen dadurch vielleicht erhellt werden, doch nicht das Phänomen, warum ihm Millionen zur Macht verhalfen. Hier wird der Mensch, der Geschichte macht, in den Vordergrund gerückt, doch Hitler war in diesen Jahren eher einer, den die Geschichte formte – mit all ihren sozialen, ökonomischen, politischen, moralischen und ideellen Strömungen.

> Der Erste Weltkrieg hat Hitler erst möglich gemacht. Ohne das Trauma von Krieg, Niederlage und Revolution, ohne die Radikalisierung der deutschen Gesellschaft hätte dem Demagogen das Publikum seiner hasserfüllten Botschaft gefehlt.
>
> *Ian Kershaw, Hitler-Biograf*

Der Schlüssel zum Verständnis Hitlers liegt wohl eher in den Parallelen der Psychosen: Die Sehnsucht nach dem wollüstigen Rausch der Volksgemeinschaft, dem Augusterlebnis 1914, als das ganze Volk begeistert in den Krieg zog. Die Erinnerung an einen Krieg, in dem trotz aller Grausamkeit die Klassenschranken in den Schützengräben aufgehoben schienen. Das bittere Gefühl, am Ende seien alle Opfer doch umsonst gewesen. Die Legende vom Dolchstoß in den Rücken eines unbesiegten Heeres. Das Trauma eines als Diktat empfundenen Friedens von Versailles; der Schock der Revolution von 1918, der Zerfall der alten Ordnung, die Entstehung einer ungeliebten Republik; die große Angst des Bürgertums vor Bolschewismus und Chaos; die Angst vor all dem Neuen, Ungewohnten, Ungewollten, das nach dem Zusammenbruch hereinbrach – das empfanden mit Hitler Millionen verbitterte Deutsche.

So geriet er in den Strudel der Nachkriegszeit, den er keineswegs – wie später vorgegeben – zielsicher durchschwamm. Aus dem Lazarett entlassen, meldete er sich zurück in der Kaserne seines Regiments in München. Er wollte in der Armee bleiben, so lange wie nur eben möglich, ein Ausscheiden hätte ihn ins alte Dasein des Gestrandeten zurückgeworfen.

Sein einziges Zuhause war das Regiment. Die politischen Wirren in der bayerischen Hauptstadt verfolgte er eher teilnahmslos. Sicher ist, dass Hitler sich über ein damals vielleicht notwendiges Maß hinaus politisch anpasste. Jedenfalls ging er weit für jemanden, dessen »granitenes Fundament« der eigenen Weltanschauung sich schon in früher Jugend ausgeprägt haben soll. Hitler war damals ein politischer Vagabund, ließ sich sogar zum »Vertrauensmann« seiner Kompanie wählen und wurde für die »Propagandaabteilung« des links orientierten Soldatenrats der Münchner Räterepublik tätig. Das belegt, dass Hitler dort zu finden war, wo sich die Macht befand. Ein Diener jener politischen Kräfte, die er wenig später schon immer gehasst haben will, ein Mitläufer ohne politisches Profil.

Als Anfang Mai 1919 Truppen der Reichsregierung die Rätediktatur zerschlugen, war das auch für Hitler das Signal zur Wende. Ein paar Tage später wechselte er die Seiten. Was folgte, war der verschlungene Aufstieg des Adolf Hitler im rechtsnationalen Milieu.

> Als ich ihn das erste Mal traf, glich er einem müden streunenden Hund, der nach einem Herrn suchte.
>
> *Hauptmann Karl Mayr, warb Hitler 1919 als Propagandist für die Reichswehr*

Statt dass man ihn richtig durchleuchtete, saß der Opportunist nach Fürsprache alter Kameraden bald selbst in einem Untersuchungsausschuss gegen kommunistische Umtriebe. Der Gefreite Hitler war bereit, den neuen Herren zu dienen, notfalls alte Kameraden aus der Rätezeit bei ihnen anzuschwärzen, Spitzeldienste beim Beobachten von sozialistischen Parteiversammlungen zu leisten. Wieder entging er der Entlassung aus der Armee, wieder dem drohenden Absturz in die alte Not. Hitler wurde nun von Amts wegen Propagandist, erhielt stramm antikommunistischen politischen Unterricht und erteilte selbst Lektionen. »Politik« bedeutete für ihn den Schritt aus der Isolation.

Im schwülen Klima nach Versailles kam der Hass gegen die »Novemberverbrecher« erst richtig auf, vor allem gegen jene, die den »Schandvertrag«, der als zweite Schmach galt, angeblich in verräterischer Absicht unterzeichnet hatten. Der Feind, so wurde suggeriert, sei »unter uns«. Die Tatsache, dass Juden wie Eisner, Toller und Mühsam maßgeblich an der Münchner Revolution beteiligt waren, bildete für

Hitler den letzten Mosaikstein seines Weltbildes. Künftig waren sie es, die als Wurzel allen Übels galten. Das erste Dokument, in dem sich der fanatische Antisemitismus Hitlers offenbarte, stammt nicht von ungefähr aus jenen Tagen. Hier ist ein kategorischer Judenhass zu spüren, der mit Hitlers privaten Erfahrungen nicht zu erklären ist, die Übersteigerung dumpfer Eindrücke zu irrationalem Hass; Hitler verstieg sich in pseudowissenschaftlicher Manier gar zur Formel eines »Antisemitismus der Vernunft«.

> Mit dem Juden gibt es kein Paktieren, sondern nur das harte Entweder-Oder.
>
> *Hitler, »Mein Kampf«*

Was der 30-jährige Propagandaschüler formulierte, war die mechanische Negation der Humanität, und so mündete jener Brief vom September 1919 in die schreckliche Vision: »Letztes Ziel muss unverrückbar die Entfernung der Juden überhaupt sein.«

Die Revolution, ein Jahr Polit-Thrill, die Selbsterfahrung als Propagandaredner, das rassistische Milieu, die Lektüre antisemitischer Pamphlete, all das hatte im latenten Judenfeind den potenziellen Judenvernichter geweckt. Was jedoch entscheidend war – Hitler gewann Einfluss: »Ich konnte reden. Keine Aufgabe konnte mich glücklicher machen als diese.« Zeitgenossen hatten den Eindruck, dass Hitler sich durch Reden ständig selber neu erschuf. Er erlebte seine zweite Geburt, im Sinne von »Ich rede, also bin ich« – das war Hitler. Bis zum charismatischen Volksredner war es noch ein weiter Weg. Doch er hatte Blut geleckt. Auf einer Wahlveranstaltung der kleinen rechtsradikalen Splitterpartei DAP (Deutsche Arbeiterpartei) kam es zur Initialzündung. Dem politischen Vortrag folgt eine Diskussion, an der auch Hitler sich beteiligte – mit durchschlagendem Resultat: »Mensch! Der hat a Gosch'n«, begeisterte sich ein Funktionär, »den kunnt ma braucha.« Glasklar erkannte Hitler die Gelegenheit, der beruflich unsicheren Zukunft wieder eine Kontur zu geben.

Das Programm der DAP erwies sich als Melange aus Altbekanntem: Ablehnung der Demokratie, Hass auf die Juden und Marxisten, Tilgung der Schmach von Versailles. Nichts war neu, alles war Hitler auf seinem Weg schon einmal begegnet. Sein Motto »Alles oder nichts« vor Augen, trat er der DAP bei und formte aus ihr eine Partei, die keine andere mehr neben sich duldete, wie auch er als Parteiführer niemanden duldete, der ihm die Macht streitig machen konnte. Die braune Welt der bald NSDAP genannten Partei geriet zu seiner neuen Heimat. Sie glich der Armee: Uniform – Befehl – Gehorsam. Ebenso total, wie er zuvor Künstler war und dann Soldat, nahm er nun die Rolle als Politiker an.

> Nach 1919 trieb das Trauma von 1918 seine politische Aktivität an. Sie zielte darauf, Niederlage und Revolution, die alles verraten hatten, woran er geglaubt hatte, »auszumerzen« und diejenigen »auszulöschen«, die er für verantwortlich hielt.
>
> *Ian Kershaw, Hitler-Biograf*

Mit den ersten bescheidenen Erfolgen des »Trommlers« flackerte auch die Vision von Linz und Pasewalk wieder auf: Adolf Hitler glaubte nun felsenfest daran, der »Retter Deutschlands« zu sein. Ein Doppelleben: Einerseits der Demagoge in den Bierhallen, andererseits Liebling der besseren Kreise. Gönner ermöglichten ihm einen Flug nach Berlin. Dort konnte Hitler Tuchfühlung mit General Ludendorff aufnehmen und fand rasch Zugang zu völkischen Kreisen der Reichshauptstadt. Der lokale Bierhallenkönig wurde zum Hoffnungsträger reaktionärer Kräfte im ganzen Reich. Sein Fanatismus verschaffte ihm die Aktivität des Biestes. Tatsächlich aber blieb Hitler hinter der Fassade jener altbekannte Sonderling, der sich insgeheim verzweifelt an den Strohhalm seiner neuen Berufung klammerte. Das zeigt sich besonders beim Scheitern des Putschversuchs 1923. Da war nicht »die Idee« unter den Schüssen vor der Feldherrnhalle begraben worden, sondern scheinbar die Zukunft des Hauptverschwörers Hitler. Der Traum vom großen »Führer« schien mit einem Mal geplatzt. Folgerichtig sah er keinen anderen Ausweg, als sich das Leben zu nehmen. Vertrauten gelang es, ihm gerade noch die Waffe aus der Hand zu reißen.

Doch Hitler überstand nicht nur den Tiefpunkt. Er verstand ihn schließlich auch zu nutzen. Eine staunende Öffentlichkeit wurde Zeuge, wie Prozess und Haft in Landsberg für ihn nicht das erwartete und endgültige Aus bedeuteten, sondern das Gegenteil: Die Niederlage wurde zum Triumph, der Prozess geriet zum eigentlichen Sprungbrett seiner Karriere. Hitler nutzte den Gerichtssaal als Bühne und machte ihn zum Forum seiner rüden Demagogie.

> Mögen sie uns tausendmal schuldig sprechen, die Göttin des ewigen Gerichts der Geschichte wird lächelnd den Antrag des Staatsanwalts und das Urteil des Gerichts zerreißen; denn sie spricht uns frei.
>
> *Hitler, 27. März 1924 vor Gericht*

In der Landsberger Haftanstalt hatte Hitler genügend Zeit, dem angeblich schon längst gehegten Wunsch nachzukommen, eine eigene »Kampfschrift« zu verfassen. Hitler zählt zu jenen Häftlingen in der Geschichte, die durch die Haft an Ansehen gewonnen haben. Die Zügel der NS-Bewegung waren ihm vorübergehend aus der Hand geglitten, es brauchte Anstrengungen, bis die Partei wieder in Schwung kam und der »Führer«-Wille wieder uneingeschränkt galt. Mit dem Erscheinen von *Mein Kampf* stellte sich auch der Verkaufserfolg ein – nicht, weil so viele das Buch lasen, sondern weil jeder anständige Parteigenosse das NS-Standardwerk auf seinem Bücherbrett haben musste. So stieg mit der wachsenden Anhängerschar auch Hitlers privates Salär. Nun kehrte er wieder den alten Linzer Stenz heraus. Im Mercedes Kompressor tingelte er zu den Wahlveranstaltungen, kaufte sich einen Schäferhund und umgab sich am liebsten mit bayerischer Folklore. 1928 erwarb Hitler das schon vorher gemietete und später zur Residenz »Berghof« umgebaute »Haus Wachenfeld« auf dem Obersalzberg. Ein Jahr später bezog er ein Neun-Zimmer-Wohnung am vornehmen Prinzregentenplatz, die er bis zu seinem Ende behielt.

Die Krise bereitete den Boden, auf dem die Saat des Demagogen in großem Umfang aufgehen konnte. Gefährlich ansteckend wirkte seine Agitation erst im Fiebertrauma, das der New Yorker Börsenkrach im Oktober 1929 entzündet hatte, das in einer Kettenreaktion von Banken-, Betriebs- und Bauernhofpleiten und einer Explosion der Arbeitslosenzahlen zum Ausbruch kam, und das die schwindenden Kräfte der Republik von Weimar endgültig lähmte. Unsicherheit und Existenzangst ergriff nicht nur das Heer der Arbeitslosen, deren Zahl von 1,3 Millionen 1928 auf über sechs Millionen im Jahr 1932 schnellte. In Panik vor dem drohenden sozialen Abstieg suchten viele Menschen nach einem Halt. Der wirtschaftliche und politische Niedergang nahm in weiten Teilen der Bevölkerung das ohnehin schmale Vertrauen in das bestehende politische System und verschaffte dem Mann zunehmend

Gehör, der sich mit ungewöhnlicher Dynamik als »Retter aus der Not« anpries.

Das politische Wunschbild eines charismatischen Führers, der die Unzufriedenheit bündelt und den Glauben an eine Erneuerung verkörpert, bestimmte auch vor und ohne Hitler die Vorstellungswelt autoritätsgläubiger Deutscher.

> Das Geheimnis dieser Persönlichkeit liegt in der Tatsache, dass in ihr das Tiefste, was in der Seele des deutschen Volkes schlummert, in lebensvollen Zügen vorgebildet ist.
>
> *Georg Schott, »Das Volksbuch von Hitler«, 1924*

Der Volkstribun brauchte die Rolle nur aufzugreifen und überzeugend darzustellen. Spätestens seit dem erdrutschartigen Wahlerfolg der NSDAP im September 1930, bei dem sie ihren Stimmenanteil versiebenfachte und beinahe ein Fünftel der Reichstagsmandate eroberte, begann der Mythos vom starken Führer seine Faszination auch über die Partei hinaus zu entfalten. Der Dirigent einer rechtsextremen Radautruppe stieg auf zum personifizierten Ausdruck des »Volkswillens«. Das verbreitete Monumentalgemälde eines wundersamen Erlösers mochte nur noch wenige Gemeinsamkeiten mit dem realen Modell aufweisen. Aber gerade deshalb konnte jeder seine ganz persönlichen Erwartungen auf die übermächtige Führerfigur richten und zugleich am Glanz der Erfolgsgeschichte vom unaufhaltsamen Aufstieg des kleinen Mannes aus der Anonymität zur Macht teilhaben.

> Er hatte eine merkwürdige, durchaus nicht banale und nicht jedem unbedeutenden Spießer eigene Gabe, seinen eigenen Willen zu projizieren und die Leute zu hypnotisieren. Dies wirkte hauptsächlich auf die Massen, aber nicht nur auf die Massen. Es gibt eine Menge interessanter Zeugnisse von gebildeten und teilweise bedeutenden Männern, die sich während ihrer Gespräche mit Hitler geradezu hypnotisiert fühlten.
>
> *Sebastian Haffner, Publizist*

Den Deutschen gegenüber inszenierte sich Hitler als anspruchsloser Asket und erster Diener seines Volkes. Sein einziger Schmuck – so schien es – waren die goldenen Manschettenknöpfe seines Vaters an der braunen Parteiuniform, die er immer öfter trug, um den mönchischen Charakter seines Daseins zu unterstreichen. Trotz der nunmehr unerschöpflichen Geldquellen, die aus der Buchvermarktung und zahlreichen »Spenden« aus der Industrie sprudelten, blieb das private Ambiente bieder. Der private Hitler war kein Monster. Die Menschenverachtung, das rücksichtslose Wesen fand man nicht in der Idylle des »Berghofs«. Hitlers Sekretärinnen schwärmten bis zuletzt von der Freundlichkeit des »Chefs«, von seinem Handkuss-Charme. Das Janusgesicht des Diktators: Hier der »Führer«, die Treuen und der Schäferhund auf der Terrasse vor bayerischblauen Himmel und Alpengipfeln – dort die Gequälten, Gemarterten, Totgeprügelten in den Vernichtungslagern. Für Tiere empfand er Mitleid, für Menschen nicht. Mord, Charme, Banales – das war in seinem Alltag vereinbar. Kein schlechtes Gewissen, wozu auch? Es gab ja die größere Sache. Wo gehobelt wird »für Deutschland«, da fallen eben Späne. Die Überhöhung des Politischen erlaubte eine schizoide Spaltung von der Privatsphäre. Hitler hat nicht einmal ein KZ besucht, nicht einmal persönlich Gewalt angewandt. Er hat das Grauen nicht an sich herangelassen.

Für Hitler war der Krieg das eigentliche Ziel seiner Politik. Er wollte wieder da beginnen, wo man 1918 »zu Unrecht« aufgehört hatte. Dem bei Kriegsbeginn schon 50-jährigen Diktator »pressierte« es, weil die private Lebensuhr ablief. Deshalb forcierte er den Kriegsbeginn. Erleichtert und wie selbstverständlich schlüpfte er in den grauen Rock und knüpfte an die eigene Tradition an. Hitlers Ersatzfamilie im Feld war die Kompanie gewesen, jetzt war es ein enger Kreis von Adjutanten, Dienern, Sekretärinnen. In den muffigen Nischen seiner ständig wechselnden »Führerhauptquartiere« herrschte der Einzelgänger mit unerbittlicher Strenge, ebenso wie einst sein Vater. Als sich das Kriegsglück Ende 1941 zu wenden begann, wirkte er vollends wie ein Abbild seines Vaters. Da saß nicht der »Führer«, das saß der Zollamtsoberoffizial auf seinem Thron und hielt mit furchtbarem Starrsinn an der einmal eingeschlagenen Richtung fest. In dieser Zeit der Wandlung fiel nun auch die letzte Schranke vor dem Genozid am Judentum. Was einst mit Drangsalierung und Diskriminierung begonnen hatte, mündete nun in Massenmord nach Plan. Es entsprach der Hitlerschen Lebensverachtung, einmal ins Auge gefasste Ziele ohne Rücksicht auf Verluste in die Tat umzusetzen. Trotz seines eigenen körperlichen Verfalls blieb Hitler in jeder Situation klar genug, um den nahen Untergang vorherzusehen und in Kauf zu nehmen. Es gab nur noch die Alternative: Siegen oder untergehen. Er ahnte das Kommende und verdammte mit kindlichem Trotz seine Generale. Denn nicht er war schuld, die anderen waren es. Ganz im Inneren aber wusste er, dass er zum Untergang verdammt war. Vor diesem Wissen floh er in die Traumwelt seiner Bauten. Am 8. Februar 1945 brachte der Architekt Hermann Giesler ein riesiges Modell der künftigen Stadt Linz von München nach Berlin. Während sich die alliierten Armeen unaufhaltsam seiner Hauptstadt näherten, sollte Hitler ganze Nächte vor dem nie verwirklichten Modell seiner Heimatstadt verweilen.

»Gegen meinen Willen bin ich Politiker geworden. Die Politik ist mir nur ein Mittel zum Zweck«, dieser Satz aus den Tischgesprächen zielt auf den Kern des Hitlerschen Politikbegriffs. Politik war für ihn auch Behelf, um seine pervertierten künstlerischen Triebe auszuleben. Der gescheiterte Künstler, der verhinderte Architekt schlüpfte in das Gewand des Diktators. Der gewaltsame Versuch, ein »Tausendjähriges Reich« zu errichten, war seine entartete Kunst.

> In normalen Zeitläuften wäre Hitler ein unglücklicher, erfolgloser Kleinbürger geblieben, ein Kleinbürger, über dessen dämonische Anwandlungen nicht die Mitbürger erstaunt hätten. Ein kontaktscheuer Einzelgänger, der seine Phantasien in seinen Skizzenbüchern ausgelebt hätte.
>
> *Albert Speer*

Hitler betrachtete die Deutschen als sein Privateigentum. Man kann nicht sagen, dass viele Volksgenossen versucht hätten, ihm einen gegenteiligen Eindruck zu vermitteln. »Führer befiehl, wir folgen« – wer das jahrelang hört, glaubt irgendwann selbst daran. Der Tyrann opferte Armeen kaltblütig wie Figuren auf dem Schachbrett, ließ Städte ohne Gemütsregung in Schutt und Asche sinken. Hitler ist in diesem Schreckensszenario der Künstler-Dämon, der sein Werk betrachtete, es für missglückt befand, um es dann zu zerstören. Am Ende kümmerte ihn »sein Volk« keinen Deut, denn dieses deutsche Volk hatte sich ja als zu schwach erwiesen und sollte verschwinden. Es war der Vernichtung würdig. Bis zum Schluss blieb er seiner Losung treu: Alles oder nichts.

HITLERS GELD

DER KRÖSUS

Die von Hitler selbst gestrickte Legende vom asketischen, opferbereiten, selbstlosen »Führer« im Dienste seines Volkes, der sogar auf sein Gehalt als Reichskanzler verzichtet habe, ist so langlebig wie falsch. Der NS-Agitator verfügte viel früher und umfassender über Geldquellen als noch lange nach dem Ende der NS-Zeit angenommen. Er hatte mächtige Gönner, nicht nur im In-, sondern auch im Ausland. Ohne Korruption, Willkür und mächtige, verheimlichte Geldgeber wäre Hitlers Weg zur Macht nicht vorstellbar gewesen. Heute lässt sich nachweisen, wie ungeniert sich Hitler bediente und bedient wurde. Als er 1945 Selbstmord beging, war er ein schwerreicher Mann. Schon zu Beginn seiner »Karriere« verfügte der NS-Agitator über genügend Einkünfte - wohlhabende Gönner aus der Industrie finanzierten ihn heimlich. Als er an der Macht war, schien der Geldstrom kein Ende mehr zu nehmen: Zahlreiche deutsche Großunternehmen, die mit Zuwendungen die Gunst des »Führers« erkaufen wollten, bemühten sich nach dem Krieg, kompromittierende Spuren zu verwischen. Wer gehörte alles zu den Spendern? Für welche Zwecke nutzte der Diktator sein Geld? Und wo ist sein Vermögen nach dem Krieg geblieben? Hitlers Reich geriet zu einem kaum entwirrbaren System von Korruption und Bereicherung, in dem auch Parteigänger und führende Militärs eingebunden waren.

München, Frühjahr 1934: Im Finanzamt Ost dämmerte dem Steuerinspektor Vogt, dass er ein Problem hatte. Seine Mahnungen an die Reichskanzlei waren ungehört verpufft, und nun hatte sich eine formidable Riege von Gegnern vereint, um ihn daran zu hindern, seine Arbeit zu tun. Und die bestand darin, Steuern einzutreiben. Auch die Steuern von Adolf Hitler, dem Kanzler des Deutschen Reiches. Doch der dachte gar nicht daran, seine Steuerschuld zu begleichen – und die war erheblich. Denn Adolf Hitler – vom konservativen Establishment als kleiner »Weltkriegsgefreiter« abgetan, nach eigenem Bekunden ein höchst bescheidener Diener seines Vaterlands – war im Jahr seiner Machtübernahme bereits Millionär. Die Verkäufe seines Buches *Mein Kampf* hatten 1933 die Marke von 900 000 Exemplaren überschritten und ihm Einkünfte von 1,2 Millionen Mark beschert. Das entsprach dem 750-fachen eines Facharbeitergehalts, das bei jährlich etwa 1600 Mark lag. Davon ahnte die Öffentlichkeit allerdings nichts. Den Menschen in Deutschland wurde suggeriert, dass endlich ein Mann des Volkes die Zügel der Regierung in der Hand hielt – einer, der die Nöte des kleinen Mannes kannte, weil er selbst Not gelitten und sich von ganz unten nach ganz oben gekämpft hatte. Sehr publikumswirksam hatte Hitler kurz nach der »Machtergreifung« auf das Gehalt des Reichskanzlers verzichtet. Schon früh strickte er an der Legende vom asketischen, opferbereiten, selbstlosen »Führer«.

Die medienwirksame Spende konnte sich der Bestsellerautor Hitler mit Leichtigkeit leisten. Doch der staatsbürgerlichen Verpflichtung, Steuern zu zahlen, wollte er nicht nachkommen. Und nun lag diese unangenehme Angelegenheit in den Händen des Münchner Steuerinspektors Vogt. Zum wiederholten Male hatte Hitlers Adjutantur nicht auf dessen Nachfragen reagiert. Hitlers Chefadjutant, SS-Obergruppenführer Julius Schaub, der die steuerlichen Angelegenheiten des Kanzlers bearbeitete, war für Vogt meist nicht zu sprechen oder gab ausweichende Antworten. Schließlich aber bewegte er sich – und fuhr schweres Geschütz gegen den kleinen Finanzbeamten auf. Schaub wandte sich an den Staatssekretär im Reichsministerium der Finanzen, Fritz Reinhardt. Der war von Hitler im April 1933 persönlich eingesetzt worden und traf im Ministerium die Entscheidungen im Steuerwesen. Reinhardt entschied kurzerhand, dass Hitler die Hälfte seiner Jahreseinnahmen als Werbungskosten absetzen konnte, damit blieb für 1933 eine Steuerschuld von 297 000 Mark, dazu kam die Forderung, für das Jahr 1934 eine Vorauszahlung von 400 000 Mark zu leisten.

Doch Hitler war immer noch nicht bereit, diese reduzierte Einkommensteuer zu bezahlen. Pünktlich überwiesen wurde nur seine Kirchensteuer. Der ansonsten zahlungsunwillige »Führer« ließ erneut seinen Finanzstaatssekretär Reinhardt von der Leine. Der trug dem Münchner Oberfinanzpräsidenten Ludwig Mirre nun auf, seinen Finanzbeamten endlich auf die Finger zu klopfen. Und so setzte Mirre Vogts direkten Vorgesetzten über eine Vereinbarung in Kenntnis, die im Finanzministerium getroffen worden war: Adolf Hitler sei »im Hinblick auf seine verfassungsrechtliche Stellung nicht steuerpflichtig«. Und am 19. Dezember 1934 schrieb Mirre an den Vorsteher des zuständigen Finanzamts: »Alle Steuerbescheide sind, soweit sie eine Pflicht des Führers begründen würden, von vornherein nichtig […] der Führer ist damit steuerfrei!« Mit diesem Vermerk wurde Hitlers Akte im Finanzamt Ost im »Alten Hof« in der Burgstraße aus dem Verkehr gezogen und unter Verschluss genommen.

> Es zeigt sich, dass er in seinem Größenwahn doch am Ende nur ein kleiner Steuerbetrüger ist, der keine Lust hat, überhaupt eine Steuererklärung abzugeben, geschweige denn Geld zu zahlen.
> *Wolfgang Zdral, Wirtschaftsjournalist*

Der Deal zulasten der Staatskasse lohnte sich für Hitler – als Reichskanzler sollte er nie Steuern bezahlen. Die »Amtshilfe« lohnte sich auch für Oberfinanzpräsident Mirre. Er bekam als Dank für seine freundliche Hilfe bis 1945 2000 Mark monatlich zu seinem Beamtengehalt hinzu – steuerfrei, versteht sich. Und am 1. April 1935 wurde er zum Präsidenten des Reichsfinanzhofs ernannt.

Hitler als Steuersünder – dieser Aspekt mag angesichts der ungeheuerlichen Verbrechen, die der Diktator in seiner zwölfjährigen Amtszeit zu verantworten hatte, eher unbedeutend erscheinen. Doch gleicht diese Episode aus der Anfangszeit seiner Herrschaft der Spitze eines Eisbergs. Sie lässt ahnen, was unter der Oberfläche der allseits propagierten Einfachheit und Bescheidenheit lauerte. Die besondere Steuerregelung für Hitler ist symptomatisch für die korrumpierende Wirkung, die das NS-Herrschaftssystem von Beginn an auf die staatlichen Strukturen des Deutschen Reiches hatte. Dreist wurde stets der Vorteil der NS-Führer durchgeboxt. Und überall fanden sich in den bestehenden Strukturen bereitwillige Helfer, die gegen entsprechende Pfründe – Geld, Karriere, Einfluss – gerne mitmachten. Zugleich wirft die anrüchige Steuerbefreiung ein Licht auf Hitlers persönliches Finanzgebaren sowie auf die Tatsache, dass der Kontrast zwischen verkündeten Idealen und gelebter Realität bei ihm besonders krass war: Der nach außen zur Schau gestellte spartanische Lebensstil Hitlers, die öffentlich gepriesene persönliche Bescheidenheit des »Führers«, war Teil einer Inszenierung, die mit der Realität wenig zu tun hatte: »Ich werde meine Pläne nie an einem Mangel an Geld scheitern lassen!« Mit dieser Maxime wandte sich Adolf Hitler kurz nach dem Amtsantritt als Reichskanzler gegen die Sparappelle seines Finanzministers Lutz Graf Schwerin von Krosigk. Hitler hatte es weit gebracht mit diesem Denken.

Am Anfang seiner Karriere habe bittere Armut gestanden – so wollte es Hitler dem Leser in seinem autobiografischen Werk *Mein Kampf* weismachen. Bekanntermaßen entsprach dies nur zu einem Teil der Wahrheit, und diese Phase des Elends war selbstverschuldet, denn der junge Adolf Hitler sah sich als Künstler und verkanntes Genie, und zeigte keinerlei Neigung, einem regelmäßigen Broterwerb nachzugehen.

> Der junge, dandyhafte Hitler verachtete die Vorstellung, für das tägliche Brot zu arbeiten.
>
> *Ian Kershaw, Hitler-Biograf*

Als Soldat im Ersten Weltkrieg stand er im Sold des bayerischen Staates und war aller Sorgen um Verpflegung und Unterkunft enthoben. Als Hitler 1919 nach München zurückkehrte, stellte sich für ihn wie für fast alle Heimkehrer nach vier Jahren Krieg die Frage, wo und wie sie nun ein Auskommen finden würden. Hitler besaß ein Sparbuch, auf dem 15 Mark lagen – und sonst wenig. Im September 1919 dann trat der unbedeutende Habenichts Hitler in eine unbedeutende Splitterpartei namens DAP ein, in deren Parteikasse sich zu diesem Zeitpunkt gerade einmal 7,50 Mark fanden. Es war der Beginn einer höchst ungewöhnlichen Karriere – und der Anfang einer höchst lukrativen finanziellen Symbiose.

Hitler wurde zum Zugpferd der Partei. Seine Auftritte sprachen sich herum, er füllte im Jahr 1920 immer größere Säle, schließlich sogar das Zelt des »Circus Krone«. Die Rednerhonorare, die er neben seinem Wehrsold kassierte, waren ein willkommenes Zubrot. Er ahnte, dass die Politik ihm die Chance bot, seinen Lebensunterhalt zu bestreiten, sozial aufzusteigen, etwas aus sich zu machen. Hitler hatte ganz pragmatisch seine Karrierechance erkannt und ergriff sie. Noch bis zum März 1920 stand Hitler in Diensten der Armee und erhielt seinen Sold, doch dann beschloss er, dass er seinen Lebensunterhalt allein als politischer Redner verdienen wollte. Es war eine Karriereentscheidung, die sich buchstäblich bezahlbar machte.

Sein Agieren auf der politischen Bühne Münchens erregte die Aufmerksamkeit von Leuten, die Verbindungen in die »bessere Gesellschaft« hatten, darunter der Dichter und Dramatiker Dietrich Eckart, der von Hitler sehr angetan war. Er öffnete ihm die Türen zu den Salons wohlhabender Bürger, die ebenso völkisch, nationalistisch und antisemitisch dachten wie Hitler und Eckart.

> Mächtige Gönner in München erkannten in Hitler den unverzichtbaren »Trommler« für die nationalistische Sache. Voller Stolz übernahm Hitler in den frühen zwanziger Jahren den ihm zugewiesenen Part.
>
> *Ian Kershaw, Hitler-Biograf*

1920 machte Eckart Hitler in Berlin mit dem damals führenden Lokomotivenhersteller Ernst Borsig bekannt, der seine Sympathie bekundete, und in dieser Zeit einer der wenigen Großindustriellen war, die für Hitler und seine Partei spendeten. Doch die meisten frühen Förderer stammten eher aus dem wohlhabenden Mittelstand, wie etwa die Bechsteins, Inhaber der berühmten Pianofabrik in Berlin. Helene Bechstein begegnete 1920 dem im privaten Kreis eher schüchtern wirkenden Agitator mit mütterlichem Wohlwollen. Das Geld begann zu fließen. Für Hitler und die Partei brachen nun bessere Zeiten an. Helene Bechstein überließ Hitler später noch Schmuck und wertvolle Kunstobjekte, die dieser als Sicherheit einsetzte – etwa für ein Privatdarlehen von 60 000 Schweizer Franken, eine immense Summe in einer Zeit, in der die Mark durch die Inflation rapide an Wert verlor.

> Ich habe ihm einige Kunstgegenstände zur Verwertung gegeben, mit der Bemerkung, dass er damit machen könne, was er wolle. Es handelt sich bei diesen Kunstgegenständen um solche von höherem Wert.
>
> *Helene Bechstein 1924 in einem Polizeiprotokoll*

Heiß begehrte – weil stabile – Fremdwährung in die Kasse brachte auch Eckarts Verbindung zum Europa-Repräsentanten des Ford-Konzerns. Dessen Chef Henry Ford war ein bekennender Antisemit. Eckart gelang es, bei den Amerikanern eine Spende für die bayerischen Gesinnungsgenossen lockerzumachen – die Verbindung zwischen Ford und Hitler sollte lange andauern: Jahrelang flossen die Dollar-Spenden, nach der Machtübernahme Hitlers ließ ihm Henry Ford alljährlich als Geburtstagsgeschenk 50 000 Dollar zukommen.

> Herr Hitler rühmt sich offen der Unterstützung Fords und preist Ford als großen Individualisten und großen Antisemiten. Eine Fotografie Fords hängt in Hitlers Büro.
>
> *Erhard Auer, Vizepräsident des bayrischen Landtags, 1923*

Hitler bedankte sich 1938 mit einem Orden, den er dem US-Industriellen verlieh.

Im München der frühen 1920er-Jahre öffnete Eckart für Hitler die Türen zum betuchten Bürgertum und zu mittelständischen Unternehmern. Es galt als chic, den radikalen Volkstribun Hitler zu abendlichen Veranstaltungen in die Salons dieser Schicht einzuladen. Da und dort wurden Schecks ausgestellt, Spendenzusagen gemacht. Der neue Star der rechten Szene war ein überaus erfolgreicher Geldbeschaffer für die Partei – und für sich. Ein Gehalt von der Partei bekam der erfolgreiche Frontmann indes nicht, das wäre mit seiner Rolle als »Enfant terrible« nicht zu vereinbaren gewesen, so das Kalkül Hitlers. Und es nutzte seinem Ansehen, nur »ehrenamtlich« den Chefposten innezuhaben. Bei der nun florierenden Geldbeschaffung entstand eine Grauzone: Meist floss Bargeld, Quittungen wurden nicht verlangt oder gegeben. Hitler allein entschied, was er an die Parteikasse abführte. Um den asketischen Eindruck zu untermauern, blieb er auch in seiner einfachen Wohnung in der Münchener Thierschstraße wohnen.

Ansonsten war Bescheidenheit nicht seine große Stärke. Schon im Herbst 1920 hatte er von der Partei verlangt, ihm einen »Kraftwagen« zu stellen – das Automobil war damals ein teures Privileg der begüterten Schichten. Tatsächlich kratzte der Schatzmeister in der Parteikasse Geld für ein altes Vehikel zusammen, das jedoch ständig liegen blieb. Entnervt schaffte Hitler schließlich eine gebrauchte »Selve«-Karosse an – von dem ihm gespendeten Geld. Zum Ausgleich verlangte er von der Partei einen Chauffeur, den sie ihm gewährte. Derart mit den Attributen bürgerlichen Wohlstands aufgewertet, erschien Hitler schon damals manchem Parteigenossen als »König von München«.

Wirtschaftlich stellte schon Ende 1920 sein früher Mentor Dietrich Eckart entscheidende Weichen, als er dringend dazu riet, eine parteieigene Zeitung zu gründen. Er hatte schon etwas im Blick: Der *Völkische Beobachter* des Verlags Franz Eher Nachf. war in finanzieller Schieflage und stand zum Verkauf. Mit einer Auflage von 7000 war das Blatt in rechten Kreisen Münchens bereits gut bekannt. Der Kaufpreis sollte 120 000 Mark betragen, plus Übernahme von 250 000 Mark Schulden, doch die junge NSDAP hatte kein Geld. Der braune Poet Eckart nutze deshalb seine Verbindungen: 60 000 Mark steuerte der Reichswehrgeneral Ritter von Epp, der mit der NSDAP sympathisierte, aus einem

»verdeckten« Reichswehrfonds bei – als Darlehen, für das Eckart persönlich bürgte. Fast 60 000 Mark gab das NSDAP-Mitglied Gottfried Grandel, ein Augsburger Speiseölhersteller; für diesen Betrag musste Hitler bürgen. Das Geld war eingesammelt – doch eine Partei war keine »juristische Person« und konnte nicht als Käufer auftreten. So wurde der »Nationalsozialistische Deutsche Arbeiterverein« gegründet, dessen Vorsitzender Hitler wurde. Zum Geschäftsführer des Vereins machte Hitler seinen früheren Unteroffizier und Kriegskameraden Max Amann. Und dieser Amann fädelte nun einen genialen Coup ein. Im November 1921 – es war die Zeit der beginnenden Inflation – stand ein Dollar bereits bei 180 Mark. Hitler, so Amann, könne doch leicht Spenden in harter Währung einsammeln und diese in Unsummen wertloser Mark umtauschen, um dann das geliehene Geld zurückzuzahlen. Damit wäre Hitler dann in der Lage, sich zum alleinigen Anteilseigner des Verlags Franz Eher GmbH zu machen. Aus unbekannter Quelle erhielt Hitler die notwendige Summe der US-Währung – es genügten ganze 666 Dollar, in Papiermark umgerechnet, um die jeweils 60 000 Mark Schulden an den Reichswehrfonds und an Grandel zurückzuzahlen. Am 16. November vermeldete Hitler im Münchner Registriergericht, dass er nun alle Anteile am *VB* und am Franz Eher Verlag besitze.

»Mit Amanns Unterstützung war Hitler zu einem jener Inflationsgewinnler geworden, die er in seinen Reden stets mit radikaler Unbarmherzigkeit geißelte«, konstatiert Wulf Schwarzwäller in seiner Studie *Hitlers Geld*. Viel wichtiger noch: De facto war Hitler jetzt Zeitungsverleger und Verlagsbesitzer. Der *Völkische Beobachter* sollte noch jahrelang defizitär bleiben, die Parteikasse schoss immer wieder Unsummen zu, um die Zeitung, deren Anteile zu 100 Prozent Hitler gehörten, am Leben zu erhalten.

> Mein Mann hat Hitler wiederholt finanziell zur Stützung seines Zeitungsunternehmens unter die Arme gegriffen. Dies geschah gewöhnlich, wenn Hitler uns in Berlin aufsuchte und bei dieser Gelegenheit zu erkennen gab, dass er sich mit dem *Völkischen Beobachter* in Schwierigkeiten befinde. Wie hoch die Beträge waren, weiß ich nicht, weil ich mich um Geldsachen grundsätzlich nicht kümmere.
>
> *Helene Bechstein 1924 in einem Polizeiprotokoll*

Gleichzeitig aber war der Schatzmeister der Partei, Franz Xaver Schwarz, im Verlagsbüro nicht willkommen – diktatorisch hatte der Parteivorsitzende Hitler bestimmt, dass die Geschäfte Amanns im *VB* den NSDAP-Kassenwart nichts angingen. Der musste indes Geld aus der Parteikasse an Hitler auszahlen, wenn dieser »persönlichem Bedarf« anmeldete. Beträge von bis zu einigen tausend Mark wurden als »Sonderausgaben für Werbemaßnahmen« verbucht. Doch auch wenn der *VB* zunächst ein Zuschussgeschäft blieb – das Blatt trug erheblich zum Aufstieg der Partei bei: Es entwickelte sich rasch zu einem publizistischen Geschütz, mit dem die Weimarer Republik sturmreif geschossen wurde. Pikant war, dass sich Hitler für sämtliche Artikel, die er für den *VB* schrieb, Autorenhonorare auszahlen ließ.

Als seine Politkarriere nach dem Novemberputsch 1923 von der Festungshaft in Landsberg unterbrochen wurde, war für die Zeit danach finanziell vorgesorgt. Hitlers Gönnerin Helene Bechstein sorgte als Bürgin dafür, dass ihr teurer Freund nach der Entlassung einen Personalkredit von 45 000 Mark bekam – da er dieses Geld nie zurückzahlte, wandelten die Bechsteins die Bürgschaft in eine Schenkung um. Hitler, der nun bekannter war als je zuvor, engagierte privat drei Angestellte: Rudolf Heß als Privatsekretär verdiente 300 Mark monatlich, sein Leibwächter Julius Schaub 200 Mark, sein Chauffeur Julius Schreck 100 Mark. Der Chauffeur war billig, teuer aber die Karosse, die er lenkte: Der Autonarr Hitler kaufte 1925 einen Mercedes-Kompressorwagen, ein Spitzenmodell zum Preis von 20 000 Mark. Weitere Ausgaben entstanden, als Hitler für 1000 Mark im Jahr auf dem Obersalzberg bei Berchtesgaden ein Landhaus, das »Haus Wachenfeld«, mietete. Auch sonst ließ er es sich gut gehen – vom Obersalzberg fuhr er häufig nach München, um seine Nichte Geli in die Oper auszuführen und um viel Zeit in Restaurants wie der »Osteria«, dem Café Heck oder dem Carlton Tea Room zu verbringen. Anders als in den Wiener Jahren konnte er sich diesen Lebensstil nun mit Leichtigkeit leisten.

Die Buchabteilung des Verlags Franz Eher sollte bald von Hitlers Pamphlet *Mein Kampf* profitieren. Dieses Buch, publiziert in Hitlers eigenem Verlag, brachte ihm äußerst vorteilhafte Tantiemen – er erhielt pro verkauftem Exemplar 15 Prozent vom Ladenpreis, der mit 12 Mark recht teuer ausfiel. 10 000 Bücher gingen im ersten Jahr über den Ladentisch, Hitler nahm 18 000 Mark ein – das war mehr als das Zehnfache des in Deutschland durchschnittlichen Bruttojahresverdienstes, der damals knapp 1500 Mark betrug.

Ein Gehalt als Parteivorsitzender lehnte Hitler weiterhin ab. Er wollte nicht in den Kassenbüchern der NSDAP erscheinen, da sich das Finanzamt zunehmend für seine Einnahmen interessierte.

> Das Finanzamt ist sehr hinter unseren Büchern her. Zu gern würden sie uns einmal was am Zeug flicken. Aber sie werden keinen Anlass dafür finden. Deswegen will auch der Chef nie in den Büchern stehen.
>
> *Franz Xaver Schwarz, Schatzmeister der NSDAP, 1929*

Schon am 1. Mai 1925 mahnte ihn die Finanzbehörde: Er solle bitte eine Steuererklärung für 1924 sowie für das erste Quartal 1925 einreichen. Seine Antwort: Er habe keine Einnahmen gehabt und nur von Bankdarlehen gelebt. Weitere Erklärungen blieb er schuldig. Für das letzte Quartal 1925 gab er schließlich Einnahmen von 11 231 Mark an. Davon wollte er allerdings 6540 Mark als »berufliche Ausgaben« absetzen: Die Kosten für seine drei Angestellten, Reisekosten – all das brauche er, denn er sei schließlich »politischer Schriftsteller«: »Ohne meine politische Aktivität wäre mein Name unbekannt. Meine politische Tätigkeit versorgt mich mit dem Material, als politischer Schriftsteller tätig zu sein«, lautete seine durchsichtige Ausrede. Auch Schuldenzinsen von 2245 Mark müssten ihm vom Einkommen abgerechnet werden, es blieben also nur noch 2446 Mark zu versteuern. Dann versuchte er, Mitleid zu erregen: »Ich beschränke meine persönlichen Bedürfnisse, indem ich auf Alkohol und Tabak verzichte, meine Mahlzeiten in den allerbescheidensten Restaurants einnehme […]. Auch das Automobil ist für mich nur Mittel zum Zweck. Nur das Automobil ermöglicht es mir, meine tägliche Arbeit zu leisten.«

> Das Finanzamt wird dann ersehen, dass ich aus dem für diesen Zeitraum ausgeworfenen Erträgnisse meines Buches nur einen kleinsten Bruchteil für mich verwendet habe, nirgends ein Guthaben besitze oder eine sonstige Vermögensanlage mein Eigen nenne.
>
> *Hitler 1926 in einem Brief an das Finanzamt*

Damit waren die Münchener Finanzbeamten die ersten, denen er sich als persönlich bescheidener, unermüdlich tätiger Zeitgenosse zu verkaufen suchte. Dieses Image, später intensiv propagandistisch gepflegt, wird auch für die Masse der »Volksgenossen«, die ab 1933 regiert, zum Bild Adolf Hitlers gehören. Eine Lüge, die noch heute nachwirkt.

1928 tätigte Hitler mit »eigenem Geld« erneut größere private Investitionen: Er kaufte das »Haus Wachenfeld« am Obersalzberg für 30 000 Mark. Um das Finanzamt nicht erneut neugierig zu machen, wurde im Grundbuch seine Schwester Angela als Eigentümerin eingetragen. Im Herbst 1929 bezog er zudem in München eine repräsentative Mietwohnung am vornehmen Prinzregentenplatz, die Miete betrug 4147 Mark im Jahr. Dazu passte nicht so recht, dass er seine offiziellen Einnahmen für das Jahr 1929 mit nur 15 448 Mark angab. Es wird vermutet, so Wulf Schwarzwäller in *Hitlers Geld*, dass er sich für manche persönlichen Ausgaben auf den Ruhrindustriellen Fritz Thyssen stützte, der große Summen für die NSDAP spendete: Thyssen hatte Hitler schon 1923 kennengelernt und sich von ihm beeindruckt gezeigt.

> Er ist der einzige Mann, der politisches Gefühl hat. Ich erkannte seine Rednergabe und eine Fähigkeit, die Massen zu führen.
>
> *Fritz Thyssen 1923 über Hitler*

Sein Kontakt zur NSDAP intensivierte sich 1928, als sich Rudolf Heß an ihn wandte, weil die Partei Geld brauchte. Der Großindustrielle machte daraufhin wohl über eine Million Mark locker – damit wurde er als Einzelperson zu ihrem größten Wohltäter. Dieses Geld floss zu einem großen Teil in den Umbau der neuen Parteizentrale. Das Barlow-Palais an der Brienner Straße in München wurde für über 800 000 Mark renoviert und zum neuen »Braunen Haus« umgebaut.

In der Parteikasse herrschte Ende der 1920er-Jahre dennoch ständig Ebbe. Die Beiträge der Parteigänger brachten nur wenig ein, Ende 1928 hatte die NSDAP erst 100 000 Mitglieder, dafür aber Schulden in Millionenhöhe. Der Apparat, vor allem auch die Zuwendungen für das riesige Heer der SA-Leute, die sich für die Partei auf den Straßen prügelten, kosteten immense Summen. Trotz all der vielen Finanziers und großzügigen Gönner blieb das Geld stets knapp, denn in der »Kampfzeit« der NSDAP wurde es mit beiden Händen wieder ausgegeben. Auf Geheiß Hitlers waren die Parteitage schon in dieser Zeit aufwendig inszenierte Ereignisse und verschlangen Unsummen. Die als pompös und martialisch bekannten Inszenierungen entfalteten immerhin eine erhebliche Werbewirkung. Vor allem in der Provinz galten gerade NS-Veranstaltungen während der Wahlkämpfe als willkommene und geradezu unterhaltsame Abwechslung. So konnte die Partei es sich leisten, bei Wahlkampfveranstaltungen Eintritt zu nehmen: 30 Pfennig, Arbeitslose hatten freien Zutritt. Im sechswöchigen Wahlkampf 1930 gab es reichsweit 34 000 Veranstaltungen der NSDAP – und das spülte dringend benötigtes Geld in die leeren Kassen. Hitler selbst konnte Anfang der 1930er-Jahre hochzufrieden sein: Seine Karriere als Politiker war in vollem Schwung, die NSDAP fand politisch große Beachtung – und finanziell ging es ihm persönlich glänzend. Im Jahr 1931 überwies ihm der Eher Verlag 40 780 Mark als Tantiemen für *Mein Kampf*, für Artikel im *Völkischen Beobachter* kassierte er zusätzlich 15 000 Mark. Im folgenden Jahr 1932 verzeichnete er ein Bruttoeinkommen von fast 65 000 Mark.

Nach seiner »Machtergreifung« 1933 sollte ihn dann nicht mehr interessieren, wie viel Geld ihm zur Verfügung stand, sondern nur noch, was man damit machen konnte. Von nun an erntete er die Früchte der Macht. Nach außen hin aber war er bemüht, als Politiker neuen Typs zu wirken. Und so vermeldete der *Völkische Beobachter* eine Woche nach Hitlers Machtantritt, dass der neue Kanzler auf das Jahresgehalt, das ihm in diesem Amt zustand, verzichten werde. 29 200 Mark verdiente ein deutscher Reichskanzler jährlich, dazu kam eine Aufwandsentschädigung von 18 000 Mark. Das Geld solle den Angehörigen von SA- und SS-Leuten zugutekommen, die im Kampf um die Macht getötet worden seien, schrieb der *VB* und verkündete, dass Hitler seine neue Position als Ehrenamt betrachte. Auch so unterfütterte Hitler die Propaganda mit einem Mythos, der lange Zeit wirksam war: dass ihm finanzielle Belange unwichtig seien und dass er persönlich ein höchst bescheidenes Leben führe. Dieser Eindruck hielt sich hartnäckig, wohl auch, weil keine Zeitung damals vermeldete, dass Hitler diesen Verzicht nur ein Jahr später zurücknahm.

> Hitlers Schein hatte recht wenig mit Hitlers Sein zu tun. Das gilt insbesondere für die Friedensjahre des »Dritten Reiches«, als er sich als einfacher Mann des Volkes darstellte, die Realität aber eine andere war.
>
> *Thomas Weber, Historiker*

Dreist war zudem sein Verhalten, als er sich nach dem Tod des Reichspräsidenten Hindenburg auch dessen Amt aneignete. Damit trat er nicht nur den Geist der noch immer geltenden Verfassung mit den Füßen, sondern kassierte schamlos doppelt: Auch das Gehalt des Reichspräsidenten von 37.800 Mark wurde ihm nun monatlich gutgeschrieben.

Doch waren diese staatlichen Gehälter nur ein Zubrot – die wirklich großen Summen verdiente der Privatmann Hitler mit seinem Buch *Mein Kampf*. Die hohen Absatzzahlen waren vorwiegend dadurch zu erklären, dass ab 1936 jedes frisch vermählte Paar auf dem Standesamt eine Ausgabe des Werkes überreicht bekam – sechs Millionen Exemplare wurden so an Mann und Frau gebracht. Und die mussten bezahlt werden, und zwar vom Steuerzahler. So wurde das Buch mit 10 Millionen verkauften Exemplaren zum Bestseller – den, wie nach 1945 oft beteuert wurde, kaum jemand wirklich las. Das konnte Hitler gleichgültig sein, die Tantiemen flossen stetig, jährlich zwischen 1,5 und 2 Millionen Mark. Das war enorm viel Geld, doch auch diese Summen verblassen angesichts der Gelder, die ihm von anderer Seite zuflossen.

Denn der »Reichsstand der Deutschen Industrie« beschloss auf Initiative des Essener Großindustriellen Gustav Krupp von Bohlen und Halbach, dem neuen starken Mann ein Geschenk zu machen. Die Industrie sagte »Danke« – dafür, dass fortan in Deutschland jegliche Gefahr »linker« Experimente gebannt war, dass im NS-Staat die Gewerkschaften zerschlagen wurden, dass die Löhne und Gehälter auf dem Stand von 1933 eingefroren blieben und dass nun riesige und lukrative Rüstungsprogramme aufgelegt wurden.

> Jetzt konnte er Geld mit vollen Händen ausgeben. Er wusste: Solange die deutsche Industrie verdiente, würden seine privaten Geldquellen unerschöpflich sein. Und dafür, dass es der deutschen Industrie noch nie besser gegangen war als unter seiner Herrschaft, dafür hatte er gesorgt – mit gigantischen Rüstungsprojekten.
>
> *Wulf Schwarzwäller, »Hitlers Geld«*

Das »Interessenbündnis auf Gegenseitigkeit« zwischen den Unternehmerverbänden und den neuen Machthabern sollte besiegelt werden durch eine großzügige Geste der Konzernherren – sie erfanden die »Adolf-Hitler-Spende der deutschen Wirtschaft«. Anfangs noch freiwillig, sollte jeder Arbeitgeber ab dem 1. Juni 1933 vierteljährlich einzahlen und eine Summe in der Größenordnung von 0,5 Prozent seiner betrieblichen Lohnkosten spenden; in den folgenden Jahren entwickelte sich die Spende zu einer Zwangsabgabe. Das Geld floss in einen Privatfonds, über den der »Führer« nach Belieben verfügen konnte. Hitler brauchte keinerlei Rechenschaft über die Verwendung dieser Mittel abzulegen. Versteuern musste er das Geld selbstverständlich nicht. Bis 1945 kamen so 700 Millionen Reichsmark zusammen. Der Wirtschaft tat diese Gabe an den »Führer« nicht weh, denn sie konnte die Spende von der Steuer absetzen. Damit trug indirekt der Steuerzahler die Last dieses luxuriösen Geschenks an den »Führer«. Hitler erklärte gegenüber Krupp und den Konzernchefs, dass er das Geld zur »Förderung der Kultur« und zur »Linderung unverschuldeter Not bei altgedienten Kampfgefährten« nutzen wolle. Ein »altgedienter Kampfgefährte« profitierte sofort, weil er befördert wurde: Martin Bormann avancierte zum Verwalter dieser Gelder, fortan gehörte er zur engsten Entourage Hitlers und drehte diensteifrig den Geldhahn auf, wenn der »Führer« teure private Wünsche und Projekte realisieren wollte.

Nun konnte Hitler fast uneingeschränkt jene privaten Interessen pflegen, die ihn schon in den frühen Jahren in Wien umgetrieben hatten: die Liebe zur Kunst und das Interesse an der Architektur. Zunächst lebte Hitler seine Vorstellungen von Stil und Größe als Bauherr aus. Sein bescheidener Landsitz oberhalb Berchtesgadens, das »Haus Wachenfeld«, wurde zu einem der persönlichsten Projekte Hitlers – er baute sein privates Anwesen zu einer repräsentativen Residenz aus. Bis Mitte 1936 wurde aus dem bescheidenen Holzhaus der pompöse »Berghof«. Das neue Domizil hatte 30 Zimmer, alles war ganz nach den Vorstellungen seines Erbauers gestaltet. Die Entwürfe hatte Hitler selbst gezeichnet, sein Baumeister Roderich Fick realisierte jede seiner Ideen. Groß und vom Feinsten musste alles sein, Protz und private Marotte paarten sich zu einer teuren Projektion der Macht. Der »Berghof« stand auf Hitlers privatem Grundstück, 10 km^2 des umliegenden Landes wurden für 7,2 Millionen Mark aus dem Fonds von seinem Bevollmächtigten Bormann aufgekauft.

> Der Berghof ist eine wahre Goldgrube. Nur dass Bormann nichts herausholt, sondern eine Menge hineinschmeißt.
>
> *Hitler*

Mit viel Geld, aber auch mit brutalem Druck – bis hin zur KZ-Haft – wurde der Widerstand einiger vorheriger Besitzer gebrochen. Die Bergwelt, die den »Berghof« umgab, wurde mit zahlreichen Bauwerken zum »Führergebiet Obersalzberg« umgestaltet.

Das größte Projekt war an Aufwand kaum zu überbieten. Der über 1800 m hohe Kehlstein bekam ein »Teehaus«. Für den Bau musste jeder Stein über eine steile und kurvenreiche Strecke auf den Berg gebracht werden. So entstand eine runde Kaminhalle, die rundherum mit Panoramafenstern versehen war. Dazu kamen Küche, Arbeitszimmer und eine Sonnenterasse. Auf 1700 m Höhe befand sich der Zugang: Ein Schacht führte 130 m in den Berg, ein Aufzug aus Messing trug Gäste die gleiche Strecke in die Höhe. Das »Kehlsteinhaus« versetzte alle Besucher in Staunen. Nach einem Jahr schenkte der »Führer« dem exklusiven Refugium kaum noch Beachtung. Sein nun äußerst selten besuchtes »Kehlsteinhaus« hatte 30 Millionen Mark an Baukosten verschlungen. Insgesamt hatten die Baumaßnahmen am Obersalzberg 100 Millionen Mark gekostet.

> Wenn einmal alles fertig ist, suche ich mir ein stilles Tal und baue mir dort wieder ein kleines Holzhaus wie das erste.
>
> *Hitler*

Das meiste – bis auf den Umbau von Hitlers privatem »Berghof« – kam aus dem Fonds der »Adolf-Hitler-Spende«, denn das »Führergebiet Obersalzberg« umfasste auch »offizielle« Anlagen, wie etwa den 14 km langen Sicherheitszaun, das komfortable Gästehaus »Platterhof« oder die Kasernen der SS-Wachmannschaften.

Nach dem »Anschluss« Österreichs wollte Hitler Linz, die geliebte Heimatstadt, zu einer »Perle an der Donau« machen und großartig umbauen. Sein ganz persönlicher Beitrag sollte ein »Führermuseum« sein – von ihm initiiert, von seiner Liebe zur Kunst inspiriert, nach ihm benannt. Bestärkt hatte ihn ein Staatsbesuch in Italien, bei dem er in Florenz stundenlang durch die Uffizien geschlendert war – ein Museum vom Rang ebendieser Uffizien oder des Pariser Louvre schwebte ihm für Linz vor. Und so begann ab Mitte 1938 die Sammeltätigkeit für Hitlers geplanten Tempel der Kunst. Ausgestattet mit dem nötigen Geld aus dem Fonds der »Adolf-Hitler-Spende«, steigerte sich sein Sammlerdrang fast zur Besessenheit.

> Das Linzer Museum sollte nicht nur einfach eine Landesgalerie sein, es sollte mitspielen in der Riege der großen europäischen Museen, also Paris (Louvre), Wien (Kunsthistorisches Museum), Dresden, Berlin, Madrid. Und insofern war es notwendig, nicht nur eine große Sammlung aufzubauen, sondern auch eine Sammlung mit sehr hochwertigen Bildern.
>
> *Hanns Christian Löhr, Historiker*

Er beauftragte Kunsthändler, gezielt nach Spitzweg-Gemälden Ausschau zu halten. Seine Vorliebe galt der »Deutschen Schule« des 19. Jahrhunderts, moderne Malerei bezeichnete er als die Ausdrucksform »irrsinniger und verkommener Menschen« und als »verkrüppeltes Gekleckse«, das er als »entartet« ablehnte.

Mit dem »Anschluss« begann auch die Verfolgung der österreichischen Juden; manche von ihnen besaßen herausragende Kunstsammlungen, wie etwa Louis und Alphonse Rothschild. Als die beiden von der Gestapo verhaftet wurden, beschlagnahmte man deren Kunstwerke – eine vollkommen illegale Aktion. Andere jüdische Sammler übereigneten ihren Kunstbesitz den Behörden, um die sogenannte »Reichsfluchtsteuer« aufzubringen, die ihnen eine Ausreise ermöglichte. Wieder andere verkauften vor ihrer Flucht oder erzwungenen Emigration Gemälde und Kunstwerke. Die deutschen Eroberungen in den Kriegsjahren 1939 und 1940 brachten neue Betätigungsfelder. Auch in den Niederlanden und Frankreich kam nach der Besetzung durch die Wehrmacht Bewegung in die dortigen Kunstmärkte. Für alle Kunstwerke, die in den besetzen Gebieten beschlagnahmt worden waren, galt ein »Führervorbehalt«. Die Forschung geht davon aus, dass Hitler insgesamt 160 Millionen Reichsmark für Kunst aufgewendet hat. »Für seine Linzer Sammlung dürfte er vielleicht so den Betrag von 106 bis 108 Millionen Reichsmark gezahlt haben«, schätzt der Berliner Historiker Hanns Christian Löhr.

Im Osten gab es zudem eine weitere Immobilie, in die Hitler viel Geld investierte und für die Kunstwerke angeschafft wurden. In Posen, der Hauptstadt des neu gegründeten »Warthegaus« im besetzten Polen, stand ein Schloss, das im Jahr 1910 für Kaiser Wilhelm II. fertiggestellt worden war. Vor dem Ersten Weltkrieg hatte Posen zum deutschen Kaiserreich gehört, Wilhelm hatte sein Schloss als »germanische Trutzburg«

im Osten betrachtet. Dieses riesige, neogotische Bauwerk wollte Hitler nun im Zuge der geplanten Germanisierung der Ostgebiete zu seiner »Führerresidenz« umbauen.

> Hier in Posen wird sich die Herrlichkeit des starken Reiches millionenfach widerspiegeln. Auch von hier aus wird der Führer Wache halten über die Sicherheit des Reiches.
>
> *Gauleiter Arthur Greiser*

Es wurde ab Mitte 1940 komplett entkernt und dann nach dem Vorbild der Neuen Reichskanzlei von der Holzmann AG im pompösen NS-Stil umgebaut. Verschiedenfarbiger Marmor aus allen Gauen des Reiches verbreitete nun kalte Pracht in riesigen, leeren Räumen. Bürokratische Schwierigkeiten hatten den Baubeginn verzögert, bis schließlich Hitler per »Führerbefehl« durchgegriffen hatte. Insgesamt steuerte er zwei Millionen Mark aus seiner Privatschatulle zu dem Projekt bei, dessen Gesamtkosten anfänglich auf 6,7 Millionen Mark veranschlagt waren. Jedoch: Hitler sollte sein Schloss in Posen, dessen Umbau er aus der Ferne genau verfolgt hatte, nie persönlich betreten. Im Juli 1944 wurden die Baumaßnahmen eingestellt, zuletzt hatte die Kalkulation der Kosten bei 21 Millionen Mark gelegen. Kurz darauf begann eine gewaltige sowjetische Offensive, mit der sich die Ostfront bedenklich nahe an das Reich heranschob.

Als sich Hitler Ende April 1945 im Bunker unter der Reichskanzlei erschoss, war er ein sehr vermögender Mann. In seinem privaten Testament bedachte er zuallererst die NSDAP: »Was ich besitze, gehört – sofern es überhaupt von Wert ist – der Partei. Sollte diese nicht mehr existieren, dem Staat. Sollte auch der Staat vernichtet werden, ist eine weitere Entscheidung von mir nicht notwendig.« Dieses Testament wurde nie vollstreckt. Hitlers Staat – das »Dritte Reich« – wurde vernichtet. Nicht aber die staatliche Kontinuität Deutschlands. Schon bald nach Kriegsende fiel Hitlers gesamter Besitz dem Freistaat Bayern zu – so hatten es die alliierten Sieger entschieden; Grundlage war die Tatsache, dass Hitler bis zu seinem Tode seinen offiziellen Wohnsitz am Prinzregentenplatz in München hatte. Nach der Übertragung des Hitlerschen Besitzes verwaltete das Land Bayern auch das Gelände des »Berghofs«.

Ebenfalls in den Besitz des Landes Bayern gelangten nach 1945 die Urheber- und Nutzungsrechte an *Mein Kampf*. Das Staatsministerium für Finanzen unterband bis 2015 jede Neuauflage. Dann – 70 Jahre nach dem Tod des Autors – erlosch dem Urheberrechtsgesetz nach die urheberrechtliche Nutzungsbeschränkung. Dennoch ist die Rechtslage weiterhin unklar – ein Neudruck des Buches kann unter Umständen als Verbreitung verfassungsfeindlicher Propaganda sowie Volksverhetzung strafbar sein. Trotzdem war und ist das Buch in vielen Ländern erhältlich, so in den USA und Großbritannien. Die Gewinne, die der britische Verlag seit der Neuauflage 1969 mit *Mein Kampf* erzielte, wurden an Wohltätigkeitsorganisationen gespendet.

Ein anderer wesentlicher Sachwert aus dem Besitz Hitlers waren die unzähligen Kunstwerke, die der Diktator privat ankaufte oder die in seinem Namen für den »Sonderauftrag Linz« angeschafft worden waren. Sie wurden vor Kriegsende in einem Salzbergwerk bei Altaussee in Österreich gelagert, um sie vor Fliegerangriffen, aber auch vor dem Zugriff der Alliierten zu schützen. Doch Anfang Mai 1945 entdeckten amerikanische Truppen das riesige Depot im Berg. Die Werke wurden – wie andere Sammlungen – zu einem »Collecting Point« in München gebracht. Dort wurden sie systematisch registriert, dann sollten sie restituiert, das heißt an die ursprünglichen Besitzer zurückgegeben werden. Für Hitler waren im Rahmen des »Sonderauftrags Linz« 4353 Kunstwerke erworben worden. Bei 406 Werken war klar, dass sie während des Krieges von den Deutschen beschlagnahmt worden waren. Zwei Drittel des Bestands waren über Kunsthändler beschafft worden. Diese Werke konnte man deswegen nicht einfach pauschal als Raubkunst klassifizieren. In jedem Fall musste einzeln geprüft werden, ob sich die Händler rechtmäßig verhalten hatten und in welchen Fällen sie als Hehler agiert hatten.

Der Berliner Historiker Hanns Christian Löhr hat im Zuge seiner Forschungen ermittelt, dass etwa 37 Prozent der Werke als rechtmäßige Ankäufe registriert werden konnten. Sie gingen in Bundesbesitz über und hängen heute größtenteils in Museen, manche schmücken Regierungsgebäude und Amtsräume des Bundes, wie etwa das Bundespräsidialamt. Fast ein Drittel der Sammlung wurde an die Herkunftsländer Niederlande, Frankreich und Österreich zurückgegeben. Zehn Prozent gelten als Kriegsverlust. Für fast ein Viertel der Werke aus dem »Sonderauftrag Linz« stellte sich die Aufgabe der Restituierung. In vielen Fällen mussten die Erben der oft im Holokaust getöteten jüdischen Vorbesitzer gefunden werden. Das Bundesamt für offene Vermögensfragen in Berlin bemüht sich noch heute aktiv, durch Provenienzforschung die Besitzverhältnisse zu klären und Rückgaben an die Erben zu ermöglichen. Das ist in den meisten Fällen gelungen. Doch immer noch gibt es ein Depot am Rande von Berlin, in dem einige Dutzend Werke aus Hitlers Sammlung lagern. Einige harren der Rückgabe, weil die Erbangelegenheiten nicht oder noch nicht restlos geklärt sind. Einige wenige sind in Bundesbesitz und werden schlicht dort gelagert, weil sich kein Museum oder keine Behörde findet, das oder die sie aufhängen würde.

Heute wissen wir, dass sich Hitler – wie viele andere absolute Herrscher vor ihm und viele Diktatoren nach ihm – den Staat fast zum Eigentum gemacht hatte. Jenseits seiner privaten Finanzverhältnisse sah der Staatsmann Hitler Geld auch als Machtmittel. Wie Feudalherrscher ließ er getreuen Vasallen Geschenke zukommen – etwa in Form von Ländereien. Schon 1935 hatte er dem Feldmarschall des Ersten Weltkrieges, General August von Mackensen, das Gut Brüssow in der Uckermark geschenkt. Der General war für die NSDAP in den Jahren zuvor ein wertvoller Fürsprecher gewesen – in konservativen Kreisen und bei Weltkriegsteilnehmern galt sein Wort viel. Der Dank für den Sympathisanten war ein riesiges Gut, das einst von Friedrich dem Großen gegründet worden war. Während des Krieges erhielten weitere verdiente Generale Landgüter und Gelddotationen – stets waren diese Gaben steuerfrei, mussten aber auch geheim gehalten werden. Ein Beispiel war General Heinz Guderian. Der Schlachtenlenker bekam 1943 das Gut Deipenhof bei Posen im »Warthegau« geschenkt, im Wert von 1,2 Millionen Mark. Hitler bedachte mit seinen Dotationen nicht nur Militärs: So erhielt der von Hitler hochgeschätzte Bildhauer Arno Breker zum 40. Geburtstag das ehemalige Rittergut Jäckelsbruch bei Wriezen geschenkt. Der Dank für seine »schöpferische Arbeit im Dienste der deutschen Kunst« umfasste neben dem Schloss mit Park auch ein neu erbautes Atelier, dazu gab es ein Werksgelände mit Gleisanschluss. Insgesamt hatte diese Dotation einen Wert von 800 000 Reichsmark. Bei derartigen Schenkungen zeigte sich Hitlers vormodernes, absolutistisches Herrschaftsprinzip: Wer treu diente, wurde reich beschenkt, der Wettkampf um die Gunst des Herrschers sollte das Handeln der Untertanen befeuern.

»Unerschöpfliche Mittel zur Verfügung zu haben, besaß für ihn einen geradezu erotischen Reiz«, schreibt Wulf Schwarzwäller in einer Studie über Hitlers Finanzgebaren. Eine Besonderheit des »Dritten Reiches« war dennoch, dass bei fast allen Exzessen der Schein von Legalität gewahrt werden sollte. Doch wer hinter die Fassade blickt, entdeckt ein mafiös erscheinendes Geflecht, bei dem Staats- und Parteiämter untrennbar miteinander verwoben und mit Wirtschaftsunternehmen verfilzt waren.

> Ganz im Gegensatz zur fortwährenden Propaganda, in der er als bedürfnisloser Mensch auftrat, hatte er eine Art Neureichen-Gehabe, das sich dadurch ausdrückte, dass er luxuriöse Immobilien hatte und seinen Freunden Geldgeschenke machte.
>
> *Wolfgang Zdral, Wirtschaftsjournalist*

Beim Machtantritt 1933 war Hitler bereits ein reicher Mann, der persönliche Einkünfte und die Parteikasse in den 1920er-Jahren bedenkenlos miteinander verflochten hatte. Die persönlichen Einkünfte flossen reichlich durch seine enge wirtschaftliche Beziehung zum Franz Eher Verlag, die auch bestehen blieb, als er an der Macht war. Diese Machtübertragung im Januar 1933 war ein politischer Triumph – und sie zahlte sich auch finanziell aus. Besonders die »Adolf-Hitler-Spende« der deutschen Industrie erscheint als eine merkwürdige nachträgliche Honorierung für geleistete Dienste und für zu erwartende Wohltaten; all das wirkt anrüchig, eher einer Bananenrepublik würdig als einem modernen Industriestaat. Gleichzeitig kann man keineswegs sagen, dass sich die Industrie einen willfährigen Kanzler »hielt«. Sie hat ihn auch nicht mit ihrem Geld zum Kanzler gemacht, sondern erst nachträglich bestehende Realitäten pragmatisch zu ihrem Vorteil anerkannt; heute würde man dies »Landschaftspflege« nennen und gewiss nicht so plump betreiben. Hitler hatte das Geld der Konzernchefs nach 1933 nicht mehr nötig, als Privatmann war er wirtschaftlich unabhängig. Als er 1919 seine Politikerkarriere begann, hatte dies ganz anders ausgesehen. Üblich war bis dahin gewesen, dass wohlhabende Männer in die Politik gingen oder ihr Geld nutzten, um Einfluss zu nehmen. Bei Hitler war es umgekehrt: Er wollte als Agitator nicht nur seine ideologischen Vorstellungen umsetzen, für ihn war die politische Karriere auch ein Weg, um Rang und sozialen Status zu gewinnen. Das gelang ihm mit durchschlagendem Erfolg. Als er sich etabliert hatte, konnte er ein Leben nach seinen Vorstellungen führen. Nun konnte er seine Interessen und Vorlieben ausleben – fast ohne jede finanzielle Einschränkung.

HITLERS KINDER

DIE VERFÜHRUNG

Es war eine Generation, die keine Wahl hatte. Nicht sie hatte für Hitler gestimmt, sondern ihre Eltern. Jene Jungen und Mädchen, die in den 30er- und frühen 40er-Jahren heranwuchsen, wurden vom Staat vereinnahmt wie keine andere deutsche Generation vor ihnen und nach ihnen. »Diese Jugend«, verkündete Hitler 1938 mit fast schon spöttischem Unterton, »die lernt ja nichts anderes als deutsch denken, deutsch handeln.« Mit zehn Jahren, so der Diktator, gehöre sie ins Jungvolk, mit 14 in die Hitlerjugend, dann in die Partei und in den Arbeitsdienst. »Und nach der Wehrmacht nehmen wir sie sofort wieder in die SA, SS und so weiter, und sie werden nicht mehr frei, ihr ganzes Leben.« Am 20. April, zu »Führers« Geburtstag, wurden Jahr für Jahr Millionen junge Deutsche eingeschworen auf den Wahn des »Übervaters«. »Ich war zehn Jahre alt. Damals hat das deutsche Volk, wie in der Zeitung stand, dem Führer einen Jahrgang geschenkt. Wir wurden dem Führer geschenkt«, erinnerte sich der Schriftsteller Erich Loest, Jahrgang 1926, an die feierliche Aufnahme in die Hitlerjugend. Nie zuvor in der Geschichte wurde die Jugend so umworben – und nie zuvor so missbraucht. Im Krieg wurden die jungen Männer dieser Generation zur Schlachtbank geführt, junge Frauen mussten in der Heimat den Bombenkrieg über sich ergehen lassen. Die Niederlage 1945 brachte für Millionen Flucht und Vertreibung. Wer die Schrecken des totalen Krieges überlebte, hatte wertvolle Jahre seines Lebens verloren – die Not im Nachkriegsdeutschland machte einen Neuanfang nicht einfach. Auf den Schultern dieser Generation lastete der Wiederaufbau, in ihrem Gedächtnis ruhte die Erinnerung an Angst und Elend, Not und Tod – aber ebenso an eine Zeit, in der die Diktatur nicht nur Gewalt zu bieten hatte, sondern auch Verführung.

Nürnberg, September 1935: Die Zukunft der Nation stand auf den Ladeflächen von Lastwagen oder reiste in Sonderzügen der Reichsbahn an. Manche kamen sogar zu Fuß. Sie marschierten hunderte von Kilometern durch Deutschland. Mit Trommeln und Fanfaren eroberten sie die Straßen, singend trugen sie ihre Fahnen durch Dörfer und Städte. Manche von ihnen waren mehr als vier Wochen auf den Beinen. Sie übernachteten in Zeltlagern oder in Heuschobern. Begeistert folgten Jahr für

Jahr rund 2.000 Hitlerjungen dem Ruf des Reichsjugendführers Baldur von Schirach: »Wir marschieren zum Führer – wenn er es wünscht, werden wir auch für ihn marschieren.« Am Morgen des 14. September hatten die Teilnehmer des Adolf-Hitler-Marsches ihr Ziel erreicht. Mit ihnen waren 54.000 Jungen und Mädchen aus dem gesamten Reichsgebiet zum »Appell der Jugend« im Stadion von Nürnberg angetreten. Die Regie der nationalsozialistischen Masseninszenierung hatte sie für den »Reichsparteitag der Freiheit« zu gewaltigen Menschenblöcken ausgerichtet: Statisten für den Rausch durch Geometrie. Vor der Haupttribüne mit der versammelten Prominenz von Partei und Wehrmacht warteten die uniformierten Jugendlichen gespannt auf die Ankunft ihres Übervaters.

Endlich hielt der Herrscher Einzug unter seine Jugend. Der Erste Hitlerjunge im »Dritten Reich« trat vor und nahm Haltung an. Stolz meldete Baldur von Schirach sein Aufgebot. »Rührt euch!«, folgte das Kommando. Wie auf Befehl zerrissen zehntausende von Kinderkehlen mit stimmbrüchigen Heilrufen die andächtige Stille im Stadion. In Minuten des Jubels entlud sich die aufgestaute Spannung, ehe Trommelwirbel und Fanfarenstöße den kalkulierten Ausbruch der Gefühle zur Parteitagsdisziplin zurücklenkten. Die Gefolgschaft stimmte ein in den Chor ihres kollektiven Glaubensbekenntnisses: »Wir sind des Reiches junge Kraft, sind eine einzige Bruderschaft … «. Mit dem ihm eigenen Hang zu schwülstigem Pathos beschwor der 28-jährige Reichsjugendführer den Opfergeist der versammelten Kinderschar: »Hier vor Ihnen steht die ganze junge Generation unseres Volkes. Wenn wir hier auf diese fröhliche Jugend blicken, so sehe ich aber unter ihnen die 21 bleichen Gesichter jener toten Kameraden, die sich geopfert haben, damit wir in solcher Gemeinschaft leben können. Diese Kameraden, mein Führer, sind im Glauben an Sie gestorben. Die ganze deutsche Jugend lebt in diesem gleichen Bekenntnis. Wir haben an dem heroischen Beispiel dieser unserer Besten gelernt und erfahren, dass die Treue zu Ihnen das Tor ist zu unserer Unsterblichkeit.«

Jugendweihe im Zeichen des Totenkults: In missionarischem Eifer predigte Schirach einer ganzen Generation junger Deutscher den Katechismus einer nationalsozialistischen Religion, die den Tod für den »Führer« als Weg zum ewigen Leben seiner Jugendbewegung verklärte.

> Adolf Hitler, wir glauben an dich, ohne dich wären wir Einzelne, durch dich sind wir ein Volk.
>
> *Baldur von Schirach, 1934*

Seiner Glaubensgemeinde zum allmächtigen Idol entrückt, verkündete Adolf Hitler seine Vision vom neuen Menschen: »Was wir von unserer deutschen Jugend wünschen, ist etwas anderes, als es die Vergangenheit gewünscht hat. In unseren Augen da muss der deutsche Junge der Zukunft schlank und rank sein, flink wie ein Windhund zäh wie Leder und hart wie Kruppstahl.« Im »Jahr der Ertüchtigung« forderte Hitler seine jungen Zuhörer auf, sich »zu rüsten, körperlich zu stählen und geistig vorzubereiten« für ihre Pflicht, dem Volk zu dienen. Noch erfuhren die pubertierenden Knaben nicht, was genau das Regime für sie vorsah, doch wer sie bestimmen würde, blieb unzweifelhaft: »Nichts ist möglich, wenn nicht ein Wille befiehlt, dem immer die anderen zu gehorchen haben, oben beginnend und ganz unten erst endend«, lautete die Lektion zu blindem Gehorsam im Führerstaat.

Während der nationalsozialistische Nachwuchs – zugleich erschöpft und beseelt von den Strapazen seiner »Führer«-Audienz – am Tag darauf die Heimreise antrat, verlieh der »Reichsparteitag der Freiheit« Hitlers mörderischem Rassenwahn die Kraft des gesetzlich geregelten Unrechts. Mit der Verkündung von »Reichsbürgergesetz« und »Blutschutzgesetz« verloren Juden in Deutschland ihre Bürgerrechte. Paragrafen gegen das Völkerrecht bereiteten den Weg für die menschenverachtende Selektion, die in den Gaskammern von Auschwitz endete. Doch von diesen düsteren Beschlüssen wussten die heimkehrenden Zaungäste von Nürnberg ihren Eltern kaum zu berichten. Zu Hause angekommen, schwärmten sie von den Marschkolonnen der Parteisoldaten, vom wogenden Meer der Hakenkreuzfahnen in den geschmückten Straßen, vom klingenden Spiel der Festumzüge. Stolz erzählten sie von den Abenteuern ihrer Reise, von Zeltromantik und Abenden am Lagerfeuer. Vielen vermittelte die Uniform der Hitlerjugend das Gefühl, Teil einer großen Bewegung zu sein, die ihnen die Verantwortung für die Zukunft und das Schicksal der Nation auferlegt hatte.

Die Hitlerjugend war ihrem Anspruch und ihrer Zielsetzung nach totalitär. Ihr Alltag ist aber nicht mit ihrer öffentlichen Inszenierung oder der Propagandakultur des Reichsparteitags zu verwechseln.

André Postert, Historiker

An der alljährlichen Wallfahrt zum braunen Massenspektakel teilnehmen zu dürfen, galt als Auszeichnung. »Es war eine Ehre für uns Hitlerjungen, beim Reichsparteitag dabei sein zu dürfen. Diejenigen, die nicht mitdurften, fühlten sich zurückgesetzt«, so Klaus Mauelshagen, Jahrgang 1925.

Strammstehen für den »Führer« – eine Ehrensache für viele der fast vier Millionen Kinder und Jugendlichen, die seit Jahresbeginn 1935 in der Hitlerjugend mitmarschierten. Damit war bereits die Hälfte aller heranwachsenden Deutschen zwischen 10 und 18 Jahren in der Hitlerjugend organisiert. Doch dem ehrgeizigen Reichsjugendführer reichte das noch nicht: Er wollte Hitler die gesamte Jugend dienstbar machen. Feierlich proklamierte Schirach in seinem Neujahrsaufruf von 1936 das »Jahr des deutschen Jungvolks«. Zum ersten Mal sollte ein ganzer Geburtsjahrgang geschlossen in die Kindertruppe der HJ aufgenommen werden. Unter der Losung »Alle Jugend dem Führer« rollte eine gewaltige Werbekampagne an, die über Rundfunk und Kino, auf Plakaten, in Schulen und bei Sportveranstaltungen um die jüngsten Volksgenossen buhlte. Offiziell beteuerte Schirach, die Propaganda sollte die Kinder zum »freiwilligen« Eintritt in die Hitlerjugend anspornen. Zur Durchsetzung seines Anspruchs zur totalen Erfassung aller Zehnjährigen suchte der Reichsjugendführer Staat und Gemeinden in seinen Beutezug einzuspannen. Behördliche Melderegister lieferten – soweit vorhanden – die Adressen aller Mädchen und Jungen des Jahrgangs 1926. Schriftlich wurden die Eltern aufgefordert, ihre Kinder zum Jungvolk oder zu den Jungmädeln anzumelden.

Vier Wochen lang lief die Erfassung auf Hochtouren. Am 19. April 1936 konnte Schirach seinem »Führer« über Rundfunk Vollzug melden: 90 Prozent der Zehnjährigen waren seinem Befehl gefolgt.

Viele tausend Volksgenossen aus allen Kreisen unseres Volkes senden dem Führer zum Geburtstag ihre Gaben. Die Jugend aber schenkt sich selbst.

Baldur von Schirach, 19. April 1936

Im ganzen Reich leisteten am Tag darauf die neugewonnenen Mitglieder ihren Eid: »Ich verspreche, in der Hitlerjugend allezeit meine Pflicht zu tun in Liebe und Treue zum Führer und unsrer Fahne. So wahr mir Gott helfe!« Der Anruf um Gottes Hilfe wurde später gestrichen, »Liebe und Treue zum Führer« sollten der deutschen Jugend zum Seelenheil genügen. Zum letzten Mal schworen die 1935 geborenen am 20. April 1945 auf ihren »Führer«, zehn Tage bevor sich der Despot im Bunker der Reichskanzlei unter den Ruinen von Berlin erschoss. Manche der Kinder, die mit dem Lippenbekenntnis zu Hitler ins »deutsche Jungvolk« eingetreten waren, erkannten erst im Rückblick, dass sie benutzt worden waren.

Neben Familie und Schule war die Hitlerjugend der dritte, staatlich anerkannte »Erziehungsträger« – ein Instrument der Staatsmacht, um die heranwachsende Generation im Geist des Nationalsozialismus zu prägen.

> Die gesamte deutsche Jugend ist außer in Elternhaus und Schule in der Hitlerjugend körperlich, seelisch und geistig zum Dienst am Volk und zur Volksgemeinschaft zu erziehen.
>
> *Gesetz über die Hitlerjugend, 1. Dezember 1936*

Die Hitlerjugend bestimmte beinahe jede freie Minute ihrer Gefolgschaft. Schirachs totale Vereinnahmung der Jugend entsprach den Forderungen der Diktatur, die »sowohl die Gesamtheit der Jugend als auch den gesamten Lebensbereich des jungen Deutschen erfassen« sollte. Die Einführung eines »Staatsjugendtages« befreite HJ-Mitglieder am Samstag von der Schulpflicht. Sie hatten zum Dienst anzutreten, der im Sommer allerdings bis zu zwölf Stunden dauern konnte. Die anderen mussten unterdessen »mindestens zwei Unterrichtsstunden« nationalsozialistischer Indoktrinierung über sich ergehen lassen. »Zweimal in der Woche war Dienst«, berichtete der spätere Schriftsteller Erich Loest, »und da ich bald Führer war, war montags noch Führerdienst, und sonntags war Schießen, oder wir fuhren mit dem Rad irgendwohin, oder wir hatten einen Aufmarsch. Also war ich vier oder fünf Tage in der Woche mit der Hitlerjugend beschäftigt. Wir hatten keine Zeit, darüber nachzudenken, was wir da eigentlich trieben. Es kam immer schon das nächste, es war eine pausenlose Aktion.«

Zwar blieb die Mitgliedschaft in der Hitlerjugend bis 1939 freiwillig, doch dem allgegenwärtigen Druck und den Verlockungen der großen Gemeinschaft hielten die wenigsten Kinder stand.

> Sie haben uns verführt zu ihren Zwecken, wir haben aber gern mitgemacht. Viele wie ich haben sich überhaupt nicht dagegen gewehrt, haben keinen Grund gesehen, sich zu wehren, und sind dann wieder, indem sie Führer waren, Verführer der anderen gewesen.
>
> *Erich Loest, Jahrgang 1926*

Galt im Kaiserreich einst die Armee als »Schule der Nation«, so drillte der NS-Staat schon die kleinsten Volksgenossen zu soldatischem Korpsgeist und Diensteifer, getreu der Devise: »Du bist nichts, dein Volk ist alles!« In neidischer Bewunderung blickten viele sechsjährige Schulanfänger zu den Älteren empor, die mit Uniform und Fahrtenmesser zum Dienst marschierten, während sie selbst noch vier lange Jahre warten mussten. In der zunehmend gleichgeschalteten NS-Gesellschaft appellierte die Hitlerjugend an das Selbstwertgefühl und den Geltungsdrang der Kinder, die sich in ihrer Teilhabe am Dienst für Volk und Vaterland aufgewertet sahen. Hunderttausende uniformierte Jungen und Mädchen schwärmten jedes Jahr mit Sammelbüchsen aus und baten um Geldspenden für das »Winterhilfswerk«, die mit großem Propagandaaufwand betriebene Aktion für »hilfsbedürftige Volksgenossen«. Ständig organisierte die Hitlerjugend Sammlungen von Kleidung und Altmaterial, die Fleißigsten erhielten Auszeichnungen. »Man brauchte mich! Das Gefühl, nötig zu sein für ein Ganzes, nicht mehr am Rand stehen und zusehen zu müssen, dieses Gefühl war neu für mich und wie ein Rausch«, beschrieb Renate Finkh ihren Abschied von ziviler Kindheit im nationalsozialistischen Deutschland: »Da war es gut, dass es den Dienst gab. Da galt ich etwas. Und im Dienst für den Führer fühlte ich mich auch eins mit den Eltern.«

Sport rangierte als erstes Pflichtfach auf den Dienstplänen der Hitlerjugend. Bereits in *Mein Kampf* hatte Hitler die »körperliche Ertüchtigung« zum obersten Gebot nationalsozialistischer Jugendpflege erklärt: »Der völkische Staat hat seine gesamte Erziehungsarbeit in erster Linie nicht auf das Einpumpen bloßen Wissens einzustellen, sondern auf das Heranzüchten kerngesunder Körper.

Erst in zweiter Linie kommt dann die Ausbildung geistiger Fähigkeiten und als letztes die wissenschaftliche Schulung.« Unmittelbar nach Hitlers Regierungsübernahme begann die HJ, den Jugendsport in Deutschland ihrem Machtbereich zu unterwerfen. Für Kinder unter 14 Jahren war körperliche Betätigung fortan nur noch in der Hitlerjugend möglich. Jugendliche konnten Turn- und Sportvereinen bald nur noch beitreten, wenn sie zugleich HJ-Mitglieder waren. Sportwarte und Übungsleiter wurden an eigens gegründeten Reichssportschulen ausgebildet.

> Die Schule als solche muss in einem völkischen Staat unendlich mehr Zeit frei machen für die körperliche Ertüchtigung. Es geht nicht an, die jungen Gehirne mit einem Ballast zu beladen, den sie erfahrungsgemäß nur zu einem Bruchteil behalten.
>
> *Hitler, »Mein Kampf«*

»Gelobt sei, was hart macht!« Hunderttausende von Jugendlichen wetteiferten in zahllosen Sportkämpfen um die Leistungsabzeichen der HJ. Atemlos hetzten sie durch Bann- und Gebietssportkämpfe, Frühjahrsgeländeläufe, Winterkampfspiele und Führerzehnkämpfe. Getreu der nationalsozialistischen Rassenideologie, nach der sich nur die Stärksten im »Kampf ums Dasein« behaupteten, forcierte der HJ-Sportdienst die »Auslese der Tüchtigsten«.

> Das war eigentlich auch das Ziel, dass man sich körperlich überfordern sollte. Der Sport sollte uns an unsere Grenzen bringen, sollte uns beibringen, uns selbst zu überwinden.
>
> *Uwe Lamprecht, Jahrgang 1929*

Hitler, der selbst nicht einmal Radfahren gelernt hatte, erwartete von der körperlichen Stählung seiner Jugend »die Wiedergeburt der Nation, eingetreten durch die bewusste Züchtung eines neuen Menschen«. Mit Parolen wie »Dein Körper gehört der Nation« oder »Du hast die Pflicht, gesund zu sein« propagierte die HJ die völkisch motivierte »Körperertüchtigungspflicht«.

Neben Leibesübungen beherrschte vormilitärischer Drill die Tagesordnung. Zu jedem Dienstauftakt ließen die halbwüchsigen Jungvolkführer ihre »Pimpfe« in Reih und Glied antreten. Stundenlanges Exerzieren, Appelle und Marschumzüge sollten den Kindern soldatische Disziplin einimpfen. Wer schlapp machte, wurde geschliffen. Die Zukunft der Nation: eine Generation im Gleichschritt. In Wochenend- und Ferienlagern traten die Jungen zu Geländekampfspielen gegeneinander an, schlugen sich mit Karte und Kompass durch fremdes Terrain, übten Melden, Zielerkennung und Entfernungsschätzen. Militärische Ordnung bestimmte den Lagerdienst vom Frühappell zum Zapfenstreich. Die Wehrertüchtigung gipfelte für die 14- bis 18-jährigen Hitlerjungen im Umgang mit dem Kleinkalibergewehr. »Anstelle einer Jugend, die früher zum Genuss erzogen wurde, wächst nun eine Jugend heran, die erzogen wird zu Entbehrungen, zu Opfern, vor allem aber zur Zucht eines gesunden, widerstandsfähigen Körpers. Denn wir glauben nun einmal, dass ohne einen solchen Körper auf die Dauer auch ein gesunder Geist die Nation nicht beherrschen kann«, erklärte Hitler seiner Jugend auf dem NSDAP-Parteitag von 1937: »Das ist das Wunderbare, dass in euch das Glied der Erziehungskette unseres Volkes geschlossen ist. Mit euch beginnt sie, und erst wenn der letzte Deutsche in das Grab sinkt, wird sie enden!«

> Dass wir nicht ohne Grund Hitlerjugend hießen, wurde uns dann im Lauf der ideologischen Erziehung immer klarer. Erst nach dem Krieg ist mir richtig bewusst geworden, dass die Geländespiele, der Gehorsam, das Marschieren, die Uniform, das Fanfarenblasen und Trommeln im Grunde Vorbereitung für den Krieg war.
>
> *Reinhard Appel, Jahrgang 1927*

Zufrieden stellte der Diktator schon 1936 fest: »Ein neuer Schönheitstyp ist entstanden. Nicht mehr der korpulente Bierphilister, sondern der schlanke, ranke Junge ist das Vorbild unserer Zeit, der fest mit gespreizten Beinen auf dieser Erde steht, gesund ist an seinem Leib und gesund ist an seiner Seele.«

Doch tatsächlich vergiftete die Hitlerjugend die Seelen einer ganzen Generation mit den Ideen einer irrationalen Weltanschauung. Flächendeckend und systematisch unterzogen die HJ-Führer ihre minderjährige Gefolgschaft einer Gehirnwäsche, die den Nachwuchs der Nation von Kindesbeinen an auf braune »Gesinnung« trimmen sollte. Kein Dienst, kein Lager, kein Ausflug verging ohne »weltanschauliche Schulungen«, ohne die gebetsmühlenartige Indoktrination mit den Glaubensinhalten einer Ideologie, die jeder Vernunft spottete.

> Wir müssen einen neuen Menschen erziehen, auf dass unser Volk nicht an den Degenerationserscheinungen der Zeit zugrunde geht.
>
> *Hitler, 1935*

Die nach Altersstufen gegliederten Lehrpläne der »Reichsjugendführung« hielten sich streng an Adolf Hitler, der die Verblendung der Jugend zum Programm erhoben hatte: »Die gesamte Bildungs- und Erziehungsarbeit des völkischen Staates muss ihre Krönung darin finden, dass sie den Rassesinn und das Rassegefühl instinkt- und verstandesmäßig in Herz und Gehirn der ihr anvertrauten Jugend hineinbrennt.«

Doch Hitlers Parteijugend hatte weitaus mehr zu bieten als soldatischen Drill und ermüdende politische Lektionen. Der Flötenspieler Baldur von Schirach kannte die Bedürfnisse der jüngsten Volksgenossen, die in der Gemeinschaft von Gleichaltrigen auch Unabhängigkeit von Elternhaus und Erwachsenenwelt suchten. Er lockte mit Tönen, die Musik in den Ohren vieler Kinder waren. Die Hitlerjugend kanalisierte den jugendlichen Aktionsdrang und eröffnete den Jungen und Mädchen Freizeitangebote, die bislang nur den Sprösslingen begüterter Familien vorbehalten waren. Fahrten durch ganz Deutschland, Wanderungen, Fahrradtouren und Zeltlager versprachen Erlebnis und Abenteuer.

> Wenn Sie verführen wollen, dann müssen Sie Verführerisches bieten. Das war bei uns der Fall. Man hat uns sehr geschickt und sehr gekonnt verführt.
>
> *Hans-Günther Zempelin, Jahrgang 1926*

Alljährliche Höhepunkte im Freizeitangebot der Hitlerjugend waren die Sommerlager. Wanderungen in die ländliche Umgebung und die Gemeinschaft mit Gleichaltrigen versprachen den Kindern eine attraktive Abwechslung zum heimischen Einerlei. Lagerfeuer und Zeltromantik ließen die Herzen der Kinder höherschlagen: »Am Abend saß alles rings um das Feuer. Und dann sangen wir gemeinsam. Es war dunkel. Die Sterne über uns, das war ein ergreifendes Gefühl, das vergisst man nicht«, so der ehemalige »Pimpf« Peter Löhrer.

Bei den Älteren, die mit 14 Jahren vom Jungvolk zur Hitlerjugend kamen, erfreuten sich die HJ-Sondereinheiten besonderer Beliebtheit.

In der Nachrichten- und Motor-HJ, der Flieger- und der Marine-HJ wurden die Jungen mit den Anforderungen der Waffengattungen der Wehrmacht vertraut gemacht und bereiteten sich auf ihre künftigen Aufgaben in Armee und Waffen-SS vor. »Wer hatte als Kind schon die Möglichkeit, Segelfliegen zu lernen wie in der Flieger-HJ«, so der Schriftsteller Walter Kempowski. »In der Motor-HJ durften die Jungen plötzlich auf Motorrädern fahren, oder in der Marine-HJ mit so einer schmucken Uniform herumlaufen und an Fahrten auf Segelschiffen teilnehmen. Welche Möglichkeiten für die Kinder, wo zu Hause heißer Käse gegessen wurde. Das war doch für viele attraktiv.«

Mit der ständigen Beschäftigung und Herausforderung jugendlichen Tatendrangs zielte die Hitlerjugend auf die Ausbildung des NS-konformen Jugendlichen: Gefragt war der aktive, körperlich leistungsfähige, beruflich tüchtige, disziplinierte Junge, der sich in die Ordnung der Diktatur einfügte, ohne sie zu hinterfragen. Bewusst sollte sich der vorbildliche Hitlerjunge unterscheiden vom »romantischen«, »intellektualisiert-problematischen« oder gar »sozialrevolutionären« Typus, wie die HJ-Führung die Jugendlichen der verhassten Weimarer »Systemzeit« charakterisierte. Die Erziehung zu Aktivismus und kritikloser Akzeptanz des nationalsozialistischen Weltbildes zielte stets auf die Erhöhung der Kampfbereitschaft, wie ein führender HJ-Publizist deutlich machte: »Eine Jugend, die aktivistisch erzogen ist, kann gar nicht anders, als in den Krieg einzutreten mit der unstillbaren Begierde, möglichst viele Aufgaben übertragen zu bekommen.«

> Es wurde das Gefühl vermittelt, für die Gemeinschaft, für das Volk oder für den Führer zu sterben, sei eigentlich das Höchste im Leben.
>
> *Hans-Jochen Vogel, Jahrgang 1926*

Hitlers Nachwuchsorganisation griff bei der Wahl ihrer Verführungsmittel auf die bewährten Formen und Traditionen der Jugendbewegungen vor 1933 zurück. Uniformen und Trachten, Fahnen und Wimpel, Fahrten und Wanderungen gehörten zum festen Bestand unzähliger Gruppen und Bünde, denen sich Millionen von Jugendlichen in der Weimarer Republik angeschlossen hatten, bevor ihre Organisationen den Verboten und Auflösungen unter der Herrschaft des Nationalsozialismus zum Opfer fielen.

Reichsführer Baldur von Schirach missbrauchte die Naivität der Jugend, ihre leicht entflammbare Begeisterung, ihre Hingabe und Einsatzbereitschaft für eine Ideologie voller Verheißungen. Als Vorbeter eines religiös anmutenden Führerkults machte er Kinder zu gefügigen Jüngern eines politischen Brandstifters, für dessen Allmachtsphantasien gerade in den letzten Kriegstagen noch tausende von Hitlerjungen ihr Leben opfern sollten: »Der Wille des Führers ist in ihnen lebendig, der ihnen das Wort gab, nach dem sie sich richten: ›Nichts für uns, alles für Deutschland‹«. War der »Zauberlehrling«, der seinen Meister fast bis zum bitteren Ende abgöttisch verehrte, selbst ein verführter Idealist, ein getäuschter Jünger Adolf Hitlers? »Ich habe diese Generation im Glauben an Hitler und in der Treue zu ihm erzogen«, gestand Schirach 1946 vor dem Nürnberger Tribunal gegen die NS-Kriegsverbrecher. »Ich meinte, einem Führer zu dienen, der unser Volk und die Jugend groß, frei und glücklich machen würde. Mit mir haben Millionen junger Menschen das geglaubt und haben im Nationalsozialismus ihr Ideal gesehen. Viele sind dafür gefallen. Es ist meine Schuld, dass ich die Jugend erzogen habe für einen Mann, der ein millionenfacher Mörder gewesen ist. Ich habe an diesen Mann geglaubt; das ist alles, was ich zu meiner Entlastung sagen kann.« Späte Einsicht eines Verführers.

Der Schöngeist mit den weichen Gesichtszügen, der die deutsche Jugend später auf soldatische Disziplin und selbstlose Härte einschwor, wurde selbst weltoffen und liberal erzogen. In den Nachbeben des verlorenen Krieges fand seine sorgenfreie Kindheit ein abruptes Ende: Sein sieben Jahre älterer Bruder Karl beging Selbstmord. Der Tod des Bruders verstärkte Baldurs Hass auf eine Republik, die im Elternhaus ohnehin nicht besonders gelitten war. Nach einer persönlichen Begegnung mit Hitler 1925 trat er in die Partei und die SA ein.

> Damals fraß ich alles, was Hitler über Weltpolitik und über Wirtschaft, über den Parlamentarismus und die Revolution, über Arier und Juden schrieb. Hitlers Buch wurde mein Glaubensbekenntnis. Heute weiß ich: es war das Programm der deutschen Katastrophe.
>
> *Baldur von Schirach, 1967*

Als Student sammelte er an der Münchener Universität neue Mitstreiter für das Grüppchen nationalsozialistischer Studenten, das zu jener Zeit ein Schattendasein führte. 1931 ernannte Hitler den damals 24-Jährigen zum Reichsjugendführer der NSDAP. Er selbst entsprach nie dem Ideal des sportlich-kämpferischen Hitlerjungen, das er der deutschen Jugend zum Vorbild erklärte. Mühsam versuchte sich der Bürgersohn in der Rolle eines raubeinigen Burschen, doch er wirkte eher »unsportlich und feist«. Hitlers Jugendführer war »kein Schulterklopfer«, kein Kämpfer, »mit dem man schwitzen konnte«, klagten seine Unterführer. Er war eher Ästhet denn Asket, bevorzugte Hotelzimmer und gepflegten Lebensstil statt Zeltlager und Erbseneintopf.

In den letzten Jahren der Weimarer Republik trug auch die Hitlerjugend zu den gewalttätigen Unruhen bei, die bürgerkriegsähnliche Zustände auf Deutschlands Straßen verbreiteten. Von der steigenden Arbeitslosigkeit und der sozialen Verelendung der Bevölkerung profitierten die politischen Extremisten. Immer häufiger kam es nach Aufmärschen von SA und Kommunisten zu brutalen Schlägereien und Saalschlachten. Zuweilen endeten die blutigen Zusammenstöße tödlich. Von 1931 bis Ende Januar 1933 starben 21 Hitlerjungen in Ausübung ihrer »Pflicht« für den »Führer«, deren »Opfer« im September 1935 durch von Schirach in seiner Rede gewürdigt wurde. Die jungen Kämpfer der Kommunisten, der Gewerkschaftsjugend und anderer »feindlicher« Organisationen, die zu gleicher Zeit den Terrorakten der HJ zum Opfer fielen, blieben ungezählt. Der Name eines Berliner Hitlerjungen, der von Jugendlichen im »roten« Moabit ermordet wurde, sollte bald jedem jüngeren Deutschen ein Begriff sein: Herbert Norkus. Sein verwitweter Vater hatte infolge der wirtschaftlichen Misere sein kleines Lebensmittelgeschäft verkaufen müssen und war in die NSDAP eingetreten. Am Morgen des 24. Januar 1932 verteilte der 15-jährige Herbert mit seinen Kameraden Flugblätter, als sie von einem Trupp junger Kommunisten überfallen wurden. Die Hitlerjungen flüchteten, doch die Verfolger holten Herbert Norkus ein und stachen ihn mit mehreren Messerstichen nieder. Der Junge verblutete in einem Hausflur. Seine Mörder verschwanden unerkannt.

Schon die Beisetzung des Hitlerjungen auf dem Friedhof Plötzensee geriet zur Propagandaschau. Berlins NS-Gauleiter Joseph Goebbels schwor Vergeltung: »Niemand kann uns die Hoffnung nehmen, dass einst der Tag der Rache kommen wird. Dann werden die, die jetzt von Humanität und Nächstenliebe faseln, aber den Mord an unserem Jungen nicht verurteilen, erfahren, dass das neue Deutschland anders handelt.

Dann mögen jene um Gnade bitten. Es gibt dann kein Zurück mehr, denn das neue, junge Deutschland fordert Sühne.« Baldur von Schirach verklärte den Toten zum Märtyrer für die Hitlerjugend. Jedes Jahr pilgerte er zum Grab von Herbert Norkus und beschwor den »Opfergeist« des Jungen: »Was die Hitlerjugend im Januar 1932 wurde, verdankt sie nicht zuletzt dem heiligen Symbol junger Opferung und jungen Heldentums, das Herbert Norkus heißt.«

> Unsere Jugendbewegung wurde geschaffen durch den Opfertod begeisterter Jugend.
>
> *Baldur von Schirach*

In lebensverachtendem Zynismus übersteigerte Schirach den »Opferwillen« seiner Zöglinge zur Legitimation der Jugendbewegung: »Je mehr sterben für eine Bewegung, um so unsterblicher wird sie. Die Hitlerjugend hat gegenüber ihren Kritikern eine historische Antwort: ihre Toten. Diese Antwort kann nicht widerlegt werden, sie ist Symbol. Es gibt kein Argument gegen eine Jugendbewegung, die, in unerhörter Opferung für eine sittliche Idee unaufhaltsam vorwärtsschreitend, Tod und Wunden und Verfolgung als selbstverständliche Folgerung des Kampfes auf sich nimmt.«

Der Schriftsteller Karl Aloys Schenzinger nahm das Schicksal des jungen Norkus zum Vorbild für seinen Roman *Der Hitlerjunge Quex*. Heini Völker, der Held des Buches, schlägt sich gegen den Widerstand seines Vaters, eines Kommunisten, auf die Seite der Nationalsozialisten. Im Generationskonflikt steht der kleine Heini – von seinen Kameraden wegen seiner quecksilbrigen Agilität auf den Namen »Quex« getauft – für das »neue, junge Deutschland«, das unter dem Hakenkreuz erstehen sollte. Im Sinne der NS-Propaganda stilisierte Schenzinger den Mordanschlag auf den Knaben zum »Blutopfer« für Hitler. 1933 wurde der Roman verfilmt. Millionen Kinder sahen *Hitlerjunge Quex* im Rahmen der »Jugendfilmstunden« der HJ. Für die Schlussszene, in der Heini in den Armen seiner Kameraden stirbt, während sein Gesicht in einem wogenden Meer von Hakenkreuzfahnen verblasst, dichtete Schirach einen Marsch, der bald als Fahnenlied von allen Hitlerjungen im Reich gesungen wurde:

»Unsre Fahne flattert uns voran.
In die Zukunft ziehn wir Mann für Mann.

Wir marschieren für Hitler durch Nacht und durch Not
mit der Fahne der Jugend für Freiheit und Brot.

Unsre Fahne flattert uns voran.
Unsre Fahne ist die neue Zeit.
Und die Fahne führt uns in die Ewigkeit!
Ja, die Fahne ist mehr als der Tod!«

Für Hitler leben und die Bereitschaft, für Hitler zu sterben – es wurde das Schicksal fast einer ganzen Generation, die das Heldenlied der »Kampfzeit« auf ihren Opfergang für den mörderischen Größenwahn eines Verbrechers einstimmte. Geradezu magisch zogen die HJ-Einheiten mit ihren flatternden Fahnen, ihren Kampfliedern und Parolen immer mehr erlebnishungrige Jugendliche in ihren Bann. Ende 1932 stieg die Zahl der Mitglieder auf über 100.000. Doch noch immer war Hitlers Nachwuchsorganisation nur eine unter vielen Jugendgruppen, Bünden und Verbänden.

Hitlers Ernennung zum Reichskanzler am 30. Januar 1933 und das »Ermächtigungsgesetz« vom 24. März versetzten der Weimarer Demokratie dann den Todesstoß. Das »Feuer der nationalen Revolution« entfachte eine Welle der Verfolgung und Verhaftung von Kommunisten, Sozialdemokraten und anderen politischen Gegnern. Am Abend des 27. Februar stand der Reichstag in Flammen; der mutmaßliche Feuerleger, ein holländischer Kommunist, lieferte den neuen Machthabern einen willkommenen Vorwand für ihre Hetzjagd. Nationalsozialistische Schüler und Studenten verbrannten die Schriften linker und jüdischer Intellektueller. Im Taumel der Begeisterung über die »nationale Erhebung« schlossen sich Millionen junge Deutsche der Hitlerjugend an. »Wir fanden das gut«, berichtete Inge Scholl von sich und ihren Geschwistern, »und was immer wir dazu beitragen konnten, wollten wir tun. Aber noch etwas anderes kam dazu, was uns mit geheimnisvoller Macht anzog und mitriss, das waren die kompakten, marschierenden Kolonnen der Jugend mit ihren wehenden Fahnen, den vorwärts gerichteten Augen und dem Trommelschlag und Gesang. War das nicht etwas Überwältigendes, diese Gemeinschaft?« Vater Scholl warnte seine Kinder vergeblich. Obwohl sie der katholischen Jugendbewegung angehörten, verfielen die Geschwister den Lockrufen des »Rattenfängers«. Zehn Jahre später wurden ihre Geschwister Hans und Sophie Scholl als Initiatoren der Widerstandsgruppe »Weiße Rose« verhaftet und hingerichtet.

Trotz des Massenzulaufs in die NS-Jugendorganisation sträubten sich zunächst viele Jugendbünde vor dem Zugriff der HJ. Doch die Organisationen der bündischen Jugend, Partei- und Gewerkschaftsjugendverbände sowie kirchliche Jugendorganisationen wurden innerhalb weniger Monate zerschlagen.

> Eine einzige Fahne flattert der HJ voran. Der Millionärssohn und der Arbeitersohn tragen ein und dieselbe Uniform. Denn allein die Jugend ist in diesem Sinn vorurteilsfrei und einer echten Gemeinschaft fähig, ja, Jugend ist Sozialismus.
>
> *Baldur von Schirach, 1934*

Hitler belohnte die Erfolge seines treuen Vasallen. Mit Erlass vom 17. Juni 1933 ernannte er Schirach zum »Jugendführer des deutschen Reiches«, der damit »an der Spitze aller Verbände der männlichen und weiblichen Jugend« stand – ein wichtiger Schritt auf dem Weg zur Durchsetzung des Totalitätsanspruchs.

Das »Feierjahr der HJ« folgte dem Kalender der nationalsozialistischen Fest- und Gedenktage. Vom »Tag der Machtergreifung« über den »Geburtstag des Führers« bis zum Jahrestag des gescheiterten Putschs vom 9. November 1923 dienten Millionen Jungen und Mädchen als Messdiener einer »nationalen Religion« im Zeichen einer neuen Dreifaltigkeit: »Unser Bekenntnis: Deutschland! Unser Glaube: Der Führer! Unser Wille: Das heilige Reich Deutschen Glaubens!« Mit unzähligen Feierstunden, Fahnenappellen und Fackelmärschen huldigte Schirach seinem Götzen Adolf Hitler, der sich selbst von höherer »Vorsehung« zum Heilsbringer der Nation berufen wähnte. Der Zeremonienmeister beherrschte die Magie der Riten.

> Diese Überbetonung der Gemeinschaft, für die man jedes Opfer zu bringen habe, diese Überbetonung war in der Hitlerjugend ganz selbstverständlich.
>
> *Hans-Jochen Vogel, Jahrgang 1926*

Zu Sonnenwendfeiern, Wachstums- und Erntefesten widmeten sich die Kinder geheimnisvollen Bräuchen und begeisterten sich an nächtlichem

Feuerzauber: »Zweimal im Jahr feierten wir Sonnenwende«, so der Zeitgenosse Georg Beckmann. »Ein großes Feuer wurde angezündet. Vor den versammelten Parteiformationen hielten Sturmbannführer oder Gefolgschaftsführer markige Ansprachen über unsere Vorfahren. Das hatte schon einen religiösen Einschlag. Wir Jungen führten dann germanische Schwertertänze auf. Und wenn das Feuer heruntergebrannt war, wurde ein alter germanischer Brauch gepflegt: Jungen und Mädchen nahmen sich an die Hand und sprangen zu zweit durchs Feuer.«

Doch hinter dem heidnischen Hokuspokus um Ahnenverehrung und Germanenkult spukte der Ungeist einer irrsinnigen Rassenideologie, deren Vollstrecker am Ende auch Menschen verbrannten.

Lehrer und HJ-Führer verbreiteten die sozialdarwinistischen Gedanken von der »Auslese« im kollektiven »Kampf ums Überleben«. In ihren rassenkundlichen Lektionen propagierten sie das Rassebild des »arischen Herrenmenschen«, der sich mit dem »Recht des Stärkeren« gegen die Träger »minderwertigen Erbguts« durchsetzen müsse. Selbst mit Rechenaufgaben versuchten NS-Pädagogen ihren Schülern vor Augen zu führen, welche volkswirtschaftlichen Verluste vermeintlich »lebensunwertes Leben« koste: »Der Bau einer Irrenanstalt erforderte 6 Millionen Reichsmark. Wie viele Siedlungshäuser zu je 1.500 RM hätte man dafür erbauen können?« Die perfide Propaganda gipfelte in der Hetze gegen Juden, die ebenso wie Sinti und Roma als »Schädlinge am Volkskörper« gebrandmarkt wurden. Die Schriftstellerin Ilse Aichinger erinnerte sich: »Wir haben im Biologie-Unterricht gelernt, dass Juden und Zigeuner das schlimmste auf der Welt sind, und es gäbe nur noch eines, das schlimmer wäre: die Mischung zwischen Ariern und Juden oder Ariern und Zigeunern, denn diese Mischlinge wären entweder Verbrecher oder Juden, meistens beides.«

Früh wurden vor allem die Mädchen mit den nationalsozialistischen Vorstellungen von »Rassenhygiene« und den daraus abgeleiteten Forderungen an ihre künftige Mutterrolle vertraut gemacht.

> Ich empfand es als ein schlimmes Schicksal, als Mädchen geboren worden zu sein. Ich konnte ja mein Leben nicht dem Vaterland zur Verfügung stellen.
>
> *Gudrun Pausewang, Jahrgang 1928*

Die Hitlerjugend veranstaltete Schulungsabende zur »Gesunderhaltung des Blutes«. Schirach erwartete von den weiblichen HJ-Mitgliedern, ihren »Körper und Geist« zu bilden, um ihrer künftigen Rolle »als Mütter neuer Geschlechter« gerecht zu werden. Er erklärte die Mädchen verantwortlich »für die Reinerhaltung ihres Blutes als Teil des nationalen Blutbestandes« und verpflichtete sie, »ihre körperlichen Anlagen so zu entwickeln, dass die von ihnen weitergegebene Erbmasse die Nation bereichert«. Um diesen Auftrag zu erfüllen, hätten sie die »Pflicht, dem Schönheitswunsch der männlichen Jugend und des Mannes zu entsprechen«. Getreu dem biologischen Anspruch auf »völkische Erneuerung« durch »erbgesunden Nachwuchs« schrieb ein HJ-Autor über die Mädchenerziehung im Bund Deutscher Mädel (BDM), dem weiblichen Zweig der HJ: »In der Gesundheit unserer Frauen und Mütter liegt das ewige Leben unseres Volkes begründet. Der Erziehungsarbeit des BDM kommt die Aufgabe zu, den Zucht- und Auslese-Gedanken der gesamten weiblichen Jugend zu Bewusstsein zu bringen. Der Typ der deutschen Frau tritt ergänzend neben den Typ des deutschen Mannes, ihre Vereinigung bedeutet die Wiedergeburt unseres Volkes.« Tatsächlich sollten die Mädchen, wie ein früheres BDM-Mädel bitter konstatiert, jedoch in erster Linie »Kanonenfutter für den Führer produzieren«.

Schon im Jungvolk vermittelten die beliebten Lesungen germanischer Heldensagen den Kindern ein Gefühl der Identifikation mit ihren Vorfahren. Ihre heroisch verklärten Ideale von »nordischen« Herrenmenschen und »arischen« Welteroberern erklärte die Hitlerjugend gerne mit der blutsbedingten Überlegenheit in Kampfeshärte und soldatischer Ausdauer.

Nur für die Besten galt die Pflicht, die Rasse zu bewahren. Erbkranke Jugendliche sollten hingegen keine Nachkommen in die Welt setzen: »Trägt aber dein Blut Eigenschaften, die deine Kinder unglücklich machen und zur Last des Staates machen, dann hast du die heroische Pflicht, der Letzte zu sein.« Systematisch schürten HJ-Führer den Hass auf die Juden, die Hitler in seinem okkulten Wahn als »Personifikation des Teufels« und »Sinnbild des Bösen« ausgemacht hatte.

Das Gift der Verhetzung tat seine Wirkung. Als am 9. November 1938 die Synagogen in Deutschland brannten und sich der organisierte »Volkszorn« in Gestalt marodierender SA-Trupps gegen jüdische Bürger entlud, beteiligten sich auch Hitlerjungen an Verwüstungen und gewalttätigen Übergriffen. Angestiftet von örtlichen SA- und HJ-Führern oder von eigener Willkür getrieben, zogen Hitlerjungen durch die Straßen, zertrümmerten Schaufenster, plünderten Geschäfte und Wohnungen. Manche HJ-Mitglieder empfanden die Gewalt gegen wehrlose Mitmenschen als Widerspruch zum oft beschworenen Ehrbegriff und ihrem »ritterlichen« Selbstverständnis. Die »Reichskristallnacht« weckte Abscheu, und insgeheim fragte sich der ein oder andere Hitlerjunge, ob der »Führer« solche Taten billigte. Doch eine kritische Befragung des eigenen Gewissens war im Dienstplan der HJ nicht vorgesehen.

> Wir waren in der Vorstellung erzogen, dass der wirkliche Mann sich erst im Krieg bewährt.
>
> *Klaus Bölling, Jahrgang 1928*

Noch vor Hitlers Überfall auf Polen erreichte Schirach sein Ziel, die deutsche Jugend fast restlos in die »Staatsjugend« des »Dritten Reiches« einzureihen. Mit der Einführung der »Jugenddienstpflicht« am 25. März 1939 sollte künftig jeder junge Deutsche von seinem zehnten Lebensjahr an in der Hitlerjugend mitmarschieren. Weit über acht Millionen Kinder und Jugendliche trugen am Vorabend des Zweiten Weltkrieges die Uniformen der HJ. Jahrelang hatte der »Reichsjugendführer« den Hitlerjungen Patriotismus und Kampfbereitschaft, Befehlsgehorsam und Opferwillen eingebläut: Bei Kriegsbeginn tauschte über die Hälfte der HJ-Führerschaft freiwillig das Braunhemd gegen das Feldgrau der Wehrmacht. 314 HJ-Führer fielen allein in Polen. »Wir haben Angst gehabt, dass wir zu spät kommen«, erinnerte sich einer dieser Freiwilligen, »so was Furchtbares. Wir haben gedacht, der Krieg geht vorher zu Ende, und wir schaffen das nicht mehr, so begeistert waren wir.« Jüngere rückten jetzt in ihre Positionen auf. Im Dienst für den »Führer« verstärkten sie in den folgenden Jahren die »Heimatfront«. Hitlerjungen verbrachten ihre Ferien als Erntehelfer oder im »Reichsarbeitsdienst«. Die Mädchen unterstützten kinderreiche Familien im Haushalt. Als Luftschutzhelfer und Meldegänger, im Abwehrkampf gegen alliierte Luftangriffe oder als Löschtrupps in den brennenden Städten übernahmen Hitlers Kinder »kriegswichtige Aufgaben«. Hunderttausende Jugendliche erhielten in »Wehrertüchtigungslagern« den letzten Schliff für ihren Einsatz in der Wehrmacht.

Ich habe bis zum Kriegsende gelernt, für mein Vaterland zu sterben, aber nicht dafür zu leben. So sehr waren wir in unserem Denken darauf ausgerichtet: Du bist nichts, dein Volk ist alles. Deutschland muss leben, auch wenn wir sterben müssen. Deutschland, du wirst leuchtend stehen, mögen wir auch untergehen.

Hans Buchholz, Jahrgang 1927

Viele von ihnen kehrten niemals von der Front zurück. Mehr als ein Drittel der Geburtsjahrgänge von 1921 bis 1925 verblutete auf den Schlachtfeldern des Zweiten Weltkrieges oder starb im Bombenhagel an der Heimatfront. Von der Atlantikküste bis zum Schwarzen Meer, vom Polarkreis bis nach Afrika und zurück über Königsberg und Breslau bis nach Berlin künden ihre Gräber vom Irrweg einer verführten Generation, die Hitler um ihre Jugend betrog.

HITLERS PALADIN

HERMANN GÖRING

Hermann Göring war ein Mann mit vielen Gesichtern. Er war eitel, verschlagen, brutal wie kaum ein anderer der Paladine Hitlers, und doch war er im NS-Reich populärer als sie alle, zeitweise sogar beliebter als Hitler selbst. Hermann Göring war die »joviale Maske des Regimes«: volksnaher Haudegen und skrupelloser Machtmensch. Er verbarg die gewalttätigen Züge seines Wesens hinter launiger Leutseligkeit und war doch in jede große Unrechtsaktion des Regimes verwickelt. Die Terrormaßnahmen des Staates im Zuge der »Machtergreifung« waren ebenso sein Werk wie die Morde nach dem inszenierten »Röhm-Putsch« 1934 und die ersten Konzentrationslager. Er war mitverantwortlich für die Verschleppung ausländischer Zwangsarbeiter und den Judenmord. Frei von Zweifeln gab er offen zu, gewissenlos zu sein. »Ich habe kein Gewissen. Mein Gewissen heißt Adolf Hitler.« Der hochdekorierte Fliegerheld des Ersten Weltkrieges war Hitlers Steigbügelhalter und bald sein mächtigster Gefolgsmann. Wie ein Krake streckte er nach der »Machtergreifung« seine Fangarme in fast alle Bereiche des »Dritten Reichs« aus, häufte Amt um Amt, Würde um Würde auf seine Person, bis er unbestritten als der »zweite Mann des Dritten Reichs « hinter Hitler galt. Doch als sein Werk, die Luftwaffe, im Krieg versagte, war es aus mit ihm. Der »parfümierte Nero«, Inbegriff von Machtmissbrauch und Korruption, versank in seiner Sucht und seinen Leidenschaften. Von seiner Rolle als »zweiter Mann« blieb am Ende nur der Schein erhalten.

Im Salzburger Oberland, 7. Mai 1945: »Der Reichsmarschall, der Reichsmarschall kommt!« Der Ruf pflanzte sich fort von Ort zu Ort. Eine Kolonne wie diese hatte man in den idyllischen Alpentälern lange nicht gesehen. Wanderer, Horch, Maybach – die Nobelkarossen des Reichs waren versammelt. Vor allem der Maybach – 16 Zylinder, mit kugelsicheren Fenstern – fiel den Augenzeugen auf. In ihm saß, ja thronte der Reichsmarschall Hermann Göring samt Frau, kleiner Tochter und Adjutanten. Zum Anlass hatte Göring eine silbergraue Uniform gewählt und über sie einen zeltartigen Übermantel geschwungen, der seinen ausladenden Bauch freiließ. An Hals und Brust, halb verborgen, prangten der »Pour le Mérite« und das »Großkreuz des Eisernen Kreuzes«, die beiden höchsten Orden des Ersten und des Zweiten Weltkrieges. Lastwagen, vollgepackt mit Soldaten einer Luftnachrichtentruppe, folgten der Kolonne als Eskorte auf dem Weg von Schloss Mauterndorf nach Fischhorn. Erinnerungen an eine andere Zeit kamen auf, als Göring auf dem Höhepunkt der Macht triumphale Rundreisen durch das mit dem Reich vereinigte Österreich unternahm. Wieder, so glaubte er, war er unterwegs in einer historischen Mission. Als »ranghöchster Offizier der deutschen Wehrmacht« hatte er den Oberkommandierenden der Westmächte, US-General Dwight D. Eisenhower, um eine persönliche Unterredung gebeten. Von »Marschall zu Marschall« wollte er gemeinsam mit ihm auf »menschlich-soldatischer Ebene« eine Lösung finden, die »weiteres Blutvergießen in einer aussichtslosen Lage« verhinderte.

Zwischen Altenmarkt und Radstadt, 80 km südöstlich von Salzburg, war der »Triumphzug« zu Ende. Eine amerikanische Einheit versperrte mit feuerbereiten Maschinengewehren die Straße. Ihr Kommandeur, Brigadegeneral Robert J. Stack, war Göring von Fischhorn aus entgegengefahren. Als die Kolonne hielt, ging Stack auf den Maybach zu und grüßte militärisch. Göring grüßte zurück, danach schüttelten sich die beiden Männer die Hände. In den USA lösten Berichte von dieser Begrüßung einen Skandal aus. Niemals, so die einhellige Meinung, hätte Stack einem »Kriegsverbrecher« militärische Ehren bezeugen dürfen. Auch auf deutscher Seite wurde die Szene mit Kopfschütteln quittiert: »Mein Vater sagte: ›Da schau es dir an, diese Gauner. Jetzt schütteln die sich die Hände, und die Landser mussten dafür ihren Kopf hinhalten‹«, erinnerte sich der damals zwölfjährige Augenzeuge Josef Scharfetter. Bei Göring nährte die freundliche Aufnahme noch einmal die irreale Hoffnung, die Alliierten würden ihn als Verhandlungspartner akzeptieren. So oder so – sein Leben als zweitmächtigster Mann einer Großmacht war vorüber, das war auch ihm bewusst. Vorbei die Zeit, in der er sich mit der Pracht eines Renaissancefürsten umgab und sein Wort über Tod und Leben entschied. Von nun an war er Gefangener der Amerikaner, der Gnade oder Ungnade der Sieger ausgeliefert. Doch selbst jetzt, am Nachmittag des 7. Mai 1945, drückten ihn weder Reue noch Zweifel, wenn er an die vergangene Zeit als »treuester Paladin« Hitlers zurückdachte.

Er war sich darüber im Klaren, dass er ohne Hitler niemals eine so wichtige Figur geworden wäre.

Richard Overy, Göring-Biograf

Bevor er auf Einladung Stacks in dessen Wagen stieg, raunte er einem der umstehenden Offiziere zu: »Wenigstens zwölf Jahre lang anständig gelebt!«

Kindheit und Elternhaus Hermann Görings wichen in vieler Hinsicht von der Norm ab. Seinen Vater, der als deutscher Generalkonsul im Haiti wirkte, bekam der 1893 Geborene erstmals mit drei Jahren zu Gesicht, als dieser nach Jahren im diplomatischen Dienst nach Deutschland zurückkehrte. Als Zweitjüngster wuchs Hermann Göring im Kreis von neun Geschwistern und Halbgeschwistern auf. Benannt wurde er nach seinem Patenonkel, dem jüdischstämmigen Arzt Dr. Hermann Epenstein, den die Eltern während ihres fünfjährigen Aufenthalts in Südwestafrika kennen gelernt hatten. Den Zweitnamen Wilhelm erhielt der Knabe nach dem vom Vater hochverehrten deutschen Kaiser.

Viele der Eigenschaften, die Göring prägten, sind dem unheilvollen Einfluss seines Patenonkels zugeschrieben worden. Und in der Tat: Der Hang zur pompösen Eitelkeit, die Lust an Macht und Reichtum um ihrer selbst willen, der Drang, die Ritterträume der Kindheit als Erwachsener auszuleben – all diese Facetten stammen eher aus dem Charakterbild Epensteins als aus dem von Görings Vaters. Als Sohn einer zum evangelischen Glauben konvertierten jüdischen Familie, die in Berlin enormen Grundbesitz besaß, war Epenstein nie gezwungen gewesen, seinen erlernten Beruf als Arzt tatsächlich auszuüben. Der überzeugte Junggeselle reiste lieber durch die Welt und genoss das Leben. 1894 erfüllte er sich seinen Jugendtraum und kaufte Schloss Mauterndorf in Österreich, unweit der bayerischen Grenze. Mit viel Geld ließ er die einstige Burg der Fürstbischöfe von Salzburg, die zur Ruine verkommen war, in altem Glanz wiedererstehen. Für seine Bemühungen, unterstützt durch wohlplatzierte soziale Spenden, wurde er vom österreichischen Kaiser 1910 in den Adelsstand erhoben und durfte sich fortan »Ritter von Epenstein« nennen. Nicht der preußisch-pflichtbewusste Vater wurde zum Leitbild des Heranwachsenden, sondern der prunksüchtige Lebemann Epenstein, der die ihm durch Reichtum verliehene Macht in vollen Zügen genoss. Bis zu dessen Tod im Jahr 1934 blieb Göring in Kontakt mit seinem Paten und betrachtete sich als dessen eigentlicher Erbe. 1938 und 1939, auf dem Höhepunkt seiner Macht, brachte er Mauterndorf tatsächlich in seine Hand. »Es stammt aus dem Besitz meiner Familie«, antwortete er stolz, als die Amerikaner ihn nach der Festnahme nach der Herkunft seines Schlosses befragten.

Nach mehreren Jahren Schliff in Kadettenanstalten hatte der junge Göring die militärische Laufbahn eingeschlagen und war bald nach Beginn des Ersten Weltkrieges zur noch jungen kaiserlichen Fliegertruppe gestoßen.

> Göring war ein vorbildlicher Schüler. Er hat Eigenschaften entwickelt, mit denen er es zu etwas bringen wird. Er scheut sich nicht, ein Risiko einzugehen.
>
> *Abschlusszeugnis Görings der Kadettenanstalt Karlsruhe, 1909*

Seine Aufgabe als Flugbeobachter in den primitiven Maschinen erforderte Mut und Schwindelfreiheit. Die Beine gegen die Seitenwand seines Sitzes geklemmt, musste er sich weit herauslehnen, um mit einem schweren Fotoapparat Bilder von den feindlichen Stellungen am Boden zu machen. Die Aufnahmen brachten ihm erstmals Anerkennung von ganz oben ein. Im März 1915 empfing er für eine wichtige Meldung aus der Hand von Kronprinz Wilhelm das Eiserne Kreuz I. Klasse. Der schneidige Leutnant mit dem scharf geschnittenen Gesicht und den breiten Schultern machte Eindruck im Offizierskasino des Kronprinzen, wo er ein gern gesehener und regelmäßiger Gast wurde. Schnell wurde ihm dabei bewusst, dass dem Ruhm eines Beobachters Grenzen gesetzt waren und bewarb sich als Pilot.

Er hätte keinen besseren Weg wählen können, um sich einen Namen zu machen. Die Männer der neuen Fliegertruppe waren die Helden der Nation. Während auf den Schlachtfeldern Flanderns Hunderttausende im Kampf um wenige Meter Boden krepierten, beschworen die Flieger die Erinnerung an ritterliche Kämpfe Mann gegen Mann. Hoch über dem Schlamm der Schützengräben fochten sie mit ihren primitiven Maschinen, auf die Maschinengewehre montiert waren, tödliche Duelle aus. Über die unsichtbare Front hinweg verband die Kombattanten das Gefühl, einem elitären Club anzugehören. Fliegerasse wie Manfred von Richthofen, der legendäre »Rote Baron«, wurden gefeiert wie heute

Fußballstars, ihre Abschusszahlen von begeisterten Jugendlichen wie Sportergebnisse notiert.

> Wenn ich oben in der Luft bin und auf die Erde hinunterblicke, dann komme ich mir erst richtig lebendig vor. Dann fühle ich mich wie ein kleiner Gott.
>
> *Göring*

In diesem Kreis machte sich Göring als Draufgänger einen Namen. Er war ein mutiger und erfolgreicher Jagdflieger.

Bis zuletzt kämpfte die Elite der deutschen Jagdflieger unter hohen Verlusten gegen die feindliche Übermacht am Himmel an. Doch kein Abschuss traf die Truppe so schwer wie die plötzliche Nachricht vom Waffenstillstand im November 1918. Niemals konnte Göring sich damit abfinden. Im Ratskeller von Aschaffenburg versammelte er die Offiziere seines Geschwaders ein letztes Mal um sich: »Wir werden gegen die Mächte kämpfen, die uns versklaven wollen, und wir werden siegen«, kündigte er zum Schluss seiner Ansprache an, »unsere Zeit wird wieder kommen.« Nach diesen Worten hob er sein Glas: »Meine Herren, ich trinke auf das Vaterland und das Geschwader Richthofen.« Als er ausgetrunken hatte, warf er sein Glas zu Boden und alle folgten seinem Beispiel. Er war jetzt 25 Jahre alt, ein Kriegsheld – ausgezeichnet mit dem höchsten deutschen Orden. Und er war zugleich ohne Arbeit, Geld und Perspektive – ein Mann, der nur für das ausgebildet war, was er jetzt nicht mehr sein durfte: Soldat.

Er sehnte sich zurück nach Kameradschaft, Heldentaten und vor allem einem »starken Mann«, der Deutschland wieder zu alter Macht verhelfen sollte. Diesem »neuen Kaiser« begegnete Göring im Oktober oder November 1922. Dieser Abend, behauptete Göring später, habe über sein weiteres Leben entschieden.

> Ich sagte ihm: ich selbst und alles, was ich sei und besäße, stünden ihm vorbehaltlos zur Verfügung.
>
> *Göring*

In Hitler habe er den Anführer gefunden, der »Wort für Wort aus meinem Herzen« sprach. »Vom ersten Augenblick, da ich ihn sah und hörte, war ich ihm verfallen mit Haut und Haar.« Kurz entschlossen trat er der NSDAP bei und ließ sich bei Hitler melden. Dieser ergriff gerne die

Hand, die ihm Göring ausstreckte. »Großartig! Ein Kriegsheld mit dem Pour le Mérite – stellen Sie sich vor! Ausgezeichnete Propaganda!«, frohlockte er in vertrauter Runde über den Neuzugang. Aus gutem Hause, weit gereist und mit Beziehungen zumindest in das Vorfeld der guten Gesellschaft, stach Göring aus der Gefolgschaft Hitlers als »Weltmann« hervor. Görings Ansehen versprach Nutzen für die Partei. Der joviale Ordensträger und der fanatische Demagoge – es war wie ein Teufelspakt. Als Hitler dem neuen Gefolgsmann im Frühjahr 1923 die Führung der »Sturmabteilungen« (SA) übertrug, gelobte der gerührt: »Ich vertraue Ihnen im Guten wie im Bösen mein Schicksal an, auch wenn es mich mein Leben kosten sollte.«

> Nach dem Ersten Weltkrieg war Göring wie tausende Deutsche entwurzelt. Er wusste nicht, was geschah und was er tun sollte. Und plötzlich fand er Hitler. Er war seine Antwort. Es war die Beziehung zwischen einem Führer und einem Gefolgsmann.
>
> *Richard Overy, Göring-Biograf*

Hitlers Partei und Programm interessierten Göring nur am Rande, Ideologie war für ihn »Krams«. Seine Partei hieß Adolf Hitler. Für ihn war er bereit, sein Leben zu riskieren. Mit ihm wollte er an die Macht.

Bei Hitlers dilettantisch organisiertem Putschversuch am 9. November 1923 wurde Göring schwer verwundet und setzte sich nach dem kläglichen Scheitern der »nationalen Revolution« nach Österreich ab, wo ihm die Ärzte im Innsbrucker Krankenhaus zum ersten Mal Morphium spritzten – die Droge, die ihn zum Süchtigen machte, aber die Schmerzen für kurze Zeit vergessen ließ. Einst ein schlanker, gutaussehender Mann, war er bald aufgedunsen, ja fett, litt an Gedächtnisschwäche und unter dem Zwang, ohne seine Droge nicht mehr leben zu können. Doch nicht die Sucht ließ seinen Charakter maßlos werden, sondern sein maßloser Charakter machte ihn anfällig für die Sucht. Wie nach allem, was ihm Glücksgefühle verschaffte, griff Göring auch nach dem Morphium.

Als er sich 1925 mit seiner schwedischen Ehefrau nach Skandinavien zurückzog, wurden die Fäden zur NS-Bewegung immer dünner und zerrissen fast gänzlich. Auch nach seiner Rückkehr nach Deutschland 1927 hatte Hitler zunächst keine Verwendung für ihn. Ein Jahr später gelang es ihm jedoch, für die NSDAP in den Reichstag einzuziehen, doch von der Macht schien die gerade einmal zwölf Abgeordnete umfassende

Splittergruppe noch weit entfernt. Obwohl er sich weder als Parteifunktionär noch als Abgeordneter besondere Meriten erwarb, stieg sein Ansehen bei Hitler kontinuierlich. Die Erfolge, mit denen er beeindruckte, lagen auf anderem Gebiet: Göring war ein begnadeter Lobbyist.

> Ich hatte kein Amt in der Partei. Ich war niemals in der Partei – das ist vielleicht eigenartig – ein Politischer Leiter, weder in der Reichsleitung noch sonst irgendwie. Ich fuhr von Stadt zu Stadt und versuchte, was ich nur irgendwie tun konnte, die Partei auszubreiten, zu verstärken, neue Mitglieder zu werben, zu überzeugen.
>
> *Göring, Aussage in Nürnberg*

Er sammelte einen hochkarätigen Kreis um sich – einflussreiche Köpfe der Wirtschaft wie den Großindustriellen Fritz Thyssen, den ehemaligen Reichsbankpräsident Hjalmar Schacht oder den Vorstand der Deutschen Bank, Emil Georg von Stauss. Hitler und die Partei wurden dadurch gesellschaftsfähig. Doch erst die Weltwirtschaftskrise brachte der NSDAP den Durchbruch zur Massenpartei und sorgte auch dafür, dass auch Görings politischer Stern immer höher stieg.

Mit schlitzohrigem Geschick und skrupellosen Winkelzügen brachte er den greisen Reichspräsidenten Paul von Hindenburg dazu, Hitler die Schlüssel der Macht zu übergeben. Es war wohl, notierte Tagebuchschreiber Joseph Goebbels, Görings »glücklichste Stunde«, als der »aufrechte Soldat mit dem Herzen eines Kindes« am 29. Januar 1933 Hitler die Botschaft überbrachte, dass dessen Machtübernahme nichts mehr im Wege stehe.

> Das ist gewiss Görings schönste Stunde. Und mit Recht. Er hat in monate-, ja man kann wohl sagen, jahrelangen, aufreibenden Verhandlungen für den Führer den Boden geschickt und diplomatisch vorbereitet.
>
> *Joseph Goebbels, »Vom Kaiserhof zur Reichskanzlei«*

Hitler belohnte die Dienste seines Helfers mit einer Reihe von Ämtern: Reichsminister, zunächst ohne Geschäftsbereich, Reichskommissar für die Luftfahrt und kommissarischer preußischer Innenminister.

Damit unterstand ihm die stärkste Polizeitruppe im Reich – ein Machtmittel, dessen sich der joviale Paladin ohne mit der Wimper zu zucken rücksichtslos bediente. In kürzester Zeit gelang es ihm, den

Polizeiapparat in die Hand zu bekommen und dem Willen der Partei gefügig zu machen. Missliebige Beamte wurden kurzerhand in den Ruhestand versetzt oder kaltgestellt, die Polizeipräsidien mit hohen SA-Führern besetzt. Aus einem Instrument der Rechtsstaatlichkeit wurde fast über Nacht eine Waffe gegen politische Gegner, die Göring wirkungsvoll einsetzte.

> Unser Ziel muss es sein, endgültig das auszurotten, was eine lange Reihe von Jahren hindurch im Zeichen falsch verstandener Freiheit unter Missachtung preußischer Vergangenheit und deutschen Volkstums nichts gemein hatte mit echter Vaterlandsliebe und Aufopferung für die Gesamtheit der Nation.
>
> *Göring, 1. Februar 1933*

Mit dem Rechtsstaat fiel auch das Gewaltmonopol des Staates. Mitte Februar ernannte Göring in Preußen 50.000 SA-, SS- und »Stahlhelm«-Männer zu »Hilfspolizisten«. Ungehindert von der Polizei beziehungsweise Seite an Seite mit ihr konnten die Schlägertrupps der Nazis von nun den Gegner terrorisieren. Der braune Mob kannte kein Halten mehr. Um die Maßnahmen zu rechtfertigen, beschwor Göring im Chor mit Hitler und Goebbels unablässig die Gefahr eines kommunistischen Umsturzes. In Wahrheit war die Linke schwach und zerstritten. Die verfolgten Gegner agierten mit Parolen statt mit Gewalt. Dennoch klammerten sich Hitler, Goebbels und Göring wie besessen an die propagandistisch wirksame Vorstellung, die »Kommune« könne ihnen im letzten Moment die Macht aus den Händen schlagen. Fast schien es, als sollte sich diese Vision bewahrheiten, denn in der Nacht des 27. Februar 1933 schlugen Flammen aus der Kuppel des Reichstagsgebäudes. Wer hatte das Feuer gelegt? Der am Tatort festgenommene, später zum Tode verurteilte Kommunist Marinus van der Lubbe? Die KPD? Oder die Nationalsozialisten mit Göring an der Spitze? Den Reichstag und die Wohnung des Reichstagspräsidenten verband ein unterirdischer Gang. Veranlasste Göring gar den Brandanschlag?

Entscheidend ist, dass Göring den brennenden Reichstag, das Symbol der Republik, zum Anlass nahm, die Hetzjagd auf Kommunisten und andere Gegner zu verschärfen. Er traf als Erster am Tatort ein, und er setzte als Erster die Parole vom Putsch der Linken in die Welt, um den Staatsstreich von rechts zu legitimieren. »Das ist der Beginn des kommunistischen Aufstandes!«, schrie Göring gegen das Heulen der Sirenen den späteren Gestapochef Rudolf Diels am Tatort an. »Sie werden jetzt losschlagen! Es darf keine Minute versäumt werden.« Noch in derselben Nacht ergingen Befehle, über 4000 Funktionäre vor allem der KPD zu verhaften, ihre Büros zu schließen, ihre Presse zu verbieten und missliebige Schriftsteller wie Carl von Ossietzky in »Schutzhaft« zu nehmen.

> Wir hatten die Listen der kommunistischen Funktionäre, die verhaftet werden sollten, vorher bereits zum großen Teil schon festgelegt. Es war völlig unabhängig vom Brande im Deutschen Reichstag.
>
> *Göring, Aussage in Nürnberg*

Schon bevor sich die Meldung vom Brand wie ein Lauffeuer im Reich verbreitete, lagen also Görings schwarze Listen mit den Namen der Opfer bereit.

Auch die konservativen Minister im Kabinett stimmten am darauffolgenden Tag für die Notverordnung, die Präsident Hindenburg noch am selben Tag »zum Schutz von Volk und Staat« erließ. Grundrechte wie jene auf freie Meinungsäußerung, die Pressefreiheit, die Vereinigungs- und Versammlungsfreiheit, das Brief- und Postgeheimnis und die Unverletzlichkeit der Wohnung wurden auf unbestimmte Zeit außer Kraft gesetzt. Das bereits zuvor erweiterte Instrument der »Schutzhaft« verlor seine letzten Einschränkungen. Die Polizei und ihre Helfer waren von nun an befugt, jeden Verdächtigen, wo er sich auch befand, auf unbefristete Zeit festzunehmen, ohne dass der Verhaftete Anspruch auf eine richterliche Überprüfung hatte. Ab sofort herrschte ein permanenter Ausnahmezustand.

> Wenn wir auch vieles falsch machen, wir werden jedenfalls handeln und die Nerven behalten. Lieber schieße ich ein paarmal zu kurz und zu weit, aber ich schieße wenigstens.
>
> *Göring, 10. März 1933*

Auf den Straßen tobten sich die von Göring zu Hilfspolizisten ernannten SA- und SS-Männer aus. In leerstehenden Lagerhallen, alten Feldscheunen, in Hinterzimmern, Lokalen und Kasernen errichteten sie provisorische Lager, in denen Kommunisten, Sozialdemokraten, Gewerkschafter, Juden und alle anderen, die der SA als »missliebige Elemente« galten, eingesperrt wurden. Als Kettenhund der braunen Revolution verdiente sich Göring in diesen Wochen den Beinamen »Der Eiserne«.

Nachdem die erste Phase der »Machtergreifung« abgeschlossen war, schien die Zeit gekommen, das Staatsschiff in ein ruhigeres Fahrwasser zu lenken. Anfang August 1933 löste Hitler offiziell die »Hilfspolizei« in Preußen auf. Zwei Monate später, im Oktober, ordnete Göring per Erlass an, Schutzhäftlinge nur noch in staatlich kontrollierten Lagern unterzubringen. Unterdrückung und Verfolgung der Gegner sollten ab jetzt »geordnet«, »kontrolliert« und »dosiert« erfolgen. Mit Billigung Hitlers schuf Göring die Grundlagen des Terrorstaates. Am 26. April wandelte er ein Nebenressort im Berliner Polizeipräsidium in das »Geheime Staatspolizeiamt« um, das zur Keimzelle der berüchtigten »Gestapo« wurde. Im Auftrag Görings machten die Beamten im Ledermantel Jagd auf politische Gegner, die sie jederzeit, unbefristet und ohne gerichtliche Kontrolle festnehmen konnten. Die Zahl der von ihnen und anderen Polizeiorganen festgenommenen »Schutzhäftlinge« stieg im Laufe des Jahres auf Zehntausende an, sodass die regulären Gefängnisse völlig überlastet waren. Um neuen Haftraum zu schaffen, ließ Göring in Oranienburg, Papenburg und anderswo Lager errichten, die nach dem Vorbild der englischen Internierungslager für Zivilgefangene im Burenkrieg (1901) »Konzentrationslager« genannt wurden. Sie sollten die »wilden Konzentrationslager« der SA und SS ersetzen, die in den nächsten zwei Jahren nach und nach aufgelöst wurden. Für seine »Verdienste« um die Eroberung der Macht forderte Göring reiche Belohnung und erhielt sie. Mit Wirkung vom 20. April 1933 ernannte ihn Hitler zum Ministerpräsidenten Preußens.

Neben dem Ausbau seiner Macht kümmerte sich Göring mit Passion um die Mehrung seines Vermögens. Bedenkenlos nahm er die erstbeste Gelegenheit wahr, um sich aus den schwindsüchtigen Kassen des verarmten Staates zu bedienen. Für ihn waren seine Ämter Macht und Pfründe. In beide Richtungen sprengte er jeden Rahmen. Man sollte sehen, wie weit er es gebracht hatte. Geld spielte für ihn nun keine Rolle mehr.

> Er war das egozentrischste Wesen, das man sich denken kann. Seine Habsucht kannte keine Grenzen. Seine Vorliebe für Edelstein, Gold und Geschmeide war unvorstellbar.
>
> *Hjalmar Schacht, 1934-1937 Reichswirtschaftsminister*

Allein der Tabakkonzern Reemtsma überwies ihm bis 1943 jährlich eine Million Reichsmark, und die deutsche Automobilindustrie beglückte ihn mit einer Motoryacht – der »Carin II« – im Wert von anderthalb Millionen Mark, um im Gegenzug mit Rüstungsaufträgen bedacht zu werden. »Der dicke Hermann«, wie er im Volksmund hieß, genoss seinen Aufstieg in vollen Zügen. Leiblichen Genüssen gab er sich ohne Einschränkung hin. Ungeniert raffte Göring an sich, was immer ihm gefiel: Juwelen, Bilder, Uniformen, Orden.

Rastlos arbeitete er daran, sich neue Ämter und Kompetenzen einzuverleiben. Der besondere Ehrgeiz des einstigen Fliegerhelden galt der Schöpfung einer neuen Luftwaffe, die unter seiner Leitung entstehen sollte. Bereits am 30. Januar 1933 hatte Hitler ihn zum »Reichskommissar für den Luftverkehr« ernannt. Die Errichtung eines Reichsluftfahrtministeriums, das Göring für sich gefordert hatte, war mit Blick auf das Ausland – eine eigene Luftwaffe war den Deutschen aufgrund des Versailler Vertrags verboten –, vor allem aber aus Rücksicht auf die Führung der Reichswehr vermieden worden. Diese fürchtete die Konkurrenz einer neuen unabhängigen Teilstreitkraft, die ihr nicht unterstellt war. Doch in seinem Wunsch, der Schöpfer und Befehlshaber einer neuen deutschen Luftwaffe zu werden, wusste er sich im Einklang mit den Zielen Hitlers, das Reich so schnell wie möglich wieder zur militärischen Großmacht zu erheben.

> Das deutsche Volk muss ein Volk von Fliegern werden.
>
> *Göring*

Die forcierte Aufrüstung ließ sich auf Dauer nicht verheimlichen. Gegenüber dem britischen Luftwaffenattaché brüstete sich Göring im Februar 1935, er habe bereits 1500 Kampfflugzeuge unter seinem Kommando. Die Briten, so das Kalkül, würden umso weniger gegen den Vertragsbruch vorgehen, je stärker sie die deutsche Luftwaffe einschätzten. Tatsächlich verfügte die insgeheim aufgebaute Luftwaffe zu diesem Zeitpunkt über gerade einmal 100 alte Jäger, 60 Bomber und 45 Aufklärungsflugzeuge. Doch die englischen Politiker schluckten die Übertreibung und nahmen die Verletzung des Versailler Vertrags hin. Und da sie es taten, wagte auch die zweite große Siegermacht, Frankreich, nicht, den offenen deutschen Vertragsbruch anzuprangern. Anfang März 1935 konnte Hitler offiziell die Existenz einer deutschen Luftwaffe verkünden. Im September wurde die neue Waffengattung beim Reichsparteitag in Nürnberg öffentlich zur Schau gestellt. Für Göring war dies nur der Beginn. »Mir schwebt vor, eine Luftwaffe zu besitzen«, äußerte er, »die, wenn einmal die Stunde schlagen sollte, wie ein Chor der Rache über den Gegner hereinbricht; der Gegner muss das Gefühl haben, schon verloren zu sein, bevor er überhaupt mit euch gefochten hat.«

Göring beschwor Hitler, er könne die Stärke der Luftwaffe verdoppeln, wenn man ihm nur die notwendigen Geldmittel und Rohstoffe zur Verfügung stelle. Der Diktator war angetan, doch angesichts der Engpässe bei Material und Devisen, mit denen das Reich im Lauf des Jahres 1935 kämpfte, mussten Görings Pläne illusorisch bleiben – es sei denn, es gelang ihm, bei der Verteilung der knappen Güter, um die die Reichswehr unter Kriegsminister von Blomberg und andere Ressorts einen erbitterten Kampf führten, einen größeren Anteil für die Luftwaffe herauszuschlagen. Dieser Wunsch war Görings Triebfeder, seine Hände nun auch in die Bereiche der Wirtschaft auszustrecken, die bis zu diesem Zeitpunkt die Domäne des Wirtschaftsministers und Reichsbankpräsidenten Hjalmar Schacht gewesen waren. Anfang April 1936 ernannte Hitler Göring zum »Devisen- und Rohstoffkommissar«. Im Oktober desselben Jahres übertrug er ihm bei einem Spaziergang auf dem Obersalzberg dann zusätzlich noch das Amt, das Göring mit einem Schlag zum mächtigsten Mann der deutschen Wirtschaft machte. Als »Beauftragter für den Vierjahresplan« war er weisungsbefugt gegenüber allen anderen Wirtschafts- und Kriegswirtschaftsbehörden. Im Auftrag Hitlers sollte er in seinem neuen Amt »Nahrungsfreiheit für das deutsche Volk erkämpfen«, vor allem aber Rohstoffe und Devisen beschaffen, um die Rüstung voranzutreiben und nach dem Motto Hitlers den »Krieg im Frieden« vorzubereiten.

> Eier, Butter, Milch, das sind nun einmal Dinge, die können wir nicht anders beeinflussen. Es gibt gewisse Zeiten, da legen die Hühner viele Eier und es gibt Zeiten, da legen sie wenig. Es gibt Zeiten, da geben die Kühe gerne ihre Milch und es gibt Zeiten, da halten sie zurück damit. Meine lieben Volksgenossen, es ist noch keiner menschlichen Weisheit geglückt, dies anders zu gestalten, wie die Natur es gestaltet hat.
>
> *Hermann Göring, 28. Oktober 1936*

Nur die Eroberung von neuem Lebensraum, so ein geheimes Memorandum Hitlers im selben Jahr, könne den Mangel an Rohstoffen dauerhaft beheben. Um dieses Ziel zu erreichen, müssten die Wehrmacht und die gesamte Wirtschaft in vier Jahren kriegsbereit sein. Einwände ließ der Diktator nicht gelten. Wirtschaftsprobleme waren für Hitler »Willensprobleme«, und nur Göring traute er diesen starken Willen zu. »Er ist der beste Mann, den ich habe, [...] ein Mann von Entschlossenheit, der weiß, was gefordert wird, und es durchsetzt.«

Die neue Devise lautete: Kanonen statt Butter. Flugzeuge, Panzer, Schiffe waren nun wichtiger als privater Konsum oder solide Staatsfinanzen. Die Warnungen und Beschwerden Schachts wischte Göring vom Tisch. Wie zu Beginn der Diktatur setzte er auch jetzt alles daran, Hitlers Politik gegen jedweden Widerstand durchzupeitschen. Wer eins und eins zusammenzählte, musste erkennen: Die maßlose Rüstung legte den Entschluss zum Krieg zwanghaft nahe, sollte der Staatsruin vermieden werden. »Es ist kein Ende der Aufrüstung abzusehen«, schrieb Göring im Dezember 1936 führenden Industriellen ins Stammbuch. »Wenn wir siegen, wird die Wirtschaft genug entschädigt werden. [...] Es darf nicht kalkuliert werden, was kostet es. [...] Wir spielen jetzt um den höchsten Einsatz. Was würde sich wohl mehr lohnen als Aufträge für die Aufrüstung?«

Seit Juni 1936 unterstützte die deutsche Regierung den Rebellengeneral Franco im Kampf gegen die sozialistische Regierung Spaniens. Neben Kriegsgerät und Transportmitteln stellte Deutschland Franco auch die »Legion Condor« zur Verfügung – für Göring eine willkommene Gelegenheit, die neu entwickelten Flugzeuge und Waffen zu testen. Am 26. April 1937 griffen neun deutsche Flugzeuge unter Kommando von Oberst Wolfram von Richthofen, einem Vetter des »Roten Barons«, die Stadt Guernica an. Einsatzziele hätten eine Brücke und eine Straßengabelung nordwestlich der Stadt sein sollen, um dem Gegner den Rückzug abzuschneiden. Doch Rauch aus der umkämpften Stadt behinderte die Sicht der Piloten, die ihre Bombenlast unversehens über dem Zentrum abwarfen. 90 Tote forderte die Bombardierung unter der Bevölkerung, die kleine Stadt lag in Schutt und Asche. Die Wirkung im Ausland war verheerend. Die Zerstörung Guernicas, die der Maler Pablo Picasso auf einem Bild verewigte, wurde von den Gegnern Hitlers und Francos in aller Welt als typisch faschistische Gräueltat angeprangert. Dieses Vernichtungswerk seiner Luftwaffe wurde insbesondere Göring zur Last gelegt.

Zur Sonderstellung Görings im NS-Staat gehörte, dass er sich nie auf eine bestimmte Domäne festlegen ließ. Wie Hitler beanspruchte er Kompetenz in allen Bereichen der Politik, auch und gerade in der Außenpolitik, der Königsdisziplin des Staatsmannes.

> Es heißt oft, Göring habe zwei Gesichter gehabt. Dass er auf der einen Seite umgänglich, jovial und auf der anderen Seite rücksichtslos und brutal war. Ich sehe keine zwei Gesichter. Für mich ist das alles Teil eines Charakters. Er ist ein großspuriger, lautstarker Angeber. Aber dieser Angeber ist brutal und rücksichtslos und er weiß, was er will.
>
> *Richard Overy, Göring-Biograf*

Doch damit nicht genug: Göring wollte, beobachtete Finanzminister Lutz Graf Schwerin von Krosigk, »die Fülle seiner Ehren mit der Stellung des Kriegsministers krönen«. Minister Blomberg selbst war es, der kurz darauf Göring die Gelegenheit gab, ihn aus dem Amt zu drängen. Nach dem Tod seiner ersten Frau hatte der 60-jährige Witwer sich frisch verliebt. Die Auserkorene war nicht einmal halb so alt wie der Bräutigam und dazu wie Blomberg selbst eingestehen musste, eine Frau mit einer gewissen Vergangenheit. Im Auftrag Hitlers fuhr Göring zu Blomberg und erklärte dem erschütterten Kriegsminister, dass seine Heirat die Ehre des Offizierskorps verletzt habe und sein Verbleiben im Amt unter diesen Umständen nicht mehr möglich sei.

Wie eine Spinne wob Göring zudem an einem Netz schmieriger Intrigen, in das sich sein Rivale, der Oberkommandierende des Heeres, Generaloberst Werner Freiherr von Fritsch, verstricken sollte – er wurde der Homosexualität verdächtigt. Göring schien obenauf, doch die Schmierenkomödie endete mit einer schallenden Ohrfeige für ihn. Am 4. Februar 1938 kürte Hitler sich selbst zum Oberbefehlshaber der Wehrmacht und setzte an die Stelle von Fritsch den gefügigen und blassen Walter von Brauchitsch. Den ämterhungrigen Luftwaffenchef speiste Hitler mit einem weiteren Titel ab: »Generalfeldmarschall«. Am 1. März 1938 notierte der deutsch-jüdische Romanist Victor Klemperer in sein

Tagebuch: »Heute am Faschingsdienstag als Berliner Karnevalsfeier überreichte Hitler in großer Feierlichkeit Göring den Marschallsstab. Sie haben keinen Sinn für ihre eigene Komik.«

Das Augenmerk richtete sich nun auf Österreich. Hitler wollte seine Heimat »heim ins Reich« holen und fand in Göring einen wild entschlossenen Helfer. In den entscheidenden zwei Tagen, dem 10. und dem 11. März 1938, war es Göring, der das Heft in die Hand nahm.

> Es war weniger der Führer als ich selbst, der hier Tempo angegeben hat und sogar über Bedenken des Führers hinwegschreitend die Dinge zur Entwicklung gebracht hat.
>
> *Göring, Aussage in Nürnberg*

Wie ein Trainer, der seinen Boxer anfeuert, drängte Göring den zaudernden Hitler in den Ring, als Österreichs Kanzler Kurt Schuschnigg eine Volksabstimmung über die Unabhängigkeit des Alpenstaats ansetzte. Der 11. März 1938 wurde zum Tag der Entscheidung. Aus einer Telefonzelle der Reichskanzlei, in die er seine massige Gestalt zwängte, stellte Göring in 27 Gesprächen zwischen Berlin und Wien die Weichen in Richtung »Anschluss«. Als feststand, dass Italien und England stillhalten würden, befahl Göring kurz nach 20 Uhr »im Namen des Führers« den Einmarsch nach Österreich.

In diesen Monaten schien es, als könne ihm nichts misslingen, als habe er einen Pakt mit dem Teufel geschlossen und seine Seele für den Erfolg verkauft. Mit 45 Jahren wurde der Feldmarschall zum ersten Mal Vater. Zur Verblüffung vieler, die an Nachkommen nicht mehr geglaubt hatten, brachte seine gleichaltrige Frau Emmy am 2. Juni 1938 eine Tochter zur Welt. Nach Mussolinis Tochter wurde sie Edda genannt, und Hitler übernahm die Patenschaft. An spöttelnden Bemerkungen über den Neuzugang in der Familie Göring änderte das freilich nichts. Wofür, juxte der Volksmund, steht EDDA? Antwort: Ewiger Dank Dem Adjutanten.

Dennoch setzte, zunächst unmerklich, bereits der Niedergang ein – ein »Abstieg im Zeichen des Erfolges«, wie es der Historiker Steffen Martens formulierte. Erstmals traten Differenzen zwischen ihm und Hitler zutage, die zu einer wachsenden Entfremdung zwischen dem ersten und dem zweiten Mann des »Dritten Reichs« führten. Auslöser war die Sudetenkrise. Unmittelbar nach der Einvernahme

Österreichs wandte Hitler sich seinem nächsten Ziel zu: der Tschechoslowakei. Im Unterschied zum »Anschluss« Österreichs neigte Göring jedoch in dieser Frage zur Vorsicht. Doch diesmal bestimmte Hitler das Tempo. Göring sah sich in die Rolle des Zuschauers versetzt. »Es ist mein unerschütterlicher Wille, dass die Tschechoslowakei von der Landkarte verschwindet«, erklärte Hitler. Er wollte angreifen. Frieden war für ihn nur noch ein Vor-Krieg. Göring schwieg. Nie brachte er den Mut auf, seine kontroversen Ansichten vor Hitler von Angesicht zu Angesicht mit Nachdruck zu vertreten. Seinem »Führer« gegenüber verhielt sich der kraftmeierische Kämpe unterwürfig und unwürdig devot. Görings Dilemma hieß Hitler. Ihm konnte er nicht entkommen. Er war, beobachtete der französische Botschafter André Francois-Ponçet, »empfindlich und schnell verletzt. Dann zog er sich in sein Zelt zurück wie Achill. Aber Hitler hielt ihn zurück, schlug ihm auf die Schulter und sagte: ›Mein guter Göring!‹ Und Göring wurde rot vor Freude, und alles war vergessen.«

Göring ging auf Distanz zu Hitlers Kriegskurs, blieb aber peinlich darauf bedacht, nicht entschieden zu widersprechen. Er wusste aus langjähriger Erfahrung, dass hartnäckige Gegenargumente Hitler in seinen Absichten noch mehr bestärkten. Statt zu opponieren, bemühte sich Göring um Alternativen, die den »großen Krieg« verhindern konnten. Er signalisierte London und Paris Verhandlungsbereitschaft und suchte mit Lockungen und Drohungen die Westmächte zum Stillhalten zu bewegen. Göring war zwar keine Taube, aber im Vergleich zu Hitler ein eher kleiner Falke, der dem fixen Ideal einer deutsch-britischen Herrschaft über Europa anhing. Sein vorsichtiger Kurs hatte eine wachsende Entfremdung zwischen ihm und Hitler zur Folge. Die Nachgiebigkeit der anderen Mächte führte dazu, dass sich Görings Verhandlungslinie durchsetzte.

> Das war für Göring eigentlich der Triumph, das war seine Vorstellung von der künftigen Gestaltung Europas, Großbritannien und Deutschland gehen gemeinsam.
>
> *Stefan Martens, Göring-Biograf*

Im Münchner Abkommen vom 30. September 1938 wurde die Tschechoslowakei verpflichtet, die sudetendeutschen Gebiete bis zum 10. Oktober an Deutschland abzutreten. Noch einmal hatte die deutsche Politik der

Erpressung, gepaart mit Säbelrasseln, zu einem gewaltlosen Sieg geführt. Noch einmal konnte sich Hitler im Gefolge der deutschen Truppen als Triumphator von den jubelnden Massen des Sudetenlandes feiern lassen. Der Sieg schloss die »revisionistische Phase« von Hitlers Außenpolitik ab. Ab jetzt würde er nicht mehr Deutsche »befreien«, sondern fremde Völker unterwerfen.

Für Göring wurde die Münchner Konferenz zum Pyrrhussieg. Zwar hatte er sein Ziel einer gewaltfreien Lösung à la Österreich durchgesetzt, doch der Preis war eine merkliche Abkühlung des Verhältnisses zu Hitler. Das Ende des tschechoslowakischen Staates war mit der Unterzeichnung des Münchner Abkommens zwar besiegelt, Hitler aber war verstimmt und bezichtigte seinen Paladin sogar der »Feigheit«. »Das nächste Mal werde ich so schnell handeln, dass mir die alten Weiber nicht dreinreden können«, murrte er hinter Görings Rücken. Der von ihm gewollte Krieg war aufgeschoben, und dafür machte er zu Recht auch Göring verantwortlich. Vor der Öffentlichkeit aber blieb der Schein der Einheit zwischen dem »Führer« und seinem »treuesten Paladin« gewahrt.

Verbal trat Göring als fanatischer Judenhasser auf, aber seine wahre Einstellung gegenüber Juden blieb unklar und für einen Mann in Hitlers engstem Umfeld auffallend unideologisch und vielschichtig. Die von Goebbels am 9. November 1938 angestifteten Pogrome kritisierte er – freilich nicht wegen der Gewalt gegen unschuldige Menschen, sondern wegen der damit einhergehenden Zerstörung von Sachgütern, wie erhaltene Dokumente belegen. Er war ein Schreibtischtäter, der mit sich reden ließ.

> Es besteht kein Zweifel daran, dass Göring Antisemit war. Er hatte das schon vor dem Ersten Weltkrieg in der in der Armee aufgegriffen. Aber er war nicht so besessen davon wie etwa ein Heinrich Himmler. Es war kein biologischer Antisemitismus. Es war ein altmodisches, nationalistisches Vorurteil gegen Juden.
>
> *Richard Overy, Göring-Biograf*

Insbesondere auf Bitten seiner Frau Emmy bewahrte Göring einige ihrer ehemaligen jüdischen Schauspielkollegen vor dem Schlimmsten. »Wer Jude ist, bestimme ich«, lautete die gleichermaßen eigensinnige wie machtverliebte Maxime, nach der Göring seine Hand auch über Juden hielt, die ihm nützlich waren oder sein konnten. Von sich selbst behauptete Göring, einen mäßigenden Einfluss auf Hitler ausgeübt zu haben, und seinem Neffen Klaus Rigele erklärte er, dass er die Juden zwar aus dem politischen und wirtschaftlichen Leben entfernen, aber keinem etwas zuleide tun wolle. Tatsächlich lief der spätere Massenmord in den Lagern weitgehend ohne ihn ab. Er ließ den jüdischen Besitz beschlagnahmen, wo er konnte, was mit den Eigentümern geschah, war ihm gleichgültig. Aus persönlichen Gründen verhalf er dem einen oder anderem zum Überleben, für die Masse aber setzte er sich nie ein. Indem er darauf drängte, der jüdischen Bevölkerung in Deutschland die Lebensgrundlage zu rauben, verengte er bewusst die Alternativen auf Vertreibung oder Vernichtung.

Als Hitler im Frühjahr 1939 dann die »Erledigung der Rest-Tschechei« befahl, beugte sich Göring einmal mehr dem »Führerwillen«. Aktiver Widerstand, offene Kritik sogar, hätte nach seinem Verständnis »Verrat« gegenüber dem Mann bedeutet, dem er alles in seiner politischen Laufbahn verdankte. Göring steckte in der Loyalitätsfalle. Einst unbestritten zweiter Mann hinter Hitler, musste er sich nach langen Jahren als engster Vertrauter damit abfinden, dass wichtige Pläne ohne ihn geschmiedet wurden. Dennoch hielt Hitler nach außen an seinem populären Wegbegleiter seit 1922 fest. Der fuhr indes zweigleisig: Er prahlte einerseits mit der angeblich technisch modernsten und zahlenmäßig stärksten Luftwaffe der Welt, die in Wahrheit keineswegs für einen längeren Krieg gewappnet war, und bemühte sich andererseits intensiv um einen Ausgleich mit London – in der illusorischen Hoffnung, mit einem »zweiten München« den Frieden retten zu können, um weiterhin sein Luxusleben ungestört zu genießen. Görings halbherzige Absicht, den Krieg in letzter Minute noch zu verhindern, scheiterte. Noch einmal versuchte er, Hitler von seinem Entschluss abzubringen: »Wir wollen doch das Vabanquespielen lassen!« Worauf der »Führer« entgegnete: »Ich habe in meinem Leben immer va banque gespielt.«

Am Nachmittag des 31. August 1939, als die Militärmaschinerie bereits auf Hochtouren lief, sprach der Oberbefehlshaber der Luftwaffe ein letztes Mal bei Hitler vor und versuchte ihn zum Einlenken zu bewegen. Doch der Diktator kanzelte seinen Stellvertreter mit heftigen, knappen Worten ab. Görings Betrübnis hielt nicht lange an. Am ersten

Kriegstag verkündete Hitler im Reichstag: »Sollte mir in diesem Kampf etwas zustoßen, so ist mein erster Nachfolger Parteigenosse Göring.« Zwar hatte Hitler dies bereits in einem Geheimerlass vom Dezember 1934 bestimmt, doch jetzt erteilte er Göring vor aller Welt den Ritterschlag zum zweiten Mann des Reiches. Mit dieser effekthascherischen Geste bestätigte der »Führer« die Sonderstellung seines Paladins, obwohl dieser das Zenit seiner Macht schon überschritten hatte. Hitlers öffentliche Erklärung war ein »Trostpflaster« für den gescheiterten Friedenspolitiker Göring. Sie besiegelte dessen Abhängigkeit und stürzte ihn in ein Dilemma. Auf der einen Seite erkannte Göring, dass die Politik des Diktators fatal war und Deutschland einen langen Krieg nicht gewinnen konnte. Auf der anderen Seite fühlte er sich zu absoluter Loyalität verpflichtet.

> Wenn wir den Krieg verlieren, dann möge uns der Himmel gnädig sein.
>
> *Göring, 3. September 1939*

Dieser Zwiespalt sollte sein Denken, Fühlen und Handeln während des ganzen Krieges prägen.

Der schnelle Sieg gegen die zwanzigfach unterlegenen polnischen Luftstreitkräfte überdeckte die Schwächen der deutschen Luftwaffe und steigerte Görings haltlose Zuversicht in rauschhafte Siegeseuphorie. Der Zerstörung Warschaus folgte 1940 der Angriff auf Rotterdam, das bombardiert wurde, obwohl dort gerade die Übergabeverhandlungen im Gange waren. Nach dem siegreichen Feldzug gegen Frankreich belohnte Hitler seinen Paladin fürstlich und ernannte ihn zum »Reichsmarschall des Großdeutschen Reiches« – ein ungewöhnlicher Titel. Wohl hatte das Heilige Römische Reich den »Reichsgeneralfeldmarschall« gekannt, doch für Görings höchstpersönlichen Ehrenrang gab es keine Tradition. Der neue Dienstgrad war einzigartig und sollte es auch sein. Als Reichsmarschall stand Göring fortan im Rang über allen anderen Feldmarschällen, die Hitler nach dem Sieg über Frankreich ernannte, und blieb die Nummer zwei der Wehrmacht hinter Adolf Hitler, dem Oberbefehlshaber.

Nach der Kapitulation Frankreichs schien nun möglich, was seit Jahren die zentrale Losung von Hitlers Außenpolitik war: ein Ausgleich mit England zur Teilung der Welt.

Gegenüber England war Göring sehr freundlich eingestellt. Er sah es als eine Art Brudernation an und hatte aus dem Ersten Weltkrieg einen hohen Respekt vor den englischen Jagdfliegern. Das hat er mir mehrfach zu verstehen gegeben.

Heinz Cramer, 1937/38 Adjutant Görings

London, hofften Hitler wie auch Göring, werde nun einlenken. Als nichts dergleichen geschah, griff Hitler zum letzten Mittel: England sollte mit Gewalt zum Ausgleich gezwungen werden. Am 13. August 1940, dem so genannten »Adlertag«, schickte Göring seine Geschwader über den Ärmelkanal. Eine der wichtigsten Luftschlachten des Krieges – die »Battle of Britain« – nahm ihren Lauf. Göring hatte hochfliegende Pläne: Täglich wollte er tausend Flugzeuge einsetzen.

Wenn Sie es befehlen, mein Führer, werfe ich den Engländern so lange Bomben aufs Haupt, bis sie mürbe sind.

Göring, August 1940

Schon in den ersten Tagen erwies sich die RAF als ein mehr als ebenbürtiger Gegner. Statt die Insel in vier Wochen sturmreif zu bombardieren, entblößte die Schlacht die technischen Schwachstellen der deutschen Luftwaffe.

Bei einem der zahllosen Flüge über den Ärmelkanal verirrte sich am Ende August ein Bomber nach London. Zum ersten Mal fielen deutsche Bomben auf die City. Churchill reagierte sofort. Am 25. August 1940 rächten sich die Briten mit dem ersten Angriff auf Berlin. Der Schaden hielt sich in Grenzen, doch für die Bevölkerung war die überraschende Attacke ein Schock. Die scharfzüngigen Berliner verpassten Göring den Beinamen »Meier«, hatte er doch zu Beginn des Krieges getönt, er wolle »Hermann Meier« heißen, sollten je feindliche Bomber Berlin erreichen. Göring fühlte sich durch den Angriff der Briten persönlich beleidigt und drängte darauf, »mit dem Rest« der britischen Luftverteidigung Schluss zu machen. Auch in Hitlers Augen war die Bombardierung Berlins ein Prestigeverlust.

Wenn dann die Sirenen ertönten, hieß es: »Hört ihr Meiers Waldhorn tönen?« Das wurde dann auch zitiert.

Ilse Kleeberger, damals in Berlin

Bis dahin hatte er die Bombardierung ziviler Ziele abgelehnt, da er auf eine Verständigung mit Großbritannien hoffte. Jetzt befahl er Göring, für den Angriff auf Berlin Vergeltung zu üben. Der Bombenkrieg eskalierte.

Der Herbst 1940 markiert nach dem Sommer 1938 die zweite Zäsur in den Beziehungen zwischen Hitler und Göring. Die Erfolge der Luftwaffe im Polen- und im Frankreichfeldzug hatten Görings Einfluss auf Hitler und damit seine Macht kurzfristig wieder angehoben und stabilisiert. Das Debakel in der »Battle of Britain« versetzte Görings Autorität einen neuen Schlag, von dem sie sich nicht wieder vollends erholte. In militärischen Dingen sollte Hitler Göring nie mehr vollkommen vertrauen. Bei der Planung des Russlandfeldzugs, den er ablehnte, spielte Göring kaum mehr als eine Statistenrolle. Zwar zog der »Führer« seinen Stellvertreter gelegentlich zu Rate, um sich dann doch nichtsachtend über seine Meinung hinwegzusetzen. In militärischen Dingen verließ sich Hitler immer häufiger auf seine Intuition. Göring begann nun, systematisch jede Konfrontation zu vermeiden, und entzog sich Hitler regelrecht.

Hitlers Plan, im Osten eine zweite Front zu eröffnen, lastete das ganze Frühjahr 1941 über wie ein Albdruck auf Göring. Getrieben von seiner tiefen Skepsis, rang er sich zu einem unerhörten Schritt durch. War es der Groll des Ohnmächtigen gegen Hitlers einsame Entscheidung oder hoffte er, den Diktator durch einen Verrat seiner geheimen Pläne noch im letzten Augenblick von seinem Vorhaben abschrecken zu können? Über schwedische Mittelsmänner ließ er den Westmächten den geplanten Angriffstermin mitteilen – der zweite Mann des »Dritten Reichs« beging Hochverrat. Nach den Gesetzen des NS-Regimes stand darauf die Todesstrafe. Die Westmächte informierten Stalin, doch dieser glaubte den Warnungen nicht.

Wie stets, wenn er bei Hitler in Ungnade war, versuchte Göring, die Gunst des »Führers« durch besondere Gefolgschaftstreue neu zu erlangen. Hatte er zuvor den Krieg im Osten noch abgelehnt, so peitschte er nun Hitlers Pläne gegen alle Widerstände und Skrupel durch. Mit Haut und Haaren verschrieb er sich dessen Ziel, den Bolschewismus zu vernichten und »Lebensraum im Osten« zu gewinnen. Zu Beginn des Russlandfeldzugs konnte der gehorsame Göring Hitler noch steigende Abschusszahlen seiner Luftwaffe melden. Aber außerhalb der Reichweite deutscher Bomber, hinter dem Ural, gelang es Stalin, die rote Luftwaffe rasch wieder aufzurüsten. Schon im November 1941 nahm Hitlers kritische Haltung gegenüber Görings Fliegertruppe an Schärfe zu. Hitler setzte nun vorrangig auf das Heer.

In der Schlacht um Stalingrad wollte Göring die militärische Schlagkraft seiner Truppe dann noch einmal unter Beweis stellen und versprach vollmundig die Versorgung der eingekesselten Truppe aus der Luft.

> Mein Führer! Die Versorgung der 6. Armee in Stalingrad aus der Luft wird von mir persönlich garantiert. Sie können sich darauf verlassen.
>
> *Hermann Göring, 1942*

Doch schon nach wenigen Wochen musste sich Göring eingestehen, dass die Luftwaffe an Stalingrad scheitern würde. Am 10. Januar 1943 begannen die Russen mit der Zerschlagung des Kessels. Elf Tage später startete die letzte Maschine von einem kleinen Feldflugplatz am Rand von Stalingrad. Am 2. Februar setzte die 6. Armee ihren letzten Funkspruch ab. Als am Abend einige Maschinen mit Versorgungsbehältern die Stadt überflogen, rührte sich in dem verschneiten Ruinenmeer kein Leben mehr. In 72 Tagen und Nächten hatte die Luftwaffe insgesamt 6600 Tonnen Nachschubgüter in den Kessel befördert – ein Tagesdurchschnitt von 100 Tonnen, der nur einem Drittel der geplanten Menge entsprach.

> Wenn damals großspurig verkündet wurde, dass man täglich 300 Tonnen Material in den Kessel einfliegen würde, dann konnten wir darüber wirklich nur noch den Kopf schütteln. Denn im Gegensatz zu denen, die diese Parolen ausgaben, wussten wir, was in Stalingrad wirklich los war.
>
> *Joachim Matthies, Angehöriger der Luftwaffe*

Die halb erfrorenen, halb verhungerten Soldaten konnten zum Schluss nicht einmal mehr die Versorgungsbehälter bergen. Die Luftwaffe verlor knapp 500 Transportflugzeuge, mindestens genauso viele Maschinen zerstörten die Russen am Boden. 1000 Angehörige des fliegenden Personals bezahlten die Luftbrücke mit dem Leben. Von diesem Aderlass sollte sich die Luftwaffe während des Krieges nicht mehr erholen.

Stalingrad geriet zur größten Katastrophe in Görings Karriere. Zum ersten Mal seit Kriegsbeginn knöpfte sich Hitler seinen Stellvertreter persönlich vor. Goebbels notierte am 9. März 1943 in sein Tagebuch, das Ansehen des Reichsmarschalls beim »Führer« habe wegen des »völligen Versagens der Luftwaffe« »kolossal gelitten«. Hitler übe »außerordentlich scharfe Kritik«, weil der Chef der Luftwaffe »sich durch seine Generalität in Illusionen wiegen lassen« habe, anstatt sich über die wahre Tragweite des Luftkriegs im Klaren zu sein. »Göring hört eben gern das Angenehme; deshalb sagt ihm seine Umgebung das Unangenehme nicht.« Ironischerweise hätte diese Beobachtung von Goebbels ebenso für den »Führer« gelten können. Der jedoch hatte laut Goebbels »eine Granatenwut auf diese verantwortungslose Umgebung des Reichsmarschalls.«

Was wusste Göring vom Massenmord in den Vernichtungslagern? »Es sind uns niemals Zahlen oder irgendetwas in der Richtung zugestellt worden«, redete er sich am 21. März 1946 in Nürnberg heraus. Belegt ist: Göring war über die Erschießungen im Rücken der deutschen Front informiert. Im Winter 1941 schickte er seinen Referenten Ernst Friedrich Scholer in die Ukraine, um entsprechende Vorwürfe, die zu ihm gedrungen waren, zu überprüfen. Als dieser mit Aufnahmen einer Massenerschießung zurückkehrte, verschloss Göring vor der unbequemen Wahrheit die Augen.

> Göring ging nicht ein einziges Mal in ein KZ. Zumindest nicht, solange ich bei ihm war. Es fehlte ihm an Mut. Kennzeichnend war, dass er in den kritischsten Situationen einfach nach Paris oder Italien fuhr.
>
> *Ramon von Ondarza, Leibarzt Görings*

Nur allzu gerne gab er sich mit der Erklärung zufrieden, »dass solche Dinge nicht wieder vorkämen«. Es spricht für sich, was Joseph Goebbels nach einem vierstündigen Gespräch mit Göring seinem Tagebuch anvertraute: »Göring ist sich vollkommen im Klaren darüber, was uns allen drohen würde, wenn wir in diesem Kriege schwach werden. Er macht sich darüber gar keine Illusionen. Vor allem in der Judenfrage sind wir ja so festgelegt, dass es für uns gar kein Entrinnen mehr gibt.« In Nürnberg behauptete der Angeklagte, über die »furchtbaren Vorfälle« in den Lagern nicht informiert gewesen zu sein und stets nur »die Verschiedenheit der Rassen betont« zu haben. Hartnäckig leugnete er den Massenmord.

Dabei hatte er am 31. Juli 1941 einen von Reinhard Heydrich vorbereiteten Entwurf zu »einer Gesamtlösung der Judenfrage im deutschen Einflussgebiet in Europa« abgezeichnet. Heydrich wollte freie Hand, um die organisatorischen, sachlichen und materiellen Vorbereitungen für die »Endlösung« einzuleiten. Zum ersten Mal überhaupt fand dieser Begriff in einem offiziellen Papier Verwendung. Der Holokaust, der mit den Morden der Einsatzgruppen im Osten seinen Anfang genommen hatte, sollte nun auf ganz Europa übergreifen. Fünf Jahre später würden die Alliierten Göring für seine Unterschrift zum Tode verurteilen. Die Vollmacht beförderte Heydrich zum obersten »Judenkommissar« für ganz Europa – er war verantwortlich für die Realisierung von Hitlers zweitem Hauptziel: der Vernichtung des europäischen Judentums. Göring wusste genau, dass an eine massenhafte Vertreibung inmitten des Krieges nicht zu denken war. Wohin hätte der Strom der heimatlos Gewordenen sich wenden sollen? Und er selbst hatte Befehle gegeben, den Besitz der Juden zu beschlagnahmen, und ihnen damit die Lebensgrundlage genommen.

Längst war die Luftwaffe nicht in der Lage, das Reichsgebiet nachhaltig vor den alliierten Bombenangriffen zu schützen. Mit der »Direktive 22« vom 14. Februar 1942 war die britische Regierung nun auch formal auf die seit Ende 1940 praktizierte Strategie des Bombenkrieges gegen Zivilisten eingeschwenkt. In trockener Bürokratensprache hieß es unter anderem: »Das Hauptziel unserer Operationen soll die Schwächung der Moral der feindlichen Zivilbevölkerung und besonders der Industriearbeiter sein.« Ab sofort lagen die Zielpunkte der Piloten in Wohngebieten und nicht wie bisher in Werft- und Industrieanlagen. Nun zeigten sich die fatalen Folgen versäumter, verspäteter oder falscher Entscheidungen in Luftrüstung und Luftstrategie. Trotz aller Anstrengungen war die deutsche Heimatverteidigung zu schwach, um das Reichsgebiet gegen die Angriffe der Amerikaner und Briten zu schützen. Verzweifelt kämpfte die Luftwaffe gegen die alliierte Übermacht an. Die feindlichen Geschwader ließen im fünften Kriegsjahr hunderttausende Tonnen Bomben auf Deutschland niedergehen. Infernalische Feuerstürme vernichteten Menschenleben und historische Bausubstanz in bis dahin unvorstellbaren Größenordnungen. Görings Geschwader vermochten solche Angriffe nicht zu verhindern.

Der Oberbefehlshaber der Luftwaffe war nun Sündenbock für jede Niederlage.

> Am Anfang des Krieges war er noch eine anerkannte Persönlichkeit. Das hat erst aufgehört, als die Bombenangriffe kamen, und zwar immer mehr und heftiger. Vorher hatte er sehr laut und unüberhörbar getönt, ich will Meier heißen, wenn ein englisches oder französisches Flugzeug über Deutschland kommt. Das haben die Deutschen nicht vergessen.
>
> *Walter Wittkampf, damals Flakhelfer*

Hitler hielt immer weniger mit seiner wachsenden Verachtung für Göring hinter den Berg: »Ihr Saustall von Luftwaffe!«, warf er seinem Paladin bei einer persönlichen Begegnung an den Kopf. Es kam nun immer häufiger vor, dass Hitler sich in abfälligen Bemerkungen über die teilweise grotesken Kostümierungen seines Stellvertreters und dessen Verschwendungssucht äußerte. Doch bei allem Befremden, bei allen Enttäuschungen und Misserfolgen – das Band zwischen dem »Führer« und seinem »ersten Paladin« war noch nicht zerrissen. Görings Sonderstellung blieb erhalten. Als zweiter Mann im Reich war er für den Diktator unverzichtbar, trotz aller Unfähigkeit. Die immer noch vorhandene Autorität Görings schien an der Führungsspitze des Reiches unentbehrlich. Eine Trennung von seinem designierten Nachfolger hätte Hitler nach eigener Einschätzung geschadet. Sollte seine Aura als mächtiger »Führer« intakt bleiben, der seine wichtigsten Personalentscheidungen weitblickend fällte, um die Existenz des Reiches auch für die Zukunft zu sichern, so musste er Göring als Nachfolger unbehelligt lassen.

> Deshalb geht ihm das Versagen Görings so nah, weil er weiß, dass er der Einzige ist, der, wenn ihm etwas passieren sollte, an seine Stelle treten könnte.
>
> *Goebbels, Tagebuch, 22. Juni 1943*

Am 6. Juni 1944 – dem Tag, an dem die Alliierten zur Landung in der Normandie ansetzten – vertraute Goebbels seinem Tagebuch an: »Unsere Unterlegenheit im Luftkrieg ist geradezu katastrophal. Der Führer leidet sehr darunter, vor allem im Hinblick darauf, dass Göring ja direkt und indirekt daran Schuld trägt. Er kann aber gegen Göring nichts unternehmen, weil damit die Autorität des Reiches und der Partei schwersten Schaden erleiden würde.«

Göring stand mit dem Rücken an die Wand: Weder bei Hitler noch bei seiner Truppe hatte er Rückhalt.

Es war bekannt, dass Göring auf einer Tagung die Jagdflieger als müde, feige, nicht mehr kampfbereit erklärt hatte. Das hatte dann zur Folge, dass einige höhere Jagdfliegerkommandeure, die hohe Auszeichnungen hatten, ihre Orden abgelegt haben.

Gerhard Baeker, Jagdflieger

»Mitte bis Ende Januar«, sagte er später in Nürnberg, »war keine Hoffnung mehr.« Am 30. Januar ließ Göring Frau Emmy und Tochter Edda in sein Haus auf dem Obersalzberg bringen. Um Schadensbegrenzung bei seinem »Führer« bemüht, ließ sich Göring mehrere Male an der Front blicken, wurde aber dafür nur mit höhnischer Verachtung gestraft. Er solle doch bloß diese »lächerlichen Frontfahrten« lassen, spottete der Kriegsherr. In der Luftwaffe gab es nicht mehr viel zu tun. Wegen des Treibstoffmangels wurden kaum noch Einsätze geflogen. Im Vergleich zu Großadmiral Dönitz, dessen Kriegsmarine unter Aufbietung aller Kräfte Soldaten und Zivilisten aus den umkämpften Ostgebieten holte, hatte Göring nichts mehr zu bieten. Insgeheim rechnete er mit dem Ende und schrieb am 12. Februar sein Testament.

Am 20. April reiste Göring noch einmal nach Berlin, wo Hitler seinen 56. und letzten Geburtstag feierte. Durch die zerstörten Straßen der Hauptstadt führte ihn sein Weg in die Reichskanzlei, wo er zum letzten Mal dem Mann gegenüberstand, dem er in blinder Ergebenheit bei allen Verbrechen gefolgt war. Er werde Hitler bis in den Tod treu bleiben, hatte Göring mehr als 20 Jahre zuvor gelobt. Jetzt war er entschlossen, seinen »Führer« und die Reichshauptstadt vor der herannahenden Roten Armee so schnell wie möglich zu verlassen. »Kaum war die Lagebesprechung beendet, die Generale verabschiedet, als sich Göring verstört an Hitler wandte«, berichtete Albert Speer später die denkwürdige Abschiedsszene, »er habe in Süddeutschland dringendste Aufgaben zu erledigen, er müsse noch in der gleichen Nacht Berlin verlassen. Hitler sah ihn geistesabwesend an. Mit gleichgültigen Worten gab er Göring die Hand, ließ sich nicht anmerken, dass er ihn durchschaute. Ich stand wenige Schritte von beiden entfernt und hatte das Gefühl eines historischen Augenblicks: Die Führung des Reiches ging auseinander.«

Noch immer hoffte er auf die Früchte seiner zwölfjährigen »Fronarbeit« als zweiter Mann des »Dritten Reichs«: einmal aus dem Schatten des »Führers« herauszutreten, einmal dessen Nachfolge zu übernehmen. Als ihn am 22. April in seinem Domizil am Obersalzberg die Nachricht eines angeblichen Nervenzusammenbruchs Hitlers im Berliner Bunker erreichte, versetzte ihn das noch einmal in hektische Betriebsamkeit. Am folgenden Tag kabelte er ein folgenschweres Funktelegramm in die Reichshauptstadt: »Mein Führer, sind Sie einverstanden, dass ich nach Ihrem Entschluss, in der Festung Berlin auszuharren, auf Grund des Gesetzes vom 29.6.41 nunmehr die Gesamtführung des Reiches mit allen Vollmachten nach innen und außen übernehme? Wenn ich bis 22 Uhr keine Antwort erhalte, nehme ich an, dass Sie Ihrer Handlungsfreiheit beraubt sind, und werde ich die Bedingungen Ihres Gesetzes als gegeben betrachten und nach eigenem Ermessen aufs Beste für die Interessen unseres Landes und Volkes handeln. […] Ihr getreuer Hermann Göring.«

Doch während sich Göring auf dem Obersalzberg wolkigen Wunschträumen über die Zukunft hingab, wetzte Martin Bormann im Bunker unter der Reichskanzlei den Dolch für die finale Intrige gegen den verhassten Reichsmarschall. »Göring übt Verrat«, geiferte er, »er sendet bereits Telegramme an die Regierungsmitglieder und teilt ihnen mit, dass er aufgrund seiner Vollmachten Ihr Amt, mein Führer, heute Nacht um 24 Uhr antreten werde!« Jetzt erregte sich auch Hitler. »Ich weiß es schon lange!«, schrie er mit hochrotem Kopf. »Ich weiß, dass Göring faul ist. Er hat die Luftwaffe verludern lassen. Er war korrupt. Sein Beispiel hat die Korruption in unserem Staate möglich gemacht. Zu allem ist er seit Jahren Morphinist. Ich weiß es seit langem!«

> Bormann hat anscheinend den Inhalt des Telegramms auch sehr rigoros übermittelt, rigoroser wahrscheinlich, als von Göring gemeint. Das resultierte aus dem Spannungsverhältnis zwischen Göring und Bormann. Es kam zur Explosion: Hitler brach in einen Wutanfall aus. Er empfand es als Verrat, dass Göring die Funktion des Führers übernehmen wollte.
>
> *Traudl Junge, Hitlers Sekretärin*

Er ließ Göring unter Hausarrest stellen und stieß ihn dann sechs Tage später in seinem »politischen Testament« aus der Partei aus. Die Nachricht traf Göring wie ein Schlag ins Gesicht. »Jetzt kann ich mich nicht mehr rechtfertigen; ich kann ihm nie mehr ins Gesicht sagen, dass er mir Unrecht getan hat, und dass ich ihm treu war«, stöhnte Göring in einem Zustand »geistig-seelischer Ohnmacht«, der seine Frau Emmy fürchten ließ, ihr Gatte verliere den Verstand. Trotz aller Unbill der letzten Tage hatte er sich nicht von Hitler gelöst, bis zuletzt gehofft, sich vor seinem »Führer« rechtfertigen zu können.

Das Kriegsende am 8. Mai 1945 erlebte Göring dann als Gefangener der Amerikaner. Seine Bewacher behandelten ihn einigermaßen freundlich und respektvoll; er durfte seine Uniformen, Orden und sogar seine Waffen behalten. »Göring schien entspannt, er konnte sich gar nicht vorstellen, dass man ihn als Kriegsverbrecher bezeichnen würde«, schilderte der amerikanische Soldat Rufus Legett seinen Eindruck. »Ich hatte das Gefühl, Göring rechnete fest damit, mit Eisenhower zu sprechen. Er war davon überzeugt, Eisenhower beim Aufbau einer Friedensordnung für Deutschland helfen zu dürfen.« Doch die Amerikaner dachten gar nicht daran. Stattdessen stellten sie Göring in Nürnberg als Hauptkriegsverbrecher vor Gericht.

Für die Richter stand seine schwere Schuld außer Zweifel. »Es kann kein mildernder Umstand angeführt werden«, stellte das Urteil fest, das am 1. Oktober 1946 verkündet wurde. »Göring war oft, fast immer, die treibende Kraft, und nur seinem Führer stand er nach. Er war die leitende Persönlichkeit bei den Angriffskriegen, sowohl als politischer als auch militärischer Führer; er war Leiter der Sklavenarbeiter und Urheber des Unterdrückungsprogramms gegen die Juden und gegen andere Rassen im In- und Ausland. Alle diese Verbrechen wurden von ihm offen zugegeben. […] Diese Schuld ist einmalig in ihrer Ungeheuerlichkeit. Für diesen Mann lässt sich in dem ganzen Prozessstoff keine Entschuldigung finden.«

> Die Bedingungen eines persönlichen Aufstieges waren zugleich diejenigen seines Versagens, denn Aufstieg und Versagen lagen begründet in einer gänzlich hemmungslosen, aller Kontrollmechanismen baren Egozentrik, die sich jenseits der eigenen Anspruchsbefriedigung keiner verpflichtenden Norm bewusst war und ihm in all seiner naiven Gier den Charakter eines großen und gefährlichen Kindes gab.
>
> *Joachim Fest, Historiker*

Obwohl Göring sich kaum Illusionen darüber machen durfte, zu welchem Ergebnis die Richter kommen würden, traf ihn das Todesurteil schwer. Nur die Hoffnung auf die Nachwelt hielt ihn aufrecht. Zu einem der Dolmetscher sagte Göring: »Jeder muss sterben, aber als Märtyrer zu sterben, macht unsterblich. Ihr werdet unsere Knochen einst in Marmorsärge legen.« Am 15. Oktober 1946 zerbiss er – wenige Stunden vor der geplanten Erhängung – eine in seine Zelle geschmuggelte Zyankalikapsel.

HITLERS FRAUEN

EVA BRAUN

Oft waren es vor allem Männer, die im Fadenkreuz der historischen Auseinandersetzung standen – als Täter und Vollstrecker im Namen Hitlers. Frauen dagegen wurde gemeinhin die Rolle von Mitläuferinnen zugebilligt, die um Gefallene trauerten und anschließend als Trümmerfrauen zur deutschen Katharsis beitrugen. Doch abgesehen vom Fronteinsatz haben Frauen den Diktator oft im gleichen Maße unterstützt wie Männer. Sie haben genauso abgestimmt, genauso mitgemacht, genauso weggesehen, mitunter sogar lauter »Heil« gerufen. Manche jedoch haben auch die Kraft gefunden, den Verführungen zu widerstehen. Zwischen Mitwirkung und Ablehnung, zwischen Anpassung und Widerstand lag oft nur ein kleiner Schritt. Die »First Lady« des »Dritten Reichs«, Magda Goebbels, war Hitler mehr verfallen als ihrem Ehemann. Hitlers Muse Winifred Wagner verschaffte diesem Zugang zu »besseren« Kreisen und wollte auch nach 1945, als die katastrophalen Folgen von Hitlers Herrschaft offenbar wurden, die wahre Natur ihres Idols nicht wahrhaben. Künstlerinnen wie Leni Riefenstahl und Zarah Leander trugen auf unterschiedliche Weise zum »schönen Schein« des Regimes bei, während andere, wie Marlene Dietrich, sich Hitler von Anfang an versagten. Und es gab Eva Braun, die vor der Öffentlichkeit verheimlichte Freundin des Diktators, deren Lebenstraum, Hitler zu heiraten, sich erst im Angesicht des Todes erfüllte. Auch wenn die Wendepunkte, die den Lebensweg dieser Frauen bestimmten, manchmal erst im Nachhinein erkennbar waren – die Unumkehrbarkeit war immer das Produkt des eigenen Willens. Geschichte ist nicht schwarz und weiß – sie schimmert grau in vielerlei Nuancen.

29. April 1945, Berlin. Volltreffer sowjetischer Granaten ließen den Bunker unter der Reichskanzlei erzittern. 9 m unter der Erde herrschte Endzeitstimmung. »Eva Braun hat an dem Tag etwas ganz Merkwürdiges zu mir gesagt, sie hat gesagt: ›Heute werden Sie noch weinen‹.« Hitler-Sekretärin Traudl Junge glaubte, nun sei die Stunde gekommen, in der Hitler und Eva Braun sich das Leben nehmen würden. Doch es war noch nicht der allerletzte Akt, um den es ging: »Tatsächlich meinte Eva Braun die Hochzeit mit Hitler.« Das Gerücht machte schon seit Tagen die Runde. Zeit seiner politischen Karriere hatte sich der Diktator krampfhaft bemüht, als mythischer »Führer« zu erscheinen, der allem

Menschlichen enthoben sei. Erst als für ihn der Selbstmord unumgänglich war, rang sich der Tyrann dazu durch, »jenes Mädchen zur Frau zu nehmen, das nach langen Jahren treuer Freundschaft aus freiem Willen in die schon fast belagerte Stadt hereinkam, um ihr Schicksal mit dem Meinen zu teilen.« Für Jahre der Erniedrigung erhielt Eva Braun doch noch den erhofften Lohn – den Trauring. Der wurde spontan herbeigeschafft und war der Heiratskandidatin ein Stück zu groß. Es war eine groteske Vermählung, die offenbar nur deshalb stattfand, weil der Bräutigam nichts mehr zu verlieren hatte.

Geheiratet wurde auch im Granatenhagel unter pedantisch genauer Beachtung standesamtlicher Regeln. Hitlers förmlicher Antrag, »angesichts der Kriegslage, das Aufgebot mündlich zu bestellen«, war nicht minder makaber als die schriftliche Versicherung des Brautpaares, arischer Abstammung zu sein und an keinen die Ehe ausschließenden Erbkrankheiten zu leiden. Eva Braun war nervös. Notdürftig wurde im Erdgeschoss der Reichskanzlei eine Art Traualtar hergerichtet. Gauamtsleiter Walter Wagner sprach die feierlichen Worte, die Hitlers Freundin jahrelang ersehnt hatte: »Nunmehr frage sich Sie, Fräulein Braun, ob Sie gewillt sind, die Ehe mit Meinem Führer Adolf Hitler einzugehen?« Die 33-Jährige zögerte mit ihrem Jawort keine Sekunde. Im Hintergrund erklang das Lied *Blutrote Rosen*. Ein Traum erfüllte sich für das Mädchen aus der Münchner Vorstadt. Im schwarzen Kleid aus Seidentaft wurde sie Hitlers Ehefrau. Doch was war das für ein Bund fürs Leben? Für ein Leben kürzer als ein Tag?

»Ich hatte das Gefühl«, so Traudl Junge, »dass sie zu Lebzeiten immer im Schatten geblieben ist und wahrscheinlich gar keine Chance hatte, das zu ändern. Ich denke mir, sie hat sich vorgestellt, dass sie dann in die Geschichte wenigstens eingehen wird als heroische Geliebte.« Als die Welt nach Kriegsende zum ersten Mal von Eva Braun Notiz nahm, überschlugen sich die Fragen: Was war das für eine Frau an der Seite des Diktators, die dem Nazi-Kriegsherrn und Jahrhundertmörder mehr als zehn Jahre so nahe stand? Was bedeutete sie für Hitler, war sie nur Mätresse oder auch Partnerin? Ignorierte sie das Unheil, das der Geliebte über die Welt brachte? Was wusste sie, war sie Mitläuferin oder gar Mittäterin? Warum folgte sie dem Diktator scheinbar bedingungslos bis in den Tod?

Der Auftakt der Geschichte ist banal. Am Anfang steht die Jugend eines ganz normalen Mädchens. Geboren wurde Eva Anna Braun am

7. Februar 1912 als zweite Tochter des Lehrers Friedrich Braun und seiner Frau Franziska in München. Konservativ-monarchistisch-national eingestellt, waren die Brauns eine typische Kleinbürgerfamilie, die es sich 1925 leisten konnte, in eine komfortablere Wohnung zu ziehen. Eine Erbschaft ermöglichte den ersten PKW, ein Dienstmädchen kümmerte sich um die Kinder. Im ländlichen Beilngries ging Eva Braun in eine Klostervolksschule. Wild und faul sei sie gewesen, meinten Lehrer. »Sie hat jeden um den Finger gewickelt, und so glaube ich auch, dass sie leicht durch die Schule gekommen ist, ohne große Anstrengungen und große Leistungen zu vollbringen, sie war einfach zu charmant dazu«, berichtete ihre Cousine Gertraud Weisker. Im Lyzeum lernte sie Maschinenschreiben, Buchhaltung, Haushaltsführung und Französisch.

Sport und Kleider waren ihre lebenslangen Leidenschaften.

> Eitel war sie natürlich auch, sonst hätte sie sich nicht so oft umgezogen. Aber das hat sie nicht für andere getan, sondern eigentlich nur für sich selber. Sie wollte sich selbst immer wieder in einer neuen Pose, in einem neuen Kleid sehen.
>
> *Gertraud Weisker, Cousine Eva Brauns*

Filme und Fotoalben sollten diese Neigungen später anschaulich dokumentieren. Ihre Lieblingslektüre waren die Romane von Karl May, das hatte sie mit dem jungen Hitler gemeinsam, nur schmiedete der, als sie noch Winnetou las, schon Staatsstreichpläne. Er wollte die nicht nur von ihm verachtete Weimarer Republik mit Stumpf und Stiel beseitigen. Als 1923 sein dilettantisch organisierter Putsch fehlschlug, war Eva Braun elf Jahre alt. Politik interessierte sie nicht. Dafür standen bei ihr Filmzeitschriften und Dreigroschenromane hoch im Kurs. Eva liebte es, sich schick zu machen, weniger aus besonderer Lust am Luxus, sondern um etwas darzustellen und Anerkennung zu finden.

Dass der Wunsch, ein großer Filmstar zu sein, ihr ganzes Leben durchzog, wird zumindest kolportiert. Jedenfalls begann ihre berufliche Laufbahn in einem Geschäft des Gewerbes. Vater Friedrich Braun hatte gehört, dass bei Foto-Hoffmann in der Maxvorstadt eine Lehrstelle frei sei. Ein schicksalsträchtiger Tatbestand: Hoffmann hatte sich zum Allzweck-Fotografen der NSDAP emporgedient und zählte zu ihren frühen Mitgliedern. Mit Hitler verband ihn eine Duz-Freundschaft. Der NS-Führer suchte in den Aufnahmen des Gefolgsmannes nicht nur

Bestätigung, sondern wollte mit seinen beschwörenden Posen auch Eindruck schinden, eine Art Sendungsbewusstsein vermitteln. Folglich war er häufig Gast im Atelier. Bei den dort angestellten Damen gab er sich galant, küsste generös die Hand und ließ es an kleinen Präsenten nicht mangeln.

Wie lernte Eva Braun den späteren Geliebten kennen? An einem Abend des Jahres 1929 betrat Hoffmann mit »Herrn Wolf« den Laden. »Wolf« war Hitlers Pseudonym. Wie ein Wolf wollte er in die Herde seiner politischen Gegner einbrechen.

Hitler alias »Wolf« machte Eva Braun Komplimente und weckte damit ihr Interesse. Sie wusste aber offenbar nicht, wen sie vor sich hatte. Nach dem Zusammentreffen fragte Hoffmann das Mädchen: »Hast du nicht erraten, wer dieser Herr Wolf ist? Schaust du nie unsere Fotos an?« Eva: »Nein.« Deutlicher war ihre politische Abstinenz kaum zu dokumentieren. Nun aber gab es Gründe, die Schubladen nach den Bildern dieses Herrn durchzuwühlen. Heimlich kam es zu ersten Verabredungen, Hitler lud das adrette Münchner Mädel ins Theater und zum Essen ein. Oft machte sein Redefluss ihr zu schaffen. Von einer Liaison zwischen Hitler und Eva konnte bis Ende der 20er-Jahre aber noch keine Rede sein. Hitler gefiel das frische und natürliche, fröhliche und unverdorbene Mädchen, und ihr kam der ältere Mann, der ihr Komplimente machte, interessant vor.

> Lieber Herr Hitler, ich danke Ihnen nochmals für die wunderschöne Einladung ins Theater. Ich werde diesen Abend so bald nicht vergessen. Ich bleibe in Dankbarkeit für Ihre Freundlichkeit und zähle die Stunden bis zu einem Wiedersehen. Ihre Eva.
>
> *Eva Braun, 18./19. September 1931*

Einladungen zu Landpartien mit Picknick in Oberbayern wechselten sich ab mit Besuchen in Cafés oder nachmittäglichen »Osteria«-Aufenthalten. Hitler war stets umgeben von einer Schar devoter Parteigänger, Chauffeure und Adjutanten. Das machte Eindruck, vermutlich auch die Mercedeskolonne – aus Spendengeldern. Wer konnte schon einen so prominenten Verehrer vorweisen? Das mochte ihrer Eitelkeit entsprochen haben.

Hitler gab in der Beziehung von Anfang an den Takt an. Wann und wo treffen? Wie oft? Wozu? Das höchste Gebot hieß Diskretion. Seine politischen Ziele und alles, was ihm dafür wichtig erschien, hatten Vorrang – auch die Kontakte zur »besseren Gesellschaft« mit wohlmeinenden wie wohlhabenden Damen. Gern umgab er sich mit »Reichen und Schönen«, denn sie erst machten ihn gesellschaftsfähig. Eva bebte vor Eifersucht. Damen wie Winifred Wagner, Magda Goebbels, Annie Ondra, Leni Riefenstahl konnte sie in keiner Hinsicht das Wasser reichen. Mit ihnen ließ er sich sehen und sie hielt er versteckt. Hitler wollte ein anspruchsloses und pflegeleichtes Verhältnis ohne Verbindlichkeiten. »Für die Liebe halte ich mir eben in München ein Mädchen«, meinte Hitler auf die Frage seines Adjutanten. Selbstverständlich wurde das Mädchen überprüft, sein ergebener Helfer Bormann, später Chef der Parteikanzlei, durchleuchtete den Stammbaum der Brauns auf arische Reinheit.

Das »Tschapperl« sollte für Hitler nie Partnerin sein.

> Sie war eine einfache, hübsche kleine Verkäuferin, mit der für ihresgleichen typischen Frivolität und Eitelkeit gesegnet, und sie war sprachlos vor Begeisterung über die Aufmerksamkeit und die Komplimente, die ihr diese aufstrebende Macht im Lande zuteilwerden ließ und fühlte sich zweifellos sehr geschmeichelt.
>
> *Heinrich Hoffmann, Fotograf Hitlers*

Selbstherrlich wie er war, suchte er auch keine Mitstreiterin. »Sehr intelligente Menschen sollen sich eine primitive und dumme Frau nehmen. Sehen Sie, wenn ich nun noch eine Frau hätte, die mir in meine Arbeit hineinredet! In meiner freien Zeit will ich meine Ruhe haben … heiraten könnt' ich nie!«, soll er später einmal zu Albert Speer gesagt haben. Doch Eva Braun richtete ihr Leben immer mehr nach ihm aus. »Er hat Macht über sie gehabt. Und diese Macht hat er ausgenutzt, und das konnte er nur, weil sie sich hat ausnutzen lassen«, meinte Eva-Cousine Weisker zu dem unwürdigen Schauspiel. Und so wurde Warten auf Hitler das bestimmende Lebensgefühl der Eva Braun.

Nach drei Monaten ohne Kontakt beschloss Eva Braun, sich umzubringen. Am 31. November 1932 schrieb sie einen Abschiedsbrief: dann schoss sie sich mit der Pistole ihres Vaters in die Brust. Die Schwester fand Eva blutüberströmt, lebensbedrohlich verletzt – doch sie überlebte. Hitler besuchte sie sofort, wollte sicher gehen, ob tatsächlich ein ernstzunehmender Selbstmordversuch vorliege. »Sie hat auf ihr Herz gezielt«, versicherte der Arzt, »wir haben sie noch zur rechten Zeit retten können.«

Den besorgten Eltern verkaufte Eva die Angelegenheit als Unfall. Auch wenn es ein Kalkül gegeben haben sollte: Hitler fühlte sich von so viel Zuneigung zumindest geschmeichelt – wohl auch, weil er die Kontrolle über Eva nicht verlieren wollte und ahnte, dass ihr Tod ihm Schaden zufügen konnte.

Schon vorher hatten Frauen versucht, sich wegen Hitler das Leben zu nehmen, eine starb, schon einmal wäre es beinahe zum Skandal gekommen. Hitlers Vorliebe galt vor allem jungen Mädchen, die ihn anhimmelten und nicht widersprachen. »Es gibt nichts Schöneres, als sich ein junges Ding zu erziehen: Ein Mädchen mit achtzehn, zwanzig Jahren, das biegsam ist wie Wachs.«

> Er hat sich ja eigentlich immer nur an schüchterne, unbeholfene junge Dinger herangemacht. Oder sagen wir es noch deutlicher: nur da traute er sich, denen näher zu treten.
>
> *Elke Fröhlich, Historikerin*

Einige schlug er derart in den Bann, dass sie glaubten, sich dem nur durch Selbstmord entziehen zu können. »Das ist Mizzerl«, sagte Hitler, als er Henriette von Schirach stolz das Foto der 17-jährigen Maria Reiter präsentierte. Das war im Jahre 1926. Hitler machte der hübschen, blonden Textil-Verkäuferin aus Berchtesgaden seit geraumer Zeit den Hof, und man hatte sich auch schon geküsst. Sie strickte fleißig Wadenstrümpfe und träumte von der Hochzeit. Doch nicht in seinen kühnsten Träumen dachte Hitler an eine dauerhafte Bindung. Dennoch schrieb er voller Pathos »Mein liebes Kind, […] ich hätte so gern Dein holdes Gesichtchen vor mir gehabt, um Dir mündlich zu sagen, was Dir Dein treuester Freund nun schreiben kann«, und er schließt: »Dann wollte ich so gern bei Dir sein und in Deine lieben Augen sehen können und das andere vergessen – Dein Wolf.« Mizzi Reiter aber wartete vergeblich auf ihren »Wolf«, der schickte ihr zum Geburtstag zwei Bände von *Mein Kampf* und schrieb dazu: »Lies sie durch, und Du wirst, glaube ich, mich dann besser verstehen.« Sie las nicht und verstand nicht. Als sie sich aus Liebeskummer am Türpfosten erhängen wollte, griff die Familie noch rechtzeitig ein.

»Meine Braut ist Deutschland«, betonte Hitler immer wieder voller Pathos, Deutschland war seine Karriere; mehrmals äußerte er Bedenken, dass Frauen ihn am Aufstieg hindern könnten. Zudem hatte er die eitle Befürchtung, das Volk würde es ihm nicht verzeihen, wenn er heirate; wie auch ein Filmstar Popularität einbüße, wenn er in den Stand der Ehe trete. Schon trat ein neuer Schwarm in Hitlers Leben: Süß und blond und 17 Jahre alt, seine Nichte Geli Raubal, Tochter seiner Halbschwester Angela.

> Sie war eine Prinzessin, nach der sich die Leute auf der Straße umdrehten. Wie alle war auch ich wahnsinnig verliebt in sie.
>
> *Emil Maurice, Chauffeur Hitlers*

Im Jahre 1929 nahm der 23 Jahre ältere Onkel sie bei sich auf. In seiner Mischung aus väterlicher Zuneigung und schulbubenhafter Verliebtheit umsorgte er das einfach geartete österreichische Mädchen. Geli Raubal spürte Zuneigung, war ihrem Onkel allerdings in keiner Form gewachsen. Er förderte sie, ließ sie Gesangsunterricht nehmen, ging mit ihr in die Oper und in Restaurants; wachte jedoch eifersüchtig über jeden Umgang und gebot über ihre Zeit. Als Hitler-Fahrer Emil Maurice die hübsche Nichte einmal herzhaft auf die Wange küsste, erlitt der »Chef« einen Tobsuchtanfall: »Ich fürchtete, er würde mich über den Haufen schießen«, erinnerte sich der Fahrer später. Wie eine Gefangene musste sich Geli Raubal zuletzt in der Wohnung am Prinzregentenplatz vorgekommen sein, die dauernde Bevormundung erstickte ihren Lebenswillen. Während Hitler überall in Deutschland Wahlkampf trieb, wartete in der Münchner Wohnung Geli unfrei und unbefriedigt auf den Onkel, der sich kaum Zuhause blicken ließ. Doch wenn er da war, spielte er den Tyrannen. Nach einem Streit nahm Geli sich das Leben.

»Es hat zwischen beiden keinerlei intime Beziehungen gegeben« – davon war die Geli-Freundin Henriette von Schirach überzeugt. Doch ist es eine gängige Meinung, dass der notorische Narziss allein bei Geli Raubal zu tiefer und inniger Liebe fähig gewesen sei. Gelis Zimmer in der Wohnung am Prinzregentenplatz blieb abgeschlossen, niemand außer ihm durfte es betreten. Auch auf Hitlers »Berghof« gab es ein »Geli-Zimmer«.

Mit Bildern und Büsten seiner Nichte betrieb Hitler einen wahren Totenkult. Erwähnte jemand ihren Namen, heißt es, seien ihm Tränen in die Augen getreten. Die Tote stilisierte er zur großen und einzigen

Liebe seines Lebens. Letztlich aber liebte Hitler nur sich selbst. Die Beachtung, die er Geli zu Lebzeiten verwehrt hat, schenkte er ihr nun im Tode.

> Geliebt hat er nur eine einzige Frau: seine Nichte Geli Raubal. Als sie sich erschoss, nahm er sich Eva Braun. Das war mehr Duldung als Liebe. Er fühlte sich ihr gegenüber schuldig, weil sie seinetwegen zwei Selbstmordversuche unternommen hatte. Hitler, so glaube ich, war unfähig, eine Frau zu lieben.
>
> *Leni Riefenstahl, Regisseurin*

Und auch da hatte er am Ende die Befürchtung, dass der Selbstmord der Nichte ihm politisch schaden könnte; das trieb ihn bei aller Trauer auch weiterhin um. In der Tat gab es Mordverdächtigungen gegen ihn, die sich später als haltlos erwiesen.

»Ich fürchte, ich bringe den Frauen kein Glück«, erklärte das Objekt der weiblichen Begierde 1939, nachdem eine weitere Verehrerin den Versuch gemacht hatte, sich das Leben zu nehmen. Diesmal war es eine ansehnliche britische Aristokratin, Unity Mitford, die dem »Führer« auf Schritt und Tritt zu folgen suchte. Hitler hatte sie benutzen wollen, um Kontakte zur englischen Oberschicht zu knüpfen. Wenige Stunden nach Kriegsausbruch schoss sie sich auf einer Parkbank im Münchner Englischen Garten eine Kugel in den Kopf. Sie überlebte, starb aber Jahre später an den Folgen. »Ich glaube, dass es Menschen gibt, die den Tod anziehen«, hat Henriette von Schirach gesagt, »und ganz gewiss war Hitler einer von ihnen.« Nachdem Eva Braun sich zum ersten Mal wegen Hitler umbringen wollte, erklärte er: »Ich werde mich in Zukunft mehr um sie kümmern müssen. Und sei es, um zu verhüten, dass sie noch einmal eine solche Dummheit macht.« Ein weiterer Skandal musste unbedingt vermieden werden.

Als am 30. Januar 1933 der greise Reichspräsident Paul von Hindenburg Hitler zum Reichskanzler ernannte, war das für Eva Braun kein Freudentag – welche Rolle würde sie künftig spielen? Zwar gestand Hitler der Freundin an ihrem 21. Geburtstag, dem 12. Februar 1933, feierlich seine besondere Zuneigung, doch änderte das nichts an seiner Einstellung. In der Hauptstadt traf sich Hitler, wann immer es ihm beliebte, mit politischen und anderen Verehrerinnen. Foto-Hoffmanns zweite Frau Sofie wollte Eva die Sinnlosigkeit der Beziehung scheinbar wohlmeinend vor Augen führen, um Schlimmeres zu verhindern – tatsächlich streute sie Salz in die Wunde: »Wie mir Frau Hoffmann liebevoll und ebenso taktlos mitteilte, hat er jetzt Ersatz für mich …«, beklagte sich Eva Braun. Und sie wartete wieder, auf eine Nachricht, ein Telefonat oder das Kommen ihres Geliebten. Hitler verstand es, sie durch gezieltes Entgegenkommen von weiteren Verzweiflungstaten abzuhalten.

> Ich bin so unendlich glücklich, dass er mich so lieb hat und bete, dass es immer so bleibt. Ich will nie Schuld haben, wenn er mich einmal nicht mehr gern hat.
>
> *Eva Braun, Tagebuch, 18. Februar 1935*

1934 durfte sie als »Sekretärin« beim Nürnberger Parteitag auf der Ehrentribüne sitzen. Es zeigte sich, dass Hitler Eva Braun inzwischen einen festen Platz in seinem Leben zuwies. Hier genoss sie seine Zuneigung und seinen Schutz – besonders vor bissigen Bemerkungen arroganter Damen der Gesellschaft.

Der Parteitag und was sonst im Reich geschah, die Gleichschaltung von Staat und Gesellschaft, die offene Diskriminierung der Juden, der Boykott jüdischer Geschäfte auch in der Münchener Innenstadt, die Farce des »Röhm«-Putschs, der ein Staatsverbrechen war, all das sah Eva Braun nur durch die Brille ihrer Beziehung zu Hitler. Beleg dafür sind auch ihre Tagebuchaufzeichnungen. Nur 22 Seiten sind davon übriggeblieben. Sie umfassen den Zeitraum von Anfang Februar bis Ende Mai 1935. Und doch sind sie aufschlussreich: »Gut, er hat den Kopf voll gehabt in dieser Zeit mit politischen Problemen, aber ist jetzt nicht eine Entspannung da? Und wie war es im letzten Jahr? Hat ihm da nicht Röhm … auch viel zu schaffen gemacht und trotzdem hat er Zeit für mich gefunden.« Das Weltgeschehen wird danach bemessen, ob der Geliebte Zeit hat oder nicht. Das Tagebuch-Fragment spiegelt auch die Schwankungen ihrer Psyche wider: auf der einen Seite Stolz, »Ich, die Geliebte des größten Mannes Deutschlands und der Erde«, auf der anderen Seite Enttäuschung, Verbitterung und Todessehnsucht.

Am 11. März 1935 notierte Eva Braun in ihr Tagebuch: »Ich bin verzweifelt«, und sie fuhr fort: »Er braucht mich nur zu ganz bestimmten Zwecken.« Es ist dies nicht der einzige Beleg dafür, dass es zwischen beiden auch zu intimen Kontakten kam. Doch Hitler ließ sie am ausgestreckten Arm verhungern. Das ewige Hin und Her hatte Eva Braun mürbe gemacht.

> Ich wünsche mir nur eines, schwer krank zu sein und wenigstens acht Tage von ihm nichts zu wissen. Warum passiert mir nichts, warum muss ich alles das durchmachen? Hätte ich ihn doch nie gesehen.
>
> *Eva Braun, Tagebuch, 11. März 1935*

Verzweifelt schrieb sie: »Warum quält er mich und macht nicht gleich ein Ende?« Und: »Ich habe mich für 35 Stück entschlossen. Es sollte diesmal wirklich eine todsichere Angelegenheit werden.« Gemeint waren Phanodorm-Schlaftabletten. Es war ihr zweiter Selbstmordversuch, begangen wurde er in der Nacht vom 28. auf den 29. Mai 1935. Auch diesmal überlebte sie, weil ihre Schwester Ilse rechtzeitig zur Stelle war.

Stand das Verhältnis Braun-Hitler nun vor dem Aus? Nein, Hitler lenkte ein. Immer noch den Tod Gelis vor Augen, überdachte er das quälerische Spiel: Von diesem Zeitpunkt an versuchte er, sich täglich bei Eva zu melden – selbst im Krieg, wie sich sein Funker später erinnerte. Sie erhielt Privilegien, durfte bei einigen offiziellen Anlässen dabei sein, wenn auch weiterhin nur als »Sekretärin«. Und sie musste nicht mehr arbeiten. »Dass er mich immer noch vor Fremden katzbuckeln lässt«, hatte sich die Geliebte und Hoffmann-Angestellte vorher beklagt. Auch um den Beschimpfungen der Eltern zu entgehen, die sich mit dem »gschlamperten Verhältnis« immer noch nicht abfinden wollten, bezog sie mit ihrer Schwester Gretl eine eigene Wohnung, ein Jahr später sogar ein Haus in München-Bogenhausen. Das Domizil füllte sich im Lauf der Zeit mit Geschenken Hitlers: einem Aubusson-Gobelin, kostbaren Teppichen, erlesenen Möbeln, Silbergerät. Für Eva war das Haus vor allem ein Zeichen der Anerkennung und gewissermaßen ein Statussymbol, tatsächlich war es wohl eher ein Trostpflaster. Die Wohnung Hitlers am Prinzregentenplatz war zu Fuß erreichbar.

Doch er kam selten nach München, und die Reichskanzlei in Berlin blieb Eva Braun weiterhin verschlossen. Hitler bot auch hierfür Ersatz. Gab es doch die andere Residenz, den »Berghof« bei Berchtesgaden. 1928 hatte der NS-Führer das vorher schon gemietete und später um- und vor allem ausgebaute »Haus Wachenfeld« auf dem Obersalzberg erworben. Unter Einbeziehung des alten Grundrisses wurde das Gebäude später einfach aufgeblasen, das Vertraute sozusagen umbaut. Was entstand, war zwar durchaus monströs – ein Klotz in der alpenländischen Idylle mit Superlativen wie dem größten Panoramafenster oder dem größten Marmortisch der Welt. Doch sorgten Zirbelholzvertäfelungen und germanische Runenschnitzereien neben nicht »entarteten« Gemälden für eine eher konventionelle Idylle. Nicht die ausländischen Staatsgäste, die Mächtigen und Großen seines Reiches bestimmten den Alltag in Hitlers Haus am Berg, den Ton gab die Ersatzfamilie an: der eng umschränkte Kreis von Leibärzten, Leibfotografen, Leibwächtern, Sekretärinnen und Adjutanten. Es war ein Kreis von trauter Unverbindlichkeit. Im Zentrum des heraufziehenden Sturmes herrschte die Grabesstille absoluter Unterordnung.

Hitler holte Eva Braun 1936 zu sich auf den »Berghof« und machte sie zum Bestandteil dieser Scheinwelt.

> Ich hab's eigentlich erst gehört, kurz bevor wir nach Berchtesgaden fuhren. Da bin ich dann darauf vorbereitet worden: »Sie werden jetzt am Berghof Fräulein Braun kennen lernen, das ist die Lebensgefährtin des Führers.« Ich war überrascht: Ein natürliches junges Ding, sehr munter, auch etwas bayerisch in ihrer Art zu sprechen, ein hübsches Mädchen, aber eigentlich auch nicht das, was man sich unter der Frau des obersten Führers vorstellt.
>
> *Traudl Junge, Sekretärin Hitlers*

Nur der engste Kreis durfte erfahren, wer sie wirklich war: »Als ich 1937 das erste Mal auf dem Obersalzberg war und dort mit Ribbentrop und Hitler stand, kam ein nettes jüngeres Wesen herein und sagte: ›Wir müssen jetzt bitte essen gehen‹. Und ich hab mir gedacht: Wer wagt es so mit dem Führer zu sprechen? Ich hatte damals das Gefühl, ich befinde mich auf dem Gralsberge, und da kommt nicht etwa eine vornehme Dame daher, sondern ein schlichtes kleines Wesen. Da bin ich zum Obergruppenführer Brückner, dem Chefadjutanten, gegangen und fragte: ›Wer ist diese Frau?‹ Und da sagt er: ›Hör' mal zu mein Lieber, du wirst nun öfters hierherkommen und du wirst diese Frau öfters sehen. Du wirst sie vergessen. Der Führer hat ein Recht auf ein Privatleben und wenn du davon sprichst, mit deiner Familie, mit Freunden oder anderen, würde dir das schlecht bekommen‹«, erinnerte sich Ribbentrops Verbindungsmann bei Hitler, Reinhard Spitzy.

Mehr als zwei Drittel ihrer Zeit von 1936 bis 1945 sollte Eva Braun auf dem Obersalzberg verbringen. Es war ihr kleines Reich: »Für uns war sie die eigentliche Hausherrin des ›Berghofs‹, nicht Hitler«, erklärte das ehemalige Zimmermädchen Anna Plaim. Nach außen aber blieb sie die verschwiegene und versteckte Geliebte.

> Es gab am Obersalzberg so gewisse Regeln, die man eben zu respektieren hatte. Und man hatte zu respektieren, dass sie die Gefährtin von Hitler war, damit war der Fall erledigt, und dass man darüber nicht spricht, aus, Punkt.
>
> *Reinhard Spitzy, Referent bei Ribbentrop*

Das Verhältnis Hitler-Braun war durchaus ambivalent, hatte etwas von »Zuckerbrot und Peitsche«, ein »nicht mit Dir« und »nicht ohne Dich«. Nahm sich Eva Braun zu viel heraus, demütigte er sie, glaubte er, zu weit gegangen zu sein, schmeichelte er ihr. Hitler-Kameramann Walter Frentz erinnerte sich: »Wir gingen zusammen spazieren, und da sagte ich zu ihr fast provokativ: ›Fräulein Braun, Sie sind die beneidetste Frau in Deutschland‹, weil sie nun bei Adolf Hitler war. Und da sagte sie: ›Ach, ich bin doch nur eine Gefangene in einem goldenen Käfig‹.« Hitler wusste genau, wie er Eva Braun zu behandeln hatte, um sie vor völliger Verzweiflung zu bewahren: »Er hat ja schon einen liebevollen Ton mit ihr gehabt«, so Hitler-Sekretärin Junge. Seltene und streng geheim gehaltene Fotos aus Privatalben zeigen, wie Hitler Eva Braun jovial die Hand küsst und wie sie Seit an Seit, eng aneinandergeschmiegt, die Treppe am »Berghof« hinaufschreiten. Doch die meisten Bilder zeigen Distanz, werfen den Blick auf zwei Menschen aus scheinbar völlig verschiedenen Welten. Und auch das war symptomatisch: »In Gegenwart anderer haben sie nie Zärtlichkeiten ausgetauscht«, erinnerte sich Traudl Junge.

Eva Braun, formal Sekretärin in Sonderstellung mit einem Gehalt von 450 Reichsmark pro Monat, hatte ihren Part auf dem Obersalzberg zu spielen. Der tägliche Ablauf auf dem »Berghof« war geregelt – monoton. Hitler schlief lange. Der Tag begann am frühen Mittag, dann folgten Empfänge, Autopartien, Besprechungen, Reisen, wie es dem »Führer« beliebte. Die Abende hinterließen bei Beteiligten mitunter die »Erinnerung einer merkwürdigen Leere«: drei bis vier Stunden Filmeschauen, Unterhaltsames, Banales, Sentimentales, Plattes; auch das Personal, Teil der Ersatzfamilie, hatte Zutritt. Wenn ein im Reich verbotener Film gezeigt wurde oder ein Import aus Amerika, war die Entourage komplett versammelt. Hitler saß mit Eva Braun stets in der ersten Reihe. Sie wich auch während seiner endlosen Monologe kaum von seiner Seite. Entgegen dem NS-Zeitgeist rauchte Eva Braun mitunter Zigaretten, wenn auch nie in Hitlers Gegenwart. In unbedeutenden Dingen Kritik üben, in Belanglosigkeiten Stil prägen – das war das kleine Reich der Eva Braun.

Streng getrennt vom privaten war der offizielle Kreis. Der Obersalzberg wurde in der zweiten Hälfte der 30er-Jahre immer mehr zum Zentrum der Reichspolitik. Hier wurden die fremden Staatsoberhäupter empfangen, die Botschafter zum Rapport bestellt, die Generale zur Befehlsausgabe beordert. Bei solchen Gelegenheiten verschwand Eva Braun hinter den Kulissen. Sie legte Wert auf eine elegante Erscheinung: Kostüme ließ sie sich von den Prominenten-Schneidern in Berlin und Paris anfertigen, Schuhe kaufte sie schon mal persönlich bei Ferragamo in Florenz. Doch die verborgene Geliebte fand kaum Gelegenheit, ihre Couture öffentlich zu präsentieren.

> Sie hat ein schickes Figürchen gehabt, schlank, sehr gepflegt. Sie hat ja auch Zeit gehabt und auch das Geld dazu. Sehr tolle Garderobe, zog sich mehrfach am Tag um, zum Mittagessen, zum Abendessen. Irgendwie konnte man sie liebhaben.
>
> *Herbert Döhring, Hitlers Hausverwalter auf dem »Berghof«*

Zu offiziellen Empfängen wurde sie nicht hinzugezogen, durfte bei politischen oder militärischen Besprechungen die große Halle nicht betreten. Bei wichtigen Besuchen musste sie aufs Zimmer. Blieben Gäste länger, wurde sie ausquartiert. Und es gab in den 30er-Jahren viel Prominenz auf dem »Berghof«, wie J. Edgar Hoover, Admiral Horthy, Neville Chamberlain, König Boris von Bulgarien, der Aga Khan, der Kardinal und Nuntius Pacelli. Besonders schmerzlich für Eva Braun aber war, dass sie nicht dem Herzog und der Herzogin von Windsor vorgestellt wurde. Deren tragische Liebesgeschichte interessierte sie am meisten. Und wenn sie hin und wieder bei einem Empfang dabei sein durfte, musste sie Hitler vor den Gästen siezen. Duzen durfte sie ihn nur vor vertrauter Entourage, nannte ihn aber auch dort »Mein Führer«.

Um sich von der Langeweile und Monotonie am »Berghof« abzulenken, beschäftigte sich Eva Braun nicht nur mit Mode, Musik und Sport, sondern auch mit Filmen und Fotografieren. Viereinhalb Stunden Material »Evas bunte Filmschau« und etwa zwanzig private Fotoalben geben Einblick in das Leben auf dem »Berghof«. Die Bilder führen mitunter steife und verkrampfte Rituale vor Augen. Sie dokumentieren auch, wie sich Eva Braun ihrem Schicksal fügte. In den Bildunterschriften der Alben zeigt sich mitunter Ironie und Gelassenheit.

> Tagebuch hat sie keines geschrieben, weil sie gesagt: »Mein Tagebuch sind die Filme.«
>
> *Gretl Mittlstrasser, Zofe von Eva Braun*

Am 12. August 1939 entstand eine aufschlussreiche Fotoserie: Eva filmte zunächst mit ihrer 16mm-Handkamera die Ankunft des italienischen Außenministers, Graf Galeazzo Ciano, vom Fenster aus. Dieser bemerkte sie und erkundigte sich, wer denn das Mädchen sei. Hitler ordnete an, dass das Fenster sofort zu schließen sei. Sie fotografierte mit einem Teleobjektiv weiter – verstohlen hinter dem Vorhang. Kommentar: »Order: Fenster zu! Und was man daraus machen kann.« Ein anderer Schnappschuss, aufgenommen von Foto-Hoffmann, zeigt den Grafen Ciano von der Seite, wie er nach oben zu ihr aufschaut. Auch dieses Bild ist im Album eingeklebt – mit der triumphierenden Unterschrift: »Da oben gibt's was Verbotenes zu sehen – mich«, ein kleiner heimlicher Sieg in der beschränkten Welt der Eva Braun.

Auch bei den anderen prominenten Bewohnern des Obersalzbergs herrschte bisweilen Unklarheit über ihre Rolle. Hitlers Helfer Göring, Goebbels, Himmler, Bormann und Speer hatten vor der Alpenkulisse ebenfalls eigene Residenzen bezogen: »So kam es auch vor, dass Frau Göring einmal während der Abwesenheit Hitlers am Obersalzberg die ganze Damenwelt zum Kaffee einlud – und Eva Braun als Sekretärin, weil sie es da noch nicht besser wusste. Als Hitler das erfuhr, wurde er wütend und hat das sofort unterbunden«, so Hausverwalter Herbert Döhring. Eva Braun hatte zwar nach außen die Sekretärin zu spielen, doch dass andere sie ebenfalls als solche betrachteten, dafür war Hitler wiederum zu eitel – ein absurdes Spiel. Ähnliches zeigte sich bei einer Italienreise. Eva Braun besuchte gern das verbündete Land, schon wegen der schicken Schuhe, die es dort zu kaufen gab. Manchmal war ihre Mutter mit von der Partie. Im Jahr 1938 begleitete die Tochter ein einziges Mal den Diktator beim Staatsbesuch in Italien – allerdings im Tross der Sekretärinnen. Damit war sie vom offiziellen Damenprogramm ausgeschlossen, was wiederum sie nicht akzeptieren wollte. So wurde sie dann zwar zur offiziellen Flottenparade im Golf von Neapel zugelassen, aber nicht etwa als Freundin, sondern als Bedienstete Hitlers.

Nach wie vor umstritten ist die Frage, ob Adolf Hitler und Eva Braun ein regelrechtes Liebespaar gewesen sind. Kaum ein Kapitel im Leben des Diktators ist stärker von arabesken Legenden durchsetzt. Gewisse Autoren halten es für erwiesen, dass der Dämon auch in sexueller Hinsicht pervers gewesen sein muss, und führen dafür dubiose Beispiele an. Andere meinen, er sei impotent gewesen – auch das ist nicht beweisbar. Einzig konkrete Hinweise gibt es lediglich im Verhältnis Hitler-Braun. Einiges spricht dafür, dass beide vor allem in den Münchener Jahren miteinander intim waren. Evas Zofe Gretl Mittlstrasser berichtete wie sich die Geliebte immer wieder zur Hitler-Wohnung am Prinzregentenplatz mit einem besonderen Köfferchen auf den Weg machte, das mit einem Spitznamen belegt war: »BuKo« – »Beischlafutensilien-Koffer.« Und auf dem Obersalzberg? »Ich weiß das genau, dass die ein Paar waren, denn wenn er zu ihr kam und sie hat die Regel gehabt, hat sie vom Doktor was gekriegt, um die Regel zu vertreiben. Und das hab meistens ich vom Arzt geholt, ich selbst hab' das geholt, also war doch klar, dass da was war«, so Mittlstrasser.

> Es war ja ein Verhältnis zwischen Mann und Frau, und wenn sich jemand einbildet, dass sie nebeneinander wohnen und nichts haben miteinander, dann stimmt doch der Laden nicht. Also, infolgedessen sind sie für uns Mann und Frau gewesen.
>
> *Willi Mittlstrasser, Fahrer von Eva Braun*

In der Kriegszeit freilich mag sich die Bereitschaft des rasch alternden Kriegsherrn drastisch verringert haben, der Leibarzt Hitlers, Dr. Morell, gab bei einem Verhör vor einer US-Kommission zu Protokoll, dass Eva Braun ihn in den letzten Jahren bedrängt habe, das nachlassende sexuelle Verlangen Hitlers zu stimulieren.

Schon 1938 wandelte sich die Atmosphäre auf dem »Berghof«. Die Hitler-Residenz bildete nun mehr als zuvor das Zentrum politischer Entscheidungen. Es war die Zeit der sogenannten Blumenkriege; dem sogenannten »Anschluss« Österreichs im März 1938 folgte der Einmarsch ins Sudetenland. Hitler stand im Vorstadium des Krieges im Zenit seiner

Popularität. Vollzog Eva Braun die politischen Veränderungen mit? »Sie wollt' von Politik nix wissen«, sagte Willi Mittlstrasser, Ehemann der Braun-Zofe, »sie wollt' geliebt werden. Sonst nichts. Und sie hat ihn geliebt, und damit basta.«

> Also, politisch war die Eva nie. Das passte gar nicht zu ihrem Charakter, denn sie hat sich nie so intensiv mit einer Sache befasst oder auch noch politisch organisiert und engagiert. Das hat sie nie getan, ob es sich um Politik drehte oder um etwas anderes. Großes Engagement sie nie gezeigt.
>
> *Gertraud Weisker, Cousine Eva Brauns*

Nichts konnte ihre Haltung erschüttern, die Welt zunächst aus dem Blickwinkel der Beziehung zu Hitler zu betrachten. Eva Braun sah den Geliebten nicht als Kriegstreiber, sondern als Friedensbringer, der nichts unterließ, um sein Volk vor dem Schlimmsten zu bewahren. Sie vermied es, zu viel darüber nachzudenken. Nur selten wurde sie selbst Zeugin politischer Entscheidungen. Während NS-Außenminister Ribbentrop in Moskau noch mit dem sowjetischen Amtskollegen Molotow um Bedingungen für den Nichtangriffspakt feilschte, wartete Hitler fieberhaft auf Nachrichten aus Moskau, seine Nerven lagen blank. Eva Braun widmete dem historischen Ereignis eine kleine Fotoserie, mit dem naiven Kommentar, dass der Geliebte Krieg »mit allen Mitteln« verhindern wolle. Auch weitaus kundigere Zeitgenossen sind auf solche grotesken Schalmeienklänge hineingefallen.

Als Hitler am 1. September 1939 in seiner Rede in der Kroll-Oper einmal mehr die Welt belog – indem er den Angriff auf Polen zum Akt der Selbstverteidigung stilisierte – war Eva unter den Gästen. Seit Anfang 1939 hatte sie eine eigene Wohnung in der Reichskanzlei, pikanterweise zählte das ehemalige Schlafzimmer Hindenburgs dazu. Doch auch hier war Eva Braun nur die versteckte Geliebte. Sie musste den Personaleingang benutzen und ihre Mahlzeiten allein auf dem Zimmer einnehmen. Der Krieg offenbarte die Kluft zwischen beiden Welten mehr als je zuvor. Bekundungen von Zeitzeugen zufolge habe Eva den Moment herbeigesehnt, in dem sie an seiner Seite den Ruhm mit ihm genießen könne. Auf dem Obersalzberg soll sie sich gar ausgemalt haben, dass nach dem Endsieg (selbstverständlich auch über die USA) ein großes Hollywood-Epos entstünde, das der Welt die Geschichte ihrer verborgenen

Liebe zu Hitler endlich vor Augen führt. Es war eine notorische Flucht in Scheinwelten.

Am 22. Juni 1941 begann Hitlers Krieg im Krieg: das »Unternehmen Barbarossa«, der Überfall auf die Sowjetunion. Während der Kriegsherr auf dem Obersalzberg Entscheidungen für einen beispiellosen Vernichtungsfeldzug und den Mord an Millionen von Menschen hinter der Front fällte, änderte sich für Eva Braun wenig am Alltag vor der sommerlichen Alpenkulisse.

> Eva Braun ist ein kluges Mädchen, das für den Führer sehr viel bedeutet.
>
> *Joseph Goebbels, Tagebuch, 10. August 1942*

Was wusste Eva Braun vom Jahrhundertverbrechen, dem Mord an den Juden? »Auf dem Obersalzberg, im Dienste von Herrn Hitler, haben wir von diesen Gräueltaten, man möge es mir glauben oder nicht, nix, aber auch nicht das Geringste erfahren. Niemals, niemals die ganze Umgebung, das ganze Hauspersonal. Es war wohl das KZ Dachau bekannt. Die Redensart ging rum, wer hier nicht spurt bei Hitler, kommt nach Dachau, aber sonst nix …«, so Herbert Döhring. Es ist wohl davon auszugehen, dass auch Eva Braun vom Judenmord in den Lagern und von den Massenerschießungen hinter der Front bis 1944 nichts wusste. Doch hatte auch sie von Diskriminierung und Deportation gehört. Und dass Hitler nach eigenem Gutdünken Menschen umbringen ließ, wenn »nötig«, Massenmord beging, dürfte auch ihr nicht entgangen sein. Vielleicht wusste auch sie genug, um ganz genau zu wissen, dass sie nicht mehr wissen wollte.

Vielleicht hat Hitler die Scheinwelt der idyllischen Alpenkulisse manche grausame Entscheidung erleichtert. Insofern war Eva Braun Bestandteil des Systems. Sie respektierte die Tabuzone.

> Zwar gehörte sie nicht der NSDAP an. Doch diese Tatsache bedeutete nicht, dass sie den NS-Staat abgelehnt oder sich ihm in irgendeiner Form entgegengestellt hätte. Im Gegenteil: sie war von Hitlers Weltanschauung, seiner nur schwer erklärbaren Anziehungskraft auf die Massen und der Fülle seiner Macht mindestens ebenso sehr geprägt wie alle anderen ihn umgebenden Personen.
>
> *Heike B. Görtemaker, Biografin von Eva Braun*

Wenn sie von Personal oder Gästen auf dem »Berghof« auf politische Ereignisse angesprochen worden sei, erzählen Augenzeugen, habe sie oft ausweichend geantwortet oder gar den Zeigefinger auf ihren Mund gelegt und damit signalisiert, nicht weiter zu fragen. Die brüchige Fassade sollte nicht noch mehr erschüttert werden.

Als am 20. Juli 1944 im ostpreußischen »Führerhauptquartier Wolfsschanze« Stauffenbergs Bombe explodierte, befand sich Eva Braun mit Freunden beim Baden am Königsee. Als sie die Nachricht vom Attentat erreichte, wollte sie umgehend nach Berlin reisen, wohl auch im hoffnungsvollen Gefühl, dass Hitler sie nun besonders brauchen könnte: »Geliebter, ich bin außer mir. Ich sterbe vor Angst, ich fühle mich dem Wahnsinn nahe. Hier ist das Wetter so schön, alles erscheint so friedlich, dass ich mich schäme ... Du weißt, dass ich nur lebe für Deine Liebe, Deine Eva.« Das Attentat mag in der Tat einen Wendepunkt in der Beziehung Hitler-Eva Braun markieren. So soll er ihr die zerfetzte Uniform des Unglückstages geschickt haben als Beweis, dass ihn die »Vorsehung« beschützt habe.

Wo Eva Braun sich in den kommenden Monaten überall aufhielt, ist im Detail nicht mehr rekonstruierbar. Mal war sie in Berlin, mal in München, mal auf dem Obersalzberg. Im Januar 1945 begann die Schluss-Offensive der Sowjets, Stoßrichtung Berlin. Die Reichshauptstadt war längst ein Trümmerfeld. Fast täglich warfen alliierte Flugzeuge ihre Bombenlast auf die Metropole. Hitler telefonierte fast jeden Tag mit Eva Braun. Er riet ihr, nicht nach Berlin zu kommen. Anfang März entschloss sie sich dennoch zum Aufbruch. Sie wollte die langersehnte Anerkennung, wenn nötig um den Preis des Lebens.

> Durch das, was sie getan hat, wollte sie ihm beweisen: Ich bin vielleicht viel mehr wert, als du bisher geglaubt hast. Ich bin diejenige, die ausharrt. Und jetzt siehst du mich vielleicht mal so, wie ich wirklich bin.
>
> *Gertraud Weisker, Cousine Eva Brauns*

Sie hatte sich ihrem Schicksal ergeben.

Hitlers Architekt und Rüstungsminister Albert Speer hat seinen Abschiedsbesuch Ende April 1945 ausführlich beschrieben: »Wir konnten uns in Ruhe unterhalten, denn Hitler hatte sich zurückgezogen. In der Tat war Eva Braun die eigentlich Prominente und Todgeweihte in diesem

Bunker, die eine bewundernswerte und überlegene Ruhe zeigt. Während alle anderen exaltiert heroisch wie Goebbels, auf Rettung bedacht, wie Bormann, ausgelöscht wie Hitler oder zusammengebrochen wie Frau Goebbels waren, offenbarte Eva Braun eine fast heitere Gelassenheit … ›Wie wäre es mit einer Flasche Sekt zum Abschied? Und etwas Konfekt? Sie haben sicher schon längere Zeit nicht mehr gegessen?‹ Schon, dass sie als erste, nach vielen Stunden im Bunker, daran dachte, dass ich hungrig sein könnte, fand ich aufmerksam und rührend. Der Diener brachte eine Flasche Moët & Chandon, Kuchen, Konfekt.«

Das Ende im »Führerbunker« geriet zu einem geradezu melodramatischen Abgesang im Stile einer Wagneroper – mit Treuebruch, Heirat, Testament, Selbstmord und Verbrennung.

> Ich bin aber sehr glücklich, gerade jetzt in seiner Nähe zu sein.
>
> *Eva Braun, Brief vom 19. April 1945*

Während der letzten Tage in der »Katakombe« schwankte der Gemütszustand des Diktators zwischen Tobsuchtsanfällen und Phasen tiefer Depression. Nach klaren Augenblicken tauchte er wieder ab in die Niederungen zwanghafter Visionen. Die Nachricht vom Tod seines Männerfreundes Mussolini am 28. April 1945 verstärkte die Panikstimmung. Partisanen hatten den italienischen Diktator zusammen mit seiner Geliebten erschossen und in Mailand mit dem Kopf nach unten aufgehängt. Hitler war schockiert. Das Schicksal des einstigen Vorbilds mag wie ein Menetekel gewirkt haben. Auch für Eva Braun? »Ich kann nur sagen, Hitler hatte mit ihr Glück«, meinte der »Berghof«-Besucher der Jahre 1937 bis 1939, Reinhard Spitzy, »denn sie hielt ihm die Treue bis zum Schluss, als alle Generale versuchten, sich zu verflüchtigen und auch die Parteigrößen sich verkrümelten. Sie blieb jedenfalls bei ihm und ist mit ihm in sehr nobler Weise in den Tod gegangen, wie die Petacci bei Mussolini auch.«

Eva Braun spürte, dass sie im Angesicht des Untergangs die Rolle einnehmen konnte, die sie lange ersehnt hatte. Ihm wollte sie so nahe wie niemand anders stehen. »Armer Adolf, alle haben Dich verlassen! Alle haben Dich verraten!«, klagte sie Welt und Schicksal an. Und wollte doch nur zeigen, dass sie die Einzige war, die noch zu ihm hielt. Dass sie mit ihrem Zuspruch auch seinen Wahn bestärkte, das eigentliche Opfer zu sein und ihm die Ausflucht in Scheinwelten gewährte, war ihr nicht bewusst.

Das Trommelfeuer der Roten Armee auf das Regierungsviertel war unüberhörbar, als Hitler seine Sekretärin Traudl Junge bat, ihm in den Arbeitsraum des Bunkers zu folgen. Es war der 29. April 1945, abends. Hitler diktierte zwei Testamente – zuerst das politische. Ohne Pause und ohne Korrekturen legte der Diktator ein letztes Zeugnis davon ab, in welcher Welt des Wahns er lebte. Frau Junge stenographierte Worte voller Hass und Beschuldigungen. Mit abgegriffenen Phrasen versuchte der Diktator seine bestialischen Taten zu rechtfertigen. Die Schuld am Krieg schrieb er dem »Internationalen Judentum« zu. In seinem wesentlich kürzeren privaten Testament kündigte er an, was wenige Stunden später folgen sollte, die Trauung mit Eva Braun: »Obwohl ich während der Kampfjahre der Meinung war, ich könnte die Verantwortung für eine Ehe nicht auf mich nehmen, habe ich mich jetzt, kurz vor meinem Lebensende, entschlossen, die Frau zu heiraten, die nach vielen Jahren wahrer Freundschaft freiwillig hierher nach dem beinahe vollständig eingeschlossenen Berlin gekommen ist, um mein Schicksal zu teilen. Sie wird auf ihren eigenen Wunsch als meine Ehefrau mit mir in den Tod gehen.« Der Rest des Dokuments enthält Verfügungen über den Verbleib von Besitztümern. Dann folgen letzte entscheidende Worte: »Meine Frau und ich wählen freiwillig den Tod, um der Schande eines Umsturzes oder einer Kapitulation zu entgehen. Es ist unser Wunsch, dass man unsere Leichen sofort an dem Orte einäschern möge, an dem ich den größten Teil meines Tagewerks während der zwölf Jahre im Dienste meines Volkes verrichtete.«

Was Hitler zum Thema Eheschluss erklärt hatte, fand seinen nüchternen Ausdruck in einer schmucklosen und improvisierten Heirat.

> Es war für sie die letzte Konsequenz. Sie hat praktisch das getan, worauf sie ihr ganzes Leben lang hingezielt hat. Sie hat darauf hingezielt, diesen Mann um jeden Preis zu heiraten. Und da keine Möglichkeit mehr war im Leben, tat sie es im Sterben. Es schien die einzig mögliche Konsequenz aus dieser Liebesgeschichte einer 17-Jährigen.
>
> *Gertraud Weisker, Cousine Eva Brauns*

Außer dem Standesbeamten, dem kurzfristig aus einer in der Nähe der Reichskanzlei kämpfenden Volkssturmeinheit in den Bunker abkommandierten Gauamtsleiter Wagner, waren nur die beiden Trauzeugen anwesend: Joseph Goebbels und Martin Bormann. Nach wenigen Minuten war alles vorbei. Die Braut war so aufgeregt, dass sie die Hochzeitsurkunde zunächst mit dem falschen Namen unterschreiben wollte. Auf ihren Fehler aufmerksam gemacht, strich sie das »B« wieder durch und setzte ihren neuen Namen unter das Dokument: »Eva Hitler, geborene Braun.« Die Zeremonie endete mit einem kleinen Umtrunk in Hitlers Privaträumen. Zu den wenigen Gästen zählten die Sekretärinnen und Hitlers Köchin. Es war eine makabre Hochzeitsfeier, auf der der Bräutigam nach Entgegennahme der Glückwünsche von Selbstmord sprach. Auch nach der Heiratszeremonie wagte niemand im Bunker, Eva Braun nun »Frau Hitler« zu nennen. Einen Tag später, am Nachmittag des 30. April 1945, waren beide tot.

Manche halten ihr zugute, dass sie sich aus Liebe geopfert hat, andere sehen darin nur die Konsequenz jener selbstzerstörerischen Beziehung, in die sie sich einst freiwillig begab, aus der sie immer wieder hätte ausbrechen können, aber aus Verblendung niemals wollte.

> Durch ihr Leben und Sterben mit Hitler ist Eva Braun für immer mit dem menschenverachtenden Regime des Nationalsozialismus verbunden.
>
> *Heike B. Görtemaker, Braun-Biografin*

Das Urteil der Historiker ist ernüchternd. Hugh Trevor-Roper schrieb einmal: »Eva Braun ist eine Enttäuschung der Geschichte.« In der Tat hat sie keine Rolle gespielt bei den Entscheidungen, die zu den schlimmsten Jahrhundertverbrechen führten. Zu sehr war Hitler Narziss, zu verbohrt im eigenen Wahn, um sich von einem jungen Münchner Mädel reinreden zu lassen. Doch war sie Teil seiner privaten Welt, die ihm als trügerische Idylle Rückhalt und Ausgleich gab. Vielleicht konnte er so das Grauen umso konsequenter verfolgen.

HITLERS HELFER

ALFRED JODL

»Ich habe geglaubt – ich habe geirrt.« Die späte Reuebekundung von Hitlers Feldmarschall Keitel vor dem Nürnberger Gerichtshof blieb in der Vergangenheitsbewältigung der NS-Militärelite eine Ausnahme. Die meisten hohen Offiziere, die dem Diktator bei seinen Kriegen behilflich waren, beriefen sich auf ihr militärische Gehorsamspflicht und stritten jede persönliche Schuld ab. Unter der Führung ihrer Generalität war die Wehrmacht ein verlässliches Instrument des Diktators. General Becks mahnende Worte, der soldatische Gehorsam der Generale habe dort »eine Grenze, wo ihr Wissen, ihr Gewissen und ihre Verantwortung die Ausführung eines Befehls« verbieten, waren nur wenige bereit zu akzeptieren. Alfred Jodl, Hitlers pflichtbesessener General, war dessen Manager in Sachen Krieg. Seine Stellung hatte er seiner fachlichen Kompetenz zu verdanken, nicht seiner braunen Gesinnung. Hitler stand er 1933 skeptisch gegenüber. Doch das änderte sich rasch, als er zu Beginn des Krieges in dessen Bann geriet. Zwar wurde er nie Jasager, mitunter widersprach er dem Tyrannen – aber immer nur aus sachlichen, nie aus moralischen Gründen. In seinem Selbstverständnis war er stets und nur Soldat, der die Befehle seines Staatschefs effektiv, ergeben und vor allem treu ausführte – auch wenn er sich bewusst sein musste, dass diese gegen Völkerrecht verstießen. Er lebte die Tugend eines pflichtversessenen militärischen Gehorsams bis zum bitteren Exzess – ohne Grenzen, die allein Moral zu ziehen weiß. In der Treue zu Hitler glaubte Jodl, Deutschland die Treue zu halten, obwohl gerade er sah, dass Hitler Deutschland in die Katastrophe führte. Dass höchste Stellung auch höchste Verantwortung bedeutet, hat er für sich nie akzeptiert.

Nürnberg, Frühjahr 1946: In Zelle 6 wurde es nie dunkel. Auch nachts strahlte das grelle Licht eines Scheinwerfers den Gefangenen an. Nie durfte er sich ganz unbeobachtet fühlen. Alle paar Minuten warf ein Posten auf dem Gang einen prüfenden Blick durch eine kleine Türklappe in das Innere des 2 x 4 m großen Raums – schließlich hatte er strengen Befehl zu verhindern, dass der Angeklagte sich dem Urteil des alliierten Militärgerichts in Nürnberg durch Selbstmord entzog. Auch Schnürsenkel, Hosenträger und Rasierzeug hatte der Insasse aus diesem Grund abgeben müssen, nachdem es einem anderen mitangeklagten Hauptkriegsverbrecher gelungen war, sich mit dem abgerissenen Saum eines Handtuchs in der Toilettennische der Zelle zu strangulieren.

In der Monotonie der monatelangen Einzelhaft, die nur durch gelegentliche Verhöre, Treffen mit seinen Verteidigern und einsame Gänge im Gefängnishof unterbrochen wurde, kreisten die Gedanken des 56-Jährigen unablässig um sein vergangenes Leben. Seine Jugendjahre und der Erste Weltkrieg; der Sturz der Monarchie, sein zäher Aufstieg in der Reichswehr der neuen Republik, die Machtergreifung Hitlers, die er erst skeptisch, dann aber mit wachsendem Enthusiasmus verfolgt hatte, und schließlich sein Aufstieg zum engsten militärischen Berater des Diktators, der so gerne auch Feldherr sein wollte. Über fünf Jahre, den gesamten Krieg, hatte er an der Seite Hitlers verbracht, an über 5000 militärischen »Lagebesprechungen« im »Führerhauptquartier« teilgenommen – ein Manager des Krieges, der die Front kaum sah, von seinem Schreibtisch aus jedoch die mündlichen Entscheidungen des »Führers« in militärische Befehle goss. Ein Krieg, der am Ende 50 Millionen Menschen das Leben gekostet, und den er persönlich durch seine Unterschrift in einem Schulgebäude in Reims beendet hatte – ein Krieg, für dessen Ausbruch und Grausamkeiten er laut Anklage der alliierten Sieger eine Mitschuld trug, die – wenn sie bewiesen wurde – seine Hinrichtung bedeuten würde.

Immer wieder gingen seine Gedanken zurück zu dem Mann, der sein Schicksal geworden war: »Ich kann mich nicht erinnern, je in meinem Leben in meinen Gefühlen so zerrissen gewesen zu sein, wie gegenüber Hitler«, schrieb er zur Vorbereitung seiner Aussage vor Gericht: »Die Schwankungen gingen von Verehrung und Bewunderung bis zum Hass. Seine zersetzende und ätzende Kritik an vielem, was mir lieb und wert war – des Generalstabs, des Bürgertums, des Adels, der Reichswehr –, stieß mich besonders in der zweiten Hälfte des Krieges mehr und mehr ab … Seine Persönlichkeit blieb gewaltig – eine infernalische Größe.« Für viele Schandtaten des »Dritten Reiches« hatte die Anklage erdrückende Beweise vorgelegt. Vor allem dafür, dass es abseits des »Führerhauptquartiers« und der Schlachtfelder Parallelwelten gab, in denen Millionen Zivilisten systematisch getötet wurden. Der Angeklagte fühlte sich nicht schuldig, allenfalls getäuscht von einem »Führer«, der ihm noch immer faszinierend und rätselhaft blieb: »Kenne ich diesen Mann überhaupt, an dessen Seite ich lange Jahre ein so dornen- und entsagungsvolles Leben geführt habe?«, grübelte er in seiner Zelle. »Hat er nicht auch mit meinem Idealismus gespielt und ihn nur benutzt zu Zwecken, die er in seinem Innern verbarg?«

Als Hitler im Januar 1933 die Macht »ergriff«, hatte Jodl keineswegs zu denen gehört, die den Umsturz freudig begrüßten. Nach der Aussage eines damaligen Untergebenen lehnte Jodl damals »Hitler und die Partei völlig ab«. Die Ernennung Hitlers zum Reichskanzler habe Jodl »bestürzt und erstaunt«. Gleichwohl mahnte er seine Untergebenen zur strikten Loyalität gegenüber dem neuen Mann an der Spitze des Reichs.

Zu diesem Zeitpunkt hatte Jodl bereits eine beachtliche militärische Karriere vorzuweisen. Geboren 1890 als unehelicher Sohn eines bayerischen Berufsoffiziers, wurde er erst im Alter von acht Jahren durch die Heirat der Eltern »legitimiert«, wie es damals hieß.

> Ein Urgroßvater von mir war Offizier, mein Vater war Offizier, mein Onkel war Offizier, mein Bruder wurde Offizier, mein späterer Schwiegervater war Offizier. Ich kann wohl sagen der Soldatenberuf lag mir im Blute.
>
> *Alfred Jodl, Aussage in Nürnberg*

Als 13-Jähriger trat er in das königlich-bayerische Kadettenkorps ein und erlebte den Ersten Weltkrieg dann als Offizier an der Front. Obwohl an Politik nur mäßig interessiert, gehörte er zu den wenigen Militärs, die den Sturz der Monarchie ebenso begrüßten wie den Präsidenten der neuen Republik, Friedrich Ebert. Anders als der fast gleichaltrige Hitler gehörte er nicht zu den Millionen Soldaten, die das Kriegsende in eine ungewisse Zukunft entließ, und die zum Reservoir der rechten Agitation gegen die neue Republik wurden. Er schaffte es, Ende 1919 in das 100.000-Mann-Heer der Weimarer Republik übernommen zu werden und konnte dort Karriere machen.

> Er war durchaus Demokrat. Das Demokratische war ihm vom ganzen Hintergrund her nicht fremd, aber er war abgestoßen vom Parteiengetriebe der Republik.
>
> *Bodo Scheurig, Jodl-Biograf*

1932 erfolgte dann der entscheidende Karrieresprung, der Wechsel in die Operationsabteilung des Heeres im Reichswehrministerium in Berlin.

Trotz aller Vorbehalte setzte er seine Karriere unter dem neuen Regime bruchlos fort. Die Errichtung der Diktatur Hitlers, die Auflösung aller nicht-nationalsozialistischen Parteien, Gewerkschaften und Verbände, die Entfernung jüdischer Offiziere, selbst die Mordaktion im Umfeld des »Röhm-Putsches« nahm er einspruchslos hin, weil sie unter dem Deckmantel der Legalität erfolgten und von Erfolgen begleitet wurden. Die sinkenden Arbeitslosenzahlen, die »Rückkehr« des Saarlandes in das Deutsche Reich, die Wiedereinführung der allgemeinen Wehrpflicht in der zur »Wehrmacht« umgetauften Reichswehr – mit jedem neuen Triumph schmolzen Jodls Vorbehalte gegenüber Hitler dahin. Ohne innere Einschränkung leistete er den Treueid auf Hitler, den Kriegsminister von Blomberg nach dem »Röhm-Putsch« aus freien Stücken angeordnet hatte. Während die neue Wehrmacht sprunghaft anwuchs, kletterte er selber die Karriereleiter weiter empor.

Das Jahr 1938 markiert den Abschluss des inneren Umbruchs im politischen Denken Alfred Jodls. Spätestens jetzt war er zum unbedingten Gefolgsmann Hitlers geworden. Das wurde in der Sudetenkrise des Jahres 1938 deutlich. Am 20. März 1938, kurz nach dem »Anschluss« Österreichs, befahl Hitler »generalstabsmäßige Vorarbeiten« für einen Angriff auf die Tschechoslowakei: Das Problem müsse einmal gelöst werden, nicht nur wegen der unterdrückten Sudetendeutschen, sondern mehr noch wegen der kommenden Auseinandersetzung im Osten. Auf Weisung seines Vorgesetzten Wilhelm Keitel, Chef des »Oberkommandos der Wehrmacht« (OKW), formulierte Jodl daraufhin einen ersten Angriffsentwurf. Als Generalstabschef Ludwig Beck von diesem erfuhr, war er entsetzt. Noch war in seinen Augen die eilig aufgebaute Wehrmacht viel zu schwach, um es mit der Tschechoslowakei aufzunehmen, wenn diese von Frankreich und womöglich noch von England unterstützt wurde. Auch Jodl kannte die Schwächen der Wehrmacht und rechnete in seinem Entwurf mit Frankreich und Russland als möglichen Gegnern. Doch er unterwarf sich am Ende blind und bedingungslos der politischen Einschätzung Hitlers und wies die im Laufe der nächsten Monate immer dringlicher werdenden Einwände Becks empört zurück: »Es ist tieftraurig«, notierte er im September in sein persönliches Tagebuch, »dass der Führer das ganze Volk hinter sich hat, nur nicht die führenden Generale des Heeres. Sie können meines Ermessens nur mehr durch die Tat gutmachen, was sie durch mangelnde Seelenstärke, und durch Mangel an Gehorsam gesündigt haben. […] Sie können nicht mehr glauben u[nd] nicht mehr gehorchen, weil sie das Genie des Führers nicht anerkennen, in dem sie zum Teil sicher noch den Gefreiten des Weltkrieges sehen, aber nicht den größten Staatsmann seit Bismarck.«

Sein innerer Wandel wirft Fragen auf. Gewiss haben Jodl die vielen inneren und äußeren Triumphe Hitlers sehr beeindruckt, wie er überhaupt wie so viele andere der suggestiven Kraft des Demagogen erlag.

> Das Genie des Führers und seine Entschlossenheit, auch einen Weltkrieg nicht zu scheuen, haben erneut und ohne Gewaltanwendung den Sieg davongetragen. Es bleibt zu hoffen, dass die Ungläubigen, Schwachen und Zweifelnden bekehrt sind und bekehrt bleiben.
>
> *Tagebuch Jodls, 29. September 1938*

Als Berufsoffizier wurde er zudem mitgerissen von dem unerhörten militärischen Aufschwung, der das 100.000 Mann-Heer der Weimarer Republik binnen weniger Jahre in die Millionenarmee Hitlers verwandelte. Aber dennoch: Wie konnte gerade er, der im Unterschied zu vielen Weltkriegssoldaten die Weimarer Republik innerlich akzeptiert hatte, der zumindest zeitweilig zum Sympathisanten der Sozialdemokratie geworden war und Hitlers Machtergreifung abgelehnt hatte, nun zum Anhänger des diktatorischen »Führerstaates« und zum glühenden Gefolgsmann Hitlers werden?

Sicherlich waren seine Sympathien für die Weimarer Republik und die Sozialdemokratie kein Bekenntnis zum demokratischen Parteienstaat gewesen. Er war nur Vernunftrepublikaner geworden, der von der Sozialdemokratie eine Überwindung der sozialen Gegensätze und der föderalistischen Ordnung zugunsten einer starken einheitlichen Volksführung erhofft hatte. In gewisser Hinsicht hatte Hitler diese Wünsche unter ganz anderen Vorzeichen erfüllt. Er hatte den bundesstaatlichen Föderalismus durch Gleichschaltung der Länder aufgehoben, Arbeitnehmer und Arbeitgeber zwangsvereinigt und damit in Jodls Augen ein starkes einiges Reich geschaffen. Dass dies, wo nötig, mit brutaler Gewalt geschehen war, dass das neue Regime viele Gegner ermordet oder ins KZ geschickt hatte, dass es jüdische Mitbürger aus der Gesellschaft ausgrenzte, scheint Jodl nicht betroffen zu haben. Er hielt dies wohl für die unvermeidlichen Begleitumstände einer jeden Revolution, über die ihm als Offizier kein Urteil zustand, solange die äußere Legalität bewahrt blieb.

Mit dem deutschen Überfall auf Polen am 1. September 1939 trat Jodl in die unmittelbare Umgebung Hitlers. Bislang hatte er diesen noch nie persönlich getroffen. Erst jetzt, am 3. September 1939 im »Führerzug« auf dem Weg zur polnischen Grenze, wurde er Hitler vorgestellt. Von diesem Tage an bis zum 23. April 1945, als er einen gebrochenen Diktator in den Ruinen Berlins zurückließ, blieb Jodl in Hitlers engster Umgebung. Die Aufnahme war reserviert. Der »Führer« begrüßte ihn mit festem Händedruck, aber ohne ermunternde Wärme. Wie alle Generalstabsoffiziere, die aus dem Heer hervorgegangen waren, betrachtete er Jodl erst einmal mit Misstrauen. Viel zu melden hatte er der neue Mann ohnehin nicht, auch wenn ihm sein Vorgesetzter Keitel von Anfang an am Kartentisch den Vortritt ließ, während Keitel selbst sich mehr auf administrative Aufgaben konzentrierte.

Bei den täglichen Lagebesprechungen, die im rollenden Hauptquartier stattfanden, trug meist der Oberbefehlshaber des Heeres von Brauchitsch die Fortschritte in Polen vor. Für Jodl blieb nicht mehr, als über die Untätigkeit im Westen zu berichten.

> Wir gewinnen diesen Krieg, und wenn er hundertmal einer Generalstabsdoktrin widerspricht, weil wir die bessere Truppe, die bessere Ausrüstung, die besseren Nerven und eine geschlossene, zielbewusste Führung haben.
>
> *Tagebuch Jodls, 15. Oktober 1939*

Als er wenige Wochen später zum ersten Mal wagte, eine mündliche Beurteilung der Lage im Großen zu geben, schnitt Hitler ihm das Wort rüde ab und diktierte seine Wünsche. Sein persönlicher Arbeitsstab sollte ihn nicht beraten, sondern seine Befehle umsetzen. Nicht einmal der Bericht über den Polenfeldzug, den Jodl nach dem »Blitzsieg« zusammenstellte, fand die Gnade des »Führers«. Hitler fand ihn viel zu nüchtern, veränderte ihn nach »propagandistischen Gesichtspunkten« und äußerte dabei, »dass man die Generalstabsoffiziere nicht einmal zu einer solchen Aufgabe brauchen könne.«

Der Sieg über Frankreich im Juni 1940 führte Jodls Bewunderung für Hitler dennoch in neue Höhen. In nur sechs Wochen war der Angstgegner bezwungen, gegen den das deutsche Heer im Ersten Weltkrieg vier Jahre lang vergebens angerannt war. Hatte Jodl Hitler bislang vor allem als politisches Genie bewundert, galt der »Führer« ihm jetzt auch als großer Feldherr – trotz seiner Neigung, in Einzelheiten der operativen Führung vor Ort hineinzuregieren. Über alle Bedenken der Heeresführung hinweg, so urteilte er nicht ganz zu Unrecht, hatte Hitler den Angriffsplan des dazu unberufenen Generals von Manstein durchgesetzt: Der schnelle Panzervorstoß durch die Ardennen, die schnelle Bogenbewegung an die Atlantikküste waren seine persönliche Entscheidung gewesen und hatten zum militärischen Triumph geführt. Ob er das Wort vom »Größten Feldherrn aller Zeiten«, das sein Chef Keitel in diesen Tagen prägte, in den Mund nahm, mag man bei dem nüchternen Jodl bezweifeln. Doch das »Feldherrentum« Hitlers hat auch er von nun angepriesen.

> Ich habe zwar sehr oft von dem Führer gesprochen, dass ich ihn für einen »Scharlatan« hielte; ihn für einen »Verbrecher« zu halten, dazu hatte ich keinerlei Anlass und Grund.
>
> *Alfred Jodl, Aussage in Nürnberg*

Im Siegesrausch schien ihm wie vielen der Kampf bereits entschieden. Nur England blieb jetzt noch als ernsthafter Gegner übrig und musste durch Angebote oder durch Gewalt an den Verhandlungstisch gebracht werden. Der Sieg aber war Deutschland nicht mehr zu nehmen. »Der Krieg ist gewonnen, er braucht nur noch beendet zu werden«, sagte er zu einem Untergebenen im Wehrmachtsführungsstab.

Wie er zu beenden war, darüber hatte er seine eigenen Gedanken. Am 30. Juni 1940, vier Tage nach dem Waffenstillstand mit Frankreich, legte er Hitler eine Denkschrift vor »für die Weiterführung des Krieges gegen England«: Eine verlustreiche Landung, so sein Fazit, sei nur als letztes Mittel einzusetzen. Luftwaffe und Kriegsmarine konnten Englands Nachschub und Rüstungsindustrie auch ohne sie tödlich treffen. Dies zusammen mit »zeitweiligen Terror-Angriffen« gegen die englischen Bevölkerungszentren – »als Vergeltung erklärt« – würden den Widerstandswillen des britischen Volkes brechen und seine Regierung zur Kapitulation zu zwingen. Moralische Skrupel, Bomben wahllos gegen Städte und Zivilisten einzusetzen, hatte Jodl offenbar nicht, obwohl die britische Luftwaffe zu diesem Zeitpunkt mit ihren Luftangriffen gegen Deutschland noch kaum begonnen hatte. Doch der Diktator winkte ab. Noch wollte er keine Terrorangriffe gegen britische Zivilisten, da er auf eine Verständigung mit Großbritannien hoffte. Überhaupt trug er sich bereits mit ganz anderen Plänen: Sein wahres Ziel, der wirkliche Gegner, lag für ihn im Osten. Am 29. Juli 1940 erfuhr Jodl auf dem »Berghof« bei Berchtesgaden als einer der ersten von den neuen Plänen: Nach einer Lagebesprechung hielt Hitler ihn allein zurück. Er sei entschlossen, so der Kriegsherr, durch einen überraschenden Angriff auf die Sowjetunion die Gefahr des Bolschewismus »ein für allemal« aus der Welt zu schaffen. Der Wehrmachtsführungsstab solle einen ersten Entwurf für den Aufmarsch im Osten vorbereiten.

Vor dem Nürnberger Militärgerichtshof hat Jodl den Krieg gegen Russland vehement als »reinen Präventivkrieg« verteidigt: Nie habe Hitler in seiner Gegenwart von Lebensraum und Eroberungskrieg gesprochen. Nur unter dem sicheren Eindruck, dass Russland einen Überraschungsangriff mit übermächtigen Kräften vorbereite, habe der Kriegsherr sich unter großen Bedenken zu einem Angriff durchgerungen. Doch die Aufzeichnungen aus dieser Zeit reden nicht davon, Stalin zuvorkommen zu müssen. Im Überschwang des deutschen Sieges im Westen hielten die meisten deutschen Spitzenmilitärs die Rote Armee für keinen ebenbürtigen Gegner. Die offenkundigen Führungsmängel und schweren Verluste der Sowjettruppen im Winterkrieg gegen Finnland waren noch in aller Munde, und dazu war bekannt, dass Stalin in einer blutigen Säuberungswelle nur wenige Jahre zuvor seine besten Generalstabsoffiziere hatte liquidieren lassen. Auch Jodl scheint die Rote Armee damals unterschätzt zu haben: »Der russische Koloss wird sich wie eine Schweinsblase erweisen, in die man nur hineinzustechen braucht, um sie zum Platzen zu bringen«, erklärte er im Januar 1941.

> Ich erinnere an eine Unterhaltung mit Jodl, ob man für den russischen Winter gerüstet sei. Jodl lehnte es ab, sich mit diesen Dingen zu befassen, man sei allgemein der Auffassung, Ende 1941 sei der Krieg in Russland zu Ende.
>
> *Heinrich Hunke, Mitarbeiter des Propagandaministeriums*

Er war zu nüchtern, um das Wagnis eines Zweifrontenkrieges zu begrüßen und den schon sicher geglaubten Sieg wieder zu gefährden, aber er stand auch nicht unter dem Eindruck einer unmittelbaren und tödlichen Bedrohung durch Stalins Rote Armee. Er gehorchte und baute blind und bedingungslos auf die vermeintlich überlegene Einsicht des »Führers«.

Im Vorfeld des Krieges überschritt Jodl endgültig die Schwelle zum Mitwisser und Mittäter im Unrechtsregime Hitlers. Auch er war unter den etwa 250 hohen Offizieren, die Hitler am 30. März 1941 in die Neue Reichskanzlei lud, um sie auf den neuen Krieg einzuschwören. In einem großen Saal, den die Teilnehmer, in langen Sitzreihen nach Rang und Würden geordnet, im ganzen Umfang ausfüllten, machte Hitler in einer mehr als zweistündigen Ansprache deutlich, dass er den Krieg gegen die Sowjetunion nicht nur als einen militärischen Schlagabtausch betrachtete, sondern vor allem als einen Eroberungs- und Vernichtungskrieg: »Der Krieg wird sich sehr unterscheiden vom Kampf im Westen. Ein Krieg gegen Russland kann nicht ritterlich geführt werden. Es handelt sich um einen Kampf der Weltanschauungen und rassischen Gegensätze und ist daher mit nie dagewesener erbarmungsloser Härte zu führen. Alle Offiziere werden sich überlebter Anschauungen entledigen müssen. […] Wir müssen von dem Standpunkt des soldatischen Kameradentums abrücken. Der Kommunist ist vorher kein Kamerad und nachher kein Kamerad.«

Wie die anderen Anwesenden protestierte Jodl nicht gegen den Aufruf zur Unmenschlichkeit. Mag er die Bedeutung der Worte zunächst nicht erkannt haben oder es vorgezogen haben, die Worte Hitlers mit Schweigen zu übergehen, so wurde dies unmöglich, als ihm am 13. Mai 1941 ein Befehlsentwurf des Oberkommandos des Heeres (OKH) vorgelegt wurde, der Hitlers mündliche Ausführungen vom 30. März aufgriff: »Politische Hoheitsträger und Leiter (Kommissare)«, so hieß es darin, »bedeuten eine erhöhte Gefahr für die Sicherheit der Truppe und die Befriedung des eroberten Landes.« Sie seien daher nach ihrer Gefangennahme sofort einem Offizier vorzuführen, der – nach kurzer Prüfung ihrer Identität – verpflichtet sei, »die Erschießung sogleich anzuordnen und durchführen zu lassen«. Es war der erste Entwurf für den später berühmt-berüchtigt gewordenen »Kommissarbefehl«. Was auch immer seine Hintergedanken gewesen sein mögen, Jodl hat den Befehlsentwurf weder gemildert noch abgelehnt, obwohl dieser eindeutig gegen das Kriegsrecht verstieß. Er hat sich damit schuldig gemacht – wie die meisten anderen Generale auch.

> Diese Absicht des Führers, die in diesem Befehlsentwurf niedergelegt war, ist übereinstimmend von allen Soldaten abgelehnt worden. Es gab darüber sehr erregte Auseinandersetzungen auch mit dem Oberbefehlshaber des Heeres. Diese Widerstände endeten mit dem charakteristischen Satz des Führers: »Ich kann nicht verlangen, dass meine Generale meine Befehle verstehen; aber ich verlange, dass sie sie befolgen.«
>
> *Alfred Jodl, Aussage in Nürnberg*

Die Tatsache, dass kein höherer Offizier Konsequenzen zog oder im Vorfeld gegen den Befehl energisch protestierte, veranschaulicht, wie tief OKW und die Spitzen des Heeres schon in das Unrechtsregime verstrickt waren.

Mit dem deutschen Angriff auf die Sowjetunion am 22. Juni 1941 füllten der Krieg und der Dienst bei Hitler das Leben Jodls völlig aus, sein privates Leben hörte praktisch auf zu existieren. Am 24. Juni 1941, zwei Tage nach dem Beginn des Angriffes, zog er mit Hitler in das neue »Führerhauptquartier Wolfschanze« in Ostpreußen, um näher an der Front zu sein. Die tägliche Routine Jodls im Hauptquartier folgte einem genauen Ritual. Jeden Vormittag zwischen 11 und 12 Uhr erschien sein Stellvertreter Warlimont in Jodls Baracke, um ihm eine vom Stab erarbeitete Zusammenfassung der neuesten Meldungen von allen Kriegsschauplätzen zu überbringen. Meist gegen 12 Uhr fanden sich daraufhin Hitler und ein größerer Kreis von Offizieren zur ersten Lagebesprechung des Tages, der sogenannten »Mittagslage«, im Kartenzimmer Jodls ein. Hier trug Jodl Hitler die neuesten Entwicklungen an der Front vor und nahm – oft nach mehrstündiger Beratung – dessen mündliche Entscheidungen entgegen. Im Anschluss oder noch während der Lagebesprechungen fasste er diese in einem Nebenzimmer in schriftliche Befehle, die er – nach Genehmigung durch Hitler – von seinem Stab an die zuständigen Stellen weiterleiten ließ.

Mittags und abends aß Jodl mit Hitler und den übrigen Bewohnern des Sperrbezirks I. Sofern nicht Ehrengäste anwesend waren, saß Jodl hierbei links neben Hitler, dem gegenüber Keitel Platz nahm. Spätabends zwischen 22 und 23 Uhr begann im kleineren Kreis der zweite tägliche Lagevortrag, die sogenannte »Abendlage«. Auch sie dauerte oft zwei Stunden, in deren Anschluss Jodl nicht selten noch bis 3 Uhr morgens weiterarbeitete. Wie andere beklagte er die »ungeheuerliche Zeitverschwendung«, die Hitler seiner Umgebung durch endlose Monologe und seine Einmischungen bis in die kleinsten Details aufnötigte. Um sie dennoch pflichtgemäß weiterzugeben, bewältigte Jodl ein gewaltiges Arbeitspensum, das auch denen Respekt abnötigte, die ihn als Instrument der ständigen Einmischungen des Diktators in die Truppenführung wenig schätzten – ein fleißiger und gewissenhafter Manager des Krieges, der den Schreibtisch nur selten mit der Front vertauschte.

Die Meldungen, die Hitler erfreuten, wurden freilich immer rarer. Nach riesigen Anfangserfolgen verlor sich die Offensivkraft der deutschen Wehrmacht in der Weite des russischen Raums. Am 5. Dezember kam es vor Moskau zu einem überraschenden Gegenangriff der Roten Armee, der die deutsche Front fast zum Einsturz brachte. Hitler reagierte mit sturen Durchhaltebefehlen und übernahm am 19. Dezember persönlich den Oberbefehl über das Heer. Der Haltebefehl im Schneesturm vor der russischen Hauptstadt kostete zehntausende deutsche Soldaten das Leben, am Ende aber hielt die deutsche Front dem sowjetischen Ansturm. Der Traum von einem schnellen Sieg war freilich zu Ende, zumal Hitler in diesen Tagen auch der USA nach einem Angriff des japanischen Verbündeten auf Pearl Harbor den Krieg erklärte.

Die Wende des Krieges markierte auch eine Wende in den Aufgaben Jodls. Durch die Übernahme des Oberbefehls über das Heer war neben dem OKW nun auch der Generalstab des Heeres, das OKH, Hitler direkt unterstellt. Anstatt nunmehr die konkurrierenden Stäbe miteinander zu verschmelzen, setzte Hitler eine geographische Arbeitsteilung durch. Den Generalstab des Heeres beschränkte er auf den Krieg im Osten. Das bedeutete andererseits, dass der Wehrmachtsführungsstab unter Jodl grundsätzlich nicht mehr für die gesamte Wehrmacht und alle Kriegsschauplätze zuständig war, sondern auf die sogenannten »OKW-Kriegsschauplätze« im Westen beschränkt wurde. Zu diesen gehörte neben den deutsch besetzten Ländern in Nord-, West- und Südosteuropa auch Nordafrika, wo seit Frühjahr 1941 das Afrikakorps unter Rommel kämpfte. Von nun an balgten sich OKW und OKH um die besten Heereseinheiten für »ihre« Kriegsschauplätze im Osten oder Westen. Nicht nur die Einheit der Wehrmacht, auch die Einheit des Heeres war damit nur noch in der Person des Oberbefehlshabers Hitlers gegeben. Sein Teile-und-Herrsche-Prinzip hatte endgültig über die militärische Rationalität triumphiert. Jodls Traum von einem obersten Wehrmachtsgeneralstab war damit endgültig geplatzt.

In der ewigen Tretmühle des »Führerhauptquartiers«, in der Hetze von einer Lagebesprechung zur nächsten, will Jodl nichts von den ungeheuerlichen Verbrechen mitbekommen haben, die den Überfall auf die Sowjetunion von Anfang an begleiteten. Er habe niemals, beteuerte er vor dem Nürnberger Gericht, »mit keiner Andeutung, mit keinem Wort, mit keinem Schriftstück, von einer Vernichtung von Juden gehört.« Nie habe er von Hitler über das Wirken der Einsatzgruppen hinter der Front eine andere Erklärung gehört, als dass sie notwendig wären, um Aufstände, Rebellionen, Partisanenkrieg in der Entstehung zu verhindern. Die Geheimhaltung über die Vernichtung der Juden sei ein »Meisterwerk« Himmlers gewesen, der ihn auch über den wahren Charakter der ihm bekannten Konzentrationslager in Dachau oder Theresienstadt getäuscht habe.

> Die Geheimhaltung über die Vernichtung der Juden, über die Ereignisse in den Konzentrationslagern, war ein Meisterstück der Geheimhaltung und ein Meisterstück der Täuschung durch Himmler.
>
> *Alfred Jodl, Aussage in Nürnberg*

Erst nach dem Krieg, so beteuerte er seiner Frau, habe er die schreckliche Wahrheit erfahren: »Diese Tatsachen sind das furchtbarste Erbe, das das Regime des Nationalsozialismus dem deutschen Volke hinterlassen hat. Das ist viel schlimmer als die zerstörten Städte. Die Ruinen können als ehrenvolle Wunden des Kampfes eines Volkes um seine Existenz gelten. Diese Schmach aber besudelt alles: die Begeisterung unserer Jugend, die ganze Wehrmacht und ihre Führer. […] Ich hätte ein solches Wissen nicht einen Tag ertragen.«

Nicht über moralische, sondern über militärische Differenzen kam es daher im Sommer 1942 zur größten Krise im Verhältnis Hitler und Jodl. Nach den Rückschlägen im Winter 1941/42 hatte die Wehrmacht im Frühjahr 1942 im Süden der Sowjetunion eine neue Offensive begonnen. Ziel war nicht mehr Moskau, sondern das sowjetische Rüstungs- und Verkehrszentrum Stalingrad an der Wolga und die kaukasischen Ölfelder von Baku, Grosny und Maikop, aus denen die Sowjetunion 90 Prozent ihres Erdöls bezog. Hitler wollte diese »kriegswirtschaftlichen Kraftquellen« den Russen entreißen und der chronisch unterversorgten

Wehrmacht sichern. Offensichtlich richtete er sich auf einen langen Krieg ein – einen Krieg auch gegen die mit beinahe unerschöpflichen Ressourcen ausgestatteten angloamerikanischen Streitkräfte. Die ersten Anfangserfolge verleiten Hitler zu einer verhängnisvollen Entscheidung. Anstatt, wie ursprünglich geplant, zunächst Stalingrad und dann den Kaukasus zu erobern, teilte er im Juli die Heeresgruppe Süd, um beide Ziele gleichzeitig in Angriff zu nehmen. Während die 6. Armee unter Leitung von General Friedrich Paulus Richtung Stalingrad vorrückte, marschierte die Heeresgruppe A unter Führung von Generalfeldmarschall List in den Kaukasus. Wie ein Jahr zuvor kam der deutsche Vormarsch nach anfänglichen großen Geländegewinnen Anfang September 1942 ins Stocken. Besorgt registrierte Hitler, wie sein Ziel einer schnellen Eroberung der Ölfelder immer unwahrscheinlicher wurde.

Um der Front näher zu sein, hatte er das Feld-Hauptquartier Mitte Juli 1942 in ein Waldlager nahe der ukrainischen Stadt Winniza (Ukrainisch: Winnyzja) verlegt. Ungeduldig drängte er List, den Durchbruch zum Schwarzen Meer zu erzwingen. Als List dies aufgrund der vorhandenen Kräfte für unmöglich erklärte und vielmehr plädierte, die Hochpässe des Kaukasus als Winterstellung zu beziehen, schickte Hitler Jodl, den er sonst kaum von seiner Seite ließ, in Lists Hauptquartier. Er sollte den vorsichtigen Feldmarschall zur Eile treiben und Hitlers Befehle durchsetzen. Doch statt den widerstrebenden Feldmarschall von Hitlers Befehlen zu überzeugen, wurde er selbst vor Ort von dessen Einwänden überwunden. Noch am selben Tag flog er zurück ins »Führerhauptquartier« bei Winniza, wo er Hitler abends Bericht erstattete. »Ich habe Sie nicht losgeschickt, um mir jetzt von Ihnen lauter Bedenken melden zu lassen«, schrie Hitler Jodl an. Jodl, nun auch aufbrausend, hielt ebenso lautstark dagegen: »Wenn Sie Ihre Fallschirmtruppen verlieren wollen, dann setzen Sie sie bei Tuapse ab. Und ebenso wird es den Gebirgsjägern ergehen, wenn sie in dieser Jahreszeit über die Pässe müssen. Im Übrigen war ich nicht als Befehlsübermittler entsandt, sondern zur Prüfung der Verhältnisse. Um lediglich einen Befehl zu überbringen, hätte es nicht meiner Person bedurft.« Hocherregt verließ er nach diesen Worten den Raum.

Eine eisige Lähmung senkte sich über das Hauptquartier. Der Schlagabtausch zwischen Hitler und Jodl erschütterte den innersten Kreis wie keine Krise zuvor.

> Ich habe nie in meinem Leben einen solchen Wutausbruch eines Menschen erlebt.
>
> *Alfred Jodl, Aussage in Nürnberg*

Fortan fanden die Lagebesprechungen nicht mehr in Jodls Kartenraum statt, sondern in Hitlers enger Wohnhütte, wo kein Wort mehr als notwendig gesprochen wurde. Nie mehr, bis zu seinem Tode, nahm Hitler an den gemeinsamen Mahlzeiten im Sperrbezirk I teil. Innerhalb von 48 Stunden erschienen acht Reichstagsstenographen, die in der Folge, jeweils zu zweit, an allen militärischen Besprechungen teilnahmen und jedes Wort mitschrieben. Nie mehr, so schimpfte Hitler, sollten seine mündlichen Befehle verdreht und verdreht weitergegeben werden. Umgehend zog er personelle Konsequenzen an der Spitze des Heeres. Auch den Auslöser der Krise traf der Bannstrahl des »Führers«. Hitler gab Jodl fortan nicht mehr die Hand und ließ ihm erklären, dass er nicht mehr mit ihm arbeiten wolle. Er werde bald durch General Paulus ersetzt werden, sobald dieser Stalingrad genommen habe.

Der Entzug von Hitlers Gunst hat Jodl tief getroffen.

> Solch einen zuverlässigen Nationalsozialisten wie mich wird er unter den Heeresgeneralen kaum wiederfinden.
>
> *Alfred Jodl, 9. September 1942*

Obwohl er sich unbeirrt im Recht fühlte, räumte er ein, einen Fehler begangen zu haben: »Man dürfe einem Diktator keine von ihm verschuldeten Irrtümer nachweisen, da man sonst das Selbstvertrauen, die stärkste Stütze seiner Person und seines Handelns beeinträchtige.« Sein Glaube an Hitler war ungebrochen, doch er bemühte sich um eine Versetzung an die Front, um der bedrückenden Atmosphäre des Hauptquartiers zu entkommen, dieser Mischung »zwischen einem Kloster und einem Konzentrationslager«, wie er es später einmal charakterisierte. Doch trotz des Streits ließ Hitler ihn nicht ziehen. Der Diktator wusste, dass er in Jodl einen zwar nicht devoten, aber doch unbedingt loyalen Untergebenen besaß, dessen Kritik sich strikt auf militärische Gebiete beschränkte und die Autorität Hitlers nie grundsätzlich in Frage zog. Zudem war der vorgesehene Nachfolger, General Friedrich Paulus, unabkömmlich, da die Eroberung von Stalingrad auf sich warten ließ und schließlich in den Untergang der 6. Armee mündete.

Am 30. Januar 1943, einen Tag vor Paulus' Kapitulation, rief Hitler Jodl allein zu sich und verlieh ihm das Goldene Parteiabzeichen. Die Versöhnung blieb äußerlich. Sein Vertrauen zum »Führer«, schrieb Jodl später, habe seit der Winniza-Krise einen Riss gehabt, der nie wieder ganz gekittet worden sei. Aber er diente dem Mann pflichtbewusst weiter, den er für »unersetzbar und das Schicksal Deutschlands« hielt.

> Ich möchte in dieser Stunde nicht mit dem Munde, sondern aus tiefstem Herzen bekennen, dass unser Vertrauen und unser Glaube an den Führer grenzenlos ist.
>
> *Rede Jodls, 7. November 1943*

In einer Denkschrift vom Sommer 1944 räumte er ein, dass der Krieg mit »militärischen Mitteln« nicht mehr zu gewinnen sei. Doch politische Konsequenzen, wie es ein Beck verlangt hätte, forderte er von Hitler nicht. Für ihn wäre das eine Einmischung in die Politik gewesen, die sich für einen Soldaten verbot. Selbst im engsten Kreis sprach er nicht von dem, was er kommen sah. Es hätte ihn illoyal gegenüber Hitler gedünkt, dem er nach wie vor bedingungslos diente.

Am 6. Juni 1944 landeten die Alliierten in der Normandie. Die lange gefürchtete zweite Front im Westen war Wirklichkeit geworden. Zwei Wochen später, am 22. Juni 1944, durchbrach die Rote Armee bei Mogilew die Front der Heeresgruppe Mitte und rollte diese von Norden nach Süden auf – 300 000 deutsche Soldaten gerieten in Gefangenschaft. Der Krieg war nun auch für unverbesserliche Optimisten nicht mehr zu gewinnen, doch Hitler weigerte sich, die Realität wahrzunehmen und Konsequenzen daraus zu ziehen. Der Gedanke, den Diktator zur Anerkennung der Niederlage zwingen zu müssen oder ihn zu entmachten, ist Jodl nicht gekommen – er wäre ihm als Hochverrat erschienen. Angesichts seiner eindeutigen Haltung ist offenbar auch niemand auf die Idee gekommen, ihn für die Verschwörung zu gewinnen, die in diesen Wochen Gestalt annahm.

Die Ereignisse des 20. Juli 1944 trafen Jodl daher völlig unvorbereitet. Erst verspätet war er an diesem glühend heißen Tag in die Lagebaracke in der »Wolfsschanze« zur Mittagslage gekommen, als er mit einem Schlag das Bewusstsein verlor. Unter dem Tisch war die in einer Aktentasche versteckte Bombe des Attentäters Stauffenberg detoniert. Nur die Tatsache, dass die Besprechung nicht wie ursprünglich geplant im Bunker, sondern in der Baracke stattfand, wo der Luftdruck sich den Weg ins Freie bahnen konnte, rettete Jodl wie Hitler und den meisten Anwesenden das Leben. Er kam mit einer leichten Gehirnerschütterung, versengten Haaren und einer Brandblase in der Mitte seines Kopfes davon, um den ihm ein turbanähnlicher Verband gelegt wurde. Größer als der körperliche Schmerz waren seine Wut und sein Unglauben, als im Laufe der nächsten Stunden und Tage das Ausmaß und die Hintermänner des misslungenen Staatsstreichs offenkundig wurden.

Für das moralische Anliegen der Widerstandskämpfer, zu denen auch sein alter Vorgesetzter Ludwig Beck gehörte, hat er weder Verständnis noch Sympathien empfunden, ihre Hinrichtung hat er als gerechte Strafe begrüßt. Vier Tage nach dem Attentat, am 24. Juli 1944, versammelte er die Mitarbeiter des Wehrmachtsführungsstabes abends zu einer Ansprache, um sie auf Hitler einzuschwören: »Der 20. Juli«, so erklärte er ihnen, »war der schwärzeste Tag, den die deutsche Geschichte bisher gesehen hat, und wird es vielleicht für alle Zukunft bleiben.« Die Attentäter hätten nicht nur ihren Eid gebrochen, nicht nur Hitler, dem »höchsten und wertvollsten Menschen, der nur der Idee diente« nach dem Leben getrachtet, sondern sie hätten auch den Zusammenbruch der Front riskiert. Jetzt werde mit ihnen eine Generalabrechnung durchgeführt.

> Wer an der Lage verzweifelt, der mag sich selbst erschießen, soll aber seinen Eid respektieren.
>
> *Rede Jodls vor seinen Mitarbeitern, 24. Juli 1944*

Mitleid sei nicht angebracht, die Zeit für »Laue« sei vorbei. Rücksichtloser Hass all denen die entgegenwirken! »Ich hege die Erwartung«, schloss er die Ansprache, »dass unter all den Offizieren, denen ich in die Augen zu schauen habe, sich nicht ein Lauer befinde. Ich bin überzeugt, dass wir diese Lage durchstehen werden, aber selbst, wenn uns das Glück nicht hold sein sollte, dann müssten wir entschlossen sein, uns als die Letzten mit der Waffe um den Führer zu scharen, damit wir vor der Nachwelt gerechtfertigt sind. Für uns ältere ist das leichter, als für die jüngeren unter uns, aber das ändert nichts daran, dass wir vor der Geschichte und vor der Ewigkeit zu bestehen haben.«

Am 23. April 1945, kurz bevor die Rote Armee Berlin einschloss, sah Jodl Hitler zum letzten Mal. Der Diktator hatte beschlossen, dass Keitel und Jodl Berlin verlassen und den Kampf von außen fortführen sollten; er selbst wollte in Berlin bleiben und hier das Ende erwarten. Vergeblich bestürmten Jodl und Keitel den Diktator, mit ihnen die Hauptstadt zu verlassen. Von außen versuchten beide in völliger Missachtung der militärischen Lage alles, um das eingeschlossene Berlin und Hitler zu entsetzen. Angefeuert durch Funksprüche aus dem Bunker suchten sie die versprengten Reste deutscher Divisionen auf, um die längst Geschlagenen zur »Befreiung« der Reichshauptstadt zu bewegen. Wie Keitel war Jodl bedenkenlos bereit, dass Leben der ihm anvertrauten Soldaten noch in letzter Stunde seiner Treue gegenüber dem »Führer« zu opfern, obwohl der Kampf längst entschieden war. In welcher historischen Endzeitstimmung er sich in diesen Tagen befand, belegt eine Nachricht, die er Ende April an seine noch rechtzeitig nach Berchtesgaden evakuierte Ehefrau durchgab: »Wir haben noch immer Funkverkehr mit Berlin, wo sich der Feind den Weg ins Stadtinnere erkämpft hat. Das Herz blutet bei diesen Gesprächen. Es ist wie der Kampf der Westgoten am Vesuv.« Doch die Appelle der OKW-Führung verpufften angesichts der desolaten Lage und der Unwilligkeit der Truppenführer, ihre Männer für einen unmöglichen Auftrag zu opfern.

Mit dem Tod Hitlers scheint die apokalyptische Endzeitstimmung, die scheinbar nur die Wahl zwischen Sieg oder Untergang ließ, von Jodl gewichen zu sein.

> Ich habe fünf Jahre geschwiegen und nur gehorcht und nichts für mich beansprucht, sondern nur gearbeitet. Ich bin gehorsamer Soldat gewesen und habe darin meine Ehre erblickt, den Gehorsam, den ich gelobt habe, zu halten.
>
> *Alfred Jodl, 13. Mai 1945*

Einen Selbstmord nach dem Vorbild seines »Führers« hat er nicht erwogen. Pflichtgemäß meldete er sich mit Keitel bei dem von Hitler berufenen Nachfolger Großadmiral Karl Dönitz. Beide akzeptierten widerspruchslos, dass Dönitz nur noch ein Gedanke lenkte: den Krieg zu beenden, zuvor aber noch möglichst viele deutsche Soldaten und Flüchtlinge dem Zugriff der Roten Armee zu entziehen. Von Dönitz erhielt Jodl den wichtigsten Auftrag seines Lebens, mit dem sein Name und Gesicht bis heute in erster Linie verbunden ist. Am 6. Mai flog er als oberster deutscher Verhandlungsführer nach Reims, um im Hauptquartier des alliierten Oberkommandierenden General Eisenhower eine Teilkapitulation im Westen anzubieten. Er wurde von Eisenhowers Generalstabschef Bedell Smith ehrenvoll als Offizier empfangen, aber in der Sache war Eisenhower hart. Er forderte eine Gesamtkapitulation ohne weitere Bewegungsfreiheit des Ostheeres. Mit Hilfe von Bedell Smith gelang es Jodl, eine 48-stündige Galgenfrist herauszuschinden, dann aber funkte er an Dönitz: »General Eisenhower besteht darauf, dass wir heute noch unterschreiben. Andernfalls werden die alliierten Fronten auch gegenüber denjenigen Personen geschlossen werden, die sich einzeln zu ergeben versuchen, und alle Verhandlungen werden abgebrochen. Ich sehe keinen anderen Ausweg als Chaos oder Unterzeichnung. Erbitte sofortige drahtlose Bestätigung, ob ich Vollmacht habe zu unterzeichnen.« Am 7. Mai, kurz nach Mitternacht gab Dönitz per Funkspruch die erbetene Vollmacht. Im Sitzungsprotokoll der Reichsregierung steht dazu der lakonische Satz: »Es ging nicht anders«.

In dem Schulgebäude in Reims, das Eisenhower als Hauptquartier diente, fand zwei Stunden später der letzte Akt des Zweiten Weltkrieges in Europa statt. An der Spitze der deutschen Delegation betrat Jodl den Saal, in dem sich Korrespondenten und Kameraleute sowie Offiziere und Mannschaften des Hauptquartiers drängten. Keiner wollte die historische Stunde versäumen. Inmitten eines Blitzlichtgewitters unterzeichnete Jodl am 7. Mai 1945 um 2.41 Uhr die Kapitulationsurkunde: Ab 8. Mai um 23.01 Uhr sollten die Waffen schweigen. Nach ihm setzten die Generale Bedell Smith, Susloparow und Sevez ihren Namen unter das Dokument: für den Obersten Alliierten Befehlshaber, das sowjetische Oberkommando und die französische Armee. Als die Zeremonie beendet war, stand Jodl auf, um an die Großmut der Sieger zu appellieren. »Mit dieser Unterschrift sind das deutsche Volk und die deutsche Wehrmacht auf Gnade und Ungnade den Siegern ausgeliefert. Beide haben in diesem Krieg mehr geleistet und mehr erduldet als vielleicht je ein Volk dieser Erde. Ich kann in dieser Stunde nur die Bitte aussprechen, dass die Sieger mit ihnen gnädig verfahren mögen.« Seine Worte trafen auf eisiges Schweigen. Es war wohl auch ein Zeichen für mangelndes psychologisches Gespür und die Empfindungen der Alliierten, dass er von diesen angesichts der 50 Millionen Opfer, die der von Deutschland entfesselte Krieg in Europa gekostet hatte, eine Würdigung der Leiden der deutschen Bevölkerung erwartete. Erst nach seinem Abgang brach das Schweigen der Sieger.

Zurück in Flensburg würdigte Dönitz seinen Einsatz, indem er ihm am 7. Mai das Ritterkreuz mit Eichenlaub und Schwertern verlieh. Ironischerweise hatte er von Hitler in den Jahren der Triumphe nie mehr als die Spangen zum Eisernen Kreuz I. und II. Klasse erhalten, dazu das Goldene Parteiabzeichen. Erst sein Nachfolger übertrug ihm das Ritterkreuz für seine Mitarbeit an der Liquidierung des Krieges. Jodl trug es, als er gemeinsam mit Dönitz am 23. Mai in Flensburg verhaftet wurde. Seinem kurzen Auftritt auf der Weltbühne folgte ein tiefer Fall. Es war ein unerwarteter Schock für Jodl, dass die Alliierten ihn, einen Soldaten, als einen von 23 mutmaßlichen Hauptkriegsverbrechern auf die Anklagebank des Nürnberger Gerichtshofs setzten.

> Ein verabsolutierter Gehorsam führt zum Verhängnis, ist unsittlich und widerspricht jedweder militärischen Tradition.
>
> *Bodo Scheurig, Jodl-Biograf*

Er sah sich als unschuldig, er habe nur in Gehorsam und gemäß seinem Eid, Hitler als dem obersten Befehlshaber Treue gehalten und nach seinem besten Wissen und Gewissen gehandelt. Vom Holokaust habe er nichts gewusst. Die Richter sind seiner Verteidigung nicht gefolgt, sondern haben ihn in allen vier Anklagepunkten – Planung und Durchführung eines Angriffskrieges, Beteiligung an Kriegsverbrechen und Völkermord – schuldig gesprochen und zum Tode verurteilt. Es war ein Urteil, das schon damals, auch auf alliierter Seite, viel Widerspruch erfahren hat. Der »Fall Jodl« spaltet bis heute die Gemüter. Viele halten das Todesurteil im Rückblick für zu hart. Aber war Alfred Jodl unschuldig? Hitlers engster militärischer Berater war kein ideologisch verbohrter Finsterling, auch kein rückgratloser Ja-Sager wie sein Vorgesetzter Keitel. Doch er lebte und propagierte die militärischen Tugenden des Gehorsams und der Pflichterfüllung bis zum Exzess – ohne die notwendigen moralischen und rationalen Grenzen zu ziehen.

Für Jodl war Hitler gleichbedeutend mit dem Schicksal Deutschlands. In der Treue zu Hitler glaubte er, Deutschland die Treue zu halten – obwohl er sah, dass Hitler das Reich in eine militärische Katastrophe führte, obwohl über seinen Schreibtisch Befehle liefen, von denen er wusste, dass sie gegen das Kriegsrecht verstießen. Dass höchste Stellung auch höchste Verantwortung bedeutet, hat er für sich nie akzeptiert.

> Die Beziehung zwischen Hitler und Jodl ist im Grunde bis heute rätselhaft. Jodl hat Hitler im Prozess zwar eine infernalische Größe genannt, aber zugleich hat er kurz vor seinem Tod auch wieder Verständnis für Hitler geäußert.
>
> *Luise Jodl, Ehefrau*

Sein unbedingter Treuebegriff zu Staatsoberhaupt und Oberstem Befehlshaber ließ eine geistige Auseinandersetzung mit der Verstrickung, in die er geraten war, kaum zu. Selbst die nachträgliche empörte Anerkennung der Verbrechen des Holokaust genügte nicht, um ihm sein eigenes Handeln fragwürdig zu machen. Er sah sich in Nürnberg als einen Märtyrer der Wehrmacht, die durch ihre Treue zu Hitler bis zuletzt den Ehrenschild des deutschen Soldaten hochgehalten habe und an den Verbrechen des Regimes schuldlos sei. Am Abend vor der Hinrichtung schrieb er Freunden und Kameraden als letzten Gruß: »Nur in Ehrfurcht und Stolz sollt ihr an mich denken, genauso wie an alle Soldaten, die auf den Schlachtfeldern dieses grausamen Krieges gefallen sind, wie das Gesetz es befahl. Für ein mächtigeres Deutschland hat man sie geopfert. Ihr aber sollt glauben, dass sie für ein besseres gefallen sind. Daran sollt ihr festhalten und dafür sollt ihr arbeiten. Dann werden auch über meinem Grabe Rosen blühen, die in meinem Opfertode wurzeln.« Am 16. Oktober 1946 bestieg Alfred Jodl als vorletzter den hölzernen Galgen in der Turnhalle des Nürnberger Gefängnisses. »Ich grüße Dich, o Du mein Deutschland!«, waren seine letzten Worte. Er starb ohne Schuldbewusstsein.

HITLERS MANAGER

ALBERT SPEER

Waren sie willige Helfer der Nazis, dachten sie nur an den eigenen Erfolg? Konnten sie sich der Vereinnahmung durch Hitlers Diktatur nicht entziehen? Hätten sie es tun können, wenn sie es gewollt hätten? Das NS-Regime brauchte Manager, wenngleich es dieses Nachkriegswort nicht selbst benutzte: Ohne sie, die »Meister« ihres Fachs, wäre Hitlers Reich nicht effektiv gewesen. Und so ergriffen sie die Chance für kometenhafte Karrieren, enorme Profite und wirtschaftliche Expansion. Erfolg war weithin wichtiger als das Gewissen. Viele waren gute und begabte Männer, wie Albert Speer, der Baumeister und Aufrüster. Er gab der braunen Ideologie die steinerne Form. Hitlers Lieblingsarchitekt lieferte die Pläne für die Stätten zementierter Geltungssucht. Der Mentor war begeistert von der Arbeit seines Ziehsohnes, der für ihn die »Welthauptstadt Germania« bauen sollte. Speer und Hitler waren wie ein Liebespaar, verbunden durch die Leidenschaft fürs Bauen. Hätte Hitler einen Freund gehabt, erklärte Speer nach Kriegsende, so wäre er es gewesen. Was er gebaut hat, ist im Feuersturm verbrannt. Was bleibt, sind Bilder – etwa von den Inszenierungen bei Nacht: dem legendären Lichtdom zum Beispiel, »meiner schönsten Raumschöpfung«, wie Speer selbst meinte. Hitler ernannte den vielseitig Begabten zum »Reichsminister für Bewaffnung und Munition«. Der tatkräftige Speer versprach ein »Rüstungswunder« – und hielt Wort: auf Kosten hunderttausender von Zwangsarbeitern und KZ-Häftlingen. Als politischen Vollstrecker, gar als Überzeugungstäter sah sich Speer selbst nie. Doch hätten die Richter schon damals gewusst, was wir heute wissen: Speer wäre zum Tode verurteilt worden.

Berlin, 18. Februar 1942: Die Männer in der Runde staunten nicht schlecht: Was da in einer Aktenkladde um den Konferenztisch zirkulierte, war schlicht eine Anmaßung. Ein Schreiben, das Hitlers »Lieblingsarchitekten« Albert Speer, seit wenigen Tagen erst zum »Reichsminister für Bewaffnung und Munition« ernannt, die Vollmacht zur »einheitlichen Führung der Rüstung« erteilte – ausgestellt auf Speer persönlich. Fünf Tage lang hatte Albert Speer die Sitzung akribisch vorbereitet. »So verblüffend es auch erscheinen mag: das Grundsätzliche war mir klar. Vom ersten Tag an steuerte ich wie nachtwandlerisch einem System zu, durch das allein ein Rüstungserfolg zu erzielen war«, schrieb Speer später in seinen *Erinnerungen*. Was sich dahinter verbarg, war die radikale Mobilisierung aller Kräfte für einen kriminellen Krieg – und Speers Machtübernahme in der deutschen Industrie und Rüstungswirtschaft. Rasch hatte Speer einen neuen Organisationsplan entwickelt, der die Wende in der Rüstungsproduktion herbeiführen sollte. Mit der Unterschrift gaben die Konferenzteilnehmer einen erheblichen Teil ihrer Befugnisse an den neuen Rüstungsminister ab; Albert Speer hatte seinen ersten Sieg im neuen Amt errungen. Damit verfügte er über mehr Macht, als sein Vorgänger je besessen hatte.

Speers Ernennung zum Rüstungsminister hatte sich – auch für ihn selbst – rasch und unerwartet vollzogen. Der Zufall hatte ihn am Nachmittag des 7. Februar 1942 zum ersten Mal in Hitlers Hauptquartier »Wolfschanze« bei Rastenburg in Ostpreußen verschlagen. Wegen schlechten Wetters hatte Speer, damals »Generalbauinspektor für die Reichshauptstadt«, nicht wie geplant von der Ukraine direkt nach Berlin zurückfliegen können, sondern den Umweg über Rastenburg machen müssen. Dort traf er auf Rüstungsminister Fritz Todt, der »angestrengt und müde« nach einer »langen und – wie es schien – schwierigen Besprechung« von Hitler zurückkam, so Speer später. Todt zählte zu den Nationalsozialisten der ersten Stunde, er galt als ergebener Gefolgsmann Hitlers. Kurz nach der Machtübernahme hatte Hitler den studierten Ingenieur zum »Generalinspektor für das Straßenwesen« ernannt – die 1938 gegründete »Organisation Todt« wurde Synonym für den Bau der Autobahnen und des sogenannten »Westwalls«. Im März 1940 war Todt, dem Hitler »bis an die Grenzen der Verehrung gehende Hochachtung« entgegenbrachte, schließlich zum Rüstungsminister berufen worden. Doch nur ein Jahr später wurde die enge Bindung zwischen dem Diktator und seinem Gefolgsmann auf eine harte Probe gestellt. Todt hielt den Krieg mit Russland für eine Katastrophe. Mehrfach drängte er den Kriegsherrn, Frieden zu schließen, bevor sich das Blatt gegen Deutschland wenden würde. Auch am 7. Februar 1942 versuchte Todt allem Anschein nach, Hitler ins Gewissen zu reden.

Am nächsten Morgen riss das Telefon Speer aus dem Schlaf. Dr. Karl Brandt, der Begleitarzt Hitlers, berichtete ihm aufgeregt, dass das Flugzeug Todts kurz nach dem Start abgestürzt sei. Die Stunde Speers war gekommen. Schon im Sommer 1940 hatte ihm Hitler das gesamte Bauwesen übertragen wollen, weil Todt überlastet sei. Damals hatte

Speer Hitler überzeugen können, dass es besser sei, wenn Bau und Rüstung in einer Hand blieben. »Auf einen Auftrag dieser Art war ich daher gefasst, als ich zu üblich später Stunde, etwa um ein Uhr mittags, als Erster zu Hitler gerufen wurde«, fuhr Speer in seinen *Erinnerungen* fort. Hitler empfing ihn stehend, »ernst und formell« nahm er Speers Beileid entgegen. Dann erklärte er in feierlichem Ton: »Herr Speer, ich ernenne Sie zum Nachfolger von Minister Dr. Todt in allen seinen Ämtern.« Als Speer einwandte, dass er als Architekt nichts von der Rüstung verstehe, schnitt ihm Hitler das Wort ab: »Ich habe das Zutrauen zu Ihnen, dass Sie es schaffen werden. Außerdem habe ich keinen anderen!« Das freilich stimmte so nicht. Erfahrene Mitarbeiter aus Todts Munitionsministerium wie Karl Otto Saur, Feldmarschall Erhard Milch oder Xaver Dorsch aus der »Organisation Todt« hätten durchaus für die Nachfolge zur Verfügung gestanden. Doch pflegte Hitler eine gewisse »Neigung zum Dilettantismus« und ein »kaum überwindliches Misstrauen gegen Fachleute«, wie Speer-Biograf Joachim Fest formulierte. Hitler glaubte überdies, mit dem jungen Architekten, der in der NS-Führung nur wenige Verbündete besaß und in den vergangenen Jahren stets große Ergebenheit bewiesen hatte, ein »willfähriges Werkzeug« seiner eigenen Absichten zu besitzen. Speer würde sicher nicht wagen, Hitler zu widersprechen – wie es Todt getan hatte.

Speer war zum Zeitpunkt seines Amtsantritts gerade einmal 36 Jahre alt und damit der jüngste Minister in Hitlers Reich. Doch so unerfahren er auch im politischen Ränkespiel sein mochte, auf die überraschende Ernennung zum Rüstungsminister reagierte er wie ein gewiefter Machtpolitiker: Er verlangte einen »Führerbefehl«, der ihm »nichts Geringeres als ein unbedingtes Beistandsversprechen« zusicherte. Speer nannte es später »einen der besten und gewiss nützlichsten Einfälle meines Lebens«.

> Er war außer sich vor Freude. Er triumphierte: die Welt gehörte ihm.
>
> *Annemarie Kempf, Speers Sekretärin*

Speer übernahm eines der wichtigsten Ämter des NS-Staates. »Ich weiß noch, welche Hochgefühle mich erfüllten, als ich durch meine Unterschrift über Milliarden verfügte und hunderttausende Menschen an die Baustellen dirigierte«, notierte er nach dem Krieg in seinen *Spandauer Tagebüchern*.

In Hitlers Gefolge hatte Albert Speer einen rasanten Aufstieg erlebt. Als Hitlers »Lieblingsarchitekt« hatte er der braunen Ideologie Form in Stein und Beton gegeben, Pläne für monumentale Bauten unter dem Hakenkreuz geliefert. 1905 in Mannheim geboren, war Albert Speer in großbürgerlichen Verhältnissen aufgewachsen. Die Architektur hatte in seiner Familie Tradition: Schon der Großvater war Baumeister gewesen, der Vater zählte zu den meistbeschäftigten Architekten Mannheims und hatte sich »ein ansehnliches Vermögen« erworben. Als Speer 1922 ein Architekturstudium aufnahm, schien dies so natürlich wie zwangsläufig. Bei Heinrich Tessenow, seinem Lehrer an der Technischen Hochschule Berlin, erhielt Speer kurz nach dem Examen eine Berufung zum Assistenten. In seinen *Erinnerungen* ist von Theaterbesuchen die Rede, von neuen Filmen, aber auch dem Eindruck von »Armut und Arbeitslosigkeit« und der Überzeugung, »dass wir in einer Periode des Verfalls lebten, die Ähnlichkeit mit der spätrömischen Epoche hatte: Inflation, Verfall der Sitten, Ohnmacht des Reiches.« Nicht wenige Zeitgenossen empfanden so wie Speer. Die »Schmach«, die das Land nach dem Ersten Weltkrieg erlitten hatte, die Krise, in der die glücklose Weimarer Republik seit ihrer Geburt steckte, trieben allzu viele in die Arme eines vermeintlichen »Heilsbringers«, der »Einigung, Ehre und Wiederaufstieg« predigte und seine Zuhörer zu Begeisterungsstürmen hinriss: Adolf Hitler.

Im Dezember 1930 sprach dieser vor Berliner Studenten. Mehr als 5000 Menschen drängten sich in der »Neuen Welt«, einem Versammlungssaal in der Neuköllner Hasenheide. Speer kannte Hitler bislang nur von Plakaten und Karikaturen. Als er ihn nun zum ersten Mal leibhaftig erlebte, war er überrascht: Hitler hatte sich seinem Publikum angepasst und erschien in dunklem Anzug mit Krawatte, »auffallend demonstrierte er bürgerliche Korrektheit, alles unterstrich den Eindruck vernünftiger Bescheidung«. Speer war beeindruckt: »Hier, so schien es mir, gab es eine neue Hoffnung, hier gab es neue Ideale, ein neues Verständnis, neue Aufgaben«. Nichts war mehr wie zuvor, er ging als »ein veränderter Mensch«. Hitler hatte ihn »in der ersten Begegnung suggestiv berührt« – er sollte ihn nicht mehr freigeben.

Es war sicherlich eine ideologische Übereinstimmung vorhanden, aber ich glaube, Hitler als Mensch hat ihn diesen Abend mehr beeindruckt.

Gitta Sereny, Speer-Biografin

Als Speer am 1. März 1931 der NSDAP mit der Mitgliedsnummer 474 481 beitrat, sei dies »ein gänzlich undramatischer Entschluss« gewesen, behauptete er rückblickend. »Auch empfand ich mich jetzt und für immer weniger als Mitglied einer politischen Partei: ich wählte nicht die NSDAP, sondern trat zu Hitler.«

Fast zwei Jahre vergingen, bis Speer und Hitler einander persönlich begegneten. Nach der Machtübernahme Hitlers 1933 sollte der 1. Mai zum Feiertag der »Volksgemeinschaft« umfunktioniert werden. Auf dem Tempelhofer Feld, wo bereits in der Kaiserzeit Paraden stattgefunden hatten, wollte der neue Reichskanzler die erste Großkundgebung des »Dritten Reiches« veranstalten. Speer hatte schnell erkannt, wobei es darauf ankam: »Wir sind […] zur Überzeugung gekommen, dass bei der Länge des Feldes von rund tausend Metern es notwendig ist, dass der Mittelpunkt, von dem aus der Führer spricht, so stark ausgestaltet wird, dass er auch von den entferntesten Menschen als besonders wirkungsvoll empfunden wird.« Speers Pläne fanden großen Anklang bei den NSDAP-Führern. Einzig Speers alter Lehrer Tessenow zeigte sich von den Entwürfen wenig beeindruckt: »Glauben Sie, dass Sie da etwas geschaffen haben?«, fragte der Architekturprofessor seinen ehemaligen Assistenten, als der ihm die Pläne vorlegte. »Es macht Eindruck, das ist alles.« Eben der war ja beabsichtigt. Der 1. Mai wurde nicht nur für Speer zum Erfolg. Die erste Massenkundgebung des neuen Regimes, an der Hunderttausende teilnahmen, geriet – letztlich auch dank Speers Inszenierung – zur Machtdemonstration. Die nahezu sakrale Aura der Feier förderte das kalkulierte Gefühl von Zusammengehörigkeit und »Volksgemeinschaft«.

Speer hatte seine erste Bewährungsprobe bestanden, das NS-Regime ernannte ihn wenig später zum »Amtsleiter für die künstlerische Gestaltung von Großkundgebungen in der Propagandaleitung«. Doch bauen durfte er vorerst nicht. Speers Aufgaben beschränkten sich auf die Errichtung von dekorativen Elementen, zum Beispiel auch für die Propagandaschau des Nürnberger NSDAP-Parteitags im Herbst 1933. Bei der

Vorbereitung kam es auch zu einem ersten Treffen zwischen Speer und seinem Idol – noch ohne tiefergehende Folgen. Erst als es Speer gelang, einen Auftrag Hitlers zur Umgestaltung der Reichskanzlerwohnung in Berlin zu ergattern, sahen der Architekt und sein »Führer« sich regelmäßig. »Ich suchte einen Architekten, dem ich einmal meine Baupläne anvertrauen könnte«, soll Hitler Speer zufolge gesagt haben. »Jung sollte er sein; denn wie Sie wissen, gehen diese Pläne weit in die Zukunft. Ich brauche einen, der auch nach meinem Tode mit der von mir verliehenen Autorität weitermachen kann. Den habe ich ihn Ihnen gesehen.« Offensichtlich hatte der Diktator Gefallen an dem schlanken, hochgewachsenen jungen Mann gefunden, der ihm distanziert, aber ohne Scheu entgegentrat.

Speer war 28 Jahre alt und »nach Jahren des Bemühens« schien sich endlich für ihn das Tor zum Erfolg zu öffnen. »Voller Tatendrang« stellte sich für ihn zunächst überhaupt keine moralische Frage – er war Architekt und wollte bauen. Die Aussicht, in Hitlers Gefolge Baugeschichte schreiben zu können, ließ ihn jeden Zweifel verdrängen. »Für einen großen Bau hätte ich wie Faust meine Seele verkauft. Nun hatte ich meinen Mephisto gefunden«, schrieb er später im Rückblick.

Immer häufiger wurde Speer nun von Hitler zu Tisch gebeten oder er begleitete seinen Mentor auf ausgedehnten Spaziergängen. Bald gingen die Gespräche zwischen Hitler und seinem jungen Architekten vom geschäftlichen Ton über in den privaten. Die Architektur als gemeinsame Leidenschaft verband die beiden.

> Für Hitler war mein Vater der hoch begabte junge Mann, der er selbst hätte sein wollen. Das ist bestimmt ein wesentliches Motiv, das die gegenseitige Abhängigkeit erklärt.
>
> *Albert Speer jr., Sohn*

In nächtlichen Sitzungen entwickelten Hitler und Speer Visionen monumentaler Bauten, die alle bisherigen Dimensionen sprengen sollten. Doch schien nicht allein die Begeisterung für Architektur diese »seltsame Bruderschaft« zu begründen. Speer selbst hat sich dazu in seinen Erinnerungen geäußert: »Es gab nur wenige außer mir, die eine ähnlich bevorzugte Behandlung erfuhren. An mir hat Hitler zweifellos besonderen Gefallen gefunden, obwohl ich meiner Art entsprechend zurückhaltend und ungesprächig war. Oft habe ich mich gefragt, ob er auf mich seinen unerfüllten Jugendtraum des großen Architekten projizierte. Doch lässt sich bei dem oft rein intuitiven Verhalten Hitlers kaum eine befriedigende Erklärung für seine sichtliche Sympathie finden.« Doch welche Erklärung gibt es dann für Hitlers »sichtliche Sympathie«? Offensichtlich verband ihn mit Speer mehr als nur die gemeinsame Passion für die Baukunst. In einem Aufsatz schrieb Hitler 1939, dass er für Speer »die wärmsten menschlichen Gefühle« empfinde. Augenzeugen, wie Reinhard Spitzy, damals Sekretär des Außenministers Ribbentrop, bestätigen: »Dass Speer das Wohlwollen des Führers in allerhöchstem Maße genießt, davon konnte ich mich selbst überzeugen, als ich zum ersten Mal mit Ribbentrop auf dem Obersalzberg kam. Speer hatte das Sagen, wenn er dort war. Und Hitler war begeistert, als ob eine Geliebte käme und ihn besuchte.«

Manche wollen in diesem Verhalten eine »starke homoerotische Komponente« erkannt haben, wie der Psychologe Alexander Mitscherlich: »In dieser Verbrüderung fiel Speer offensichtlich die weibliche Rolle zu. Er sollte austragen, was Hitler inspiriert, worin er ihn befruchtet hat. Hitler legt ihm die Welt zu Füßen. Normalerweise macht diese Geste ein Mann vor einer Frau.« Hitler, dem es nicht möglich war, sich emotional einem Menschen vollständig zu öffnen, glaubte demnach in Speer, der ebenfalls stets Distanz zu seinen Mitmenschen bewahrte, einen Seelenverwandten gefunden zu haben. Er sah in Speer nicht nur einen treuen Gefolgsmann und talentierten Architekten, sondern einen »Freund«. Doch muss man sich vor der Vorstellung hüten, Hitler und Speer seien wie »echte« Freunde miteinander umgegangen.

> In diesen Stunden, wenn er sich als Architekt betätigte, war er wirklich vollkommen entspannt und gelöst.
>
> *Albert Speer*

Dem Diktator war es trotz aller Sympathie für Speer unmöglich, die Mauer der Kälte, die ihn umgab, vollständig zu durchbrechen. Als Speer vor dem Nürnberger Gerichtshof zu seiner Beziehung zu Hitler befragt wurde, antwortete er: »Hätte Hitler einen Freund gehabt, wäre ich es gewesen.«

Und Speer selbst? Er war Hitler »verfallen«, wie er in seinen *Erinnerungen* bekannte. Vom Augenblick seiner ersten Begegnung mit Hitler habe sich alles verwandelt, sein ganzes Leben ständig wie unter Hochspannung gestanden. Die Londoner Autorin Gitta Sereny, die mit Speer intensive Gespräche geführt hat, war überzeugt: »Die Bedeutung von Hitler, diese Gestalt, die den jungen Menschen plötzlich ansprach, und die Macht Hitlers, das war natürlich sehr wichtig in dieser Beziehung, aber es kam noch etwas anderes hinzu: Es gab ein großes Gefühl für diesen Menschen und das war wohl ein erotisches Gefühl. Aber weder Hitler noch Speer waren im Geringsten homosexuell, das war nicht die Frage, sondern es war wohl ein Vater-Sohn aber auch Sohn-Vater-Verhältnis. Das heißt, Hitler nannte ihn natürlich nie anders als Speer oder Herr Speer, nie beim Vornamen, davon war überhaupt gar keine Rede, aber es war ein großes Gefühl zwischen beiden, auf beiden Seiten.«

Anfang 1934 übertrug Hitler Speer die Planung des Nürnberger Parteitagsgeländes. Damit war Speer vom »Chefdekorateur« des alljährlich stattfindenden Parteispektakels zum Hauptarchitekt der Gesamtanlage aufgestiegen. Sein Entwurf ging weit über das Geforderte hinaus. Wenn Hitler verlangte, die Länge eines Gebäudes solle 100 m betragen, habe Speer widersprochen und gesagt: »200 Meter, mein Führer!«, berichteten Augenzeugen. Die Tribüne in Nürnberg sollte fast doppelt so lang wie die Caracalla-Thermen in Rom werden. Hitler stimmte der Megalomanie in Stein begeistert zu; die Bauarbeiten wurden sofort aufgenommen.

> Es wird in der Geschichte einmalig sein, dass ein Führer mit überlegener Sachkenntnis steinerne Bauten schafft, die als Urkunden des politischen Willens noch in Jahrtausenden für ihre Zeit zeugen werden.
>
> *Albert Speer, 1934*

Den Parteitag im Herbst inszenierte Speer erneut mit treffsicherem Instinkt für den gewünschten Effekt. Höhepunkt des Spektakels war der sogenannte »Lichtdom«: 150 Flakscheinwerfer, im Abstand von je 12 m um die rund 150.000 Versammelten platziert, warfen Kilometer hohe Lichtstrahlen in den Nachthimmel. »Alle, die an diesem Abend dabei sind, erfühlen in heiligem Schauer den Mythos Deutschland in ihrer Seele, den nur deutsches Blut ganz zu erfassen mag«, schwelgte der offizielle Parteitagsbericht. »Meine schönste Raumschöpfung«, nannte Speer seine Erfindung später scheinbar arglos. Er, der seine Aufgabe stets als »unpolitisch« bezeichnete, hatte ein Instrument der Verführung geschaffen – es sollte zum Symbol der Verblendung werden. Speer hat seine Mitverantwortung freilich nie erkennen wollen. »Ich war damals mitgerissen«, sagte er und fügte hinzu, dass er nicht gezögert hätte, »Hitler besinnungslos überallhin zu folgen.«

> Er war von Hitlers Persönlichkeit gefangen. Er war gefangen, weil er als relativ junger Mann sehr große Verantwortung und einen Zugang zur Macht bekam.
>
> *John K. Galbraith, Verhöroffizier von Speer in Nürnberg*

Der Verführer fühlte sich selbst als Verführter. Als »erster Architekt« Hitlers war er bereit, sich den Vorstellungen seines Bauherrn zu unterwerfen. Und der bot ihm die Möglichkeit, gewaltige Gebäude zu errichten.

Speers absolute Ergebenheit wurde von Hitler honoriert. Im Sommer 1936 übertrug dieser ihm die Aufgabe, ein Gesamtprogramm für Berlin zu entwerfen. Im Januar 1937 folgte Speers Ernennung zum »Generalbauinspektor für die Reichshauptstadt«. Er war weder der Partei noch einer Reichsbehörde unterstellt, sondern musste sich einzig Hitler gegenüber verantworten. Der mittlerweile 31-Jährige war längst ein höriger Untertan. Mit der Neugestaltung Berlins hatte Hitler seinem Architekten den »größten Bauauftrag von allen« vergeben, nur vergleichbar, wie er meinte, mit den Bauten Babylons und des alten Ägypten. Speer sollte »Germania« bauen – die neue Welthauptstadt. Der an Größenwahn grenzende Plan sollte den Architekten und seinen Bauherrn die nächsten Jahre beschäftigen. Gebeugt über Zeichnungen und Blaupausen, umgeben von unzähligen Skizzen, sprachen die beiden nächtelang über das neue Antlitz Berlins und entwickelten wahrhaft gigantische Pläne.

> Beim Führer. Mit ihm und Speer Pläne Neubau Berlin angeschaut. Eine tolle Anlage. Ganz groß und monumental gedacht. Auf 20 Jahre berechnet. Mit einer Riesenstraße von Süd nach Nord. Dahin kommen die neuen Prachtgebäude. Berlin damit zur führenden Weltstadt erhoben. Der Führer denkt groß und kühn. Er ist der Zeit um 100 Jahre voraus.
>
> *Joseph Goebbels, Tagebuch, 16. November 1936*

Manchmal sei sogar Hitler, so Speer im Rückblick, einen Augenblick lang erschrocken gewesen über die Maßlosigkeit der von Speer vorgelegten Entwürfe.

Ausgangspunkt für »Germania« war eine zentrale Nord-Süd-Achse, die mit 120 m Breite zur »Prachtstraße der Welthauptstadt« werden sollte. Ein gigantischer Triumphbogen, fast fünfzigmal so groß wie der Pariser Arc de Triomphe, und ein ebenso gewaltiger Kuppelbau sollten die spektakulären End- bzw. Anfangspunkte der Zentralachse bilden. Auf der Spitze der 220 m hohen Halle sollte »nicht mehr der Adler über dem Hakenkreuz stehen«, sagte Hitler zu seinem Baumeister. »Die Bekrönung dieses größten Gebäudes der Welt muss der Adler über der Weltkugel sein.« Ein davor liegender Platz mit Raum für eine Million Menschen war als künftiger Veranstaltungsort für Hochfeste der Partei, nationale Gedenkfeiern und »Siegesfeste« gedacht.

> Mein Vater hat meinem Großvater einmal seine Pläne für Berlin gezeigt. Mein Großvater hat nur mit dem Kopf geschüttelt und gesagt: »Ihr seid ja alle verrückt geworden«.
>
> *Albert Speer jr., Sohn*

Neben der Kuppelhalle plante Speer den »Palast des Führers«, bei dessen Betreten der Ankommende das Gefühl haben sollte »den Herrn der Welt zu besuchen.«

Doch zunächst musste für »Germania« Raum geschaffen werden. 52.000 Wohnungen sollten den »Bauten des Führers« weichen, ganze Viertel abgerissen werden. Um den »Abrissmietern« Ersatz zu bieten, musste eine schnelle Lösung gefunden werden. Im Protokoll einer internen Besprechung vom 14. September 1938 heißt es: »[…] entwickelte Prof. Speer den Vorschlag, der darauf abzielte, die erforderlichen Großwohnungen durch zwangsweise Ausmietung von Juden freizumachen.«

Anfang Januar 1939 wurde die »Hauptabteilung Umsiedlung« geschaffen, um alle Wohnungen in den betroffenen Gebieten zu erfassen und den Bewohnern Ersatzunterkünfte zuzuweisen. Speers neue Behörde registrierte daraufhin 23 765 sogenannte »Judenwohnungen«. Das »Gesetz über die Mietverhältnisse mit Juden«, das im April 1939 verkündet wurde, bot die Rechtsgrundlage, jüdische Bewohner zu »entmieten« und in sogenannten »jüdischen Wohnraum« umzusiedeln. Speer wurde das »Vorkaufsrecht bzw. die Entscheidung über die erste Neuvermietung oder Verpachtung« eingeräumt.

Die »Umsiedlung« und »Entmietung« der jüdischen Bewohner des Neubaugebiets war der Beginn einer Kette von Maßnahmen, die in der

Auslöschung der Berliner Juden gipfelte. Damit war Speers Übertritt von dem vermeintlich »unpolitischen« Bereich der Architektur in die Politik – und damit auch in die Verbrechen – des Regimes endgültig vollzogen. Zum ersten Mal verstrickte sich Albert Speer in die Verbrechen des Nationalsozialismus – und schob die Verantwortung auf »seine Umgebung« ab. Doch schuldig sind nicht nur die Täter und Komplizen, schuldig sind auch die, die duldend ahnen und auch die, die genug wussten, um genau zu wissen, dass sie nicht mehr wissen wollten. Es scheint, als habe Albert Speer vor den verbrecherischen Zügen des Regimes, dem er diente, stets die Augen geschlossen. In der Erstfassung seiner *Spandauer Tagebücher* verlor er kein Wort über die zunehmende Verfolgung der Juden. Auch über den 9. November 1938, der als »Reichskristallnacht« in die Geschichte einging, schrieb er damals nichts.

> Wenn ich an das Schicksal der Berliner Juden denke, überkommt mich ein unausweichliches Gefühl des Versagens und der Unzulänglichkeit. Oft sah ich bei der täglichen Fahrt in mein Architekturbüro auf dem Bahnhof Nikolassee Menschenmassen auf dem Bahnsteig. Ich wusste, dass es sich um die Evakuierung Berliner Juden handeln musste. Sicher überlief mich für diesen Augenblick des Vorbeifahrens ein bedrückendes Gefühl, vermutlich hatte ich das Bewusstsein düsterer Vorgänge. Aber ich war den Prinzipien des Regimes in einem Maße verhaftet, das mir heute nur schwer verständlich ist.
>
> *Albert Speer, 1981*

Erst in seinen *Erinnerungen* tauchte eine längere Passage auf. Wie er der Journalistin Gitta Sereny gestand, hatte er diese nur auf Wunsch seines Verlegers hinzugefügt.

Anfang 1938 eröffnete Hitler seinem Architekten feierlich, dass er einen »dringenden Auftrag« für ihn habe. Die Reichskanzlei, die er nach seiner Machtübernahme bezogen hatte, sei eines »Seifenkonzerns angemessen«, nicht jedoch »einem der Größten der Geschichte«. Er verlangte von seinem Architekten eine neue Reichskanzlei, mit »großen Hallen und Sälen«. Geld spiele keine Rolle, doch sollte der Bau bereits ein Jahr später fertig sein. Das war viel zu knapp bemessen, doch reizte Speer die Herausforderung. Noch in derselben Nacht begann er mit den Bauzeichnungen. Wie besessen trieb er die Errichtung des Gebäudes voran, forderte 4500 Arbeiter an, die in zwei

Schichten eingesetzt wurden. Tatsächlich gelang es Speer, den Bau in der geforderten Zeit fertigzustellen. Hitler zeigte sich von der Leistung seines Architekten tief beeindruckt und sparte nicht mit Lob: Die neue Reichskanzlei sei das »erste Bauwerk des neuen großen deutschen Reichs« und werde »viele Jahrhunderte überdauern.« Es spräche »für seinen genialen Baumeister und Gestalter Albert Speer.«

> Dass und wie dieses Werk nun gelang, ist ausschließlich das Verdienst des genialen Architekten, seiner künstlerischen Veranlagung und seiner unerhörten organisatorischen Befähigung.
>
> *Hitler nach der Fertigstellung der Neuen Reichskanzlei*

Das einzige große Gebäude, das je nach Speers Entwürfen fertiggestellt wurde, ist heute freilich verschwunden. Die Neue Reichskanzlei ging 1945 ebenso unter wie Hitlers »Tausendjähriges Reich«.

Der Beginn des Zweiten Weltkrieges am 1. September 1939 überraschte Speer keineswegs: »Natürlich war ich mir vollkommen darüber im Klaren, dass er die Weltherrschaft anstrebte«, gab er 1979 gegenüber Gitta Sereny zu. »Was viele heute nicht verstehen, ist, dass ich mir damals nichts Besseres wünschen konnte. Das war doch der ganze Sinn meiner Bauten. Sie hätten grotesk ausgesehen, wenn Hitler in Deutschland sitzen geblieben wäre. Mein ganzes Wollen war darauf ausgerichtet, dass dieser große Mann den Erdball beherrschen würde.« Nach dem Sieg über Frankreich im Juni 1940 ließ Hitler seinen Architekten wissen: »In einigen Tagen fliegen wir nach Paris. Ich möchte, dass Sie dabei sind.« Filmaufnahmen zeigen die »Reisegruppe« Hitlers im Morgengrauen des 28. Juni bei einer Rundfahrt durch die französische Metropole. Nach kurzen Abstechern zu den Sehenswürdigkeiten der Stadt endete die Rundfahrt bereits um neun Uhr morgens auf dem Montmartre. »Es war der Traum meines Lebens, Paris sehen zu dürfen. Ich kann nicht sagen, wie glücklich ich bin, dass er sich heute erfüllt hat«, ließ Hitler Speer wissen. Noch am gleichen Abend, wieder zu Hause auf dem Obersalzberg, ordnete er seinem Architekten die Fortführung der »Germania«-Bauarbeiten in Berlin an. Seine Hauptstadt sollte noch schöner werden als Paris: »Wenn wir in Berlin fertig sind, wird Paris nur noch ein Schatten sein«, verkündete der Diktator.

Obwohl Speer darauf brannte, seine Talente in den Dienst des Kriegsherrn zu stellen, blieb er vorerst aber auf Berlin beschränkt. Selbst als sich im Winter 1941 die erste militärische Katastrophe für die deutsche Wehrmacht abzuzeichnen begann, blieb Hitler stur: »Durch den Krieg lasse ich mich nicht abhalten, meine Pläne zu verwirklichen.« Dennoch erreichte Speer, dass seine Generalbauinspektion in »Baustab Speer« umgetauft wurde und über Berlin hinausgehende Befugnisse bekam. Ende 1941 war er für 26 000 Bauarbeiter verantwortlich, die in kriegswichtigen Programmen eingesetzt waren.

Nach seiner Ernennung zum Rüstungsminister am 8. Februar 1942 stürzte Speer sich wie besessen in seine neue Aufgabe, paukte Waffengattungen und Produktionszahlen und ließ sich sogar zeigen, wie man einen Panzer steuerte. »Streng genommen«, schrieb Speer später, »ging es darum, das Land überhaupt erst auf die Kriegswirtschaft umzustellen.« Um dieses Ziel zu erreichen, musste er zunächst erheblichen Widerstand brechen.

> Der Erfolg unserer Arbeit ist entscheidend für den Sieg Deutschlands. Ich habe dem Führer gelobt, meine ganze Kraft nur für dieses Ziel einzusetzen.
>
> *Albert Speer nach seinem Amtsantritt als Rüstungsminister*

Vor allem seine »Erzrivalen« Martin Bormann, Hitlers Sekretär, und »Reichsmarschall« Hermann Göring, waren nicht geneigt, sich von einem »Anfänger« ausspielen zu lassen. Doch Hitler gab seinem neuen Minister volle Rückendeckung. Schritt für Schritt gelang es ihm, seine eigenen Zuständigkeiten auszuweiten und die seiner Gegner zu beschneiden. In einer Aktennotiz des Wirtschafts- und Rüstungsamtes des OKW vom 23. März 1943 heißt es: »Speer hat heute allein etwas zu sagen. Er kann Eingriffe in alle Ressorts nehmen. Er setzt sich auch jetzt bereits über alle Ressorts hinweg.« Um empörte Schreiben seiner Widersacher abzuschmettern, entwickelte Speer eine ebenso simple wie wirkungsvolle Methode. Der Rüstungsminister ließ einen Stempel anfertigen: »Zurück an Absender! Nicht kriegsentscheidend«, der ihm fortan lästigen Schriftverkehr ersparte.

Das neue Ordnungsprinzip, das Speer anstrebte, lautete »Selbstverantwortung der Industrie« und war im Ansatz bereits von Fritz Todt entwickelt worden. Grundgedanke des neuen Ordnungssystems war die Bildung von dreizehn, nach den Waffenarten geordneten Hauptausschüssen, die die Verantwortung für ein bestimmtes Rüstungsprodukt übernehmen sollten. Seinen Mitarbeitern in der mit zeitweise über 70 000 Beschäftigten größten Ministerialbürokratie des NS-Regimes drohte der Rüstungsminister mit disziplinarischen Strafen, sogar die Einweisung in ein Konzentrationslager wurde von Speer als Mittel akzeptiert. Schon bald stellten sich erste Erfolge ein. Als im Sommer 1942 die Rüstungsziffern bekannt gegeben wurden, war die Gesamtleistung der Waffenindustrie um fast 60 Prozent gestiegen, die Munitionsfertigung hatte sich fast verdoppelt.

> Speer war ein intelligenter Mann mit einem bemerkenswerten Selbsterhaltungswillen. Aber – er war kein Genie.
>
> *John K. Galbraith, Verhöroffizier von Speer in Nürnberg*

War die Berufung Speers zum Rüstungsminister für die meisten in Hitlers Umgebung eine Überraschung gewesen, so war die Tatsache, dass er sich als erfolgreicher »Waffenschmied« erwies, eine noch viel größere – auch wenn, wie neuere Forschungen bewiesen, manch phantastische Zuwachsraten nur auf bilanztechnischen Taschenspielertricks Speers beruhten.

Schon bei Amtsantritt hatte Speer erkannt, dass eine Steigerung der Kriegswirtschaft nur durch den massiven Einsatz von Arbeitskräften gelingen konnte – doch daran herrschte permanenter Mangel; die deutschen Reserven waren so gut wie ausgeschöpft. Sonderkommandos gingen bald überall in den besetzten Gebieten auf Menschenjagd, entführten Männer und Frauen aus ihrer Heimat, um sie als Zwangsarbeiter in Speers Produktionsstätten einzusetzen. Bis August 1942 waren es allein 700 000 sogenannte »ausländische Zivilarbeiter«, ein knappes Jahr später bereits dreieinhalb Millionen.

> Ich hatte auf die Art und Weise, wie die Arbeitskräfte beschafft wurden, keinen Einfluss. Wenn die Arbeitskräfte gegen ihren Willen nach Deutschland kamen, so verstehe ich darunter, sie werden durch gesetzliche Maßnahmen verpflichtet, Arbeit für Deutschland anzunehmen.
>
> *Speer, Aussage in Nürnberg*

Doch damit gab sich Hitlers Aufrüster noch lange nicht zufrieden. Bislang hatten es die Parteiideologen abgelehnt, auch Frauen in der Rüstungsproduktion einzusetzen. Nach der Katastrophe von Stalingrad

Anfang 1943 aber wurden nun auch weibliche Arbeitskräfte eingesetzt, um die Lücken in Speers Schlüsselbetrieben der Rüstung zu schließen. Die Strategie des »Rüstungsministers« ging auf: Während Deutschlands Städte in den alliierten Feuerstürmen untergingen, erreichte der Rüstungsausstoß im vorletzten Kriegsjahr einen neuen Rekordstand. Den Preis dafür zahlten 14 Millionen Arbeitskräfte: Zwangsarbeiter, Kriegsgefangene und KZ-Häftlinge. Doch dafür, beteuerte Speer später, habe er keine Verantwortung getragen. Von dem Elend in den Lagern, dem Sterben in den Steinbrüchen und Stollen, will er nichts gewusst haben.

Am 30. März 1943 hatte Albert Speer erstmals eines der berüchtigten Konzentrationslager besucht, das KZ Mauthausen in Österreich, nahe bei Linz. Die Häftlinge arbeiteten hier in einem Steinbruch, der der »Deutschen Erd- und Steinwerke GmbH« gehörte. Eigentümerin dieses »Unternehmens« war die SS. Sie belieferte den Rüstungsminister und »Generalbauinspektor« unter anderem mit Baumaterial für seine Neubauten. Für den »Geschäftspartner« hatte SS-Chef Himmler eine »Prominentenführung« arrangiert – Speer wurden gepflegte Räume präsentiert, Blumenrabatte und »zufriedene Häftlinge«. Doch der Rüstungsminister war empört. Gleich nach seiner Rückkehr nach Berlin formulierte er einen Beschwerdebrief an Himmler: »[…] musste ich sehen, dass die SS Planungen durchführt, die mir unter den heutigen Verhältnissen mehr als großzügig erscheinen.« Gemeint waren die Baracken der Häftlinge, die Speer für zu »luxuriös« hielt: »Wir müssen für den Ausbau von Konzentrationslagern eine neue Planung unter dem Gesichtspunkt des höchsten Wirkungsgrades bei Einsatz geringster Mittel zur Erzielung des größten Erfolges für die augenblicklichen Rüstungsforderungen durchführen, das heißt, dass wir sofort zur Primitivbauweise übergehen müssen.« Das war selbst für SS-Funktionäre, denen ein Menschenleben in der Regel wenig galt, »ein starkes Stück«. SS-Obergruppenführer Oswald Pohl, Chef des SS-Wirtschaftsverwaltungsamtes, wandte sich in einem Schreiben hilfesuchend an Himmler: Es sei »völlig abwegig«, auf die Forderung Speers einzugehen. Die Rückkehr zur »Primitivbauweise« müsse unweigerlich zu einer »ungeahnten Sterblichkeit in den Lagern« führen. Speer, 1981 mit seinem Brief an Himmler konfrontiert, verteidigte sich: »In Wirklichkeit bezog ich mich auf einen von mir herausgegebenen Erlass, wonach alle Bauausführungen während des Krieges in einfachster Form zu erfolgen haben.« Speer dachte an Bauvorschriften – die Menschen waren ihm gleichgültig.

Mitte 1943 erreichte Speer den Höhepunkt seiner Macht: Kein anderer Minister genoss so viele Privilegien wie er, kein anderer verfügte über so viele Mitarbeiter. Sein öffentliches Ansehen war seit seinem Amtsantritt enorm gestiegen.

> Der Führer erwartet, dass der Heimat kein Opfer zu groß ist, wenn es gilt, den Frontsoldaten neue Waffen zu schmieden. Wir geloben unseren Soldaten an der Front, nicht nur weiter unsere Pflicht zu tun, sondern das Äußerste an Arbeitsleistung zu vollbringen und Monat für Monat unsere Produktion stetig zu steigern.
>
> *Speer in einer Rede vor Rüstungsarbeitern, 5. Juni 1943*

Speer hatte sich das Prestige erworben, seine Entscheidungen kühl und rational zu fällen, ein Organisationstalent zu sein – und unerbittlich in seinen Forderungen. Mit seinen Gegnern, allen voran Hermann Göring, war er, wie Goebbels in seinem Tagebuch notierte, »richtiggehend Schlitten« gefahren. Doch für Albert Speer zählte nur eines, das Lob Hitlers. Auch wenn sich ihr Verhältnis inzwischen merklich abgekühlt hatte und ihre Gespräche eher dienstlichen als freundschaftlichen Charakter besaßen, erfreute sich Speer wie einst der Gunst seines Mentors: »Die neu aufgehende Sonne«, soll Hitler Speer in einer Besprechung mit Generalstabschef Kurt Zeitzler genannt haben. Seine Leistungen bezeichnete er als »epochal«. Speer versetzten diese Versprechungen in einen rauschhaften Zustand. Einerseits pflegte er noch immer das Bild des »unpolitischen« Künstlers und Architekten, andererseits ließ ihn sein »unstillbarer Ehrgeiz« nach dieser machtverheißenden Stellung greifen.

Speer hat zeitlebens vehement bestritten, von der Ausrottung der Juden gewusst zu haben. Dabei war er am 6. Oktober 1943 in Posen, als SS-Reichführer Heinrich Himmler vor den Reichs- und Gauleitern über die Vernichtungspolitik des NS-Regimes sprach: »Es musste der schwere Entschluss gefasst werden, dieses Volk von der Erde verschwinden zu lassen.« Anschließend kündigte Himmler an: »Die Judenfrage in den von uns besetzten Ländern wird bis Ende dieses Jahres erledigt sein. […] Damit möchte ich die Judenfrage abschließen. Sie wissen nun Bescheid, und Sie behalten es für sich. Man wird vielleicht in ganz später Zeit einmal überlegen können, ob man dem deutschen

Volk etwas mehr darüber sagt. Ich glaube, es ist besser, wir – wir insgesamt – haben das für unser Volk getragen, haben die Verantwortung auf uns genommen.«

Bis heute ist nicht endgültig geklärt, ob Albert Speer die Rede Himmlers gehört hat. Er habe den Konferenzort früher verlassen, Himmlers Rede deshalb versäumt, erklärte er nach dem Krieg. Der amerikanische Historiker Erich Goldhagen hielt Speer 1971 entgegen, dass Himmler sich in seiner Rede direkt an ihn gewandt habe – wieso hätte der SS-Chef das tun sollen, wenn Speer nicht mehr anwesend war? Daraufhin strengte Speer umfangreiche Recherchen an, um zu beweisen, dass er bereits gegen Mittag aufgebrochen sei, während Himmlers Rede erst um 17.30 Uhr begonnen habe. Doch Zweifel blieben. Gitta Sereny hat die Frage nach seiner Mitwisserschaft und Schuld in ausführlichen Gesprächen mit Albert Speer erörtert: »Ich glaube, dass Speer wusste, dass Menschen, Juden und andere, zu Tausenden ermordet wurden. Ob Speer wusste, dass Hitler die Absicht hatte, die jüdische Rasse in Europa ausrotten, davon bin ich allerdings nicht überzeugt.«

Die Frage nach dem, was Speer wusste oder hätte wissen müssen, stellt den Dreh- und Angelpunkt seiner Biografie dar. In der Tat fällt es schwer zu glauben, dass Speer als Mitglied des »inneren Zirkels« um Hitler und als Rüstungsminister von der Vernichtung der europäischen Juden nichts erfahren haben soll.

> Es gibt eine erdrückende Masse an Hinweisen, dass Speer von der fabrikmäßigen Judenvernichtung Kenntnis hatte. Wenige Monate vor seinem Tode habe ich ihn noch einmal danach gefragt und ihn dabei wohl etwas in die Enge getrieben. Jedenfalls gab er, wie plötzlich ermüdet, die Antwort: »Ach, man sollte mir nicht immer wieder solche unbeantwortbaren Fragen stellen.« Das ist für mich fast so viel wie ein Eingeständnis gewesen.
>
> *Joachim Fest, Historiker*

Schon vor Posen war in zahlreichen anderen Reden die Absicht des NS-Regimes deutlich geworden. »Vor der Weltgefahr des Judentums haben Sentimentalitäten keinen Platz«, ließ Propagandaminister Goebbels am 5. Juni 1943 bei einer Kundgebung im Berliner Sportpalast die Zuhörer wissen. »Die Ausschaltung des Judentums aus Europa ist keine Frage der

Moral, sondern eine Frage der Sicherheit der Staaten. […] Wie der Kartoffelkäfer die Kartoffelfelder zerstört, so zerstört der Jude die Staaten und Völker. Dagegen gibt es nur ein Mittel: radikale Beseitigung der Gefahr.« Bei dieser Rede war Speer nicht »vorher abgereist« – bei dieser Rede saß er als Zuhörer in der ersten Reihe.

Vor dem Nürnberger Gerichtshof übernahm Speer 1946 die Gesamtverantwortung für die Taten des »Dritten Reiches«, doch versuchte er immer wieder seine eigene, unmittelbare Schuld zu relativieren. Ein Schreiben Albert Speers an SS-Chef Himmler vom 4. September 1941 belegt jedoch, wie sehr der Aufrüster selbst in die Verbrechen des Regimes verstrickt war: Mit hoher Wahrscheinlichkeit wurde eigens für Speers Belange das Konzentrationslager Natzweiler im Elsass errichtet. Dort mussten die Häftlinge Stein für seine Bauten brechen. Viele, die nicht mehr gehen konnten, wurden in Schubkarren zur Arbeit gebracht. Mehr als die Hälfte der Häftlinge wog unter 50 Kilo. Der Hunger war so groß, dass die Schwächsten von entmenschten Mitgefangenen erschlagen wurden, um in den Besitz der kärglichen Tagesration der Toten zu kommen. In einer einzigen Nacht kam es manchmal zu mehr als 30 Toten. Die Zusammenhänge zwischen der SS und Albert Speer waren dem Nürnberger Tribunal 1946 noch nicht bekannt.

Trotz der beständig steigenden Rüstungszahlen konnte auch dem »Reichsminister für Bewaffnung und Munition« nicht verborgen bleiben, dass die Kriegslage immer aussichtslos wurde. In seinen *Erinnerungen* datierte Speer seine Einsicht, dass der Krieg aus produktionstechnischen Gründen nicht mehr zu gewinnen sei, auf Ende 1942. Dennoch trieb der Aufrüster die Entwicklung der sogenannten »Wunderwaffen« voran und behauptete sogar noch nach dem Krieg, die V1 und V2 hätten »bei koordiniertem Einsatz« die »Luftoffensive der westlichen Alliierten gegen unsere Industrie zusammenbrechen« lassen können. Am 10. Dezember 1943 besuchte der Rüstungsminister die unterirdische Fabrik »Mittelbau-Dora« im Harz bei Nordhausen. Seit August arbeiteten hier unter ohrenbetäubendem Lärm, in von Staub erstickter Luft tausende KZ-Häftlinge an der Errichtung eines über 20 km langen Bunkersystems, in dem die »Vergeltungswaffen« V1 und V2 produziert werden sollten. Anders als bei seiner Besichtigung im KZ Mauthausen wurden Albert Speer diesmal keine »zufriedenen« Häftlinge vorgeführt. Bei seiner Ankunft im sogenannten »Mittelwerk« war die SS gerade dabei, einen der Häftlinge zu exekutieren – als »disziplinarische Maßnahme«. Leon Pilarski, der im »Mittelwerk« arbeitete, bestätigte, dass solche Hinrichtungen zum Alltag gehörten: »Einmal waren wir schon auf dem Weg zur Nachtschicht, da wurden wir auf den Appellplatz befohlen. Eine Kapelle spielte dort auf Geigen. Dann hat die SS dreißig Männer gebracht, alle hatten den Mund verklebt. Vor unseren Augen wurden sie aufgehängt.«

Speer war fassungslos. Es gelang ihm, die Exekution zu verhindern.

> Während eines Besuchs in Mittelbau-Dora sah er zum ersten Mal, was Sklavenarbeiter waren. Er war vorher schon einmal im Konzentrationslager Mauthausen gewesen, aber das war vorbereitet, und er sah nur hübsche Dinge. Dora war das Fürchterlichste, was er in seinem Leben gesehen hat.
>
> *Gitta Sereny, Biografin*

Doch gegen das tägliche Sterben in den Stollen, die entsetzlichen hygienischen Verhältnisse und die mangelnde Versorgung der Häftlinge tat er nichts. »Die Häftlinge waren unterernährt«, schrieb Speer später im Rückblick. »Die Höhlenluft kühl-feucht, nach Fäkalien stinkend und verbraucht. Der Mangel an Sauerstoff machte mich schwindelig.« Auch von seinem Besuch in Mittelbau-Dora wusste das Nürnberger Tribunal bei der Verurteilung Albert Speers nichts. Erst die Ermittlungen zum »Dora-Prozess«, bei dem Speer 1968 als Zeuge aussagen musste, brachten die Wahrheit ans Licht. Der Biografin Gitta Sereny gegenüber sagte er, er sei »in seinem Leben nie so entsetzt gewesen.« Angeblich habe er noch am gleichen Tag alles getan, um ein Barackenlager errichten zu lassen. Doch im Gegensatz zu seiner Forderung nach »Primitivbauweise« für die Unterbringung von Häftlingen im KZ Mauthausen gibt es für diese Maßnahme Speers keinen Beleg.

Der Schock über Dora wirkte noch lange nach. Wie so oft in seinem Leben stellte sich Speer nicht dem Gesehenen oder Erlebten, sondern trat die Flucht vor der Wirklichkeit an. Das Weihnachtsfest verbrachte Speer im entferntesten Winkel von Hitlers Reichs – in Lappland. Kaum nach Deutschland zurückgekehrt, warf er sich erneut in seine Arbeit, hetzte von Termin zu Termin, nahm an Sitzungen und Konferenzen teil und widmete sich bis in die Nacht hinein Berichten, Anweisungen und Erlassen. Zweifellos suchte er in diesem »narkotischen Arbeitsrausch« die

Verdrängung vor dem, was er nicht wissen wollte. Trotz verstärkter alliierter Luftangriffe auf die deutsche Industrie konnte die deutsche Rüstungsfertigung zwischen Juni und August 1944 erneut einen Höchststand melden. Hitler war wieder einmal zufrieden mit seinem Rüstungsminister.

Speer machte weiter – auch wenn er wusste, dass der Krieg verloren war.

> Ich glaube, dass Speer der Auffassung war, dass der Krieg Ende 1944 verloren war. Er sah ja, dass die Produktion dauernd zurückging, dass überall Mangel herrschte, an Personal und Material.
>
> *Manfred von Poser, Adjutant Speers*

Der Rüstungsminister war zum »Durchhalteminister« geworden. Wo immer Speer im letzten Kriegsjahr auftrat, forderte er die sinnlos gewordene Mobilisierung aller Kräfte für den Krieg. In seinen *Erinnerungen* bezeichnete er seine Durchhalteparolen rückblickend als »die Folge einer besonderen Art der Sinnessstörung«.

Trotz einer gewissen Skepsis förderte der Rüstungsminister weiter den Einsatz der sogenannten »Wunderwaffen«. Eine Woche nach der Landung der Alliierten in der Normandie konnten die ersten V1-Raketen gezündet werden. Die meisten der fast 10.000 Raketen wurden auf London abgefeuert. Goebbels Propaganda triumphierte. In einer Rundfunkansprache am 5. Dezember 1944 ließ sich auch Albert Speer vernehmen: »Unsere Vergeltungswaffen V1 und V2 dürften aller Welt eindeutig vor Augen geführt haben, dass die deutsche Waffentechnik trotz allem einen gewissen Vorsprung hat. Ich kann Ihnen versichern, dass der Gegner sich auf gleiche Überraschungen auch auf anderen Gebieten unserer Kriegsführung gefasst machen kann.«

Als Hitler den Befehl gab, Fabriken und Industriegebiete nach dem Rückzug der deutschen Wehrmacht aus Frankreich und Belgien zu zerstören, um dem Gegner »verbrannte Erde« zu hinterlassen, verweigerte Speer seinem »Führer« zum ersten Mal den Gehorsam. Statt »Zerstörung« ordnete er »Lähmung« an.

> Speer äußert sich missmutig über die getroffenen Maßnahmen. Er vertritt den Standpunkt, dass es nicht die Aufgabe einer Kriegspolitik sei, ein Volk zum heroischen Untergang zu führen.
>
> *Joseph Goebbels, Tagebuch, 14. März 1945*

Die »vorübergehend geräumten Gebiete« würden »ohne Zweifel bald zurückerobert« werden, daher bestünde »kein Anlass, die Versorgungswerke zu zerstören«, rechtfertigte Speer sein eigenmächtiges Vorgehen. Hitler schien zunächst überzeugt. Wenig später musste Speer jedoch erkennen, dass der Diktator den Untergang längst beschlossen hatte: »Wenn das deutsche Volk in diesem Kampf unterliegen muss«, verkündete Hitler, »dann ist es zu schwach gewesen und hat die Probe vor der Geschichte nicht bestanden und ist daher zu nichts anderem als zum Untergang bestimmt.« Hitlers Wahn von »Weltherrschaft oder Untergang« stellte Speer vor eine Zerreißprobe. »Nachdem ihm Hitler gesagt hatte, dass das deutsche Volk nicht verdiente, weiterzuleben«, meinte Gitta Sereny, »gingen ihm die Augen auf und seine Liebe für Hitler starb. Diese Art von Liebe kann nicht vollkommen sterben, sie lebte in Speer noch jahrelang weiter. Aber Speer war ein Patriot und die Idee, dass dieser Mann sagt, das deutsche Volk verdient nicht, weiterzuleben, ich glaube, das hat ihn vollkommen schockiert.«

In dieser Situation will Speer sogar an den Tyrannenmord gedacht haben – so soll er sich nach Giftgas erkundigt haben, dass er in den Bunker der Reichskanzlei habe leiten wollen. Auch weitere Überlegungen, Hitlers gesamte Umgebung zu verhaften und an die Alliierten auszuliefern, oder mit einem Wasserflugzeug nach Grönland zu fliehen, wirken eher wie wirre Hirngespinste als durchdachte Pläne eines als »Organisationsgenie« gerühmten Mannes. Wollte Speer Hitler wirklich töten? Gitta Sereny ist überzeugt: »Diese berühmte Absicht von Speer, Hitler zu ermorden, das war natürlich wirklich nur eine Phantasie. Er hätte Hitler nie ermordet, er hätte es nie ausführen können, damit hat er nur gespielt. Und er war sehr froh, als er dann herausfand, dass es technisch unmöglich war. Aber er hätte es auch so nicht getan. Er hat zu mir gesagt, ›Ich hätte es nie tun können‹.«

So absurd auch Albert Speers »Attentatsabsichten« erscheinen mögen – später sollten sie ihm bei der Verteidigung vor dem Nürnberger Tribunal hilfreich sein und dazu beitragen, sein Bild vom »guten Nazi« in der Weltöffentlichkeit zu kreieren.

Am 19. März 1945, Speers 40. Geburtstag, überreichte der Rüstungsminister Hitler eine Denkschrift. Der »endgültige Zusammenbruch der deutschen Wirtschaft« sei »mit Sicherheit« in vier bis acht Wochen zu erwarten, danach könne »der Krieg auch militärisch nicht fortgesetzt werden«, heißt es darin. An Hitler direkt gewandt formulierte Speer: »Keiner darf den Standpunkt einnehmen, dass an sein persönliches Schicksal auch das Schicksal des deutschen Volkes gebunden ist. […] Wir haben kein Recht dazu, in diesem Stadium des Krieges von uns aus Zerstörungen vorzunehmen, die das Leben des Volkes treffen könnten. […] Ihre Zerstörung bedeutet die Beseitigung jeder weiteren Lebensmöglichkeit des deutschen Volkes.«

Schon einen Tag später erreichte Speer ein Fernschreiben Hitlers – es war die angekündigte »schriftliche Antwort«. Sie ist als »Nerobefehl« in die Geschichte eingegangen: Hitler befahl darin, alle militärischen Verkehrs-, Nachrichten-, Industrie- und Versorgungsanlagen innerhalb des Reichsgebietes zu zerstören – ohne jede Rücksichtnahme auf die Bevölkerung. Als Verantwortliche für die Durchführung des Befehls bestimmte er die militärischen Kommandobehörden, die Reichsverteidigungskommissare und die Gauleiter. Damit hatte er Speer faktisch entmachtet.

> Wenn er wirklich ein guter Nazi gewesen wäre, hätte er sich zum Schluss an diese absurden Befehle von Hitler gehalten. Aber er hat seinen eigenen Verstand wirken lassen, der ihm sagte, das ist unvertretbar, was da gefordert wird.
>
> *Bernd Freiherr Freytag von Loringhoven, Generalstabsoffizier*

Manfred von Poser, damals Speers Adjutant, erinnerte sich an die Reaktion seines Vorgesetzten: »Ich habe Speer selten so wütend gesehen über diese Missachtung der Bedürfnisse, die das Volk nach einem Frieden hatte.«

Speers Sturz wurde öffentliches Gesprächsthema, man begann den ehemaligen Günstling zu meiden – »als sei ich von einer Art Aussatz befallen«, erinnerte er sich später. Propagandaminister Goebbels notierte in sein Tagebuch: »Der Führer wird Speer gegenüber außerordentlich massiv […]. Vor allem wird der Führer den Redereien von Speer ein Ende machen, die ausgesprochen defätistischen Charakter tragen.« Am 27. März machte sich Speer auf den Weg nach Berlin – Hitler wünschte ihn nach der Lagebesprechung am späten Abend noch zu sprechen. Von einem Adjutanten wurde er in den Bunker unter der Reichskanzlei geführt, wo der Diktator mit seiner Entourage agierte. Hier, in der wirklichkeitsfernen Welt des »Todesgewölbes«, entspann sich eines der merkwürdigsten Szenarien zwischen Hitler und Speer. »Wenn Sie nicht mein Architekt wären, würde ich die Konsequenzen vollziehen, die in einem solchen Falle notwendig sind«, eröffnete ihm der Diktator. Danach änderte Hitler seinen Tonfall. Stundenlang beschwor Hitler seinen Rüstungsminister und Architekten, sprach von der Vergangenheit und zog historische Beispiele heran. Wenn er schon nicht daran glaube, dass der Krieg zu gewinnen sei, solle er wenigstens darauf hoffen, dann sei alles gut. Gegen zwei Uhr morgens verließ Speer den Bunker.

Noch in derselben Nacht schrieb Speer einen Brief an Hitler – 21 Seiten lang. Doch Hitler weigerte sich, Speers Schreiben anzunehmen. »Ich will seine Antwort mündlich haben«, ließ ihn der Diktator wissen. Als Speer erneut die steilen Treppenstufen zum Bunker unter der Reichskanzlei hinabstieg, ahnte er, dass seine Frist abgelaufen war. Als er dem Diktator schließlich gegenüberstand, stieß er – wie er es später nannte – »ohne Überlegen« hervor: »Mein Führer, ich stehe bedingungslos hinter Ihnen!« Hitler war sichtlich ergriffen, »seine Augen füllten sich mit Wasser«. Wieder einmal war der »verlorene Sohn« zu seinem »Vater« zurückgekehrt. Wieder einmal verzieh Hitler seinem Günstling – und ließ ihm freie Hand. Als Preis für sein »Glaubensbekenntnis« hatte Speer die Verantwortung für die Zerstörungsmaßnahmen zurückgefordert. Hitler war erleichtert darauf eingegangen.

Einen Monat später sollte sich im Bunker unter der Reichskanzlei der letzte Akt der Tragödie zwischen Speer und Hitler abspielen: »Ich flog am 23. April nach Berlin, um mich dort von verschiedenen meiner Mitarbeiter zu verabschieden und – wie ich offen sagen möchte – um mich nach allem, was geschehen war, Hitler zur Verfügung zu stellen«, sagte Speer 1946 vor dem Nürnberger Tribunal. Bis heute ist ungeklärt, was Speer tatsächlich nach einer Odyssee durch Norddeutschland nach Berlin zog. War es der »Magnet Hitler«, wie es in Speers *Erinnerungen* heißt? Wollte er seinen Mentor noch ein letztes Mal sehen? Ein Flug in die nahezu eingeschlossene Hauptstadt war lebensgefährlich. Warum war Speer bereit, so kurz vor Kriegsende sein Leben aufs Spiel zu setzen? Speer selbst hat zu verschiedenen Zeiten verschiedene Antworten auf diese Fragen gegeben. Manfred von Poser hat ihn auf seinem Flug begleitet: »Für meine Begriffe musste es einen guten Grund geben, dass Speer nach Berlin flog. Dafür wäre etwa in Frage gekommen, dass er Sorge hatte, Nachfolger von Hitler zu werden. Das hätte ihn zusätzlich belastet, sei es bei der Beurteilung durch die Sieger, sei es bei der späteren Inanspruchnahme für den Wiederaufbau in Deutschland, womit er damals ja noch rechnete.«

Was auch immer Speer bei seinem letzten Treffen mit Hitler besprach – in Hitlers politischen Testament blieb er unerwähnt. Großadmiral Karl Dönitz erhielt von Hitler die Verantwortung für das marode Reich, Speers Stellvertreter Karl-Otto Saur wurde zum Rüstungsminister ernannt.

Bevor Speer die Reichskanzlei verließ, ging er noch einmal durch das von ihm erbaute Gebäude. Im Mosaiksaal war die gläserne Decke eingebrochen, der Boden mit Splittern übersät, der kostbare Marmor von Feuer geschwärzt. Albert Speer stand vor den Scherben seines Lebenswerks. Doch er wirkte keineswegs niedergeschlagen. »Speer war irgendwie befreit, die Last war genommen, dementsprechend wirkte er vollkommen frei und unbelastet«, erinnerte sich Manfred von Poser.

Am 1. Mai 1945 erhielt Albert Speer im Quartier von Dönitz die Nachricht von Hitlers Selbstmord. Als er an diesem Abend seine Schlafkammer betrat und seinen Koffer öffnete, entdeckte er eine rote Ledercassette mit dem Portraitfoto Hitlers, das dieser ihm zu seinem 40. Geburtstag überreicht hatte. Lange blickt er auf das Bild – dann brach er in Tränen aus. »Das erst war das Ende meiner Beziehung zu Hitler«, schrieb er später in seinen *Erinnerungen*, »jetzt erst war der Bann gelöst, seine Magie ausgelöscht.«

Doch Speer hatte sich getäuscht. Bis zu seinem Lebensende sollte er sich nicht aus dem Schatten des Mannes befreien, dem er als Architekt und Rüstungsminister gedient hatte – und als Mensch verfallen war. 1966 wurde er nach 20 Jahren aus der Gefängnishaft entlassen, zu der ihn das Nürnberger Tribunal verurteilt hatte. »Aus moralischer Sicht hätte er eigentlich das Todesurteil verdient«, meinte Gitta Sereny, die Speer in Nürnberg zum ersten Mal sah. Doch damals wussten die Richter nicht, was heute bekannt ist. Als einziger der Angeklagten hatte Albert Speer die Gesamtverantwortung für die Taten des »Dritten Reiches« übernommen. Doch war es ehrliche Reue oder Taktik, um dem drohenden Todesurteil zu entgehen? Kenneth J. Galbraith, Chef der US-Luftaufklärung, der Speer kurz nach seiner Verhaftung verhört hatte, sagte: »Als wir Speer befragten, gab es keinen Zweifel daran, dass er in erster Linie seine Selbstverteidigung im Sinn hatte. Er glaubte, die

Folgen seiner Taten im Krieg minimieren zu können. Dabei verfolgte er zwei Strategien. Die erste war, sich von den anderen Nazis abzusetzen, zu zeigen, dass er intelligenter war als sie. Auf der anderen Seite bekannte er sich stets mehr zu seiner Rolle im ›Dritten Reich‹, als sie zu verleugnen. Er gab alles zu. Er wusste, das war die einzige Möglichkeit, durchzukommen.«

In seiner Gefängniszelle in Spandau bereitete Albert Speer sich auf sein Leben nach der Haft vor.

> Anders als die übrigen Größen der Nazi-Zeit und aller totalitärer Regimes der Epoche hat er, so gut er konnte, über seine Verantwortung, sein Schuldigwerden im »Dritten Reich« nachgedacht und später geschrieben. Man soll das nicht geringschätzen. Es macht ihn zu einer Ausnahme.
>
> *Joachim Fest, Historiker*

Er führte Tagebuch, schrieb an seinen *Erinnerungen* – und verließ das Gefängnis mit einem Buchvertrag in der Tasche. Als Person der Zeitgeschichte und Bestseller-Autor wurde er zu einem gefragten Interviewpartner in Sachen Hitler und NS-Zeit. Immer schärfer distanzierte sich Albert Speer von seinem früheren Leben, sprach – stets politisch korrekt – von seiner Mitschuld am Mord an den europäischen Juden. »Indem er die Gesamtschuld übernahm, meinte er, dass seine eigene, persönliche Schuld kleiner werden würde«, so Gitta Sereny. Doch die Frage nach der Schuld wurde er nicht mehr los. »Die Bewältigung von Unbewältigbarem, die Sisyphusaufgabe der Deutschen im 20. Jahrhundert«, schrieb der Historiker Ulrich Schlie, »blieb Speers Dilemma.« Am 1. September 1981 starb Albert Speer in einem Londoner Krankenhaus, kurz nachdem er dem englischen Fernsehsender BBC ein Interview gegeben hatte.

HITLERS HOLOKAUST

DIE ENTSCHEIDUNG

Kein Verbrechen in der langen Geschichte der Menschheit hat uns so erschüttert, keines widersteht bis heute so hartnäckig jedem Erklärungsversuch. Warum das alles geschehen konnte, bleibt eine offene Frage: Der Holokaust, das Menschheitsverbrechen. Hitler stellte als treibende Kraft die Weichen zum Massenmord, er war die zentrale Instanz. Er traf auch in der Judenfrage alle wesentlichen Entscheidungen, blieb aber stets auch angewiesen auf Vollstrecker wie Himmler und Heydrich – Männer mit der verhängnisvollen Tugend des vorauseilenden Gehorsams und der Fähigkeit, sich in die Gedankenwelt des Tyrannen einzufinden, seine kriminelle Psyche zu durchdringen, seine mutmaßlichen Wünsche zu planen und zu erfüllen. Der Krieg im Osten war die Chance, das umzusetzen, wovon Hitler schon lange geträumt hatte: Vernichtungskrieg für den »Lebensraum«, Ausgeburt seines Wahns vom Großgermanischen Reich vom Atlantik bis zum Ural. Die einheimische Bevölkerung sollte vertrieben, verstreut, »rassisch ausgelaugt«, »verschrottet« werden, so das todverheißende Vokabular in Himmlers Generalplan Ost. Als sich im Herbst 1941 herausstellte, dass sich der Krieg länger hinziehen würde als erwartet, steigerte das den Hass Hitlers auf »die Juden«. Sie allein machte er verantwortlich für seine eigenen Verbrechen: den Krieg und das tausendfache Sterben an den Fronten. Seine zwanghafte Vision, einer »jüdischen Weltverschwörung« gegenüberzustehen, verstärkte sich noch, als Großbritannien und die USA das gemeinsame Ziel formulierten, der Nazityrannei endgültig ein Ende setzen zu wollen. Nun begann der millionenfache industrielle Mord – mechanisch, systematisch, gründlich.

Minsk, 15. August 1941: Der »Reichsführer-SS« Heinrich Himmler war in die Hauptstadt des von deutschen Truppen besetzten Weißrussland gekommen, um sich selbst ein Bild zu machen vom mörderischen Wirken seiner Männer im Osten. Zwei Kameramänner filmten das Besuchsprogramm. Die *Wochenschau*-Aufnahmen sind erhalten, doch eine Station fehlt: Himmler wollte persönlich einer Exekution beiwohnen. Arthur Nebe, Chef der Einsatzgruppe B, hatte 100 Juden und angebliche Partisanen aus dem Minsker Gefängnis holen lassen. Einer der Todgeweihten hatte blondes Haar und blaue Augen. Himmler fragte: »Sind Sie Jude?« – »Ja.« – »Sind Ihre beiden Eltern Juden?« – »Ja.« – »Haben Sie irgendwelche Vorfahren, die keine Juden waren?« – »Nein.« – »Dann kann ich Ihnen auch nicht helfen.« Die Exekution begann. Himmler wollte es genau wissen, stellte sich an den Rand der Grube. Die Opfer wurden angewiesen, sich mit dem Gesicht nach unten auf den Boden zu legen. Himmler verzog keine Miene – auch nicht, als sich im Berg der Leichen noch immer zwei Frauen bewegten. »Sehen Sie sich die Augen der Leute an«, soll der »Höhere SS- und Polizeiführer für Russland-Mitte«, Erich von dem Bach-Zelewski, in diesem Moment zu Himmler gesagt haben, »diese Leute haben für den Rest ihres Lebens keine Nerven mehr. Wir ziehen hier Neurotiker und Wilde groß!« Himmler zeigte »Verständnis«, dennoch redete er den Schützen zu, ihre Aufgabe sei notwendig, sie sollten sich von moralischen Bedenken lösen, er und Hitler trügen die Verantwortung.

> Der Führer hat uns alle so erzogen, dass wir nicht Lösungen für heute, sondern für Jahrhunderte so zu suchen haben.
>
> *Heinrich Himmler, 2. März 1941*

Hier würden Schlachten geschlagen, die kommenden Generationen erspart blieben.

Seit Hitlers »Machtergreifung« am 30. Januar 1933 waren zunächst die deutschen Juden systematisch ausgegrenzt und entrechtet worden. Sie durften ihre Berufe nicht mehr ausüben, intime Beziehungen zu Nichtjuden und der Aufenthalt in Erholungsgebieten oder Kurorten wurden unter Strafe gestellt. Nach und nach wurden sie aus dem öffentlichen Leben gedrängt. Noch wollte die NS-Führung die Juden nicht vernichten, sondern nur ausplündern und aus Deutschland vertreiben. Die Pogromnacht vom 9. auf den 10. November 1938 wurde dann zum Scheitelpunkt des Weges in die Gaskammern von Auschwitz. Seit Kriegsbeginn 1939 machten dann Einsatzgruppen Jagd auf Juden in den besetzten polnischen Gebieten, dem sogenannten »Generalgouvernement«.

> Vom ersten Moment des deutschen Einmarschs in Polen an waren Juden keine Menschen mehr. Die Deutschen begannen, uns zu jagen und uns zu verschiedenen Arbeiten heranzuziehen. Sie haben uns gedemütigt, uns grundlos geschlagen und verteilten die Lebensmittel an andere, nicht aber an Juden.
>
> *Israel Gutman, polnischer Jude*

Mit dem Überfall auf die Sowjetunion im Juni 1941 eskalierte der Massenmord. Einer der vielen Fahrpläne zur Apokalypse sah vor, alle Juden in Europa hinter den Ural in ein fernes Reservat zu schicken – das hieß de facto, sie dem Hungertod auszuliefern. Die überfüllten Gettos im besetzten Polen, wo Hunger und Seuchen das Leben zur Hölle machten, sollten, wie Hitler sagte, »nur noch gewissermaßen Durchgangslager sein.« Nichts im Osten, dem künftigen »Lebensraum« der »arischen Rasse«, sollte so bleiben wie es war. Die Pläne für das monströse Mordprogramm lagen ausgearbeitet vor. Laut dem »Generalplan Ost« sollte ganz Polen, die baltischen Länder, Weißrussland und Teile der Westukraine in 30 Jahren mit zehn Millionen »Volksdeutschen« besiedelt werden. 14 Millionen »Gutrassige« seien zu »germanisieren«, 31 Millionen Menschen hinter den Ural zu »verschrotten«. Der Tod war eine feste Größe in den Planungspapieren. »Zig Millionen« Hungertote wurden kalkuliert. Die meisten sollten Juden sein.

Hinter den Linien der vorstürmenden Wehrmacht mordeten Todesschwadrone der SS und der Polizei. Reinhard Heydrich, Chef des »Reichssicherheitshauptamts« und rechte Hand Himmlers, hatte sie angewiesen, alle kommunistischen Berufspolitiker, Parteifunktionäre, Juden in Partei- und Staatsstellungen sowie »sonstige radikale Elemente (Saboteure, Propagandeure, Heckenschützen, Attentäter, Hetzer usw.)« zu exekutieren, »asiatisch-minderwertige Kommissare« und »Zigeuner« zu erschießen, die »jüdisch-bolschewistische Intelligenz« präventiv zu vernichten. Vom ersten Tag des Russlandfeldzugs an lief das Mordprogramm gnadenlos und effektiv. In Garsden, einem litauischen Grenzort, ermordeten ein Kommando der Stapo Tilsit und Schutzpolizisten aus Memel am 24. Juni 1941 die ersten Juden: zweihundert Männer und eine Frau, die mit einem Kommissar verheiratet war.

> Mein Vater ging auf die Straße, um sich zu erkundigen, ob man noch irgendwie entrinnen kann Komma und seitdem ist er verschollen. Wir haben wir nicht wiedergesehen.
>
> *Zvi Katz, litauischer Jude*

Bis zum Dezember 1941 sollte die Zahl der von den Einsatzgruppen Erschossenen auf über eine halbe Million steigen.

Im Überschwang des »Blitzkrieges«, als die drei deutschen Heeresgruppen die Rote Armee regelrecht überrannten und die Panzerspitzen scheinbar mühelos in die Tiefe des russischen Raumes vorstießen, fühlte sich Hitler wie der sichere Sieger. Immer wieder schweiften seine Gedanken in die Zeit nach »Barbarossa«. Aus den eroberten Gebieten im Osten, der Krim, dem Baltikum, Galizien und dem Raum bis Baku wolle er einen deutschen »Garten Eden« machen. Dafür müssten »alle notwendigen Maßnahmen« ergriffen werden, was konkret hieß: rassische »Säuberung« durch »Erschießen, Aussiedeln etc.«. Das deutsche »Paradies« müsste »natürlich so rasch wie möglich befriedet werden.« Am 17. Juli 1941 wies Hitler dem »Reichsführer-SS« Heinrich Himmler nun auch offiziell den de facto schon längst annoncierten neuen Tätigkeitsbereich zu: die »polizeiliche Sicherung der neubesetzten Ostgebiete«.

Himmler nutzte die neuen Kompetenzen umgehend. Binnen weniger Tage verdoppelte er die Zahl der SS-Mörder hinter der Front. Den Befehlshabern der Einsatzgruppen schärfte er ein, sie vollbrächten eine »historische Aufgabe«. Fortan stattete der Reichsführer seinen Führungskräften im Osten häufiger Besuche ab, um die Täter zu motivieren, mehr und schneller zu morden. Der Krieg, soviel schien sicher zu sein, werde gewiss nicht mehr lange dauern. Und wer jetzt noch ermordet werde, so Himmlers zynisches Kalkül, müsse später nicht mehr deportiert werden. Noch erschossen die Todesschwadrone ausschließlich Männer, vor allem Kommissare, Parteifunktionäre, »sonstige radikale Elemente«. Die meisten waren Juden. Noch ging es darum, im »Vernichtungskrieg« gegen die Sowjetunion die »jüdisch-bolschewistische Intelligenz« zu töten. Noch hatte Hitler über das Schicksal der Juden Europas nicht endgültig entschieden.

Während die Wehrmacht scheinbar ungehindert vorrückte und die Einsatzgruppen weiter mordeten, blieb die seit Jahren diskutierte Frage, wie die »Endlösung« konkret ablaufen sollte, noch unbeantwortet. Viele mögliche Wege wurden ausgelotet. Doch mit jedem Tag wurde eine Entscheidung dringlicher. Die Lage in den Gettos im »Generalgouvernement« spitzte sich dramatisch zu. »Es besteht in diesem Winter die Gefahr, dass die Juden nicht mehr sämtlich ernährt werden können«, schrieb SS-Sturmbannführer Rolf-Heinz Höppner, Leiter des SD-Abschnitts Posen, am 16. Juli 1941 dem Judenreferenten im Reichssicherheitshauptamt, Adolf Eichmann. Gemeint war das Getto Lodz, das inzwischen auf Reichsgebiet lag. »Es ist ernsthaft zu erwägen, ob es nicht die humanste Lösung ist, die Juden, soweit sie nicht arbeitseinsatzfähig sind, durch irgendein schnellwirkendes Mittel zu erledigen. Auf jeden Fall wäre dies angenehmer, als sie verhungern zu lassen.«

> Wir müssen unter allen möglichen Umständen so schnell wie möglich dafür sorgen, dass wir die Juden aus dem Generalgouvernement entfernen.
>
> *Hans Frank, 22. Juli 1941*

Neue Gettos in Polen zu errichten, lehnte Generalgouverneur Hans Frank indes ab, »da nach einer ausdrücklichen Erklärung des Führers vom 19. Juni des Jahres die Juden in absehbarer Zeit aus dem Generalgouvernement entfernt würden und das Generalgouvernement nur noch gewissermaßen Durchgangslager sein solle« – auf den Weg in Reservate jenseits des Urals.

Schon seit Anfang 1941 arbeitete Reinhard Heydrich an einem umfassenden Programm für die Deportation aller Juden Europas nach Osten. Die Zeit drängte. Jetzt, da der Sieg zum Greifen nahe schien, rückte auch der Tag näher, an dem Hitler die letzte, die radikalste Phase der »Endlösung« befehlen wollte. Auf diese Entscheidung, die laut Hitler »zweifellos kommende Endlösung der Judenfrage«, wollte Heydrich vorbereitet sein. Von allen Paladinen, die Hitler bei seinen Verbrechen zur Hand gingen, war der Chef des Reichssicherheitshauptamtes, der allein dem »Führerwillen« verpflichteten zentralen Terrorbehörde, gewiss der ehrgeizigste.

> Heydrich war der Prototypus eines neuen Menschen – wie der Nationalsozialismus ihn haben wollte. Heydrich war ein Protagonist der Generation des Unbedingten: Nichts an Unmenschlichkeit ist mehr unmöglich.
>
> *Ralph Giordano, Publizist*

Im Zenit trügerischer Siegesgewissheit ließ er sich von »Judenreferent« Adolf Eichmann ein Schreiben aufsetzen, das er am 31. Juli 1941 von Hermann Göring unterschreiben ließ. Mit seiner Unterschrift ermächtigte Göring, der 1938 mit der Gesamtlösung der Judenfrage beauftragt worden war, Heydrich dazu, »alle erforderlichen Vorbereitungen für eine Gesamtlösung der Judenfrage im deutschen Einflussbereich in Europa zu treffen«. Der Holokaust, der mit den Morden der Einsatzgruppen im Osten seinen Anfang genommen hatte, sollte also auch auf

Westeuropa und sogar auf das französische Nordafrika übergreifen. Mit dieser »Vollmacht« hatte sich Heydrich abgesichert. Es »beförderte« ihn zum obersten »Judenkommissar« für ganz Europa – verantwortlich für eines der zentralen Anliegen Hitlers.

Auch wenn der Holokaust vielerorts seine Eigendynamik entwickelte, so war doch Hitler nach wie vor die treibende Kraft des Massenmords. Was seine Henker, ob Himmler, Heydrich oder Göring, zu tun hatten, gab er ihnen mündlich zu verstehen, durch einen deutlichen Befehl, eine Andeutung oder ein zustimmendes Kopfnicken. Kein Schriftstück sollte seine persönliche Verantwortung für den Holokaust belegen, kein Hinweis den Mythos vom rechtschaffenen »Führer« trüben. Doch aller Camouflage zum Trotz ist der Beweis für Hitlers Schuld erdrückend.

> Ich fühle mich wie Robert Koch in der Politik. Der fand den Bazillus und wies damit der ärztlichen Wissenschaft neue Wege. Ich entdeckte den Juden als den Bazillus und das Fement aller gesellschaftlichen Dekomposition.
>
> *Hitler, 10. Juli 1941*

Viermal verwies allein Heinrich Himmler auf einen »Führerbefehl« zur sogenannten »Endlösung«, nie ohne mitleidheischend darauf zu verweisen, wie schwer es ihm gefallen sei, Hitlers Anweisung zu erfüllen: »Es war die furchtbarste Aufgabe, den eine Organisation bekommen konnte: den Auftrag, die Judenfrage zu lösen«. Den Reichskommissar Ostland, Hinrich Lohse, ließ er über die Erschießungen wissen: »Es ist mein Befehl, was auch des Führers Wunsch ist.« Immer wieder findet sich in den Akten der Hinweis auf Hitler als treibende Kraft beim Holokaust.

Hitler war die zentrale Instanz, traf in der »Judenfrage« alle wesentlichen Entscheidungen, blieb aber immer auch angewiesen auf Vollstrecker wie Himmler oder Heydrich – Männer mit der verhängnisvollen Tugend des vorauseilenden Gehorsams und der Fähigkeit, sich in Hitlers Gedankenwelt einzufinden, seine kriminelle Psyche zu durchdringen, seine mutmaßlichen Wünsche zu erahnten und zu erfüllen. Hitler war genau darüber informiert, was aus seinen Anweisungen wurde. Am 1. August 1941, dem Tag nach Heydrichs Bevollmächtigung, ließ Gestapo-Chef Heinrich Müller die Chefs der vier Einsatzgruppen wissen, Hitler wünsche, ständig über ihre Arbeit auf dem Laufenden gehalten zu werden.

Fortan wurde das »Führerhauptquartier« regelmäßig mit Details zum Massenmord im Osten versorgt. Am 31. Dezember 1942 legte ihm sein persönlicher Adjutant, Sturmbannführer Pfeiffer, die Vollzugsmeldung »an den Führer« Nr. 51 über die zwischen August und November von den Einsatzgruppen erschossenen Juden vor. Hitler nahm zur Kenntnis: 363.211 Tote.

Nie aber wurde der Diktator Augenzeuge einer Erschießung.

Nach Himmlers Besuch in Minsk im August 1941 begannen Einsatzgruppen und Regimenter der Ordnungspolizei überall in den besetzten Gebieten der Sowjetunion damit, auch jüdische Frauen und Kinder zu ermorden. Da sie als Arbeitskräfte nicht in Frage kamen, galten sie als »nutzlose Esser«. Nahrung aber war knapp, selbst für die deutschen Eroberer. Hunderttausende sowjetische Kriegsgefangene starben in deutschen Lagern einen qualvollen Hungertod. Kinder und Frauen wurden erschossen, damit sie nicht ernährt werden mussten. Vor allem aber wurden sie ermordet, um das jüdische Leben in der Sowjetunion restlos auszulöschen.

> Ich war also tatsächlich auch dabei bei dem großen Massensterben am vorgestrigen Tage. Bei den ersten Wagen hat mir etwas die Hand gezittert, als ich geschossen habe, aber man gewöhnt [sich an] das. Beim zehnten Wagen zielte ich schon ruhig und schoss sicher auf die vielen Frauen, Kinder und Säuglinge. Eingedenk dessen, dass ich auch zwei Säuglinge daheim habe, mit denen es diese Horden genau so, wenn nicht zehnmal ärger machen würden.
>
> *Brief von Walter Mattner, Polizeisekretär in Mogilew, 5. Oktober 1941*

Hitler und Himmler radikalisierten ihre Vernichtungspolitik, als an den Fronten nichts mehr »nach Plan« lief und die Siegeseuphorie in eine Krise umschlug.

Die Wehrmacht, hatte Hitler zu Beginn des Überfalls geweissagt, stehe am 15. August in Moskau, und am 1. Oktober werde Stalin kapitulieren. Doch der sowjetische Widerstand war keineswegs so schnell gebrochen, wie es der Kriegsherr von seinen bisherigen »Blitzkriegen« gewohnt war. Je mehr Zeit verstrich, je langsamer die Truppen vorankamen, desto nervöser wurde Hitler. Die unerschütterliche Siegesgewissheit war gewichen. Je höher die deutschen Verluste stiegen, desto häufiger kam Hitler in seinen nächtlichen Monologen nun auf die »Judenfrage« zu sprechen. Und noch ein anderes Thema schnitt der Diktator inmitten der Krise im

August 1941 auffallend oft an: den November 1918, Deutschlands Niederlage – sein Lebens-Trauma, für das er mit pathologischer Hartnäckigkeit »die Juden« verantwortlich machte. Damals, so redete er sich ein, hätten »jüdisch-bolschewistische Hetzer« Deutschlands Niederlage mit der Revolution betrieben – und sein eigenes »Opfer« vergeblich gemacht.

Nicht nur die verkannte Stärke des Feindes hatte Hitler im August aufgebracht. Noch ein anderes Ereignis beschäftigte ihn und schürte aufs Neue seine zwanghafte Furcht, einer »jüdischen Weltverschwörung« gegenüberzustehen. Am 12. August 1941, als nach der langen, aber doch noch siegreichen Schlacht um Smolensk, wieder Hoffnungen auf einen schnellen Sieg keimten, war Hitler davon überzeugt, schon bald gemeinsam mit England gegen die Vereinigten Staaten zu marschieren. Nicht einmal zwei Tage später aber war dieser wirre Traum zerplatzt. Großbritannien und die USA hatten ihre alte Freundschaft bekräftigt. Mehr noch: Präsident Franklin D. Roosevelt und Premier Winston Churchill verkündeten in der »Atlantik-Charta« Ziele, die Hitler ins Mark trafen. Die »endgültige Zerstörung der Nazi-Tyrannei« zum Beispiel. Die Charta vom 14. August wirkte auf Hitler wie ein Schock. Sein Plan, nach einem schnellen Sieg über die Sowjetunion England zum Frieden zu zwingen, war in weite Ferne gerückt. Sollte Stalins Reich auch zusammenbrechen, England stände gewiss nicht allein, hätte keine Motivation, sich bündnissuchend an Deutschland zu wenden, wie von Hitler kalkuliert. Hinzu kam: Schon ab 1. Juli 1941 steuerten auch die USA auf Kriegskurs. Zudem versicherten England und die USA gemeinsam ihr Bestes zu geben, die Sowjetunion im Kampf gegen die Nazi-Diktatur zu unterstützen. Hitlers Alptraum war real geworden: Er glaubte sich von England, Russland und den USA eingekreist – eine »jüdische Verschwörung«.

> Das, was der Führer prophezeite, tritt ein, dass, wenn es dem Judentum gelingen würde, wieder einen Krieg zu provozieren, es damit seine Existenz verlieren würde.
>
> *Joseph Goebbels, Tagebuch, 11. August 1941*

Seit jeher waren Juden für Hitler die »Drahtzieher«, die alle Staaten manipulierten. »Wir wissen, welche Kraft hinter Roosevelt steht: es ist der ewige Jude.« Die Atlantik-Charta nahm Hitler als neuerlichen Beweis für seine kruden, rassenideologischen Thesen. So ernst nahm der

Kriegsherr die Charta, dass er einem verdutzten Goebbels untersagte, sie im Wortlaut zu veröffentlichen.

> Im Osten müssen die Juden die Zeche zahlen. In Deutschland haben sie sie zum Teil schon bezahlt und werden sie Zukunft noch mehr bezahlen müssen.
>
> *Joseph Goebbels, Tagebuch, 19. August 1941*

Erst Wochen später, am 3. September, schrieb der »Welt-Dienst« über die »jüdischen Hintergründe des Treffens Churchill-Roosevelt«: »Durch das Treffen auf dem Atlantischen Ozean ist das Triumvirat Churchill-Roosevelt-Stalin Wirklichkeit geworden. Die jüdisch-englische Plutokratie, die jüdisch-amerikanische Hochfinanz und der jüdische Bolschewismus der Sowjetunion haben demonstrativ gezeigt, dass sie eine geschlossene Einheit bilden.« So sah es auch Hitler.

Entscheidend war: Die Charta dokumentierte Amerikas Kriegsbereitschaft. Der Weltkrieg drohte unmittelbar, und das musste bei Hitler unweigerlich Erinnerungen an den Ersten Weltkrieg wecken. Verblüffende Parallelen ergaben sich: Längst war der Russlandfeldzug kein »Blitzkrieg« mehr, sondern drohte ein Abnutzungskrieg wie 1914/18 zu werden. Damals war Russland im vierten Kriegsjahr zusammengebrochen und hatte den Friedensvertrag von Brest-Litowsk schließen müssen. Deutschland schien wie der sichere Sieger – und verlor dennoch den Krieg, weil Amerika eingegriffen hatte. Nun drohte mit Amerikas Kriegseintritt eine Wiederholung des Szenarios. Sollte es aber zu einem Weltkrieg kommen, wäre die Voraussetzung für Hitlers »Prophezeiung« vom Januar 1939 erfüllt: Ein Weltkrieg habe die »Vernichtung der jüdischen Rasse in Europa« zur Folge.

Zunächst aber spitzte sich die Situation für die in Deutschland verbliebenen Juden weiter zu. Vier Tage nach Bekanntwerden der Atlantik-Charta reiste Propagandaminister Goebbels ins »Führerhauptquartier« und erlangte Hitlers Zustimmung für die Kennzeichnung der Juden. Ab dem 15. September hatten alle Juden im Reich vom sechsten Lebensjahr an den gelben Stern mit der Aufschrift »Jude« zu tragen. Die Opfer wurden gebrandmarkt, ihre Diskriminierung erreichte einen neuen Höhepunkt: Sie durften keine öffentlichen Verkehrsmittel benutzen, kein Telefon besitzen, keine Zeitung kaufen, ihr Wohnviertel nur mit besonderer Erlaubnis verlassen.

Es gab Menschen, die mich mit Hass ansahen; es gab andere, deren Blicke Sympathie verrieten, und wieder andere schauten spontan weg.

Inge Deutschkron, deutsche Jüdin

Auch die Lebensmittelrationen wurden gekürzt.

Noch im August 1941 hatte Hitler es abgelehnt, Heydrichs »Evakuierungsplanungen« zuzustimmen. Juden aus dem »Altreich« sollten erst nach dem »Endsieg« deportiert werden. Nun arbeitete Heydrich einen Vorschlag zur »Teilevakuierung der größeren Städte« aus. Auch Goebbels versuchte Hitler vergeblich zu bewegen, die Deportation der Juden aus dem Reich, insbesondere aus Berlin, jetzt zu genehmigen. Der »Führer« vertröstete seinen Propagandaminister auf die Zeit »nach Beendigung des Ostfeldzugs«. Schon wenige Tage später aber hatte Hitler seine Meinung geändert. Am 17. September 1941 vertrat der Kriegsherr eine radikalere Ansicht. Das Reich und das Protektorat Böhmen und Mähren, ließ er Himmler im »Führerhauptquartier« wissen, müssten »möglichst bald« von allen Juden »geleert und befreit« werden. Wohin aber mit ihnen? Der Reichsführer-SS ordnete an, 60.000 Juden vorübergehend im Getto Lodz unterzubringen, um sie »im nächsten Frühjahr noch weiter nach dem Osten abzuschieben«. Damit war das Todesurteil über die Deportierten gesprochen. Denn in Lodz wartete der Tod durch Hunger oder Seuchen auf sie. Was hatte Hitler zu seinem Entschluss bewogen?

Ein Bündel von Ereignissen steigerte in jenen Tagen Hitlers Hass auf »die Juden« als die vermeintlich Schuldigen an allem. Dazu gehörte auch ein folgenschwerer Zwischenfall auf dem Atlantik, der deutlich zeigte: Den kämpferischen Worten der Atlantik-Charta würden Taten folgen. Am 4. September 1941 hatte der amerikanische Zerstörer »Greer« das deutsche U-Boot 652 geortet, verfolgt und drei Wasserbomben geworfen. U-652 verteidigte sich mit zwei Torpedos, die ihr Ziel verfehlten. Präsident Roosevelt nahm den Vorfall zum Anlass, die ohnehin nur formal existierende Neutralität der USA endgültig aufzugeben. Am 11. September 1941 verkündete er in einer Rundfunkansprache die »shoot-by-sight-order« – den Befehl, alle Kriegsschiffe der Achsenmächte in amerikanischen Interessengewässern ohne Vorwarnung anzugreifen. Damit begann der unerklärte Krieg der amerikanischen Marine gegen deutsche U-Boote. Alles passte nur zu gut in Hitlers Hirngespinst von einer »jüdischen Weltverschwörung«. »Der Führer ist der Meinung«, notierte Goebbels am 24. September 1941 nach einer Unterredung mit Himmler und Heydrich bei Hitler, »dass die Juden nach und nach aus ganz Deutschland herausgebracht werden müssen. Die ersten Städte, die nun judenfrei gemacht werden sollen, sind Berlin, Wien und Prag.«

> Der Führer wünscht, dass möglichst bald das Altreich und das Protektorat vom Westen nach dem Osten von Juden geleert und befreit werden.
>
> *Heinrich Himmler, 18. September 1941*

Mit Berlin werde begonnen. »Das wird der Fall sein können, sobald wir im Osten zu einer Bereinigung der militärischen Fragen gekommen sind.«

Am 15. Oktober begann die erste Deportationswelle. Bis zum 4. November wurden in 25 Transporten 19827 Juden und 5007 Sinti und Roma aus dem Reich nach Lodz transportiert. Sie stammten aus Wien, Prag, Berlin, Köln, Frankfurt/Main, Hamburg und Düsseldorf und Luxemburg/Trier. Bei der Ankunft im Getto Lodz erwarteten sie mörderische Bedingungen. Hunger und Seuchen rafften die Bewohner dahin. 1941 starben im Getto jeden Monat zwischen 1700 und 1800 Menschen. Was sollte mit den restlichen Menschen geschehen? Sollten sie alle erschossen werden?

Bei seinem Besuch in Minsk hatte Heinrich Himmler gesehen, was das ständige Morden für die Täter hieß. Das Leid der Opfer ließ den obersten SS-Mann kalt. Ihn interessierte allein das Wohl der Mörder. Während einige Täter mit zunehmender Begeisterung auf die hilflosen Opfer zielten, kamen andere mit dem Mordbefehl nur schwer zurecht. Himmler war entschlossen, die Verhältnisse an den Tatorten zu ändern, das Morden für die Täter zu erleichtern. Er beauftragte den Einsatzgruppenchef Arthur Nebe damit, nach Alternativen suchen, Menschen effektiv und nervenschonend für die Mörder zu töten. Denn mit Erschießungen allein, darauf hatte auch Nebe Himmler hingewiesen, war die »Endlösung« nicht zu bewältigen. Diese Meinung hatte sich rasch bei den meisten Einsatzgruppen durchgesetzt. Nach einem der größten Massaker, der Ermordung von über 33 000 Juden in der Babyn-Jar-Schlucht bei Kiew, zog der Berichterstatter der Mordschwadron nüchtern das Fazit: »Wenn auch bis jetzt auf diese Weise insgesamt 75 000 Juden liquidiert worden sind, so besteht doch schon heute Klarheit darüber, dass damit die Lösung des Judenproblems nicht möglich sein wird.«

Nebe schien Himmler der richtige Mann zu sein, einen neuen, »humaneren« Weg des Mordens zu finden. Er war Experte auf diesem Gebiet. Ihm unterstand das Kriminaltechnische Institut im Reichssicherheitshauptamt, das schon bei den »Euthanasie«-Morden Kreativität beim Entwickeln neuer Tötungsmethoden bewiesen hatte. Seit Anfang 1940 war im Reich Hitlers Willen vollstreckt worden, nach dem »Minderrassige« und »Ballastexistenzen« kein Lebensrecht besäßen. Insgesamt 70.000 Menschen wurden bis zum Abbruch der Aktion im Sommer 1941 in mobilen Vergasungswagen und speziellen Tötungsanstalten durch Einleitung von Kohlenmonoxidgas ermordet – in Namen der »Volksgesundheit«. Die Täter nannten das »Aktion T 4«, benannt nach der Zentrale in der Berliner Tiergartenstraße 4. Schauplätze dieser Verbrechen waren Grafeneck in Württemberg, Hadamar in Hessen, Brandenburg und Bernburg in Preußen, Pirna-Sonnenstein in Sachsen und Hartheim bei Linz. Die Schwachen und Kranken, so Hitlers grausame Vorstellung von »Rassenhygiene«, müssten »ausgemerzt« werden, damit sich ein »biologisch reines« Volk höherentwickeln könne. Nebe machte sich an die Arbeit. Bei Minsk ließ er zwei Dutzend psychisch Kranke in einen Bunker sperren, um sie mit Sprengstoff zu töten. Der erste Versuch scheiterte. Einige Opfer überlebten schwerverletzt. Eine noch größere Ladung Sprengstoff wurde gezündet. Diesmal funktionierte der Mord. Keiner überlebte. »In der Umgebung zerstreut und auf den umstehenden Bäumen«, beschrieb ein Augenzeuge, »lagen und hingen Leichenteile.«

> Als ich im Dezember 1941 in Lötzen Himmler mündlich die Ausführung seines Befehls betreffs Erschießen der Juden des Rigaer Ghettos meldete, sagte mir Himmler, dass das Erschießen eine zu komplizierte Operation wäre. Zum Erschießen, sagte er, brauche man Leute, die erschießen können, und dass dieses auf die Leute schlecht einwirke. Daher sagte Himmler weiter, wäre es doch am besten, die Menschen durch Anwendung von »Gaswagen« zu liquidieren, welche laut seinen Anweisungen in Deutschland angefertigt worden seien.
>
> *Aussage von Friedrich Jeckeln,*
> *Höherer SS- und Polizeiführer »Russland-Süd«, 1945*

Danach experimentierte Nebe mit Autoabgasen, die in einen Raum geleitet wurden, bei dem man zuvor die Fensteröffnungen vermauert hatte.

Zeitgleich begann sich die Lagerleitung von Auschwitz für eine »Begasungskammer« zu interessieren, in der Kleider von Häftlingen desinfiziert und Läuse unschädlich gemacht werden sollen. Ende August war die erste »provisorische Entlausungsanlage« in Auschwitz betriebsbereit. Sie hatte Ventilatoren, mit denen die Kammern be- und entlüftet werden konnten. Damit verfügte das Konzentrationslager Auschwitz schon zu diesem frühen Zeitpunkt über das Know-how Menschen mit Gas zu ermorden. Wohl im September 1941 wurde es zum ersten Mal angewandt.

Der Kreis der Täter, die in das Jahrhundertverbrechen eingeweiht wurden, erweiterte sich. Auch Adolf Eichmann, der »Judenreferent« im Reichssicherheitshauptamt, erfuhr, dass sich eine neue Dimension des Mordens anbahnte. Wohl im September 1941 rief Heydrich seinen Transportchef zu sich. Sein Vorgesetzter, erinnerte sich Eichmann nach dem Krieg, »teilte mir in seiner typisch abgehackten Sprechweise mit: ›Der Führer hat die physische Vernichtung der Juden im deutschen Machtbereich angeordnet. Es ist ein vom internationalen Judentum dem deutschen Volk aufgezwungener Krieg‹.« Eichmann reiste nach Lublin, wo Odilo Globocnik, einst Gauleiter von Wien, als SS- und Polizeiführer amtierte. Auf Himmlers Weisung organisierte Globocnik den Bau der Konzentrations- und Vernichtungslager Majdanek, Belzec, Sobibor und Treblinka.

Ebenfalls Anfang Oktober 1941 durchquerte das »Sonderkommando« des Kriminalkommissars Herbert Lange, der im Juni und Juli 1940 in Polen mehr als 7000 Menschen in Gaswagen ermordet hatte, den Warthegau. Die Männer suchten nach einem geeigneten Standort für ein Vernichtungslager. In Chelmno, 50 km nördlich von Lodz, wurden sie fündig. Ein leerstehendes Schloss erschien Lange als idealer Tatort. Im dazugehörenden Park sollten die »Arbeitsunfähigen« aus dem Lodzer Getto ermordet werden, um Platz für neue Deportationen aus dem Reich zu schaffen. Die Todeswagen von Chelmno, in deren mit Zink ausgeschlagenen Kastenaufbauten rund 50 Personen binnen fünfzehn Minuten getötet werden konnten, hatten ihre ersten mörderischen

Einsätze längst hinter sich. Während der »Gnadentodaktion« waren darin im ostpreußischen Durchgangslager Soldau 1558 psychisch Kranke aus ostpreußischen Heilanstalten mit Dieselauspuffabgasen, wie es hieß, »evakuiert« worden.

Mitte Oktober 1941 erreichten die ersten Todeszüge aus dem Reich Lodz. Das Schicksal der jüdischen Kinder, Frauen und Männer in den Zügen war besiegelt. Die Vernichtungslager in Belzec, Chelmno, Majdanek, Sobibor und Auschwitz-Birkenau waren im Aufbau, und den Juden war es bei Todesstrafe verboten, die Gettos zu verlassen. Sie saßen in einer tödlichen Falle.

Unterdessen drängte Reinhard Heydrich auf ein Gespräch gemeinsam mit Himmler bei Hitler. Am 25. Oktober 1941 war es so weit.

> Wenn wir diese Pest ausrotten, vollbringen wir eine Tat für die Menschheit.
>
> *Hitler, 21. Oktober 1941*

Das Triumvirat der Vernichter stand sich im »Führerhauptquartier« gegenüber. Heydrich wollte »eine Reihe von grundsätzlichen Fragen und verschiedene Einzelheiten« besprechen, und es dauerte nicht lang, bis Hitler auf das Kernthema seiner Politik zu sprechen kam: die »jüdische Verbrecherrasse«, die er in seinem Wahn für die deutschen Kriegstoten verantwortlich machte. Erneut kam er auf seine »Prophezeiung« zurück: Stürzten »die Juden« die Völker noch einmal in einen Weltkrieg, werde die Folge die Vernichtung der jüdischen Rasse in Europa sein. »Diese Verbrecherrasse«, redete er sich in Rage, »hat die zwei Millionen Toten des Weltkrieges auf dem Gewissen, jetzt wieder hunderttausende. Sage mir keiner: Wir können sie doch nicht in den Morast schicken! Wer kümmert sich denn um unsere Menschen? Es ist gut, wenn uns der Schrecken vorangeht, dass wir das Judentum ausrotten.«

Noch waren die Todesfabriken nicht fertig gestellt. Noch verübten die Erschießungskommandos den Massenmord, da und dort von der Wehrmacht unterstützt, assistiert von einem bestimmten Teil der baltischen Bevölkerung in Pogromstimmung. Bald schon rollten die vollgefüllten Züge aus dem Reich über tausende von Schienenkilometern direkt zu den Todesschwadronen im Baltikum. Im Fort IX von Kaunas, einer alten Zarenfestung, erschoss das Einsatzkommando 3 der

Einsatzgruppe A am 25. November 1941 die ersten 2934 Juden aus Frankfurt am Main, München und Berlin. Schon am 12. November hatte Himmler, gewiss mit Hitlers Kenntnis und Billigung, den Befehl zur Vernichtung des Rigaer Gettos gegeben – mit der Absicht, Platz zu schaffen für neue Judentransporte aus Berlin, dem Rheinland und Westfalen. 8 km außerhalb der lettischen Hauptstadt, in einem kleinen Waldstück mit dichtem Baumbestand, waren für diesen Tag Gruben ausgehoben worden. Unter dem Vorwand, sie würden umgesiedelt werden, trieben Männer der Einsatzgruppe A bei Temperaturen um den Gefrierpunkt den ganzen Tag über bis auf die Unterwäsche entkleidete Juden zu den Gruben. Es war der 29. November 1941, soeben war ein Transport mit 1000 Juden aus Berlin eingetroffen. An den Gruben zwangen SS-Männer die Opfer, sich ganz zu entkleiden und sichmit dem Gesicht nach unten auf dem Boden nebeneinanderzulegen. Dann feuerten Schützen mit Maschinengewehren, die auf Einzelfeuer gestellt worden waren, Genickschüsse ab. Die Prozedur wiederholte sich. Andere Opfer mussten sich auf die soeben Erschossenen legen, bis die Gruben mit Menschen gefüllt waren. An zwei Tagen fielen im Rumbula-Wald 16.000 Juden aus Riga und Berlin dem Rassenwahn Hitlers zum Opfer. Einige Tage später wiederholte sich das Massaker. Diesmal starben 12.500 Juden.

Durch einen Zufall wurde Otto Schulz-Du Bois, Hauptmann der Reserve bei den Pionieren, Zeuge des Massakers vom 30. November. Neben den Mordszenen hatte ihn vor allem das rohe Gelächter der SD-Männer im Blutrausch schockiert. Schulz-Du Bois war entschlossen, das Verbrechen zu melden. Über Umwege gelangte sein Bericht schließlich ins »Führerhauptquartier«, wo der Chef der Abwehr, Admiral Canaris, Hitler auf die Gräueltaten und ihre Folgen für die Moral der Truppe hinwies. Der »Führer«, schrieb Schulz-Du Bois seiner Frau, soll geantwortet haben: »Sie wollen wohl weich werden, mein Herr! Ich muss das tun, denn nach mir wird es doch kein anderer mehr tun!«

Hitlers düstere Drohung wurde nun erfüllt. »Wir erleben gerade den Vollzug dieser Prophezeiung«, schrieb Joseph Goebbels am 16. November 1941 in der anspruchsvoll aufgemachten Wochenzeitung *Das Reich*, »und es erfüllt sich am Judentum ein Schicksal, das zwar hart, aber mehr als verdient ist. Mitleid oder gar Bedauern ist da gänzlich unangebracht.«

Alfred Rosenberg, Minister für die besetzten Ostgebiete, klärte am 18. November 1941 deutsche Journalisten in einem Hintergrundgespräch, das vertraulich behandelt werden sollte, darüber auf, die »Endlösung« habe begonnen. »Im Osten leben noch etwa sechs Millionen Juden, und diese Frage kann nur gelöst werden in einer biologischen Ausmerzung des gesamten Judentums in Europa.« Entweder würden alle Juden hinter den Ural gedrängt oder sie würden ausgerottet, worüber die Herren Journalisten – bitte schön – nicht konkret berichten sollten. Rosenberg empfahl, nicht von der rohen Wahrheit der Morde zu schreiben, sondern von der »Gesamtlösung der Judenfrage«.

Darüber wollte auch Reinhard Heydrich, der mit der »Endlösung« beauftragte Chef des Reichssicherheitshauptamtes, mit den Spitzen der Staatsbürokratie reden. Schon seit Anfang November bereitete Heydrichs Transportchef Adolf Eichmann eine interministerielle Konferenz zur »Judenfrage« vor, die am 9. Dezember 1941 in Berlin im Großen Haus am Wannsee 56/58 stattfinden sollte. Doch der Termin platzte. Japan überfiel die amerikanische Pazifik-Flotte in Pearl Harbour, und am 11. Dezember erklärte Hitler den USA den Krieg. »Aufgrund plötzlich bekanntgegebener Ereignisse«, wie die Teilnehmer erfuhren, musste die Wannsee-Konferenz kurzfristig verschoben werden. Ohnehin hatte die Besprechung nur den Zweck zu erfüllen, den Staatsapparat in Hitlers Entscheidung zum Judenmord einzuweihen und zu besprechen, wie das Jahrhundertverbrechen organisiert werden konnte. Auf ein paar Wochen früher oder später kam es dabei nicht an. Der Massenmord war bereits Realität.

Alle vier Einsatzgruppen verfügten inzwischen über eigene Gaswagen. Am 8. Dezember 1941 begann in Kulmhof bzw. Chelmno, dem ersten Vernichtungslager, das fabrikmäßige Morden. Juden wurden in die luftdichten Aufbauten getrieben. Das System der Täuschung griff bis zuletzt: SS-Männer erklärten Juden, sie müssten duschen und kämen anschließend zur Arbeit nach Deutschland. Nachdem sie ihre Kleidung zum »Desinfizieren« und »vorsorglich« ihre Wertsachen abgegeben hatten, trieb man sie unter Stock- und Peitschenschlägen in einen düsteren Kellergang. Er schien ins Freie zu führen, endete jedoch an einer Holzrampe, die in ein großes dunkles Loch führte – die Ladefläche des Gaswagens. »Hier wurden die Juden völlig nackt in einen geschlossenen Lastwagen zwecks Entlausung oder sonstiger hygienischer Maßnahmen verladen«, erinnerte sich Eichmann in seinen Memoiren. Voller

Selbstmitleid beschreibt er darin, wie der Mord von statten ging. »Dann wurden plötzlich die Türen zugeschlagen. Ein Arzt forderte mich auf, durch ein kleines rundes Guckloch nach innen zu sehen, aber das konnte ich nicht mehr. Ich war am Ende; denn in dieses Wageninnere wurden nun, während der Lkw sich in Bewegung setzte, die Abgase des Motors gelassen. Dann wurde ich zu irgendeiner Stelle, die abseits von Kulmhof lag, gefahren, und ich sah dort eine Grube etwa fünf mal 20 oder 30 m groß, voll mit Leichen, und als im etwa gleichen Augenblick der Lkw ankam, die Türen aufgerissen wurden, fielen tote Juden heraus. […] Ein polnischer Zivilist riss mit einer Zange den Toten noch Goldzähne heraus.« Wie sich herausstellte, waren die Gaswagen – anders als beabsichtigt – keineswegs eine Entlastung für die Mörder. Während der Fahrt erreichten die Abgase im abgedichteten Kastenaufbau nur allmählich ihre tödliche Konzentration. Der Todeskampf der Opfer zog sich über 15 Minuten hin. Markerschütternde Schreie drangen ins Führerhaus des Gaswagens. Himmlers Wunsch, seinen Männern das Morden zu erleichtern, konnte diese Methode nur bedingt erfüllen.

Während in Chelmno der industrialisierte Massenmord begann, steckte die Wehrmacht an der Ostfront in einer schweren Krise. Der harte russische Winter setzte dem dafür mangelhaft ausgerüsteten deutschen Heer schwer zu. Die Rote Armee begann mit einer Großoffensive. Vor Moskau brach die Front ein. Der Nimbus der siegreichen Wehrmacht schwand. Das Reich hatte das Überraschungsmoment und die militärische Initiative verloren. Zudem taten sich nach Hitlers Kriegserklärung an die USA neue Fronten auf. Jetzt war der Weltkrieg da, in dem Hitler schon immer eine »jüdische Weltverschwörung« gesehen hatte.

> Wir wissen, welche Kraft hinter Roosevelt steht. Es ist jener ewige Jude, der seine Zeit als gekommen erachtet, um das auch an uns zu vollstrecken, was wir in Sowjetrussland alle schaudernd sehen und erleben mussten.
>
> *Hitler, 1. Dezember 1941*

Jetzt war für ihn auch der Moment gekommen, da seine »Prophezeiung« vom 30. Januar 1939 griff: »Wenn es dem internationalen Finanzjudentum in und außerhalb Europas gelingen sollte, die Völker noch einmal in einen Weltkrieg zu stürzen, dann wird das Ergebnis nicht die

Bolschewisierung der Erde und damit der Sieg des Judentums sein, sondern die Vernichtung der jüdischen Rasse in Europa.«

Am 12. Dezember 1941 bestellte der Diktator die Reichs- und Gauleiter der NSDAP in die Reichskanzlei, um auch sie in seine Entscheidung einzuweihen, Europas Juden zu vernichten. Goebbels notierte in sein Tagebuch: »Bezüglich der Judenfrage ist der Führer entschlossen, reinen Tisch zu machen. Er hat den Juden prophezeit, dass, wenn sie noch einmal einen Weltkrieg herbeiführen würden, sie dabei ihre Vernichtung erleben würden. Das ist keine Phrase gewesen. Der Weltkrieg ist da, die Vernichtung des Judentums muss die notwendige Folge sein. Diese Frage ist ohne jede Sentimentalität zu betrachten. Wir sind nicht dazu da, Mitleid mit den Juden, sondern nur Mitleid mit unserem deutschen Volk zu haben. Wenn das deutsche Volk jetzt wieder im Ostfeldzug an die 160 000 Tote geopfert hat, so werden die Urheber dieses blutigen Konflikts dafür bezahlen müssen.«

Unter den Zuhörern war auch Hans Frank, Chef des Generalgouvernements, dem zentralen Tatort für den Judenmord. Zurück in Krakau, dem Sitz der Gouvernements-Regierung, sprach er am 16. Dezember 1941, inspiriert von Hitlers Rede, vor seinen Mitarbeitern klare Worte über die »Judenfrage«. Frank schien nun genau zu wissen, was die Stunde geschlagen hatte.

> Mitleid wollen wir grundsätzlich nur mit dem deutschen Volk haben, sonst mit niemandem auf der Welt.
>
> *Hans Frank, 16. Dezember 1941*

Es werde eine »große jüdische Wanderung« einsetzen, holte er aus. »Aber was soll mit den Juden geschehen? Glauben Sie, man wird sie im Ostland in Siedlungsdörfern unterbringen? Man hat uns in Berlin gesagt: Weshalb macht man diese Scherereien? Wir können im Ostland oder im Reichskommissariat auch nichts mit ihnen anfangen; liquidiert sie selber! Meine Herren, ich muss Sie bitten, sich gegen alle Mitleidserwägungen zu wappnen. Wir müssen die Juden vernichten, wo immer wir sie treffen und wo es irgend möglich ist, um das Gesamtgefüge des Reiches hier aufrecht zu erhalten. […] Das Generalgouvernement muss genauso judenfrei werden, wie das Reich es ist. Wo und wie das geschieht, ist eine Sache der Instanzen, die wir hier einsetzen und schaffen müssen.«

Zu diesem Zeitpunkt wussten aber selbst Männer wie Generalgouverneur Hans Frank noch nicht genau, wie der Massenmord verübt werden, wie geschehen sollte, was Frank in seiner Krakauer Rede offen angesprochen hatte: »Mit den Juden muss so oder so Schluss gemacht werden.« Sie müssten verschwinden, hatte er gefordert. Aber wie, wann und wohin? Frank blieb die Antwort schuldig. »Im Januar«, erklärte er, »findet über diese Frage eine große Besprechung in Berlin statt, zu der ich Herrn Staatssekretär Dr. Bühler entsenden werde. Diese Besprechung soll im Reichssicherheitshauptamt bei SS-Obergruppenführer Heydrich abgehalten werden.«

Schauplatz der »Besprechung mit anschließendem Frühstück«, wie es in der Einladung hieß, war das Gästehaus der SS in Berlin, Am Großen Wannsee 56/58. Am 20. Januar 1942, die Todesfabrik in Chelmno arbeitete schon seit Wochen, begrüßte Heydrich acht Staatssekretäre, sechs Polizei- und Sicherheitsexperten und einen Ministerialdirektor zur »Wannsee-Konferenz«, um zu beraten, was von Hitler entschieden worden war: der Mord an allen Juden in Europa.

> Hitler war an der Wannseekonferenz nicht beteiligt. Möglicherweise wusste er, dass sie stattfand; aber selbst ist nicht gewiss. Seine Mitwirkung war nicht notwendig. Er hatte im Dezember 1941 erneut mit unmissverständlichen Worten klargemacht wie das Schicksal der Juden aussehen müsse.
>
> *Ian Kershaw, Hitler-Biograf*

Das Protokoll der Sitzung führte »Judenreferent« Eichmann. Von ihm stammten Fakten und Zahlen für Heydrichs Eröffnungsreferat, in dem der Chef der Sicherheitspolizei und des SD mit Nachdruck darauf hinwies, dass er in der Bearbeitung der »Judenfrage federführend« sei – und dass Göring ihn am 31. Juli 1941 zum »Beauftragten für die Vorbereitung der Endlösung der europäischen Judenfrage« bestellt hatte. Sechs Monate nach Görings Unterschrift nannte Heydrich in der Wannsee-Villa die Details: »Im Zuge dieser Endlösung der europäischen Judenfrage kommen rund elf Millionen Juden in Betracht.« Sie würden »im Osten zum Arbeitseinsatz kommen«, wobei »zweifellos ein Großteil durch die natürliche Verminderung ausfallen wird«. Der »allfällig endlich verbleibende Restbestand«, klärte Heydrich die Herrschaften am Konferenztisch auf, »wird, da es sich bei diesen zweifellos um den widerstandsfähigeren Teil handelt, entsprechend behandelt werden müssen, da dieser, eine natürliche Auslese darstellend, bei Freilassung als Keimzelle eines neuen jüdischen Aufbaus anzusprechen ist.«

»Entsprechend behandelt« – eine Redewendung aus dem Wörterbuch des Unmenschen. Sie stammte von Eichmann, dem Protokollführer. Er »übersetzte«, was am Konferenztisch offen ausgesprochen wurde, in die Tarnsprache der Mörder. Tatsächlich redeten die Teilnehmer, wie Eichmann bei seinem Prozess in Jerusalem zugab, »in sehr unverblümten Worten« von »Töten, Eliminieren und Vernichten«. Ende Januar 1942 informierte Eichmann alle Polizeistellen im »Altreich« und sämtliche »Zentralstellen«, die Deportationen seit Oktober 1941 seien der »Beginn der Endlösung der Judenfrage im Altreich, der Ostmark und im Protektorat Böhmen und Mähren«.

Spätestens nach der Wannsee-Konferenz waren alle höheren Entscheidungsträger des Reichs eingeweiht und mitverantwortlich für den Jahrhundertmord. Man war sich einig: die Verschleppung sollte so rasch wie möglich vor sich gehen. »Man muss es schnell machen«, sagte Hitler: »Es ist nicht besser, wenn ich einen Zahn alle drei Monate um ein paar Zentimeter herausziehen lasse. Wenn er heraußen ist, ist der Schmerz vorbei. Der Jude muss aus Europa heraus. Wir kriegen sonst keine europäische Verständigung. […] Ich sage nur, er muss weg. Wenn er dabei kaputt geht, da kann ich nicht helfen. Ich sehe nur eines: die absolute Ausrottung, wenn sie nicht freiwillig gehen.« Längst ging es nicht mehr um freiwillige Auswanderung. Hitler wollte die Abrechnung – und glaubte fest an seinen Wahn, die Juden seien schuld an allem, an den Verlusten an der Front, ja sogar an den hunderttausende von toten russischen Kriegsgefangenen. Warum, fragte er ernsthaft, »warum haben die Juden denn den Krieg angezettelt?«

Wieder zitierte er seine »Prophezeiung« von der Vernichtung. Diesmal am 30. Januar 1942 im vollbesetzten Berliner Sportpalast vor Rüstungsarbeitern, Lazarettschwestern und verwundeten Soldaten: »Zum ersten Mal«, rief er der Menge zu, »werden nicht andere allein verbluten, sondern zum ersten Mal wird diesmal das altjüdische Gesetz angewendet: Aug' um Auge, Zahn um Zahn. […] Es wird die Stunde kommen, da derböseste Weltfeind aller Zeiten wenigstens auf ein Jahrtausend seine Rolle ausgespielt haben wird.« Seine Prophezeiung, wiederholte er am Jahrestag der NSDAP-Gründung Ende Februar, werde sich erfüllen, »der

Jude« werde ausgerottet: »Was auch immer der Kampf mit sich bringe, oder wie lange er dauern mag, dies wird sein endgültiges Ergebnis sein.«

Je länger der Krieg dauerte, je größer die Verluste und je geringer Hitlers Siegeshoffnungen waren, desto hoffnungsloser wurde die Lage für die Juden in Europa.

Im Frühjahr 1942 begann, was Hitler »Abrechnung« nannte – der Mord an den Juden in den Gettos des Generalgouvernements. Belzec, Sobibor, Treblinka, die Vernichtungslager der »Aktion Reinhardt«, benannt nach dem inzwischen bei einem Attentat ermordeten Reinhard Heydrich, nahmen ihren Betrieb auf. Zwischen dem 16. März und dem 20. April 1942 wurden 30 000 Menschen aus dem Getto Lublin nach Belzec deportiert, wo sie in Gaskammern ermordet wurden. Auch Joseph Goebbels erfuhr davon. Am 27. März 1942 vertraute er seinem Tagebuch an: »Aus dem Generalgouvernement werden jetzt, bei Lublin beginnend, die Juden nach dem Osten abgeschoben. Es wird hier ein ziemlich barbarisches und nicht näher zu beschreibendes Verfahren angewandt, und von den Juden selbst bleibt nicht mehr viel übrig. Im Großen kann wohl festgestellt werden, dass 60 Prozent davon liquidiert werden müssen, während nur noch 40 Prozent in die Arbeit eingesetzt werden können. Der ehemalige Gauleiter von Wien [Odilo Globocnik] der diese Aktion durchführt, tut das mit ziemlicher Umsicht und auch mit einem Verfahren, das nicht allzu auffällig wirkt. An den Juden wird ein Strafgericht vollzogen, das zwar barbarisch ist, das sie aber vollauf verdient haben.« Wieder einmal, betonte Goebbels, sei Hitler »der unentwegte Vorkämpfer und Wortführer einer radikalen Lösung«.

Hitler allein hatte im August und September 1941 als zentrale Instanz die Weichen zum Mord in den Todesfabriken gestellt. Er allein traf die Entscheidung. Es war sein Wille, die Juden aus Europa »verschwinden« zu lassen.

> Hitlers Verantwortung für den Völkermord an den Juden kann nicht in Frage gestellt werden. Doch trotz all seiner öffentlich Tiraden gegen die Juden, die immer öfter Anstöße zu extremer Gewalt boten, und trotz all seiner dunklen Hinweise, dass seine »Prophezeiung« erfüllt werde, war er immer wieder darauf bedacht, die Spuren seines Engagements beim Mord an den Juden zu verbergen.
>
> *Ian Kershaw, Hitler-Biograf*

Schon früh in seinem politischen Leben, am 16. September 1919, hatte er in einem Brief die »Entfernung der Juden überhaupt« zum »unverrückbaren Ziel« des Antisemitismus erklärt. Im zweiten Band von *Mein Kampf* hatte er geschrieben, die Entfernung sei nur durch das Schwert möglich. Beharrlich sprach er schon in den 20er-Jahren von »Ausrottung«. Seine Vernichtungsgedanken waren damals noch vage und unbestimmt, aber sie entfalteten eine Kraft, die ihn nicht mehr losließen. Vernichtung im Sinne von Mord war nicht von Anfang an Hitlers fester Vorsatz, aber der Gedanke daran gärte in ihm, bis er sich selbst im Spätsommer 1941 selbst beim Wort nahm und seine »Prophezeiung« von der Vernichtung zur mörderischen Realität erhob. Militärische Rückschläge, die Wahnvorstellung einer »jüdischen Weltverschwörung«, die fixe Idee, Juden seien schuld am Tod deutscher Soldaten, seien verantwortlich für den Krieg, den allein er angezettelt hatte – dieses Gemenge haltloser, wahnhafter Vorstellungen, gepaart mit der Ahnung, den Krieg nicht mehr gewinnen zu können, waren der Nährboden für Hitlers Entschlussbildung.

Noch schienen die weitaus meisten Opfer das Unfassbare nicht wahrhaben zu wollen. Doch das Todesurteil über die Juden war gesprochen. Seit dem Frühjahr 1942 rollten nun in ganz Europa Eichmanns Todeszüge – erst in die Gettos, dann in die Vernichtungslager.

HITLERS TÄTER

DIE SS

Sie war der Inbegriff des Terrors. Sie vollzog den Massenmord. Sie verkörperte wie keine andere Organisation in Hitlers Reich den tödlichen Wahn vom »Herrenmenschen«. SS – die beiden Buchstaben in altgermanischer Runenschrift stehen für das wohl effektivste, gefährlichste Machtinstrument der NS-Diktatur. »Deine Ehre heißt Treue« – unter der von Heinrich Himmler propagierten Losung sollten SS-Männer an den Fronten als »Feuerwehr« die Lücken stopfen, die Gefangenen und Zwangsarbeiter ohne Gnade ausbeuten, in mobilen Mordschwadronen und den Todeslagern des Regimes mit kaltem Herzen morden. Den Holokaust vollziehen – unter all den Organisationen des NS-Staates war nur die SS imstande und vor allem willens, diesen Auftrag Hitlers auszuführen.

In nur wenigen Jahren wurde die »Schutzstaffel« von einer unbedeutenden Leibwache zu einem Staat im Staate Hitlers, einem Sklavenstaat. Die Stunde der Wahrheit schlug am 30. Juni 1934. In einer bislang beispiellosen Mordaktion töteten SS-Kommandos im Auftrag Hitlers die Führer der SA. In dieser »deutschen Bartholomäusnacht« begann der Aufstieg der SS zur mächtigsten Terrororganisation des »Dritten Reiches«. Für den nationalsozialistischen Rassenwahn und Massenmord ist kein anderer Name so sehr zum Synonym geworden wie Auschwitz – der Hauptort des Holokausts. Als die Mordmaschinerie 1943 und 1944 auf Hochtouren lief, waren fünf Krematorien und Gaskammern in Betrieb. An klaren Tagen waren die aus den Schornsteinen der Krematorien schlagenden Flammen und der schwarze Rauch kilometerweit zu sehen. Massenvernichtung nach Plan – darin bestand der Hauptzweck von Auschwitz – Tag für Tag, Nacht für Nacht.

Darmstadt, März 1942: Ein besonderer Tag für eine Gruppe junger Menschen in der Justus-Liebig-Oberrealschule. Die Reifeprüfung findet statt. Einer der Kandidaten war der zwanzigjährige Hans Stark, Sohn eines Polizeimeisters. Stark war gut präpariert, weil er kundige Nachhilfelehrer hatte, die an seinem Arbeitsplatz weit im Osten mit ihm gepaukt hatten. Schon rein äußerlich unterschied sich Stark von den übrigen Schülern. Er trug bei der Prüfung eine Ausgehuniform der SS-Totenkopfverbände. In den Konzentrationslagern dienten sie als Wächter, Selektoren, Peiniger und Mörder. Stark war einer von ihnen, machte nun während seines Lagerdienstes Abitur. Nachhilfe für die Prüfung hatten ihm Juden in Auschwitz gegeben, indem sie mit ihm Mathematik, Geschichte und Deutsch büffelten. »Woher kennt ihr denn Goethe?«, habe der Nachhilfeschüler seine abgehärmten Lehrer voller Erstaunen gefragt, erinnerte sich Kasimir Smolen, einer von ihnen, später. Stark hatte die antisemitische Hetze vom jüdischen »Untermenschen« offenbar verinnerlicht. Nach dem Abitur würde der Absolvent zurückkehren und sein mörderisches Handwerk weiter verrichten. Hans Stark machte rasch Karriere, typisch für einen, der sich fraglos in das System unter dem Totenkopf einpasste. Die Stationen seiner Laufbahn umfassten eine ganze Reihe jener Mordstätten, die es zu grausiger Berühmtheit bringen sollten: Sachsenhausen, Buchenwald, Dachau – und später Auschwitz.

Der Junge aus Darmstadt war einer von vielen im Totenreich der SS. Das System der Konzentrations-, später auch Vernichtungslager erforderte den Einsatz einer großen Zahl von Menschen. Mehrere zehntausend taten dort ihren Dienst, unterstützt von Helfern außen. Wie war es möglich, dass so viele dabei mitwirkten, Millionen Menschen zu ermorden? Wie musste das System beschaffen sein, das dorthin führte? Es gibt viele Erklärungsversuche: Leben in der Diktatur, Brutalisierung durch Krise oder Krieg, totalitäre Indoktrination mit Informationsmonopol, Feindbild-Projektionen, staatlich sanktionierte Gewalt, Befehlsnotstand, gezielte Täter-Rekrutierung, aber auch Karrieresucht, blinder Gehorsam, Autoritätshörigkeit, Anpassung, Rassismus.

> Er war ein ausgesprochener Herrenmensch. Er hatte das Sagen, und alle anderen waren ihm untertan.
>
> *Günther Stark, Bruder von Hans Stark*

Schon Sigmund Freud schrieb einmal, dass allein der Krieg genüge, um Menschen ihre niedrigsten, gemeinsten Triebregungen ausleben zu lassen. Mit dem staatlich aufgehobenen Tötungsverbot höre auch die »Unterdrückung der bösen Gelüste auf, und die Menschen begehen Taten von Grausamkeit, Tücke, Verrat und Rohheit, deren Möglichkeit man mit ihrem kulturellen Niveau für unvereinbar gehalten hätte.«

Das Lagersystem der SS war darauf angelegt, Menschen zum Teil einer Maschinerie zu machen, die reibungslos für verbrecherische Zwecke funktionierte. Entscheidend für die »Effektivität« der Lagerwelt war die Rekrutierung des SS-Personals. Hitler und Himmler hatten hierfür schon in frühen Jahren einen Mann bestellt, dessen Wirkung und Bedeutung lange unterschätzt wurde: Theodor Eicke baute maßgeblich mit am Fundament für das mörderische Programm der SS, er wollte die Musterstätten für das System von Terror und Vernichtung errichten. Bei ihm verbanden sich mehrere Eigenschaften, die ihn für seine Position prädestinierten: völliger Gehorsam gegenüber der Führung, großes Organisationstalent und die Fähigkeit, Menschen mitzureißen und unterzuordnen. Hinzu kamen eine fanatische nationalsozialistische Gesinnung und sein heftiger Hass gegen alles, was »undeutsch« und anders war – es waren unabdingbare Voraussetzungen für den Geist der Inhumanität. Sein Name steht für die sogenannte »Dachauer Schule«. Eicke machte Dachau zum Vorbild für alle anderen Konzentrationslager, innerhalb und später außerhalb des Reiches. Er war es, der dafür die geeignete »Elite« schuf und dabei grausigen Erfolg erzielte. Er formte seine »Totenkopf«-Männer zu bedingungslos gehorsamen Vollstreckern des Systems. Eicke rekrutierte sie nicht nur selbst, er drillte, indoktrinierte, richtete seine Männer auch regelrecht ab – für die hemmungslose Anwendung von Gewalt. Er selbst besuchte Auschwitz nie. Doch seine Schüler herrschten später über die Lager, in denen sie bestrebt waren, sich gegenseitig zu übertreffen.

Nachdem Eicke mit dem Mord an SA-Stabschef Ernst Röhm am 1. Juli 1934 seine skrupellose Loyalität bewiesen hatte, folgte die Belohnung auf dem Fuße. Wenige Tage danach wurde er befördert, in das neu geschaffene Amt eines Inspekteurs der Konzentrationslager und Führers der SS-Wachverbände – Aufstieg als Lohn für die Teilhabe am Staatsverbrechen. Eicke baute Dachau in fünf Jahren zum Zentrum für das Spinnennetz der Lager aus – ein Apparat zur Zermürbung und Vernichtung der »Feinde des Nationalsozialismus«, durch Zwangsarbeit, Hunger, Krankheit, Folter und Mord. Er war der Architekt der Lagerwelt – und er rekrutierte die Täter.

Nach eigenem Ermessen wählte der Chef der Totenkopfverbände die SS-Offiziere und -Wachmänner für den Dienst in den Lagern aus. Wer als SS-Aufseher Mitleid erkennen ließ, galt als Schwächling, schien für den Dienst nicht tauglich. Wer sich zu sehr den Häftlingen näherte, gehörte – so Eicke – selbst ins KZ. Bei Prügelstrafen dabei sein, sie selber ausführen, ohne mit der Wimper zu zucken, auch wenn das Opfer noch so litt, das entsprach der Forderung des »Totenkopf«-Chefs. Er verfasste persönlich Anweisungen für die drakonische und brutale Behandlung von Häftlingen, erfand besondere Formen der Folter.

> Eicke selbst hat gegenüber Häftlingen niemals irgendeine Äußerung gemacht oder irgendeine Miene verzogen. Er war immer gleich kalt und brutal.
>
> *Heinz Junge, Häftling im KZ Sachsenhausen*

Die gestreifte Kleidung, die Kennzeichnung – auch als Maßstab für alltägliche Misshandlungen – waren die Produkte seiner kriminellen Fantasie. Eicke suggerierte denen, die mehr sein wollten, als sie waren, zum »Orden der Allerbesten« zu gehören – als »Männer der Tat« mit »wahrem Charakter« und »klaren Wertvorstellungen«. Sie seien zum »Träger der nationalsozialistischen Revolution« auserkoren, sollten »Retter des deutschen Volkes« sein. Er forderte Härte, aber gab den Rekruten auch das Gefühl, einer eingeschworenen Gemeinschaft anzugehören. »Papa Eicke« vermittelte Korpsgeist.

Mit Eifer ging der Lager-»Inspekteur« daran, das System zu zentralisieren.

> Eickes Absicht war, seine SS-Männer durch seine dauernden Belehrungen und entsprechenden Befehle über die verbrecherische Gefährlichkeit der Häftlinge von Grund auf gegen die Häftlinge einzustellen, sie auf die Häftlinge »scharf zu machen«, jegliche Mitleidsregung von vornherein zu unterdrücken. Er erzeugte damit einen Hass, eine Antipathie gegen die Häftlinge, die für Außenstehende unvorstellbar ist.
>
> *Rudolf Höß, Kommandant in Auschwitz, autobiografische Aufzeichnungen*

Die KZ Dachau, Buchenwald, Flossenbürg, Mauthausen, Ravensbrück und Sachsenhausen wandelten sich zu Zentralen des Terrors, daneben gab es weitere Lager und später auch Nebenlager. In der Öffentlichkeit suchte SS-Chef Himmler deren Funktion zu verheimlichen. Was hier geleistet werde, sei »harte, neue Werte schaffende Arbeit, eine strenge gerechte Behandlung. Die Anleitung, Arbeit wieder zu erlernen und Fähigkeiten handwerklicher Art zu gewinnen, sind die Methoden der Erziehung. Die Devise, die über diesen Lagern steht, lautet: Es gibt einen Weg in die Freiheit. Seine Meilensteine heißen Gehorsam, Fleiß,

Ehrlichkeit, Ordnung, Sauberkeit, Nüchternheit, Wahrhaftigkeit, Opfersinn und Liebe zum Vaterland.« Arbeit und Disziplin seien notwendige Mittel, um die verlorenen Töchter und Söhne der Nation der nationalsozialistischen Gemeinschaft zurückzuführen – so der zynische Befund des »Reichsführers SS«. Bis zum Ausbruch des Krieges wuchsen die SS-Totenkopfverbände auf über 24.000 Mann an. Eine Lagerstärkeliste vom 15. Januar 1945 wies unter der Rubrik SS-Wachmannschaften aus: 37 674 Männer und 3 508 Frauen, was auf einen Sachverhalt hindeutet, der lange in den Betrachtungen zu kurz kam.

Der Dienst im KZ galt allgemein als Männerdomäne. Doch gingen hier auch tausende von Frauen verschiedenen Tätigkeiten nach – mehr oder weniger nah am Verbrechen. Ob als Aufseherin, Ärztin, Laborantin oder Stenotypistin – die Bandbreite war groß, nur ein Teil gehörte der SS an. Zwischen 1935 und 1939 stieg die Anzahl der beschäftigten Frauen im KZ-Dienst um zwei Drittel. Während die weiblichen Zivilangestellten – zum Beispiel Sekretärinnen oder Fernschreiberinnen – gewissermaßen Zuschauerinnen des Elends blieben, trugen SS-Aufseherinnen wesentlich mit dazu bei. Entsprechend dem Ausbildungsgang ihrer männlichen Kollegen, etwa in SS-Junkerschulen, durchlief der weibliche Nachwuchs nach gründlicher Vorauswahl einen »Lehrgang für SS-Aufseherinnen«. Gefangene berichteten, dass die meist jungen SS-Schülerinnen während ihrer Ausbildung zu hemmungsloser Rücksichtslosigkeit und offener Gewaltausübung angehalten wurden.

> Hinsichtlich der SS ist zu sagen, dass die Männer sich ebenso wie die Frauen benahmen und dass die Frauen ebenso wild waren wie die Männer. Es war kein Unterschied.
>
> *Claude Vaillant-Couturier, Häftling in Ravensbrück und Auschwitz*

Hertha Bothe, berüchtigte SS-Aufseherin in Bergen-Belsen, antwortete mehr als 50 Jahre nach dem Krieg auf die Frage, ob sie glaube, »Fehler« begangen zu haben: »Hab ich einen Fehler gemacht? Nö. Der Fehler war, dass es KZ gab. Aber ich musste ja rein, sonst wäre ich selber reingekommen. Das war mein Fehler.« Die Selbstlüge war noch Jahrzehnte später wirksam.

In den Konzentrationslagern entstand ein eigenes Wirtschaftssystem, gekennzeichnet von Sklaverei und Raub, insbesondere jüdischen

Eigentums. Das SS-Lagerwesen war auf »Selbstversorgung« angewiesen. Zuschüsse aus dem Vermögen der allgemeinen SS gab es nur, wenn unbedingt nötig. Doch mit der Arbeitskraft der Häftlinge konnte die Lager-SS Aktivitäten von enormem Ausmaß entfalten. Regelrechte Konzerne entstanden. Hunderte von KZ-Außenlagern wurden dafür errichtet. So wurde im April 1938 die Deutsche Erd- und Steinwerke GmbH (DESt) gegründet, ein SS-eigener Betrieb, der sich in den folgenden Jahren zu einem weit verzweigten Unternehmen entwickelte. Vielfach hatte schon die Entscheidung für einen KZ-Standort wirtschaftliche Hintergründe, etwa beim Lager Flossenbürg. Auch hier schrieb die Deutsche Erd- und Steinwerke GmbH bald schwarze Zahlen. Das im dortigen Granitsteinbruch abgebaute Material wurde gewinnbringend an das Deutsche Reich verkauft. Ab 1942/43 wurden Flossenbürg-Häftlinge auch zur Kriegsproduktion in den Fabriken der Flugzeugfirma Messerschmitt sowie in den Industriebetrieben von Flick, Siemens, Osram und Junkers eingesetzt. Die Außenlager erstreckten sich über Bayern, Böhmen und Sachsen. Waren es 1938 nur wenige SS-Männer, die die ersten Häftlinge bei der Errichtung des Lagers bewachten, zählten im Jahr 1945 über 4.000 Männer und mehr als 500 Frauen zum Wachverband Flossenbürg.

Zu entsetzlicher Berühmtheit geriet eine Zusammenarbeit, auf die sich die SS mit der I.G. Farbenindustrie Aktiengesellschaft, kurz I.G. Farben, einigte. Sie erhielt als einziges deutsches Privatunternehmen schon 1941 die Erlaubnis, KZ-Häftlinge als Arbeitskräfte zu beschäftigen. Der Konzern entschloss sich für den Bau eines Werkes nahe dem oberschlesischen Monowitz. In der unweit vom Konzentrationslager Auschwitz anzusiedelnden Produktionsstätte sollten Häftlinge zum einen »Buna«, künstlichen Kautschuk, zum anderen synthetischen Treibstoff herstellen. Grundlage des »Freundschaftsschlusses« zwischen dem I.G.-Farben-Management und der SS-Führung in Auschwitz war ein Tauschgeschäft. Die I.G.-Vertreter sicherten dem Kommandanten des KZ Auschwitz, Rudolf Höß, dringend benötigtes Baumaterial zur Erweiterung des Lagers zu. Im Gegenzug erklärte sich die Auschwitz-SS bereit, KZ-Häftlinge als Arbeitskräfte für den Bau des I.G.-Farben-Werkes bereitzustellen. Bei Verhandlungen im März 1941 wurde die Produktivitätsquote der Häftlinge auf 75 Prozent der Leistung deutscher Arbeiter festgelegt. Der Arbeitstag sollte im Sommer zehn bis elf Stunden und im Winter etwa neun Stunden dauern.

Die zynische Rechnung ging nicht auf. I.G.-Farben-Manager und SS-Führer verkalkulierten sich. Angesichts der mörderischen Arbeitsverhältnisse wurde »nur« eine Produktivität von 30 bis 40 Prozent erreicht. Die völlig entkräfteten Häftlinge mussten den Weg zur Arbeit – über 6 km – bei jedem Wetter zu Fuß zurücklegen, unter den Schlägen ihrer Wächter. Als Soldaten der Roten Armee im Januar 1945 Auschwitz erreichten, fanden sie ein nahezu produktionsbereites I.G.- Farben-Werk vor, doch hatte sein Aufbau allein 20.000 bis 25.000 Menschenleben gefordert. Abgesehen von der Barbarei – selbst als der ökonomische Widersinn des Paktes offenbar wurde, ließen der Konzern und die SS nicht von der Vereinbarung ab. So wirkte das deutsche Unternehmen mit an der »Vernichtung durch Arbeit«.

Auch in anderer Hinsicht war die Lagerwelt nicht so hermetisch abgeschirmt wie lange angenommen. Das zeigte sich auch in personeller Hinsicht. Die Wachverbände und das Führungspersonal bildeten keineswegs einen völlig isolierten Verband. Zwar hatte Himmler schon 1934 Eickes Wunsch stattgegeben, die KZ-Wachmannschaften aus der allgemeinen SS auszugliedern, um sie ihm, dem »Inspekteur der Konzentrationslager«, direkt zu unterstellen, doch mit Hitlers Kriegsplänen ergaben sich rasch neue Aufgaben, auch außerhalb des Stacheldrahts. Im Oktober 1939 bewilligte der Kriegsherr die Aufstellung von Felddivisionen der SS. Damit weitete sich auch der Radius der »Totenköpfe« aus. Bald stellten sie eine eigene Division. Schon für den Polenfeldzug 1939 hatte Eicke drei SS-Totenkopf-Standarten formiert, die an der Front ihren eigenen brutalen Krieg führten und hinter den Linien in ersten »Einsatzgruppen« dabei mitwirkten, Juden und polnische Intelligenz zu ermorden. Dafür rückten ältere SS-Angehörige in den Lager-Wachtruppen nach.

1940 wurden die im Rahmen des Heeres eingesetzten militärischen Kampfverbände der SS unter der Bezeichnung »Waffen-SS« zusammengefasst. Integriert wurde auch die Totenkopf-Division, damit zählte nun auch das KZ-Personal formal zur Waffen-SS. Eickes Division sollte nicht nur deren Kampfkraft verstärken, es ging auch darum, dass sich die KZ-Wachen »draußen« bewährten, die neue Dimension von Gewalt kennen lernten, um – solchermaßen geschult – an die »innere Front« zurückzukehren. Es kam, wie die Autoren Miroslav Kárný und Detlev Garbe herausstellen, zu einer regelrechten Rotation zwischen SS-Totenkopf-Verbänden und den

Kampfverbänden der SS, so dass wohl über 60 000 Angehörige der Waffen-SS auch in den Lagern zum Einsatz kamen.

> Ich sah junge Burschen, halbe Skelette, mit einer Art Schlafanzug bekleidet – es war kalt – wie die zitterten! Das hätte ich nicht erwartet, das hätte ich uns gar nicht uns zugetraut. Ich habe dann meinen Hauptsturmführer gebeten – obwohl ich damals nicht kriegsverwendungsfähig war – er möge mich wieder an die Front versetzen, weil ich mich als Soldat freiwillig zur Waffen-SS gemeldet habe, um fürs Vaterland zu kämpfen. Ich möchte hier im Lager nicht sein. Das haben sie auch umgehend getan.
>
> *Wolfgang Filor, Soldat der Waffen-SS, war in Buchenwald*

Seit Mitte 1944 wurden überdies auch ältere oder verwundete Wehrmachtsangehörige zu den SS-Wachtruppen versetzt. Die hohe Verlustrate bei den Totenkopf-Verbänden, die durch besonders rücksichtslose Kampfführung auffielen, zog Personalnot in den Lagern nach sich, so dass neben älteren Angehörigen der Allgemeinen SS sogar Kräfte von Polizeiverbänden und aus der öffentlichen Verwaltung herangezogen wurden, zudem immer mehr Volksdeutsche und zuletzt eine stetig wachsende Zahl ausländischer Freiwilliger und Kollaborateure.

Neben den Konzentrationslagern, in denen ein Großteil der Häftlinge durch Verelendung, Zwangsarbeit, Exekution oder Giftinjektion starb, errichtete die SS während des Krieges im besetzten Polen regelrechte »Todesfabriken«, deren einziger Zweck industrieller Mord war. Das mörderische Handwerk dort blieb Domäne der Totenkopf-SS. Anders als die SS-Wachmannschaften war diese Gruppe nach außen weithin abgeschlossen. Die »industrielle« Vernichtung von Millionen Menschen sollte im Verborgenen geschehen.

Als das Konzentrationslager Auschwitz 1940 errichtet wurde, hatten selbst die obersten Henker noch keine Vorstellung von dem Ausmaß des Verbrechens, das sie hier schon bald verüben würden. Als SS-Hauptsturmführer Rudolf Höß dort Ende April 1940 eintraf, war er, nach eigenem Bekunden, voller Tatendrang. Er hatte den Auftrag, die Artilleriekaserne in ein »ordentliches Konzentrationslager« umzuwandeln.

Als Erinnerung an die »guten alten Zeiten« ließ er den zynischen Spruch: »Arbeit macht frei« über dem Lagertor anbringen. Das war in Dachau genauso gewesen.

> Es war schon eine beispiellose Demagogie, dass über dem Eingang, umgeben von elektrisch geladenem Stacheldraht, »Arbeit macht frei« stand. Arbeit hat in Auschwitz niemanden frei gemacht, sondern das wirkliche System war »Vernichtung durch Arbeit«.
>
> *Franz Danimann, Häftling in Auschwitz*

Doch ansonsten wollte der frisch gekürte Kommandant mit dem Alten nichts mehr zu tun haben: »Von vornherein war mir klar, dass aus Auschwitz nur etwas Brauchbares werden könne durch unermüdliche zähe Arbeit aller, vom Kommandanten bis zum letzten Häftling. Um aber alle für diese Aufgabe einspannen zu können, musste ich mit allem Herkömmlichen, mit allen zur Tradition gewordenen Bräuchen am KL brechen«, formulierte er später. Eicke hatte in den Häftlingen vor allem die konkreten Staats- und Volksfeinde gesehen. Höß definierte die Gegnerschaft neu und eliminatorisch: Die Zukunft des deutschen Volkes hänge davon ab, wie sie sich von »schädlichen Elementen« reinige. Der skrupellose Ehrgeizling Höß sollte sich als effizienter Kommandant von Auschwitz erweisen.

Sein früher Lebenslauf war zeittypisch gewesen. Als Kind war er die starke Hand seines Vaters, eines badischen Kaufmannes, gewohnt. Katholischer Priester wollte er werden. Doch noch während seiner Schulzeit geriet das feste Weltbild aus den Fugen: Ein Pfarrer verletzte sein Beichtgeheimnis. Der Erste Weltkrieg gab ihm eine neue Perspektive – wie so vielen anderen späteren SS-Männern. Von Anfang an verstärkte sie den Hang zum Militärischen, zur Uniform, zur Ordnung. Obwohl nicht einmal 16 Jahre alt, gelang es Höß, ins Heer aufgenommen zu werden. Die Angst vor dem Töten verlor der Rekrut, wie viele andere, in den Schützengräben des erbarmungslosen Stellungskrieges. Und wie so viele andere war auch er nach dem verlorenen Weltkrieg orientierungslos, schloss sich den Freikorps an, wurde wegen politischer Gewalttaten zu zehn Jahren Zuchthaus verurteilt. Die klaren Regeln des Zuchthauslebens imponierten Höß. Er wollte ein vorbildlicher Gefangener sein, auch hier hatte er wieder ein klares Gefüge, in dem er sich einrichtete. Die Belohnung: Nach nicht einmal sechs Jahren Haft wurde er entlassen.

Aus der geistigen Unruhe der ersten deutschen Republik flüchtete er sich in das romantische Ideal vom genügsamen Leben eines Bauern.

> Höß führte ein vorbildliches Familienleben und war die Bescheidenheit in Person, pünktlich, genau.
>
> *Adolf Eichmann, »Judenreferent« im Reichssicherheitshauptamt*

Doch als Heinrich Himmler 1934 neue SS-Männer rekrutieren ließ, entschied sich Höß für den schwarzen Orden und geriet in die Mühlen des Eicke'schen Abhärtungsprogramms. Er war ein gelehriger Schüler. Bedingungsloser Gehorsam, höchste Disziplin im Sinne der vorgegebenen Sache waren für ihn selbstverständlich. Bürgerliche Wertvorstellungen galten in seinen Augen nicht für Menschen, die das Regime zum Feind gestempelt hatte. Charakteristisch für ihn war sein Eifer. Als der Stacheldraht beim Lageraufbau nicht mehr reichte, ließ er welchen stehlen. Der Zweck wurde zum alles bestimmenden Maßstab. Den legten andere fest – redete er sich immer wieder ein. Höß zählte zu den Menschen, die immer einen Vorgesetzten brauchten.

> Wie beneide ich meine Kameraden, die einen ehrlichen Soldatentod sterben durften. Ich war unbewusst ein Rad in der Vernichtungsmaschinerie des Dritten Reiches geworden. Die Maschine ist zerschlagen, der Motor untergegangen und ich muss mit. Die Welt verlangt es.
>
> *Rudolf Höß, Kommandant von Auschwitz, autobiografische Aufzeichnungen*

Die Verantwortung für seine Taten wies er nach dem Krieg von sich: Er habe nur Befehle befolgt.

Die ersten Häftlinge, die auf Veranlassung von Höß nach Auschwitz transportiert wurden, waren 30 Kriminelle aus dem KZ Sachsenhausen. Ihre Aufgabe sollte darin bestehen, als Kapos, Lager-, Block- und Stubenälteste die Häftlinge im Lager zu beaufsichtigen. Selbst körperlich arbeiten mussten sie nicht. Sie bekamen besseres Essen, trugen hohe Lederstiefel und maßgeschneiderte Häftlingsmonturen. »Divide et impera«, schrieb Höß in seinen Aufzeichnungen hochtrabend, sei hierbei das Motto gewesen. Die abgestufte Machtzuteilung wies jedem seinen Platz in der Lagerhierarchie zu, machte ihn zum Teil des Systems, machte auch Opfer zu Tätern. Es war das kennzeichnende Merkmal der Lagerwelt.

Unter Schlägen, Fußtritten und lautem Gebrüll wurden die ersten polnischen Gefangenen von den Kapos – drei Wochen nach deren Ankunft – in die Baracken der Kaserne getrieben. Es waren Untergrundkämpfer, Politiker, Vertreter der polnischen Intelligenz, Geistliche und Juden.

> Wir bekamen alle eine Nummer auf den Arm tätowiert. Dies geschah mit einem Messer und einer Nadel, der Arm war noch lange danach geschwollen. Wir hatten keine Namen mehr, waren nur noch Nummern.
>
> *Dario Gabbai, Häftling in Auschwitz*

Der erste Schutzhaftlagerführer Karl Fritzsch, die rechte Hand des Lagerkommandanten, begrüßte die Ankömmlinge mit einer Ansprache, die jegliche Hoffnung, diesen Ort wieder lebend zu verlassen, mit einem Schlag auslöschte: »Ihr seid hier nicht in ein Sanatorium gekommen, sondern in ein deutsches Konzentrationslager, aus dem es nur einen Ausweg gibt – durch den Schornstein. Wem das nicht gefällt, der kann gleich in den Draht gehen. Falls sich in dem Transport Juden befinden, so haben sie kein Recht, länger zu leben als zwei Wochen. Falls es Geistliche gibt, können sie einen Monat leben; alle anderen drei Monate.« Nach dem Überfall auf die Sowjetunion füllte sich das Lager mit russischen Gefangenen. Unter Berufung auf den schon Monate zuvor erteilten »Kommissarbefehl« gab der Chef des Reichssicherheitshauptamtes, Reinhard Heydrich, die Order, alle Funktionäre, vor allem »Berufsrevolutionäre und Volkskommissare«, auszusondern und zu beseitigen. Zeugen dieser Mordaktionen durfte es nicht geben, also wurden die Konzentrationslager zum Tatort bestimmt.

Erstmals mordete die SS in Auschwitz wahrscheinlich Anfang September 1941 mit dem Blausäurepräparat Zyklon B. Der Test war »erfolgreich«, die Vollstrecker zufrieden. Fast 600 sowjetische Kriegsgefangene und etwa 250 kranke Häftlinge hatten im Gas den Tod gefunden. Das Mittel zum Massenmord in Auschwitz war entdeckt. Der »Vorteil« von Zyklon B gegenüber den zur gleichen Zeit im Lager schon vollzogenen Massenerschießungen schien offenkundig: Es tötete nicht nur schneller und kostengünstiger, es war auch »humaner« – für die Täter, nicht für die Opfer.

> Bereits im Frühjahr 1942 gab es im Warschauer Ghetto Gerüchte, dass die Deutschen mit Gas experimentieren, mit Abgasen von Autos, dass Menschen, damals wurde von Gruppen gesprochen, zehn, zwanzig Menschen, in irgendeinen Schuppen getrieben wurden und da hat man das Gas hineingeleitet und sie wurden auf diese Weise ermordet. Ich gehörte zu den vielen damals, die daran nicht geglaubt haben.
>
> *Marcel Reich-Ranicki, Insasse des Warschauer Gettos*

Lagerkommandant Rudolf Höß erinnerte sich später: »Ich muss offen sagen, auf mich wirkte die Vergasung beruhigend, da ja in absehbarer Zeit mit der Massenvernichtung der Juden begonnen werden musste. Mir graute immer vor den Erschießungen. Nun war ich doch beruhigt, dass uns allen diese Blutbäder erspart bleiben sollten.«

Und doch blieben die Häftlinge keineswegs von persönlich verübter Grausamkeit verschont. Die Prügelstrafe gehörte zur Tagesordnung. Es gab unendlich viele Varianten. Die sadistische Phantasie der Peiniger kannte keine Grenzen. Bei Verhören im Stammlager besonders berüchtigt war die »Schaukel«. Der Häftling musste vor den angezogenen Knien seine Hände falten. Mit Handschellen wurden ihm dann die Handgelenke vor den Beinen zusammengeschlossen. Anschließend schob man eine massive Eisenstange zwischen Ellenbogen und Knie des Opfers. Die Stange wurde von den Peinigern auf zwei Holzböcke gelegt, so dass der Häftling mit dem Kopf nach unten hing. Mit einer Ochsenpeitsche schlugen ihm die Wachen auf Gesäß, Geschlechtsteile und die nackten Fußsohlen. Die Schläge waren so heftig, dass der Gefolterte ganze Umdrehungen ausführte. Wenn die Schreie zu laut wurden, setzte man ihm eine Gasmaske auf. Viele starben in Birkenau nicht, weil sie sich eines banalen »Vergehens« schuldig gemacht hatten, sondern einfach nur zum Amüsement des Lagerpersonals. Mitunter suchten sich die Verantwortlichen völlig willkürlich ein Opfer aus.

> Der Häftling mochte so gesund sein wie das sprichwörtliche Pferd, er mochte ein überaus reiches Innenleben besitzen, das so entscheidend dafür war, dass man seelisch nicht zerbrach [...] – und doch genügte ein Zufall, die unvorhergesehene Reaktion eines SS-Mannes oder Kapos, eine jeweilige Laune, und der Häftling starb.
>
> *Jan Marszalek, polnischer Priester und Insasse von Auschwitz*

Auf der Flucht Erschossene wurden zur Abschreckung auf dem Appellplatz ausgestellt. SS-Männer hängten ihnen Schilder mit Aufschriften wie: »Hurra, hurra, wir sind wieder da« um den Hals. Die noch lebenden Geflohenen wurden vor den Augen der Gefangenen gehängt.

Um den Tätern ihr Handwerk zu erleichtern, bemühte sich die Lagerleitung um »Ausgleich in der Freizeit«. Mancher SS-Mann in Auschwitz vertrieb sich seine freien Stunden in der Saunaanlage, auf dem Sportplatz oder im Bordell. Mittlere und untere SS-Ränge wurden mit ihren Familien in der Regel in Ein- bis Zweifamilienhäusern untergebracht. Die Doppel- oder Reihenhäuser hatten kleine Gärten und waren wie ein Kranz um die sonstigen Lagerbereiche angesiedelt. Stets war Höß bestrebt, den Zusammenhalt der KZ-Wärter zu fördern. Ob Kameradschaftsfest oder Sportwettkampf – es galt, den SS-Korpsgeist zu pflegen.

Der letzte Schritt des historischen Verbrechens stand zu dieser Zeit noch bevor. Nur wenige Monate nach den ersten Vergasungen begann in Auschwitz die fabrikmäßige Tötung. Block 11, in dem die erste Gruppe der Opfer mit Zyklon B ermordet wurde, erwies sich dafür jedoch als ungeeignet. Tagelang hatte hier allein das Entlüften des Raumes gedauert. Das schien zu lange für die »effektive« Art des Tötens, die man wollte. Die zweite Vergasung wurde deshalb bald darauf in das Krematorium verlegt, dessen Leichenhalle über eine Be- und Entlüftung verfügte. In die Decke wurden mehrere Einwurflöcher gebrochen – für das Zyklon B, das den Tod aus der Luft bringen sollte. Lkw-Motoren wurden angeworfen, um die Schreie der Sterbenden zu übertönen. Die erste Gaskammer in Auschwitz hatte ihren Betrieb aufgenommen – aber noch nicht für Juden.

Dafür bedurfte es einer Entscheidung. Sie fiel vor dem Hintergrund des Hitlerschen Vernichtungskrieges, der ins Stocken gekommen war. Im Herbst 1941 kam Hitler immer öfter auf die »Judenfrage« zu sprechen. Der Diktator hatte Stalins Reich sträflich unterschätzt. Für diesen Fehler machte er freilich nicht sich selbst verantwortlich. Der Krieg sei ein Produkt internationaler Verschwörung. Und die vermeintlichen Drahtzieher sollten dafür büßen. »Die Juden« sollten nun die Zeche für den deutschen Blutzoll an der Front zahlen. Was der Diktator in seinem Wahn entschied, erfuhr Auschwitz-Kommandant Rudolf Höß in Berlin von SS-Chef Himmler selbst. Nach Höß' Erinnerung fand das Treffen bereits im Sommer 1941 statt – vermutlich jedoch erst einige Wochen später. Schon die Umstände aber zeigten, dass es sich um eine ganz besondere Zusammenkunft handelte. Entgegen seiner sonstigen Gewohnheit empfing der Reichsführer SS den Gast ohne Beisein eines Adjutanten. Der »Führer« habe die »Endlösung der Judenfrage« befohlen, teilte Himmler dem Lagerkommandanten mit. Laut Höß' Erinnerungen ließ er keine Zweifel darüber offen, was unter »Endlösung« zu verstehen sei: »Die Juden sind die ewigen Feinde des deutschen Volkes und müssen ausgerottet werden. Alle für uns erreichbaren Juden sind jetzt während des Krieges ohne Ausnahme zu vernichten. Gelingt es uns nicht, die biologischen Grundlagen des Judentums zu zerstören, so werden einst die Juden das deutsche Volk vernichten.« Höß war sich der Ungeheuerlichkeit dieses Befehls bewusst.

> Das sind Schlachten, die unsere kommenden Generationen nicht mehr zu schlagen haben.
>
> *Heinrich Himmler während eines Besuches in Auschwitz*

Doch als fanatischer Nationalsozialist folgte er dem Befehl seines »Führers« blind. Zudem fühlte er sich auch geschmeichelt, dass man gerade ihn mit der Lösung einer so entscheidenden Frage beauftragte. Dieses Vertrauens wollte er sich als würdig erweisen: »Es galt für mich nur noch eines: vorwärtskommen, vorwärtstreiben […] um die befohlenen Maßnahmen durchführen zu können«. Doch vorerst hieß es abwarten. Genaue Anleitungen, wie diese »Endlösung« durchzuführen sei, hatte Himmler nicht gegeben. Nur das Ziel stand fest – die totale Vernichtung der Juden Europas.

Auf der Wannseekonferenz am 20. Januar 1942 wurden die Weichen gestellt. In der idyllisch gelegenen Villa, weit weg von Auschwitz und seinem täglichen Grauen, wurde die Logistik des Jahrhundertmordes verabschiedet. Schon am 26. März 1942 traf in Auschwitz der erste durch Eichmann organisierte Zug ein, vollgeladen mit slowakischen Jüdinnen.

Seit September 1941 wurde aus Kapazitätsgründen ein neues Lager errichtet. Kommandant Höß trieb die Bauarbeiten mit gnadenloser Härte voran. Gefangene Russen und Polen mussten die Häuser des nahe Auschwitz gelegenen Dörfchens Birkenau abreißen. Hier entstanden nun primitive Pferdebaracken. Ursprünglich geplant als Kriegsgefangenenlager, wurde Birkenau dazu bestimmt, Zentrum für den Massenmord zu werden – Todesfabrik für die Juden Europas.

Außerhalb des neuen Lagergeländes, am Rande eines Wäldchens, standen zwei hübsche und saubere Bauernhäuser. Umringt von Obstbäumen und strohgedeckt schienen diese Häuser perfekt getarnt für das, was sich in ihrem Inneren abspielen sollte. Sie wirkten harmlos genug, um die Opfer bis zuletzt zu täuschen. An den Türen befestigten die Mörder Schilder mit der Aufschrift: »Zur Desinfektion« und »Zum Waschraum«. Als Entkleidungsraum hatte man neben Bunker I und II, wie die Häuser von nun an genannt wurden, drei Baracken gebaut. Ende Juni 1942 waren beide Bunker »betriebsbereit«.

Als er im Juli 1942 Auschwitz besuchte, sagte Himmler: »Eichmanns Programm geht weiter und wird von Monat zu Monat gesteigert. Sehen Sie zu, dass Sie mit dem Ausbau von Birkenau vorwärtskommen. Ebenso rücksichtslos vernichten Sie die arbeitsunfähigen Juden.« Am selben Abend saß der oberste SS-Mann in geselliger Runde mit seinen Mordkomplizen. Himmler war »bester, strahlender Laune«, erinnerte sich Höß. Er trank sogar ein Glas Rotwein und »rauchte, was er gewöhnlich sonst nicht tat.«

Aus Himmlers Weisung wurde mörderische Wirklichkeit: Chelmno, Belzec, Sobibor, Treblinka, Majdanek und Auschwitz – sechs Vernichtungslager entstanden, in denen Juden systematisch vergast wurden. Alle liefen bereits auf Hochtouren. Mit gnadenloser Konsequenz dirigierte Adolf Eichmann von seinem Schreibtisch aus die Züge in den Tod. Am 8. November 1942 verkündete Hitler im Münchner Löwenbräukeller vor ausgewähltem Publikum: »Sie werden sich noch erinnern an die Reichstagssitzung, in der ich erklärte, wenn das Judentum sich etwa einbildet, einen internationalen Weltkrieg zur Ausrottung der europäischen Rassen herbeiführen zu können, dann wird das Ergebnis nicht die Ausrottung der europäischen Rassen, sondern die Ausrottung des Judentums in Europa sein.«

Deportationszüge waren derweil in Auschwitz zur Routine geworden. Tausende von Menschen aus ganz Europa kamen täglich an der Rampe an. Aus ihren Wohnungen vertrieben und ihres Besitzes beraubt, wurden sie in Züge gepfercht und auf die Reise ins Ungewisse geschickt. Frauen, Männer und Kinder, Alte und Kranke wurden dichtgedrängt in Viehwaggons verladen. Viele Deportierte verdursteten schon während der Todesreise oder starben an Entkräftung. Die meisten von ihnen hatten keine Vorstellung von dem Grauen, das sie erwartete.

Nach einer qualvollen Zugfahrt ging auf der Bahnrampe des Konzentrationslagers plötzlich alles ganz schnell. Die Türen wurden aufgerissen, die entkräfteten Opfer hinausgezerrt, von lautem Gebrüll und dem Bellen der scharfen SS-Hunde zur Eile angetrieben.

> Sie öffneten die Türen und empfingen uns mit Schlägen. Schläge, damit wir schneller aus den Waggons ausstiegen. In den Waggons blieben alte Leute zurück und Kinder, die erdrückt worden oder sonst wie ums Leben gekommen waren.
>
> *Shlomo Dragon, polnischer Jude*

Wer nicht schnell genug war, wurde vorwärts getreten und geschlagen. Das Chaos war beabsichtigt, ein perfektes System der Einschüchterung. Die orientierungslosen und vom Elend der Fahrt demoralisierten Menschen gehorchten den Befehlen. Nachdem alle aus dem Waggon getrieben waren, wurden die Gepäckstücke beschlagnahmt und die Leichen aus dem Zug geworfen – Menschen, die die Höllenfahrt nach Auschwitz nicht überlebt hatten. Diese Arbeit mussten Häftlinge übernehmen, die Totenkopfschergen wollten sich die Hände nicht schmutzig machen. An der Rampe entschied sich das Schicksal der Deportierten. Frauen wurden von ihren Kindern getrennt, Männer von ihren Frauen, Familien in wenigen Sekunden auseinandergerissen. Für den Abschied ließen die SS-Männer keine Zeit. So hinterließ der Moment der Selektion bei vielen Überlebenden traumatische Erinnerungen. Nachdem man die neuen Häftlinge nach Geschlecht und Alter sortiert hatte, mussten sie sich in Fünferreihen aufstellen. Dann ging es am Lagerarzt vorbei. Stumm wies dieser mit einer Handbewegung nach links oder rechts. Es waren nur wenige Schritte, die in Sekunden über Leben und Tod entschieden. Nach rechts dirigierte der Lagerarzt die »Arbeitsfähigen«, nach links wies er Alte, Schwache und Kranke.

> Ich sah, dass die Reihe der Deportierten vor einem großen feschen Offizier vorbeizog, der wie ein Orchesterdirigent wortlos mit Handzeichen die Gefangenen in die verschiedenen Gruppen einteilte.
>
> *Erzsébet Fried, Überlebende des KZAuschwitz,*
> *über eine Selektion*

Dauerte die Selektion zu lange und wurden die Täter müde, so gab es für die restlichen Opfer nur noch eine Richtung: nach links, in den Tod.

Was ging in diesen Ärzten vor? Ein leichter Wink ihrer Hand entschied an der Rampe über Tausende von Leben. Einige tranken sich Mut an oder nahmen Aufputschmittel, so ließ es sich leichter Richter spielen. Der bekannteste der Auschwitz-Ärzte allerdings hatte freilich offenkundig einen klaren Kopf. Dr. Josef Mengele selektierte, Berichten zufolge, immer ganz gleichmäßig und ruhig. Nach rechts, nach links, nach rechts, nach links … Überlebende Zeitzeugen berichten, dass er mitunter eine Operetten- oder Walzermelodie vor sich hin pfiff, während seine Hand Todesurteile fällte.

Auch nach der »Selektion« straften die SS-Ärzte ihre Titel Lügen. Kranke, die unter normalen Bedingungen gesund geworden wären, wurden von den Tätern in Weiß »ausgesondert«. Vor allem Typhusinfizierte bekamen statt Medikamenten in der Regel eine »Spülung«. Gemeint war damit eine tödliche Phenolinjektion ins Herz. Die Wiener Ärztin Dr. Ella Lingens, die als Häftling im Krankenrevier Dienst zu leisten hatte, stellte einmal den SS-Arzt Dr. Klein zur Rede, wie er seine Mordtaten mit dem hippokratischen Eid verbinden könne. Kleins Antwort: »Weil ich den hippokratischen Eid geschworen habe, schneide ich einen Blinddarm aus dem Körper eines Menschen heraus, und die Juden sind der eitrige Blinddarm im Körper der Welt, darum müssen sie herausgeschnitten werden.«

Diese menschenverachtende Einstellung legitimierte in den Augen mancher Ärzte nicht nur Tötungen, sondern auch diverse pseudomedizinische Versuche. SS-Lagerarzt Dr. Josef Mengele suchte seine Opfer meist schon an der Rampe aus – vorzugsweise Zwillinge. »Mein Zwillingsbruder und ich waren mit unserer Mutter auf dem Weg zu den Gaskammern, da sagte sie plötzlich: ›Kinder, lauft zurück, da wo sie Zwillinge suchen‹«, erinnerte sich Yitzhak Traub. Zusammen mit seinem Bruder Zerah kam er auf die Versuchsstation des Dr. Mengele. »Meine Meerschweinchen« nannte der Todesarzt die Kinder spöttisch.

> Wenn wir auf Mengeles Experimentiertisch geschnallt wurden, wussten wir nie, was als Nächstes mit uns geschehen würde. Wir fühlten eine kalte Hand auf dem Rücken, ein Stethoskop und dann eine Spritze, die furchtbar weh tat. Wir hatten entsetzliche Angst.
>
> *Kalman Braun, Zwilling in Auschwitz und Mengele-Opfer*

Er wollte sich mit einer eigenen Zwillingstheorie in den Lehrbüchern der Medizin verewigen. Im Dienste seiner »Forschung« spritzte er den Kindern Chemikalien in die Augen, um zu prüfen, ob sich braune Augen dauerhaft blau färben ließen. Andere tötete er mit Evipan- oder Phenolspritzen und entnahm ihnen Organe. Der Name Josef Mengele steht heute stellvertretend für die menschenverachtenden medizinischen Versuche von Auschwitz.

Ein Berufsstand, der zur Rettung von Leben geschaffen wurde, verkam im KZ zu Vollstreckern mörderischer Pläne – oft reichte eine Handbewegung. Jene Todeskandidaten, die der Wink der Ärzte auf die linke Seite verwiesen hatte, wurden gleich zur Gaskammer getrieben. Wer nicht mehr gehen konnte, wurde auf Lastwagen transportiert. Alles musste schnell gehen, die Mörder wollten keine Zeit verlieren.

> SS-Männer bildeten eine dichte Kette und drängten die sich Widerstrebenden mit Gewalt in die Vergasungsräume. Dies kam aber selten vor, da durch die Beruhigungsmaßnahmen der Vorgang vereinfacht wurde.
>
> *Rudolf Höß, Kommandant in Auschwitz, Aussage in Nürnberg*

Bis zuletzt versuchten sie, ihre Opfer in Sicherheit zu wiegen. Die Lkw trugen das Rettung verheißende Zeichen des Roten Kreuzes. Noch bei den Auskleideräumen kurz vor der Gaskammer wurde die tödliche Täuschung fortgesetzt. Sie würden geduscht und desinfiziert, log man den Ahnungslosen vor und mahnte zur Eile: »Macht schnell, Essen und Kaffee werden kalt.« In der Regel funktionierte die Beschwichtigung. Machte sich mitunter dennoch Unruhe bemerkbar, wurden die »Störer« unauffällig hinter das Haus geführt und dort mit einem Kleinkalibergewehr getötet. Die anderen bekamen von alledem nichts mit. Gehorsam merkten sie sich die Nummer der Haken, an dem sie ihre Kleider aufgehängt hatten, »um nach der Desinfektion auch schnell alles wiederzufinden«, wie ihnen die SS-Männer weismachten.

Die Opfer gingen nackt in die Gaskammer.

> Am Eingang steht eine Tafel mit deutscher, französischer, griechischer und ungarischer Schrift: Bade- und Desinfizierungsraum. Dies klingt beruhigend und beschwichtigt das Misstrauen.
>
> *Miklós Nyiszli, Häftlingsarzt in Auschwitz*

Der Raum war sauber weiß gestrichen. An der Decke schienen Duschköpfe zu hängen, die an eine Wasserleitung angeschlossen waren. Nichts Außergewöhnliches, alles ganz normal. Doch von hinten drängten immer mehr Menschen in den vermeintlichen Duschraum, die Wachleute schoben Gruppe um Gruppe durch die Tür. In der Enge begannen die ersten zu schreien, jetzt begriffen es auch die noch draußen Stehenden. Doch es gab keinen Ausweg mehr. Jetzt begann die Arbeit der »ausgebildeten Desinfektoren«, wie Höß die Sanitäter der SS nannte. Sie waren die Henker. Eilig holten sie aus den Rotkreuzlastwagen Blechdosen mit den giftigen blau-grünen Kristallen. Durch Luken wurde das Zyklon B dann in die Kammer geschüttet. Von einem kleinen Sichtfenster aus konnten die Mörder den Todeskampf ihrer Opfer verfolgen.

»Shema Israel« – »Höre, Israel«! Das Glaubensbekenntnis der Juden war oftmals das Letzte, was die wenigen Zeugen draußen von den Opfern hörten. Die SS-Männer spotteten über die Gebete der Sterbenden und riefen: »Schmeiß rein, schmeiß rein.« Wenn nach etwa 20 Minuten wieder Ruhe eingekehrt war, verkündete ein SS-Arzt: »Es ist fertig.«

> Das von draußen eingeworfene Zyklon B entwickelt seine tödlichen Gase zunächst in Bodenhöhe. Die oberen Luftschichten erfasst es erst nach und nach. Deshalb trampeln die Unglücklichen sich gegenseitig nieder, einer klettert über den anderen. Je höher sie sind, desto später erreicht sie das Gas. Welch furchtbarer Kampf um zwei Minuten Lebensverlängerung.
>
> *Miklós Nyiszli, Häftlingsarzt in Auschwitz*

Die Menschen waren tot, die Arbeit der Sanitäter und Ärzte getan. In ihrem Rotkreuzwagen verließen die Mörder den Ort ihrer Tat. Dann begann die eigentliche Arbeit der sogenannten Sonderkommandos jüdischer Helfer, die gezwungen wurden, nach der Mordprozedur die Todeskammern zu räumen: »Manchmal hörten wir beim Eintritt in die Gaskammer noch Stöhnen, besonders wenn wir begannen, die Leichen an den Händen aus der Kammer zu zerren. Einmal fanden wir einen lebenden Säugling, der in ein Kissen eingewickelt war. Auch der Kopf des Babys steckte in dem Kissen. Nachdem wir das Kissen entfernt hatten, schlug das Baby die Augen auf. Es war also noch am Leben. Wir brachten das Bündel zum SS-Oberscharführer Moll mit der Meldung, das Kind lebe. Moll legte es auf die Erde, trat ihm auf den Hals und warf es in das Feuer. Ich habe mit eigenen Augen gesehen, wie er das Kind getreten hat. Es bewegte seine Ärmchen«, erinnerte sich Shlomo Dragon vom Sonderkommando: Szenen, die fassungslos machen. Es handelte sich um Totenkopf-Männer, die abends nach Hause gingen, um dort in aller Ruhe ihren Feierabend zu verbringen. Manche von ihnen hatten Frau und Kinder.

Vor allem in Auschwitz suchte die Lagerleitung den Vollstreckern zu suggerieren, ihr Handeln vollziehe sich im Rahmen von Gesetz und Ordnung. Während der Dienstzeit war es weder erlaubt zu trinken noch zu rauchen. Ebenso wurde peinlichst auf die Einhaltung der Polizeistunde geachtet. Höß forderte sein Personal dazu auf, immer für ein makelloses Äußeres zu sorgen: »Ich mache darauf aufmerksam, dass für alle Männer der SS und Polizei, insbesondere aber für die in der Heimat befindlichen Männer, dass das Rasieren zum Dienstanzug gehört. Ein ungepflegtes Aussehen darf von keinem Vorgesetzten geduldet werden.«

Kommandant Höß selbst erging sich nach dem Krieg in Selbstmitleid: »Ich war in Auschwitz seit Beginn der Massenvernichtung nicht mehr glücklich«, schreibt er in seinen Erinnerungen. Wenn ihn seine Untaten gar zu sehr mitnahmen, habe er sich aufs Pferd gesetzt »und so die schaurigen Bilder weggetobt«. Als die Mordmaschinerie seines Vernichtungslagers auf Hochtouren lief, überließ Höß die tägliche Arbeit seinem Stellvertreter und flüchtete sich in die Planung von Erweiterungsprojekten.

> Als Mensch litt Höß unter seiner Arbeit insoweit, als dazu die physische Vernichtung von Gegnern gehörte. Das habe ich aus seinem eigenen Mund gehört.
>
> *Adolf Eichmann, »Judenreferent« im Reichssicherheitshauptamt*

Das Grauen nicht an sich heranlassen, auf diese Weise erleichterten sich manche SS-Führer das Leben. Auch das gehörte zum System Auschwitz: »Viele SS-Führer haben in der Regel die Gefangenen nicht angerührt. Höß zum Beispiel, der hat durch sie durchgeschaut. Die waren für ihn keine Menschen«, sagte der Auschwitz-Überlebende Hermann Langbein.

> Ich habe mir die Sache mit der Vergasung nicht angesehen. Konnte ich nicht. Ich wäre wahrscheinlich aus den Latschen gekippt.
>
> *Adolf Eichmann über einen Besuch in Auschwitz*

Viele ließen Grausamkeiten durch andere verüben: »Manche haben nie jemanden geschlagen, aber sie haben die Kleinen befördert, wenn sie brav geprügelt haben. Sie haben ihnen Sonderurlaub gegeben, wenn sie das getan haben, was man von ihnen erwartete. Das ist der böse Mechanismus gewesen«, so Langbein weiter. Viele Häftlinge, die höheren SS-Chargen zu dienen hatten, und auf diese Weise mehr Einblick in die Sphäre des Täters gewannen, machten die Erfahrung, dass die SS-Männer mit der Kleidung auch ihr Wesen wechselten: »Wenn ich Schwarzhuber seine Stiefel und seine Jacke ausgezogen habe, um sie zu putzen, und er stand in seinem Unterhemd da, da hat er wie nix ausgesehen. Wenn sie ihre Uniformen nicht hatten, waren sie alle nichts. Und sowie ich ihm die Jacke angezogen habe und er hat seine Stiefel angetan und seine Mütze, da war er auf einmal wie ein Monster«, erinnerte sich Häftling Helmuth Szprycer an einen SS-Untersturmführer.

Auch das Selbstwertgefühl des jungen Darmstädters Hans Stark hatte mit dem Anlegen der Totenkopf-Uniform einen Sprung gemacht. Unter Höß machte er in Auschwitz Karriere, zunächst als Blockführer, 1941 in leitender Position in der »Politischen Abteilung«. Er stieg zum jüngsten Kommandoführer des Lagers auf. Über seinem Schreibtisch hing ein Schild: »Mitleid ist Schwäche«. Der Auschwitz-Überlebende Kasimir Smolen, später lange Jahre der Direktor der Gedenkstätte Auschwitz, erinnerte sich, dass Hans Stark mehr tat, als er tun musste: »Er hat schon deshalb mehr gemacht als ein gewöhnlicher SS-Mann, weil er zur politischen Abteilung gehörte, wo die schlimmen Dinge geschahen, Exekutionen, Vergasung, Rampendienst. Allerdings brauchte er die Häftlinge nicht zu schlagen. Doch er hat sie geschlagen.« Stark sei wirklich ein Judenhasser gewesen, so Smolen: »Wenn in der Aufnahme ein Jude erschien, der Stark hieß ohne ›ch‹, hat er auf ihn eingeprügelt.«

Sowohl bei Erschießungen als auch beim Mord durch Gas war Stark beteiligt.

> Im Heimaturlaub ist er einmal nach dem Mittagessen auf dem Sofa eingeschlafen. Da hat er plötzlich von der schwarzen Wand phantasiert und von Erschießungen, die er selbst vorgenommen hat. Er war dann sehr überrascht, als ich ihn nachher danach gefragt habe. Da wiegelte er ab – es sei alles Quatsch gewesen.
>
> *Günther Stark, Bruder von Hans Stark*

Sechs Monate nach seinem Abitur wurden auch Darmstädter Juden nach Auschwitz geschickt. Sein Gymnasium diente inzwischen als Sammellager für Deportationen. Einmal erhielt Stark den Befehl, am Mord durch Gas mitzuwirken: »Ebenfalls […] erhielt ich […] den Befehl, Zyklon B in die Öffnung zu schütten«, sagte er später vor Gericht aus. »Es handelte sich bei dieser Vergasung wiederum um einen Transport von 200 bis 500 Juden, und zwar wiederum Männer, Frauen und Kinder. Da dieses Zyklon B […] körnerförmig war, rieselte dieses beim Hineinschütten auf die Menschen. Sie fingen dann furchtbar an zu schreien, denn sie wussten nun, was mit ihnen geschieht.« Hatte er danach Gewissensbisse? Völlig verdrängen konnte Stark die Verbrechen offenkundig nicht. Wenn er von der Exekution kam, wusch er sich intensiv die Hände, eine jüdische Hilfskraft musste ihm die Schuhe blank putzen, dann setzte er sich an seinen Schreibtisch und brütete einige Stunden vor sich hin. Er habe später heftige Alpträume gehabt, berichtete sein Bruder später.

1962 wurde er dafür vor Gericht gestellt. 21 Jahre nach der Tat fragte der Richter Hans Stark: »Welche Gefühle hatten Sie?« Darauf Stark: »Nie wieder!«, der Richter: »Warum – hielten Sie es für Unrecht?« Der Angeklagte: »Nein, durchaus nicht. Aber wenn einer erschossen wurde, war das etwas ganz anderes, aber die Anwendung von Gas war eben unmännlich und feige.« Auch er nahm höchstens Anstoß an der Art des Tötens, nicht aber an der Tatsache. Hans Stark wäre nie auf die Idee gekommen, einen Befehl zu verweigern. Seine Taten gab er zu. Dass es sich dabei um ein Verbrechen gehandelt haben soll, sah er nicht ein. Weil er zur Tatzeit noch nicht 21 Jahre alt war, wurde er 1963 nach Jugendstrafrecht zu zehn Jahren Haft verurteilt.

Die meisten derer, die im Frankfurter Auschwitz-Prozess vor Gericht gestellt wurden, leugneten ihren Anteil am Mord. Ralf Giordano beobachtete das Geschehen als Opfer und als Journalist: »Die Überlebenden hatten nichts vergessen. Die Täter alles … Keiner von ihnen hatte Schuld eingestanden, keiner ein Wort der Reue oder der Einsicht gefunden. Immer schon wollten sie jene harmlosen Mitbürger gewesen sein, als die sie bei ihrer Verhaftung vorgefunden wurden – Familienväter, Angestellte, Lehrer, Ärzte, Apotheker.«

> Nicht Hitler, Göring, Goebbels, Himmler und wie sie alle hießen, haben mich verschleppt und geschlagen. Nein, es war der Schuster, der Nachbar, der Milchmann. Und dann haben sie eine Uniform bekommen, eine Binde bekommen und eine Haube und dann waren sie die Herrenrasse.
>
> *Karl Stojka, 1943 als »Zigeuner« nach Auschwitz deportiert*

Tatsächlich hatten sich die meisten der Männer unter dem Totenkopf, die den Krieg überlebten, unauffällig in die Nachkriegsgesellschaft eingefügt – in eine Gesellschaft, die nach vorn, aber nicht zurückblicken wollte. Doch nicht nur deshalb wurden viele Täter »übersehen«. Viele von ihnen waren unscheinbare Zeitgenossen, verstanden es, sich anzupassen, unterzuordnen, sich einzufügen in die neue Ordnung, als sei nichts gewesen.

Die Frage, was die Täter zu ihrem Handeln letztlich bewog, ist seitdem virulent. Waren es ganz bestimmte Täter, die auch unter »normalen Umständen« Verbrechen begangen hätten? Zwei Jahre nach dem Holokaust beschrieb Eugen Kogon die Männer im KZ-Dienst noch als »Tiefunzufriedene, Nichterfolgreiche […], Zurückgesetzte, Minderbegabte aller Art und häufig genug sozial gescheiterte Existenzen«. Heute wissen wir, dass dies nur einen Teil der Wirklichkeit beschreibt. Denn die Zahl der Täter, die aus der »Mitte der Gesellschaft« kam, ist größer als vermutet. Die in der Öffentlichkeit lang gehegte Vorstellung, in der Mordmaschinerie der Vernichtungslager und bei den Einsatzgruppen hätten vor allem Sadisten, Kriminelle, radikale Antisemiten oder sonstiger Abschaum der Gesellschaft gewütet; die subkutane Hoffnung, dass »normale Männer« doch nicht in der Lage seien, unschuldige Frauen und Kinder selber zu ermorden oder Morde hinzunehmen, entpuppte sich als Illusion.

> An den Führer hatte ich geglaubt, ich wollte meinem Volke dienen. Ich war damals von der Richtigkeit meines Tuns überzeugt. Heute weiß ich, dass die Ideen, an die ich geglaubt habe, falsch sind. Ich bedaure meinen damaligen Irrweg sehr, aber ich kann ihn nicht ungeschehen machen.
>
> *Hans Stark, Schlusswort im Auschwitz-Prozess*

Der Theologe Richard L. Rubenstein schrieb: »Es ist verlockend, die Nationalsozialisten als besessene oder perverse Menschen darzustellen, denn eine solche Betrachtung bewahrt die Illusion, die wir über uns selbst haben. Wenn wir die Nationalsozialisten als mehr oder weniger normale Menschen betrachten, bedeutet das nicht, dass wir ihre Taten entschuldigen oder die von ihnen ausgehende Gefahr verharmlosen. Im Gegenteil – es bedeutet, dass wir erkennen, wie schwach die Bande der Sitte und des Anstandes sind, die eine menschliche Gemeinschaft vor dem völligen Zusammenbruch bewahren.«

HITLERS WEHRMACHT

DIE VERBRECHEN

18 Millionen Männer dienten in ihr, fast sechs Jahre führte sie den wohl blutigsten Krieg der Weltgeschichte, hielt zeitweise halb Europa besetzt und endete doch in der totalen Niederlage: Hitlers Wehrmacht war mehr als nur die größte kriegführende Armee der deutschen Geschichte; sie war ein Millionenheer, das einen größeren Machtbereich besetzte als je eine deutsche Streitmacht zuvor. Auf die Person des Tyrannen persönlich vereidigt, geriet sie zum Werkzeug der Diktatur und zum Erfüllungsgehilfen des wahnhaften Rassenkrieges – gehorsam bis zum eigenen Untergang. Mehr als fünf Millionen Wehrmachtssoldaten kamen im Krieg oder in der Gefangenschaft ums Leben.

War die Wehrmacht eine Truppe gehorsamer Jawoll-Sager? Oder ein Millionenheer missbrauchter junger Männer? Soldaten der Wehrmacht verübten zahlreiche Verbrechen, vor allem an der Ostfront, gegen Zivilisten und Soldaten. Und doch gab es immer wieder deutsche Soldaten, die der Stimme ihres Gewissens folgten. Verallgemeinerungen sind gerade hier nicht zulässig. Begriffe wie »manche«, »viele« oder »alle« haben einen schalen Beigeschmack. Viele hatten wenig und wenige hatten viel zu verantworten. Zumindest aber waren es »allzu viele«, die nicht nur von Verbrechen wussten, sondern auch daran beteiligt waren.

Trent Park, April 1945: Auf dem traumhaft gelegenen Herrensitz nördlich von London wurden damals über 80 deutsche Generale festgehalten, die seit 1942 in britische Gefangenschaft geraten waren. Was die Männer nicht wussten: Sie wurden rund um die Uhr abgehört, und die Briten protokollierten ihre Gespräche. Eine Quelle von unschätzbarem Wert – denn unter ihresgleichen sprachen die hochrangigen Militärs ungeschminkt: über den Krieg, über Kriegsverbrechen, über Politik und über die Zukunft. Auch die beiden Generalmajore Gerhard Fischer und Ludwig Heilmann, Letzterer ein hoch dekorierter Fallschirmjägeroffizier, kamen wenige Tage vor dem Kriegsende in Trent Park ins Gespräch und reflektierten die zurückliegenden Jahre. »Wir waren ja an der Front, wir sagten: Das geht uns ja nichts an, was die da hinten machen. Da ist alles durchgedrungen, so allmählich, was sie nun mit den vielen Gefangenen machen«, so Heilmann. »Wir haben uns benommen wie die Wilden, nicht wie ein Kulturvolk«, so Fischer daraufhin. Heilmann pflichtete ihm bei: »Für immer haben wir uns den Namen Hunnen erworben.«

Deutsche Soldaten ein Heer von wild gewordenen Hunnen? Die Wehrmacht eine Armee von Tätern, die mordend durch Europa zog? Oder waren doch nur Einzelne für Untaten verantwortlich? Wurden die grausamsten Verbrechen nicht von der SS begangen? Und haben nicht auch andere Armeen Kriegsverbrechen begangen? Es gibt wohl kaum ein Thema, das in den vergangenen Jahren in der Öffentlichkeit so kontrovers diskutiert wurde wie die Verbrechen der Wehrmacht. 18 Millionen Männer gehörten ihr an – sie war ein Abbild der männlichen Gesellschaft. Praktisch jede deutsche Familie hatte Angehörige in ihren Reihen. Dies erklärt die heftigen Reaktionen zur provokanten Ausstellung »Verbrechen der Wehrmacht« des Hamburger Instituts für Sozialforschung, die ab 1995 zu sehen war. »War also auch Opa ein Verbrecher?«, fragten sich zahlreiche Deutsche erstmals.

> Die Wehrmacht war im Grunde sauber. Ich habe nur anständige Menschen kennen gelernt. Ich kann es nicht anders sagen.
>
> *Heinz Mittelstädt, Soldat der Wehrmacht*

Die Debatte um die Ausstellung zeigt, wie wenig Forschungsergebnisse der Historiker in das öffentliche Bewusstsein eingedrungen waren und wie viele offene Fragen es noch gab.

Im Mittelpunkt der Diskussion stand stets der Russlandfeldzug, jener Weltanschauungskrieg, der jenseits aller Regeln geführt wurde und in dem die Zahl der Verbrechen ein kaum vorstellbares Ausmaß erreichte. Als in den frühen Morgenstunden des 22. Juni 1941 der deutsche Angriff auf die Sowjetunion begann, waren die Weichen für den Vernichtungskrieg längst gestellt. Alle hohen Befehlshaber hatten entsprechende Befehle erhalten. Die Feinde waren benannt, die Methoden besprochen.

Bereits am 30. März 1941 hatte Hitler seine höheren Truppenführer in der Neuen Reichskanzlei in Berlin versammelt und sie auf das Ziel eingeschworen, die »russisch-asiatische Gefahr« im Osten in einem Kampf ohne Rücksichtnahme zu beseitigen. »Wir müssen vom Standpunkt des soldatischen Kameradentums abrücken. Der Kommunist ist vorher kein Kamerad und nachher kein Kamerad. Es handelt sich um einen Vernichtungskampf«, sagte er. Das Oberkommando der Wehrmacht und das

Oberkommando des Heeres arbeiteten daraufhin entsprechende Befehle aus. Der Gerichtsbarkeitserlass vom 13. Mai 1941 legte fest, dass Verbrechen deutscher Soldaten gegen die sowjetische Zivilbevölkerung nicht geahndet werden würden. Der Kommissarbefehl vom 6. Juni 1941 identifizierte die sowjetischen Politoffiziere als die Träger des sowjetischen Widerstandes. Deshalb könne ihnen nicht der Gefangenenstatus zuerkannt werden. Sie seien daher außerhalb der eigentlichen Kampfzone unauffällig auf Befehl eines Offiziers zu »erledigen«. Gerichtsbarkeitserlass und Kommissarbefehl verknüpften die Wehrmacht unwiderruflich mit dem Weltanschauungskampf, noch bevor der erste Schuss gefallen war.

> Der Vernichtungskampf gegen den so genannten »jüdischen Bolschewismus«, wie er es ausdrückte, hatte Hitler seit den zwanziger Jahren am Herzen gelegen, war ein Kernbestandteil seiner Weltanschauung. Massenmord, Lebensvernichtung in riesigen Dimensionen waren für ihn deshalb selbstverständlich.
>
> *Ian Kershaw, Historiker*

Allerdings musste sich erst zeigen, wie der Krieg in der Realität wirklich geführt wurde, wie die Befehlshaber von Armeen und Heeresgruppen ihre Handlungsspielräume gestalten. Würden die unteren Truppenführer und die einfachen Soldaten den Vernichtungskrieg so führen, wie die Führung dies von ihnen erwartete?

Das vorgefertigte Feindbild schien sich nach Beginn der Kämpfe sehr rasch zu bestätigen. Anders als die polnischen und die französischen Soldaten, denen die Wehrmacht bislang gegenüberstand, kämpften die Rotarmisten vielfach verbissen bis zur letzten Patrone gegen die deutschen Invasoren und fügten der Wehrmacht hohe Verluste zu. Aus deutscher Sicht konnten hierfür nur die Kommissare verantwortlich sein. In einem Feindlagebericht des VIII. Armeekorps hieß es im September 1941: »Die Kommissare und Politruks züchteten in Massen einen fanatischen Widerstandswillen und bemühten sich, diesen andauernd zu überwachen und zu schüren. Bei Kriegsmüdigkeit und Nachlassen des Kampfwillens übten sie ein beispielloses Terrorregiment aus.« Dennoch wurde der Kommissarbefehl nicht in jedem Fall befolgt. So hielt der Generalstabschef des Heeres, Franz Halder, über die Kämpfe der 17. Panzerdivision im September 1941 fest: »Verhalten der Truppe gegen Kommissare pp. (werden nicht erschossen).«

Die überlieferten Dienstakten des Heeres, Feldpostbriefe und private Tagebücher zeigen jedoch, dass die Befolgung des Kommissarbefehls wohl die Regel war. Tatsächlich wurde er von über 80 Prozent aller Divisionen, die 1941 in Russland kämpften, ausgeführt.

> In einem Dorf hat ein deutscher Soldat einen russischen Kommissar hinter dem Ofen hervorgeholt, der hatte noch die blaue Hose an mit den roten Biesen. Dann hat unser Hauptmann den Kommissar geholt, hat ihn sein Grab schaufeln lassen, ihn an den Rand gestellt und dann erschossen.
>
> *Erhard Linsenmeyer, Soldat der Wehrmacht*

In vielen Fällen sind die Politoffiziere auf dem Gefechtsfeld exekutiert worden. Meistens scheinen sie aber weiter nach hinten abgeschoben, auf dem Divisionsgefechtsstand verhört und hier anschließend erschossen worden zu sein. Die Zahl der ermordeten Kommissare kann auf 7.000 bis 8.000 Personen geschätzt werden. Im kollektiven Gedächtnis der deutschen Soldaten spielt der Kommissarbefehl eine vollkommen untergeordnete Rolle, aus plausiblem Grund: An der Ostfront starben in den ersten Monaten des »Unternehmens Barbarossa« im Durchschnitt 1.500 deutsche Soldaten am Tag, über 300.000 bis Ende 1941. Die Liquidation eines sowjetischen Politoffiziers in der Allgegenwart von Tod, Zerstörung und Leid ist daher wohl nur in Ausnahmefällen als etwas Besonders wahrgenommen worden.

Der deutsche Mordbefehl wurde sehr bald auf sowjetischer Seite bekannt und führte dazu, dass die Kommissare erbitterten Widerstand leisteten und sich oftmals eher selbst töteten, anstatt in Gefangenschaft zu gehen.

> Dann kam dieser Befehl. Kommissare sind keine Soldaten, und weil sie keine Soldaten sind, werden sie standrechtlich erschossen. Die Landser haben geflucht wie die Rohrspatzen: »Die sind wohl verrückt, was machen denn die Russen, wenn sie uns erwischen?«
>
> *Karl-Heinz Lipok, Soldat der Wehrmacht*

Aus diesem Grund ist der Kommissarbefehl im Mai 1942 nach entsprechenden Interventionen des Oberkommandos des Heeres von Hitler aufgehoben worden. In welchem Ausmaß die sowjetischen Politoffiziere wirklich zur Radikalisierung des Krieges beitrugen, ist bislang im Detail noch nicht nachgewiesen worden, da die russischen Archive noch immer nicht frei zugänglich sind.

Viele sowjetische Politoffiziere entledigten sich ihrer verräterischen Uniform, bevor sie die Waffen niederlegten. So konnten sie hoffen, im Millionenheer der sowjetischen Gefangenen unterzutauchen. Aber selbst wenn man sie nicht erkannte, war ihr Überleben keinesfalls gesichert. In deutschem Gewahrsam erwartete die Rotarmisten ein jämmerliches Schicksal. NS- und Wehrmachtführung waren sich im Vorfeld des »Unternehmens Barbarossa« einig, dass das besetzte sowjetische Territorium rücksichtslos für die Belange der kämpfenden Truppe und der Heimat ausgebeutet werden müsse. Dabei nahmen alle an der Planung Beteiligten in Kauf, dass als Folge Millionen von Menschen verhungern könnten. Für die Ernährung der Kriegsgefangenen war im Oberkommando der Wehrmacht und im Oberkommando des Heeres bewusst keine Vorsorge getroffen worden. Von den 5,7 Millionen Rotarmisten in deutschem Gewahrsam sind 2,5 bis 3,3 Millionen, die Schätzungen schwanken, umgekommen – das sind 45 bis 57 Prozent. Sie starben in Lagern, für die die Wehrmacht verantwortlich war: 845.000 noch im Militärverwaltungsgebiet in der Nähe der Front, 1,2 Millionen in Lagern der weiter hinten liegenden Zivilverwaltungsgebiete, 500.000 im sogenannten Generalgouvernement und 360.000 bis 400.000 in Lagern im Deutschen Reich.

Eine gewisse Wende der Kriegsgefangenenpolitik setzte erst im Herbst 1941 ein, als die deutsche Kriegswirtschaft zunehmend unter Arbeitskräftemangel litt. Man erkannte nun den Wert der Menschen, die man eigentlich hatte verhungern lassen wollen.

> Es gibt einen makabren Ausspruch des Generalquartiermeisters Wagner vom November 1941, in dem er definitiv sagt, »nichtarbeitende Kriegsgefangene haben zu verhungern«.
>
> *Christian Hartmann, Historiker*

Doch zu einer grundlegenden Änderung der Politik konnte sich die Wehrmachtführung nicht entschließen, auch wenn es Einzelne gegeben hat, die verzweifelt um das Leben der Gefangenen kämpften und – erfolglos – gegen die katastrophale Behandlung protestierten.

Die Kriegführung in Russland war von vornherein auf Rücksichtslosigkeit abgestellt, nicht nur bei der Ermordung der Kommissare und der Behandlung der Gefangenen.

> Es hat uns sehr beeindruckt, als wir diese ersten Auffanglager gesehen haben, wo die Leute um Brot sich balgten hinter dem Stacheldraht. Das Unwort vom Untermenschen, das hat einem damals irgendwie eingeleuchtet – ohne dass man wusste, dass man Jahre später selber mit geschorenem Kopf in den Schacht einfahren musste.
>
> *Ludwig Munzinger, Soldat der Wehrmacht*

Auch im eigentlichen Kampfgeschehen sollte die Wehrmacht mit äußerster Härte vorgehen, so war es in den Merkblättern für die Truppe bereits vor dem Angriff zu lesen. Die Rote Armee würde völkerrechtswidrig, heimtückisch, verschlagen, hinterlistig und gemein kämpfen und man müsse »mit der nötigen Schärfe« zurückschlagen. Als die Kämpfe am 22. Juni 1941 begannen, zeigte sich sehr bald, dass die Ermahnungen der Führung nicht folgenlos blieben. Vom ersten Tag an führte die Wehrmacht den Kampf mit großer Brutalität. Ein entscheidender Faktor für diese unkontrollierten Gewaltausbrüche war, dass sich das in den Merkblättern gezeichnete Bild der grausamen Kampfweise der Roten Armee sehr bald bestätigte. Vom ersten Kriegstag an führten auch die sowjetischen Streitkräfte einen Kampf, der sich jenseits von Völkerrecht und Kriegsbrauch bewegte. Erbittert geführte Nahkämpfe führten immer wieder zu schweren Verlusten und zur Eskalation der Gewalt.

Heute wird geschätzt, dass 90 bis 95 Prozent der deutschen Kriegsgefangenen, die 1941 in die Hand der Roten Armee fielen, die Gefangenschaft nicht überlebten und meist direkt an der Front umgebracht wurden. Die Nachrichten über sowjetische Verbrechen an deutschen Verwundeten und Gefangenen riefen in den Verbänden des Ostheeres eine virulente Vergeltungswut wach und verstärkten die ohnehin schon vorhandene Bereitschaft zu einem rücksichtslosen Vorgehen. Anfang Juli 1941 schrieb General Gotthart Heinrici an seine Familie: »Teilweise wurde überhaupt kein Pardon mehr gegeben. Der Russe benahm sich viehisch gegen unsere Verwundeten. Nun schlugen und schossen unsere Leute alles tot, was in brauner Uniform umherlief. So steigern sich beide

Parteien gegenseitig empor, mit der Folge, dass Hekatomben von Menschenopfern gebracht werden.«

Deutsche und Sowjets fassten den Krieg als einen existenziellen Kampf »jenseits traditioneller Bahnen und rechtlicher Normen« auf.

> Es war auf beiden Seiten ein harter, brutaler Krieg. Aber das entlastet natürlich die Wehrmacht nicht von der Schuld für Verbrechen, die sie begangen hat.
>
> *Ian Kershaw, Historiker*

Während sich die Kriegsparteien zumindest auf den nordafrikanischen und westeuropäischen Schlachtfeldern an die völkerrechtlichen Regeln hielten, waren diese im »Weltanschauungskrieg« an der Ostfront weitgehend außer Kraft gesetzt. Es gab daher auf beiden Seiten nur zaghafte Bemühungen der Armeeführung, die Gewalteskalation zu stoppen. Als sich im Verlauf des Feldzuges herausstellte, dass die »Aufhetzung« der Truppen und verständnisvolle Reaktionen auf Exzesstaten nur dazu führten, den Widerstand der Roten Armee anzufachen, unternahm man Versuche, die ausufernde Gewalt zu stoppen – freilich regional und zeitlich mit unterschiedlichem Erfolg. Letztlich wirkten die Vorkommnisse in der Anfangsphase des Feldzuges auf beiden Seiten so stark nach, dass »eine Rückkehr zu den Formen des ›europäischen Normalkrieges‹ ausgeschlossen war und von beiden Kriegsparteien auch nicht ernsthaft angestrebt wurde«, meint der Historiker Felix Römer.

> 1. Der Bolschewismus ist der Todfeind des nationalsozialistischen deutschen Volkes. Dieser zersetzenden Weltanschauung und ihren Trägern gilt Deutschlands Kampf. 2. Dieser Kampf verlangt rücksichtsloses und energisches Durchgreifen gegen bolschewistische Hetzer, Freischärler, Saboteure, Juden und restlose Beseitigung jedes aktiven oder passiven Widerstandes.
>
> *Aus den »Richtlinien für das Verhalten der Truppe in Russland« vom 19. Mai 1941*

Wenngleich es auch zahllose Zeugnisse von Menschlichkeit und Gnade in diesem Krieg gibt, ist unverkennbar, dass der Krieg bis Mai 1945 ein Weltanschauungskrieg blieb – und zwar nicht nur in den Sonntagsreden einiger NS-Führer, sondern auch in den Köpfen der Soldaten auf beiden Seiten.

Eines der größten deutschen Verbrechen in Russland war zweifellos die Ermordung der Juden, in das auch die Wehrmacht verstrickt war. In den ersten zwölf Monaten des »Unternehmens Barbarossa« wurden etwa 900.000 Juden getötet, davon 500.000 im Operationsgebiet des Heeres. Der Massenmord vollzog sich in mehreren Phasen. Zunächst war offenbar geplant, lediglich die »jüdisch-bolschewistischen Kader« zu liquidieren. Im Juli 1941 ging man dazu über, alle jüdischen Männer zu ermorden. Ab August 1941 wurden auch die Frauen und Kinder in die Mordaktionen miteinbezogen.

Nur ein relativ kleiner Teil der jüdischen Bevölkerung ist von Einheiten der Wehrmacht ermordet worden, vielleicht 20.000 Menschen.

> Die Wehrmacht hat Hilfsstellung gegeben für Verbrechen, die von der SS ausgeführt worden sind, aber es war mir damals nicht bewusst, dass planmäßige Verbrechen von deutschen Kommandobehörden angeordnet worden sind.
>
> *Ulrich de Maizière, Generalstabsoffizier*

Die 707. Infanterie-Division war der einzige Heeresverband, der »selbstständig und systematisch große Massaker an Juden mit vielen tausend Opfern« organisierte, stellte der Historiker Christian Gerlach fest. Allein im Herbst 1941 ermordeten Verbände der Division über 10.000 Juden. Der Divisionskommandeur Generalmajor Bechtolsheim war ein radikaler Antisemit, der am 19. Oktober 1941 die Weisung herausgab: »Die Juden sind unsere Todfeinde. Sie sind aber keine Menschen mehr im europäischen Kultursinn, sondern von Jugend auf zu Verbrechern erzogene und von Jugend auf geschulte Bestien. Bestien aber müssen vernichtet werden.« Bechtolsheim war in seinem extremen Judenhass sicher kein typischer Wehrmachtsgeneral und die 707. Infanteriedivision keine durchschnittliche Division. Wenngleich die Wehrmacht beim Holokaust zumeist nicht als Täter auftrat, kann dies jedoch nicht darüber hinwegtäuschen, dass sie ihn unterstützte, indem sie den Mordkommandos logistisch aushalf, Absperrungskommandos stellte, Anschläge druckte oder Wachposten abstellte.

Der Judenmord erreichte im Bereich der 6. Armee die größten und schrecklichsten Ausmaße. Dies lag zum einen daran, dass ihr Operationsgebiet etliche ukrainische Großstädte umfasste, in denen trotz Flucht und Evakuierung noch immer eine große Anzahl von Juden verblieben war. Zum anderen war Generalfeldmarschall Walter von Reichenau dezidiert nationalsozialistisch, antislawisch und antisemitisch eingestellt. Sein Ehrgeiz und seine politischen Überzeugungen führten dazu, dass er in ungebremster Radikalität die Ermordung der Juden forcierte und unterstützte.

In Reichenaus Befehlsbereich ereignete sich ein besonders schauerliches Beispiel der Zusammenarbeit von Einsatzgruppen und Wehrmacht. Der Ortskommandant von Bila Zerkwa (Russisch: Belaja Zerkow) in der Ukraine befahl Mitte August, dass sich die etwa 800 ortsansässigen Juden auf der Kommandantur melden mussten. Die Geheime Feldpolizei übergab diese dann der SS, die sie liquidierte. Die rund 90 Kinder der Ermordeten wurden zunächst in einem schulähnlichen Gebäude ohne jede Versorgung zurückbehalten. Schließlich machten zwei Wehrmachtspfarrer den Generalstabsoffizier der gerade vor Ort liegenden 295. Infanterie-Division, Oberstleutnant Helmuth Groscurth, auf die unhaltbaren Zustände aufmerksam, woraufhin er am 20. August 1941 das Gebäude inspizierte. »Die Räume waren angefüllt mit etwa 90 Kindern. Es herrschte ein unbeschreiblicher Schmutz. Lumpen, Windeln, Unrat lagen umher. Zahllose Fliegen bedeckten die teilweise nackten Kinder. Fast alle Kinder weinten oder wimmerten. Der Gestank war unerträglich«, hielt Groscurth in einem Bericht fest. Entsetzt über den Vorfall erkundigte sich dieser bei einem SS-Oberscharführer, der bereitwillig ausführte, dass die Kinder bald »beseitigt werden sollten«. Auch der Feldkommandant der Wehrmacht bestätigte dies.

> Ich sehe da die Kinder, kleine Kinder von zwei, drei Jahren und auch von zehn, zwölf Jahren, zerlumpt angezogen. Allgemein ist das ja so gewesen bei den Kindern in Russland. Es könnte sein, dass die vielleicht drei, vier Tage oder zwei Tage oder fünf Tage da drin gewesen sind. Also, geschrien oder rumgebrüllt oder irgendwie was, haben sie nicht. Die waren ganz ruhig da in dem Zimmer.
>
> *Reinhold Emmer, Wehrmachtssoldat in Bjelaja Zerkow*

Groscurth setzte sich mit den höheren Dienststellen in Verbindung und erreichte, dass der Oberbefehlshaber der 6. Armee, Walter Reichenau, eine Entscheidung über das Schicksal der Kinder treffen sollte. Am Morgen des 21. August erhielt Groscurth einen Anruf vom Armeestab: Die einmal begonnene Aktion werde »in zweckmäßiger Weise« durchgeführt, die Kinder erschossen. Es wäre für Reichenau ein Leichtes gewesen, die Kinder zu retten. Doch ebenso wie der örtliche Feldkommandant der Wehrmacht dachte er nicht daran. Letzterer äußerte Groscurth gegenüber sogar, dass »diese Brut ausgerottet werden müsse«.

So wie Groscurth sind im Verlauf des Russlandfeldzuges viele Soldaten und Offiziere Zeugen des Massenmordes geworden. Die Massenerschießungen ließen sich kaum geheim halten und zogen mancherorts viele Schaulustige an. Wiederholt hatten Wehrmachtssoldaten der SS bei der Durchführung der Erschießungen sogar ihre Hilfe angeboten und die Aktionen fleißig fotografiert. Bei der 6. Armee befürchtete man wohl ein »Verwildern« der Truppe und gab am 10. August 1941 den Befehl heraus, der »jede Teilnahme von Soldaten der Armee als Zuschauer oder Ausführende bei Exekutionen, die nicht von einem Vorgesetzten befohlen sind«, verbat. Der Feindnachrichtenoffizier der Heeresgruppe Mitte, Freiherr von Gersdorff, zeigte sich erschüttert von den Vorgängen hinter der Front und ließ im Dezember 1941 ins offizielle Kriegstagebuch notieren: »Bei allen langen Gesprächen mit Offizieren wurde ich, ohne darauf hingedeutet zu haben, nach den Judenerschießungen gefragt. Ich habe den Eindruck gewonnen, dass die Erschießungen der Juden, der Gefangenen und auch der Kommissare fast allgemein im Offizierkorps abgelehnt wird. Die Erschießungen werden als Verletzungen der Ehre der deutschen Armee, in Sonderheit des deutschen Offizierkorps betrachtet.« Ob die Ablehnung des Massenmordes, wie Gersdorff sie hier als gegeben darstellt, wirklich »fast allgemein« gewesen ist, darf bezweifelt werden. Nicht alle Soldaten wollten wahrhaben, dass vor ihren Augen ein Genozid ablief. Viele bezweifelten den Wahrheitsgehalt der Geschichten über Mord und Unrecht, andere taten es als vereinzelte Exzesse wild gewordener SS-Einheiten ab.

> Wir hatten andere Sorgen, muss ich ehrlich sagen. Was die da hinten machten, war uns egal. Hauptsache, wir kamen selbst einigermaßen heil raus.
>
> *Reinhold Skoecz, Soldat der Wehrmacht*

Mancher war erschüttert, andere reagierten gleichgültig und für einen Dritten war der Tod Hunderttausender eine Kriegsnotwendigkeit.

Die Ermordung der Juden fand in den ersten sechs Monaten des Russlandfeldzuges vielfach unter dem Deckmantel einer vermeintlichen »Befriedung« der besetzten Gebiete statt. SS- und SD-Führer benutzten immer wieder das Argument, mit der Exekution der männlichen jüdischen Bevölkerung die eroberten Territorien zu sichern. Es war vor allem eine vorgeschobene Argumentation zur Legitimierung des Massenmordes. Etliche Wehrmachtsgenerale betrachteten die jüdische Bevölkerung in der Tat als *militärisches* Sicherheitsproblem. Juden galten ihnen als Träger des bolschewistischen Staates, somit als Freischärler, deren Ermordung vielfach begrüßt wurde, weil damit ein potenzieller Widerstand gegen die Besatzungsmacht im Keim erstickt werden konnte. Die meisten Wehrmachtbefehlshaber hießen daher den Judenmord der Einsatzgruppen gut und unterstützten ihn. Vereinzelter und letztlich freilich wirkungsloser Protest regte sich erst, als von militärischer Relevanz selbst bei großzügigster Auslegung nicht mehr gesprochen werden konnte: als im Herbst 1941 auch die jüdischen Frauen und Kinder getötet und die ersten deutschen Juden in den Osten deportiert und hier ermordet wurden.

Stalin hatte am 3. Juli 1941 seinen Aufruf zum »Großen Vaterländischen Krieg« erlassen, in dem er auch zum Partisanenkrieg aufrief. Er bestätigte damit die deutschen Erwartungen, dass die »total verhetzte bolschewistische Bevölkerung« einen »Banden- und Heckenschützenkrieg« beginnen könnte. Hitler sagte am 16. Juli, dass dieser Partisanenkrieg nun die Möglichkeit biete, »auszurotten, was sich gegen uns stellt«. Um das riesige eroberte Gebiet zu befrieden, sollte man »jeden, der nur schief schaue, totschießen«. Bereits eine Woche später, am 25. Juli, erließ das Oberkommando des Heeres einen Befehl, wonach »jede Bedrohung durch die feindliche Zivilbevölkerung und jede Begünstigung oder Hilfe seitens der Zivilbevölkerung für Partisanen, Versprengte usw.« rücksichtslos unterbunden werde. Wo sich passiver Widerstand auch nur abzeichne oder nach Sabotageakten die Täter nicht sofort festzustellen seien, müssten »unverzügliche kollektive Gewaltmaßnahmen« durchgeführt werden. »Nachsicht und Weichheit« seien nicht angebracht, vielmehr müsse durch »hartes und schonungsloses Durchgreifen«, an das »der Russe« gewöhnt und das der »Hinterhältigkeit und Eigenart des bolschewistischen Gegners« angemessen sei, der Kleinkrieg im Keim erstickt werden.

Völkerrechtlich geregelt war die Bekämpfung von Partisanen nicht.

> Richtig handelt, wer unter vollkommener Hintansetzung etwaiger persönlicher Gefühlsanwandlungen rücksichtslos und unbarmherzig zupackt.
>
> *Richtlinien für die Partisanenbekämpfung, 25. Oktober 1941*

Die Haager Landkriegsordnung sprach freilich auch irregulären Kämpfern den Kombattantenstatus zu, falls sie verantwortliche Vorgesetzte hatten, aus der Ferne erkennbare Abzeichen trugen, die Waffen offen führten und die Gesetze und Gebräuche des Krieges beachteten. In der Praxis sind diese Regelungen freilich kaum beachtet worden. Nach dem Internationalen Gewohnheitsrecht war die Tötung illegaler Kombattanten durchaus zulässig. Nach der deutschen Kriegssonderstrafrechtsverordnung vom 17. August 1938 wurde Freischärlerei mit der Todesstrafe geahndet. Vorausgehen musste indes ein geregeltes Kriegsgerichtsverfahren. Einen solchen Aufwand hat man allerdings weder 1939 in Polen, noch 1940 in Frankreich betrieben, wo die Wehrmacht in mehreren Fällen wahllos Dorfbewohner unter dem Partisanenverdacht tötete. Für das »Unternehmen Barbarossa« waren geregelte Kriegsgerichtsverfahren von vornherein nicht vorgesehen, und auf allen Ebenen war man der Ansicht, nur mit ungebremster Gewalt einer Freischärlerbewegung begegnen zu können.

Im Herbst 1941 begannen sich im Hinterland der Front sowjetische Partisanengruppen zu organisieren. Sie wurden nun erstmals als größeres militärisches Problem wahrgenommen. Am schärfsten reagierte der Oberbefehlshaber der 6. Armee, Walter von Reichenau, auf diese Bedrohung. Am 10. Oktober 1941 ermahnte er seine Truppen: »Der Krieg muss als Vernichtungsfeldzug geführt werden, um das deutsche Volk von der asiatisch-jüdischen Gefahr für alle Zeiten zu befreien.« Reichenaus Befehle stießen höheren Ortes auf große Zustimmung und wurden als mustergültig bewertet.

> Der Kern des sogenannten Reichenau-Befehls war, eine erbarmungslose Kriegführung mitzutragen, und zwar gnadenlos gegen alle, sowohl gegen Kombattanten der Sowjetarmee als auch gegen die Zivilbevölkerung. Die militärischen Probleme hatten sich so weit entwickelt, dass dafür sämtliche Bedenken über Bord geworfen werden mussten.
>
> *Timm Richter, Historiker*

Hermann Hoth und Erich von Manstein erließen für ihre Armeen ähnlich lautende Anordnungen. Das Vorgehen war an der gesamten Ostfront ähnlich. Kleinere Kommandos der Sicherungsdivisionen, der Geheimen Feldpolizei, der Feldgendarmerie und einheimischer Hilfstruppen durchkämmten immer wieder große Landstriche und exekutierten Partisanen oder solche, die sie dafür hielten. Allein im rückwärtigen Gebiet der Heeresgruppe Mitte wurden bis zum 1. März 1942 63.257 Partisanen als »erledigt« gemeldet. Dem standen 638 deutsche Gefallene gegenüber. Das extreme Missverhältnis von eigenen Verlusten und solchen bei den Partisanen zeigt, dass es sich bei der Guerillabekämpfung nicht um eine militärische Operation im klassischen Sinne, sondern meist um eine Terrormaßnahme handelte, die unterschiedslos alle erfasste, die man für verdächtig hielt. General Gotthard Heinrici brachte die Eskalation der Gewalt treffend auf den Punkt: »Es herrschen Sitten und Gebräuche genauso wie im Dreißigjährigen Kriege. Nur allein der hat Recht, der sich im Besitz der Macht befindet«, notierte er am 19. November 1941 in sein Tagebuch.

Der Partisanenkrieg und die Art seiner Bekämpfung waren regional überaus verschieden – es gab Wellen der Eskalation, aber auch der Deeskalation. Das Gesamtbild ist freilich eindeutig: Die Gewaltspirale erreichte immer neue Höhen, je länger der Krieg dauerte, zumal die Partisanen immer besser organisiert waren und immer mehr Zulauf erhielten, als im Frühjahr 1943 die großangelegten Deportationen von Zwangsarbeitern ins Reich begannen.

> Die Partisanen machten keine Gefangenen. Und wenn wir Partisanen geschnappt hatten, wurden die auch umgelegt. Sie mussten das eigene Grab schaufeln und kriegten einen Schuss.
>
> *Bruno Menzel, Soldat der Wehrmacht*

Seit 1943 ging die Wehrmacht immer mehr dazu über, sogenannte »tote Zonen« zu bilden. Dabei ging es darum, die Zivilbevölkerung aus großen Gebieten zu evakuieren und alle danach angetroffenen Personen als vermeintliche Guerillakämpfer zu töten. Dass bei dieser willkürlichen Vorgehensweise auch tausende unschuldiger Zivilisten ums Leben gekommen sind, wurde billigend in Kauf genommen. Diese Operationen wurden auch gerne dazu genutzt, um tausende Männer und Frauen ins Reich zu deportieren, wo sie unter unmenschlichen Bedingungen in der Rüstungsindustrie schuften mussten.

Der Partisanenbekämpfung fielen nach seriösen Schätzungen etwa 500.000 Sowjetbürger zum Opfer. Wie viele hiervon »aktive« Partisanen und unbeteiligte Zivilisten gewesen sind, ist heute kaum mehr abzuschätzen. Die weit überwiegende Mehrheit wird aber in letztere Kategorie einzuordnen sein.

Damit war die Partisanenbekämpfung – nach der Ermordung der sowjetischen Kriegsgefangenen – eines der größten Verbrechen der Wehrmacht. Sie scheiterte mit dem Versuch, durch Brachialgewalt den Widerstand im Hinterland im Keim zu ersticken. Das stete Anwachsen der Partisanen hätte nur dadurch abgemildert werden können, indem man der einheimischen Bevölkerung politisch entgegengekommen wäre. Doch gerade dies war weder im Sinne der NS- noch der Mehrheit der Wehrmachtführung. Das Land sollte ausgebeutet und ausgeplündert werden, die Bewohner sollten es stumm ertragen, auch wenn dies den eigenen Tod bedeutete. Das Auftreten des deutschen Besatzungsregimes war von Anfang an von »Unsicherheit, rassischem Hochmut, volkstumspolitischem Programm und einem unreflektierten Vertrauen in die Gewalt« gekennzeichnet. An dem Schicksal der sowjetischen Zivilbevölkerung lässt sich ablesen, in welch erschreckendem Ausmaß der Russlandfeldzug ein »totaler Krieg« war. Der Gerichtsbarkeitserlass machte sie gleichsam zu Vogelfreien, die der Willkür der deutschen Truppen auf Gedeih und Verderb ausgeliefert waren.

Zahllose Fälle von Plünderungen und Vandalismus sind belegt. Für die Bevölkerung in den besetzten Gebieten war es fatal, dass sich die Wehrmacht rücksichtslos »aus dem Lande« ernähren sollte. So war man überhaupt nur mit 20 Tagessätzen Verpflegung in Russland einmarschiert. Nach der Haager Landkriegsordnung war es einer Besatzungsmacht zwar gestattet, die Wirtschaft des Landes für die eigene Versorgung in Anspruch zu nehmen. Dies durfte aber nur so weit geschehen, wie die ökonomische Leistungsfähigkeit dies erlaubte. NS- und Wehrmachtsführung waren allerdings von vornherein nicht gewillt, auf die Belange der einheimischen Bevölkerung Rücksicht zu nehmen, und haben den Hungertod von Millionen von Menschen mit »stupendem Gleichmut ins Kalkül gezogen«, so der Münchner Historiker Christian Hartmann.

Weit schwerwiegender als die »wilden« Plünderungen der Fronttruppen, gegen die mal mehr, mal weniger von der Führung eingeschritten wurde, war die planmäßige Ausbeutung durch die Versorgungstruppen des deutschen Ostheeres. Immerhin galt es, 2,5 bis 3,3 Millionen Soldaten zu ernähren. Dies führte dazu, dass insbesondere die Gefechtszone, wo 80 Prozent aller Wehrmachtsangehörigen stationiert waren, in eine »Kahlfraßzone« verwandelt wurde. Die obersten Militärstäbe arbeiteten darüber hinaus eng mit der sogenannten Wirtschaftsorganisation Ost zusammen: eine zivilmilitärische »Mischbehörde« für die etwa 20.000 Fachleute arbeiteten und die die planmäßige Ausbeutung der besetzten Gebiete organisierte. Die Bewohner der wenigen Großstädte waren in ganz besonderem Maße von der deutschen Hungerpolitik betroffen. Die Stadtbevölkerung war in ihrer Bewegungsfreiheit stark eingeschränkt. Sie durfte keine Hamsterfahrten aufs Land unternehmen, weil die deutschen Behörden das Aufkommen einer urbanen Widerstandsbewegung befürchteten.

> Besonders in den feindlichen Städten wird ein großer Teil der Bevölkerung hungern müssen. Trotzdem darf aus missverstandener Menschlichkeit nicht von dem, was die Heimat unter Entbehrungen abgibt, an Gefangene oder Bevölkerung - soweit sie nicht im Dienste der deutschen Wehrmacht stehen - verteilt werden.
>
> *Erich von Manstein, Oberbefehlshaber der 11. Armee, 20. November 1941*

Für die Versorgung innerhalb der Städte war aber auch nicht gesorgt. Allein in Charkiw, der viertgrößten Stadt der Sowjetunion, gab es bis August 1942 über 11.000 Hungertote.

Die Ausbeutung der besetzten Gebiete umfasste nicht nur die Nahrungsmittel, sondern auch die Arbeitskraft der einheimischen Bevölkerung. Im Militärverwaltungsgebiet mussten Männer, Frauen und Kinder für die Wehrmacht Aufräumarbeiten verrichten, Stellungen bauen und Flugplätze anlegen. Vielfach setzte man die Einheimischen auch zum Minenräumen ein, wobei ganze Arbeitskolonnen getötet wurden. Auch dies widersprach dem geltenden Völkerrecht, das nur Arbeiten für rein zivile Zwecke unter akzeptablen Bedingungen gestattete. In den Zivilverwaltungsgebieten arbeiteten rund 600.000 Menschen in Reparaturbetrieben, Soldatenheimen, ja sogar in Bordellen für die Wehrmacht. 2,8 Millionen

Zwangsarbeiter wurden aus den besetzten Gebieten bis Sommer 1944 ins Reich deportiert. Etwa die Hälfte davon sind von der Wehrmacht »erfasst« worden, wobei diese Aktionen meist reine Sklavenjagden waren.

Im Russlandkrieg gehörte es schon bald zum Kriegsbrauch, dem Gegner beim Rückzug nur zerstörtes Land zu hinterlassen, um seinen Vormarsch zu verlangsamen. Dies war an sich nichts Ungewöhnliches, wurde die Taktik der »verbrannten Erde« doch seit der Antike in Kriegen immer wieder angewendet. 1941 versuchte zunächst die Rote Armee alle wichtigen Wirtschaftsgüter zu vernichten, die sie nicht abtransportieren konnte. Die Wehrmacht wendete auf ihren Rückzügen im Winter 1941/42 das gleiche Prinzip an. Ein geradezu verheerendes und in historischer Perspektive wohl einmaliges Ausmaß nahm die »Verbrannte Erde«-Politik dann an, als 1943 der Rückzug der Wehrmacht aus der Sowjetunion begann. Hitler verlangte, in dem zur Räumung freigegebenen Gelände alles zu zerstören. »Jegliche Rücksichtnahme auf die Lage der Bevölkerung müsse im Interesse der Kampfführung entfallen.« Überall dort, wo der Rückzug einigermaßen geordnet und planmäßig vonstattenging, hinterließ das Ostheer ein brennendes und zerstörtes Land.

Die Liste der Verbrechen der Wehrmacht an der Ostfront ist lang. In unvorstellbarem Ausmaß haben deutsche Soldaten in der Sowjetunion geraubt, gemordet und gebrandschatzt. Einen solch grausamen Krieg mit Abermillionen von Toten hatte es in der Neuzeit noch nicht gegeben. Es war ohne jeden Zweifel vom ersten Tag an ein verbrecherischer Krieg. Was bedeutet dies nun für den einzelnen Wehrmachtsangehörigen? Wer waren die Täter? Und vor allem wie viele Täter gab es? Dies ist eine Schlüsselfrage, die auch der ersten Wehrmachtsausstellung so viel Sprengkraft verlieh. Ihr Organisator, Hannes Heer, ging davon aus, dass an der Ostfront mindestens 60 bis 80 Prozent der Wehrmachtsangehörigen an Verbrechen beteiligt waren. Insgesamt sind rund zehn Millionen deutsche Soldaten in Russland eingesetzt gewesen, wir hätten es dann mit sechs bis acht Millionen Tätern zu tun. Praktisch in jeder deutschen Familie gebe es somit einen Kriegsverbrecher.

> Die Wehrmacht hat sich an allen großen Verbrechen des NS-Regimes beteiligt. Andererseits heißt das natürlich noch nicht, dass alle ihre Angehörigen Verbrecher waren.
>
> *Christian Hartmann, Historiker*

Die öffentlichen Reaktionen auf diese Vorwürfe sind bekannt. Schätzungen anderer Wissenschaftler gehen von einer weit niedrigeren Zahl aus. Der Militärhistoriker Prof. Rolf-Dieter Müller beziffert die Zahl der Täter auf fünf Prozent. Das sind indes immer noch 500.000 Täter! Selbst wenn es nie möglich sein wird, eine exakte Zahl zu bestimmen, geht es doch um die Frage nach »viel« oder »wenig«. War die Masse des Ostheeres in Gräuel verstrickt oder waren die Verbrechen Taten einer Minderheit?

Zur Beantwortung dieser Frage muss man sich noch einmal vor Augen halten, wo, wann und von wem die zahllosen Verbrechen verübt worden sind. Die größte Opferzahl forderte der Massenmord an den sowjetischen Kriegsgefangenen und die brutale Partisanenbekämpfung, in deren Verlauf unzählige Dörfer niedergebrannt und hunderttausende Zivilisten massakriert worden sind. Beide Verbrechenskomplexe spielten sich im Hinterland der Front ab, im dem gerade einmal sieben Prozent des Ostheeres stationiert waren. Gleiches trifft auf die Unterstützung des Massenmordes an den Juden zu. Auch hier traten meist nur die wenigen rückwärtigen Einheiten in Erscheinung: die Sicherungsdivisionen, die Feldgendarmerie, die Orts- und Feldkommandanturen. Die Masse der Wehrmachtssoldaten, 80 Prozent, hielten sich in der maximal 20 km breiten Gefechtszone an der Hauptkampflinie auf und war an diesen Vorgängen nicht beteiligt. Die Verbrechen im Hinterland reichten aber immer auch bis in das unmittelbare Frontgebiet. Front- und Etappensoldaten waren alle Teil eines verbrecherischen Weltanschauungskrieges.

> Es ist unbestritten, dass der hauptsächliche Teil dieser Verbrechen von der SS, von den Einsatzgruppen durchgeführt worden ist. Ohne die Wehrmacht wären die Verbrechen in diesem Ausmaß allerdings nicht möglich gewesen. Die Wehrmacht hat den Holokaust teils passiv, teils aktiv unterstützt. Ohne die Wehrmacht hätte es diesen Genozid nicht gegeben.
>
> *Felix Römer, Historiker*

Es war vielfach der Zufall, der darüber entschied, ob ein Soldat zum Täter wurde oder nicht, etwa wenn die eigene Einheit zu einem Partisanenunternehmen abkommandiert wurde.

»Die Wehrmacht« war lediglich ein Sammelbegriff für höchst verschiedene Einheiten, von der Panzerabteilung bis zur Bäckereikompanie. Deren Lebenswelten und deren Verantwortlichkeiten für Unrecht und Verbrechen können nicht auf einen Nenner gebracht werden. So muss es bei eher vagen Quantifizierungen bleiben. »Viele haben wenig und wenige haben viel zu verantworten«, so brachte der Historiker Christian Hartmann die personelle Dimension der Verbrechen zutreffend auf den Punkt.

Der Krieg in Russland war ohne Zweifel das politische und militärische »Kernstück« des Zweiten Weltkrieges in Europa. Der Kampf zwischen der Halbinsel Kola im Norden und dem Kaukasus im Süden dauerte am längsten, er forderte die meisten Opfer, er war am meisten ideologisiert, und er brachte mit Abstand die meisten Kriegsverbrechen hervor. Doch welchen Charakter hatte der Krieg in Polen, in Frankreich, Italien und auf dem Balkan? Blieb der Weltanschauungskrieg auf die Ostfront beschränkt und bewegte sich die Wehrmacht ansonsten in den Bahnen des europäischen »Normalkrieges«? Wie schon in Russland ergibt sich beim Blick auf die anderen Kriegsschauplätze ein differenziertes Bild.

Im Polenfeldzug gab es ganz ähnliche, allerdings zahlenmäßig weit weniger umfangreiche Vorfälle wie später im »Unternehmen Barbarossa«. Der vielfach harte und erbitterte Widerstand der polnischen Streitkräfte und die latente Angst vor Guerillakämpfern und Aggression hat zahlreiche Massaker hervorgerufen. Rund 3.000 polnische Soldaten sind von der Wehrmacht abseits der Kämpfe im September 1939 exekutiert worden. Hinzu kommen etwa 7.000 Zivilisten.

Auf dem Balkan deutete zunächst nichts auf eine besondere Radikalisierung des Krieges hin. Am 6. April 1941 marschierten deutsche, italienische und ungarische Truppen in Jugoslawien ein. In nur elf Tagen war das Land besetzt. Die Bombardierung Belgrads, der über 1.500 Zivilisten zum Opfer fielen, lähmte die Militäradministration, und das multiethnische Heer löste sich unter dem Ansturm der Achsenmächte bald auf. Wie überall in Europa reagierte die Wehrmacht auch in Jugoslawien mit größter Brutalität auf Widerstand gegen die Besatzung. Als am 20. April 1941 in der serbischen Stadt Pančevo in der Nähe Belgrads Heckenschützen einen Soldaten der SS-Division »Das Reich« töteten und einen weiteren schwer verwundeten, wurden rund einhundert Einwohner festgenommen und angeklagt. 36 von ihnen wurden zum Tode verurteilt. 18 sind von einem Exekutionskommando des Infanterie-Regiments »Großdeutschland« erschossen worden, 18 weitere wurden auf dem Friedhof von Pančevo erhängt. Diese Exekutionen sollten

Exempel statuieren und als Abschreckungsmaßnahme dienen, um jeden Widerstand in Serbien schon im Keim zu ersticken.

Mit dem deutschen Angriff auf die Sowjetunion am 22. Juni 1941 brach in Serbien ein spontaner und weitgehend unorganisierter Aufstand aus, an dessen Spitze sich im Verlauf der nächsten Monate der Chef der jugoslawischen Kommunistischen Partei, Josef Broz, genannt Tito, und der königstreue Draža Mihailović setzten. Beide organisierten eine mehr oder minder kampfstarke Guerillabewegung, Tito die kommunistischen Partisanen und Mihailović die Tschetniks. Die Wehrmacht versuchte mit großer Brutalität den Aufstand zu ersticken. Allein im Juli und August 1941 erschoss oder erhängte sie 1000 Personen. Doch die Lage geriet außer Kontrolle, weite Teile Serbiens waren bald von den Aufständischen besetzt. Hitler entsandte General Franz Böhme nach Serbien, um »auf weite Sicht im Gesamtraum mit den schärfsten Mitteln die Ordnung wiederherzustellen«. Am 16. September 1941 befahl das Oberkommando der Wehrmacht für jeden getöteten Deutschen 100 und für jeden Verwundeten 50 serbische Geiseln zu exekutieren. Böhme hielt sich an diesen Mordbefehl. Von September 1941 bis zum Februar 1942 erschoss die Wehrmacht in Serbien mindestens 20.149 Zivilisten.

> Je eindeutiger und je härter die Sühnemaßnahmen von Anfang an angewandt werden, desto weniger werden sie später nötig sein. Keine Gefühlsduselei! Es ist besser, dass 50 Verdächtige liquidiert werden, als dass ein deutscher Soldat zugrunde geht.
>
> *Richtlinien für die Behandlung der Aufständischen in Serbien und Kroatien, 19. März 1942*

Böhme hatte auch befohlen, sämtliche Juden als »Sühneopfer« heranzuziehen, so dass die Wehrmacht aus eigenem Antrieb im Zuge der Vergeltungsmaßnahmen die gesamte männliche jüdische Bevölkerung Serbiens, etwa 4.000 bis 5.000 Menschen, umbrachte. Die schlimmsten Massaker fanden im Oktober 1941 in den serbischen Städten Kraljevo und Kragujevac statt. Einheiten der 717. Infanteriedivision erschossen binnen weniger Tage 4.000 bis 5.000 männliche Geiseln als Rache für Angriffe der Tschetniks. Der serbische Aufstand brach daher im Dezember 1941 in sich zusammen.

Einen ähnlichen – aus deutscher Sicht erfolgreichen – Effekt hatte die Bekämpfung von Partisanen in Griechenland. Im Raum Saloniki brannte die Wehrmacht im Oktober 1941 mehrere Dörfer nieder und tötete 488 Zivilisten. Diese Kriegsverbrechen führten zu einem vorübergehenden Zusammenbruch der Guerillabewegung in diesem Raum.

»Befriedet« waren Jugoslawien und Griechenland damit freilich nicht. 1942 flackerte die Widerstandsbewegung wieder auf. Bis zur Befreiung in der zweiten Jahreshälfte 1944 herrschte vor allem in Jugoslawien ein blutiger Guerillakrieg. Neben dem Kampf gegen die deutschen, italienischen und bulgarischen Besatzer lieferten sich die kommunistischen Partisanen Titos, die serbischen Tschetniks und das mit den Achsenmächten verbündete kroatische Ustascha-Regime einen blutigen Bürgerkrieg. Die verworrene Situation hätte nur durch eine politische Lösung einigermaßen entschärft werden können, die Hitler freilich immer ablehnte.

Die brutalen Repressionsmethoden setzten eine Gewaltspirale in Gang, die trotz manch halbherziger Versuche nicht mehr gestoppt wurde. Massenerschießungen von Geiseln, Abbrennen von Dörfern, Ermordung unbeteiligter Zivilisten, das »Niedermachen« feindlicher Gefangener blieben an der Tagesordnung. Die Zahl der Opfer ist aufgrund der Vermischung von Partisanenbekämpfung und Bürgerkrieg bis heute nur schwer zu bestimmen. Von der einen Million jugoslawischer Kriegstoter sind 300.000 bis 350.000 der deutschen Guerillabekämpfung zum Opfer gefallen, schätzt der Militärhistoriker Klaus Schmider. Ein Drittel davon dürften unbeteiligte Zivilisten gewesen sein.

Auch in Griechenland ging die Wehrmacht mit großer Brutalität beim Einsatz gegen Partisanen vor. So massakrierten Angehörige der 1. Gebirgsdivision am 16. August 1943 aus nichtigem Anlass 317 Einwohner des Dorfes Kommeno. Als Racheakt für die Ermordung von 75 Gefangenen erschoss die 117. Jäger-Division 696 Einwohner in Kalavryata und Umgebung. »Die These der Mitschuld und der Heimtücke nahezu der ganzen Bevölkerungen in Verbindung mit dem Stereotyp der ›Balkan-Mentalität‹ – derzufolge ›hierzulande ein Menschenleben nicht viel wert‹« sei – drücke die Hemmschwelle bei der Truppe tief herab, betont der Historiker Hagen Fleischer. Insgesamt sind 21.000 Griechen deutschen Vergeltungsmaßnahmen zum Opfer gefallen. 9.000 sollen durch Racheakte der italienischen Armee, 40.000 durch Repressalien der Bulgaren ums Leben gekommen sein.

Das Ausscheren des Bündnispartners Italien aus dem Krieg am 8. September 1943 wertete die Wehrmacht als perfiden Verrat, der alle Vorurteile gegenüber »den« Italienern zu bestätigen schien. Die Mischung aus Hass, Rache und die übliche Brutalität in der Partisanenbekämpfung auf allen Ebenen waren dafür verantwortlich, dass es »kein Kriegsverbrechen oder Verbrechen gegen die Menschlichkeit [gibt], das Angehörige der deutschen Wehrmacht, SS und Polizei […] nicht an italienischen Männern, Frauen und Kindern verübt haben«, so der Freiburger Militärhistoriker Gerhard Schreiber. Bei der Entwaffnung der italienischen Streitkräfte ging die Wehrmacht teilweise mit größter Brutalität vor und ermordete etwa 6.800 Soldaten des ehemaligen Verbündeten. Wie auf anderen Kriegsschauplätzen auch reagierten Wehrmacht und Waffen-SS mit größter Brutalität auf das Auftreten von Partisanen. Insgesamt sind rund 10.000 Zivilisten, die Mehrzahl Frauen, Kinder und alte Menschen von der deutschen Besatzungsmacht umgebracht worden. Wenngleich Waffen-SS-Einheiten die größten Massaker verübten, ist ein Großteil der Opfer von Wehrmachtssoldaten getötet worden. Mehr als 95 Prozent der Angehörigen der deutschen Italienarmee waren an diesen Untaten indes weder direkt noch indirekt beteiligt. Es waren einige wenige Einheiten, etwa die Division »Hermann Göring«, die durch eine unfassbare Brutalität auf sich aufmerksam machten.

Wenngleich Hitler forderte, seinen Bandenbekämpfungsbefehl auch in Italien zu befolgen und »ohne Einschränkungen auch gegen Frauen und Kinder jedes Mittel anzuwenden«, kann die Verantwortung für die Gräueltaten nicht auf den Diktator abgeschoben werden. Die deutsche Generalität befürwortete diese Methoden, verlangte immer wieder »scharfes Durchgreifen«, kündigte gar an, »schlappe und unentschlossene Führer« rigoros »zur Rechenschaft« zu ziehen, und die Truppe war mit ganz wenigen Ausnahmen bereit, diese Befehle umzusetzen. Wie auch auf den anderen Kriegsschauplätzen gab es in Italien zeitweise Bemühungen, die Gewaltspirale ein Stück weit zurückzudrehen. Doch die Deeskalationsversuche waren stets halbherzig und sind nie mit der notwendigen Entschlossenheit vorgenommen worden.

»Wer kommt: Die plutokratischen Massen des Weltjudentums. Der Angloamerikaner ohne Maske, um kein Haar besser als der Bolschewik, genau von demselben Vernichtungswillen erfüllt wie der asiatische Rotarmist.« Mit solchen Worten versuchten nationalsozialistische Führungsoffiziere im Frühjahr 1944 die Soldaten der Wehrmacht auf die bevorstehende alliierte Landung in Frankreich einzustimmen. Die Spitzen von Staat und Armee wollten nicht nur gegen die Sowjetunion, sondern auch gegen die Westmächte einen Weltanschauungskrieg führen. So verwundert es kaum, dass sich ihre Befehle zum fanatischen Kampf bis zur letzten Patrone, zur rücksichtslosen Partisanenbekämpfung oder zur »verbrannten Erde« nur wenig von den radikalen Anordnungen des Krieges im Osten unterschieden.

Doch der von der NS-Führung geplante Weltanschauungskrieg in Frankreich fand nicht statt. Dies gilt vor allem für die Kämpfe an der Front, für die befohlenen Zerstörungen während des Rückzuges, aber letztlich auch für die Operationen gegen die Partisanen. In allen drei Bereichen hat die Wehrmacht Kriegsverbrechen begangen. Am umfangreichsten verstieß sie zweifellos bei der Partisanenbekämpfung gegen rechtliche Normen. Knapp 20.000 Franzosen sind der Widerstandsbekämpfung in den Jahren 1940 bis 1944 zum Opfer gefallen, davon etwa 6.000 bis 7.000 unbeteiligte Zivilisten. Weitere 61.000 Männer sind aus politischen Gründen oder wegen Widerstandshandlungen in deutsche Konzentrationslager deportiert worden, wo 40 Prozent von ihnen umkamen. Nicht vergessen werden darf auch die Unterstützung der Wehrmacht bei der Deportation von 75.000 Juden in die Todeslager. So grauenvoll sich diese Bilanz ausnimmt, so sehr unterschied sich der Krieg in Frankreich doch von jenem in Russland oder auf dem Balkan. Die französische Widerstandsbewegung wurde als militärischer Störfaktor wahrgenommen, nicht als ideologischer Todfeind. Einen Weltanschauungskrieg hat es in Frankreich nicht gegeben und somit auch keine systematische Terrorstrategie zur Bekämpfung der Aufständischen. In Frankreich ist nur einmal ein ganzes Dorf niedergebrannt und seine Einwohner ermordet worden: eine Kompanie der SS-Division »Das Reich« löschte am 10. Juni 1944 Oradour-sur-Glane aus. Auch bei den übrigen Aktionen sind Frauen und Kinder fast ausschließlich von SS-Einheiten ermordet worden.

Über die Motive der Täter ist seit Jahrzehnten viel geforscht worden. Neben den weltanschaulichen Indoktrinationen müssen vor allem die sogenannten situativen Faktoren beachtet werden.

> Die Täter waren eine Minderheit. Entscheidend ist aber, dass in den modernen Kriegen der Einzelne – Stichwort Waffentechnik, Stichwort Befehlswege – schon enorm viel anrichten kann
>
> *Christian Hartmann, Historiker*

Der Glaube, dass der Einzelne im Handeln der Gruppe keine Handlungsalternative habe – sei es, um nicht aufzufallen, sei es, weil man glaubte, Sanktionen fürchten zu müssen –, führte dazu, dass allzu viele bedenkenlos töteten. Autonomes Handeln gegen die Gruppe war in der Wehrmacht überaus selten. Wichtig war auch das Phänomen der sozialen Ausgrenzung. Wurde ein Gegner, etwa »die Partisanen«, nicht als Kombattant anerkannt, wurde er also aus der Gruppe der nach dem Völkerrecht zu behandelnden Soldaten dauerhaft ausgegrenzt, erleichterte dies seine Exekution. Dieser Ausgrenzungsprozess verlief in den einzelnen besetzten Ländern durchaus unterschiedlich und war abhängig von den Befehlen der Wehrmachtsführung wie von den Kriegserfahrungen der Soldaten.

Eine besondere Verantwortung trug die Generalität, somit jener kleine Personenkreis, der die Spitze der Wehrmacht bildete.

> Ich möchte klar betonen, die meisten wussten von den Verbrechen der Nazis nichts, in dem Ausmaß wie ich es persönlich gewusst habe. Die hohen Stäbe mussten es wissen und konnten es wissen, aber der Soldat nicht.
>
> *Philipp Freiherr von Boeselager, Offizier und Mitverschwörer des 20. Juli*

Hitlers verbrecherischer Krieg war auch ihr Krieg. Sicher gab es Ausnahmen und manche Proteste. Nach dem Sieg über Frankreich war die Generalität, die oberste zumal, ein korrumpiertes Werkzeug des Diktators, bereit zu jeder Schandtat. Wie Johannes Hürter gezeigt hat, haben die Oberbefehlshaber an der Ostfront ihren durchaus erheblichen Spielraum fast nie zur Eindämmung von Unrecht und Gewalt eingesetzt – im Gegenteil. Die Wehrmacht hat zahllose Verbrechen begangen, ihre 18 Millionen Angehörigen waren aber bei weitem nicht alle Verbrecher. Eine Kollektivschuld kann es nicht geben.

HITLERS KRIEG

DER FEUERSTURM

Im Zweiten Weltkrieg wurde zum ersten Mal Normalität, was bis dahin undenkbar war – der Bombenkrieg gegen die Zivilbevölkerung. In Warschau, Rotterdam, Coventry, London und Belgrad hatte Hitler gezeigt, dass er nicht davor zurückschreckte, seine Luftwaffe gegen Städte und ihre Bewohner rücksichtslos einzusetzen. Seit 1941 warfen Briten die Brandfackel in das Land des Aggressors zurück. Und sie hatten dem Bombenkrieg eine zentrale Rolle eingeräumt: in nächtlichen Einsätzen attackierten sie mit Flächenbombardements bewusst die Wohngebiete von Städten. Die rücksichtslose Logik der Militärs: Im modernen Krieg kämpften ganze Nationen gegeneinander, Zivilisten an ihren Arbeitsplätzen waren in die Kriegsanstrengungen ihres Landes verwickelt. Nun wurden sie auch in die aktive Kriegsführung verstrickt und gnadenlos ins Visier der Bomber genommen. Die qualvollen, angsterfüllten Nächte in den Bombenkellern, der Verlust von Hab und Gut, die alltägliche Konfrontation mit dem Tod gerieten zum Trauma für eine ganze Generation. Was diesen Krieg so anders machte, war die Hilflosigkeit, mit der seine Opfer ihm ausgeliefert waren. Vor dem Tod aus der Luft gab es keine Möglichkeit des Entkommens, er schlug kaum vorhersehbar und unterschiedslos zu. Doch den Verlauf des Krieges haben weder deutsche noch alliierte Luftangriffe wesentlich beeinflusst, der strategische Wert der Luftflotten außerhalb ihres Einsatzes an den Fronten sank im gleichen Maß, wie die Bereitschaft stieg, den Bombenkrieg auch gegen Zivilisten zu forcieren.

Dresden, 13. Februar 1945: Als er das Dröhnen von Flugzeugmotoren wahrnahm, ahnte der 16-jährige Johannes Schönherr, dass es an diesem Abend seine Heimatstadt treffen würde. Plötzlich standen Leuchtsignale, sogenannte Christbäume, über der Stadt. Der Junge rannte los, es wurde Zeit, sich in einen Schutzraum zu verkriechen. »Die Dunkelheit war kein Problem mehr. Die Stadt war beleuchtet durch die Magnesiumbäume. Ich sah also sehr gut, wohin ich lief.« Die grünen Leuchtkaskaden, die an Fallschirmen über der Stadt herunterschwebten, erleichterten ihm die Orientierung, aber sie wiesen auch jenen die Zielrichtung, vor denen er floh: »Siehst du das Grün?«, fragte Wing Commander Maurice Smith über Funk den Piloten einer der

Pfadfinder-Mosquitos, die jetzt über der Stadt waren. »Okay. Ich sehe es.« Der Pfadfinder erkannte in dem Licht, das die Stadt unter ihm erhellte, den entscheidenden Zielpunkt: das Fußballstadion des Dresdner Sportclubs, direkt an der Elbe im Großen Ostragehege gelegen. Im Tiefflug stieß er hinab und setzte rote Leuchtbomben über dem Stadion ab. Wenige Minuten nach Ankunft der Pfadfinder waren die Bomber über der Stadt. Ihr Kommandeur erteilte seine erste Anweisung um 22.11 Uhr: »Beginnen Sie mit dem Angriff und bombardieren Sie das rote Licht der Zielmarkierer nach Plan.« Damit brach ein routiniert geplantes Inferno über die Stadt herein. Doch der Bombenangriff auf Dresden ragt aus den Geschehnissen des Bombenkrieges im Zweiten Weltkrieg heraus. Nie zuvor war eine Stadt innerhalb von vier Stunden dermaßen zerstört worden, kaum jemals waren in einer Nacht so viele Menschen umgekommen.

Der Bombenkrieg hat Anklagen und gegenseitige Beschuldigungen nach sich gezogen wie kaum ein anderes Kapitel der Geschichte des Zweiten Weltkrieges. Millionen Menschen haben ihn als das einschneidendste Erlebnis und den bedrohlichsten Abschnitt ihres Lebens empfunden. Am stärksten hat dieses Ereignis die Deutschen geprägt, die vom Bombenkrieg, den das eigene Regime verschuldet hatte, am stärksten betroffen waren. Mehr als eine halbe Million Menschen haben in Deutschland zwischen 1940 und 1945 ihr Leben durch Bombenangriffe verloren. Lübeck, Köln, Hamburg, Berlin, Dresden, ungezählte Kleinstädte, Dörfer – kaum eine Region blieb von den katastrophalen Zerstörungen verschont. Sieben Millionen Menschen hatten keine Wohnung mehr. Auf dem Gebiet der späteren Bundesrepublik türmte sich ein Trümmerhaufen von 310 Millionen km^3. Durchschnittlich etwa 40 Prozent aller Wohnungen in größeren Orten waren zerstört, in Köln waren es 70 Prozent. Die traurige Liste der Verwüstung führt die Stadt Düren an, die nahezu vollständig dem Erdboden gleich gemacht war. Als die Alliierten 1945 in Deutschland einmarschierten, befreiten sie ein Land, das sie zuvor verwüstet hatten.

»Hat Deutschland geglaubt, es werde für die Untaten, die sein Vorsprung in der Barbarei ihm gestattete, niemals zu zahlen haben?« Diese Frage stellte der im Exil lebende Thomas Mann über den britischen Rundfunk seinen Landsleuten und nahm damit Bezug auf die

Bombardierung Lübecks. »Das geht mich an, es ist meine Vaterstadt«, so der Schriftsteller, »die Angriffe galten dem Hafen, den kriegsindustriellen Anlagen, aber es hat Brände gegeben in der Stadt, und lieb ist es mir nicht, zu denken, dass die Marienkirche, das herrliche Renaissance-Rathaus oder das Haus der Schiffergesellschaft sollten Schaden gelitten haben. Aber ich denke an Coventry – und habe nichts einzuwenden gegen die Lehre, dass alles bezahlt werden muss.« Eine kühle Rechnung, so scheint es, die mancher Lübecker dem prominenten Sohn der Stadt verübelt hat, zumal sie nicht ganz zutraf. Denn das vornehmliche Ziel des Angriffes waren nicht »kriegsindustrielle Anlagen«, sondern Wohngebiete. Die Bewohner der Hansestadt gehörten zu den ersten Deutschen, die die volle Wucht des Krieges traf. Eines Krieges freilich, der von Nazideutschland heraufbeschworen worden war.

In der Nacht vom 28. auf den 29. März 1942 warfen 234 britische Flugzeuge 400 Tonnen Bomben über der Hansestadt ab. Um 2.15 Uhr war die Stadt ein Flammenmeer, die Planung der Strategen des britischen Bomber Command aufgegangen. Es hatte Lübeck getroffen, weil die Stadt gemäß den Kriterien, die die britische Seite im Verlauf der letzten Monate aufgestellt hatte, ein ideales Ziel bot. Die Stadt war durch ihre natürlichen Begrenzungen, die Ostseeküste und die Trave, leicht von der Luft aus zu orten. Aber mehr noch: Mit seinen engen Gassen, den hölzernen Giebeln und Fachwerkhäusern war das mittelalterliche Stadtzentrum extrem brandanfällig.

> Das Bild, das sich bot, als wir aus dem Keller kamen, vergesse ich nicht: Die Marienkirche brannte, und ihre beiden Türme wirkten wie lodernde Fackeln.
>
> *Thea Swift, damals in Lübeck*

Die Stadt habe in ihrer Bebauung »eher einem Streichholz als einer menschlichen Behausung geglichen«, erinnerte sich später Luftmarschall Arthur Harris, dem wenige Wochen zuvor die Leitung des Bomber Command übertragen worden war.

Bei seinem Amtsantritt am 22. März 1942 übernahm Harris eine weitgehend ausgearbeitete Strategie: das Flächenbombardement deutscher Städte, das verheerende Brände in Wohngebieten nicht nur billigte, sondern geradezu beabsichtigte. »Nunmehr ist bekannt, dass Feuerschäden weitaus wirksamer als alle anderen Schäden in einem bebauten Gebiet sind, wenn die Brandbomben zeitlich konzentriert werden und ein Ausmaß erreichen, das die Feuerlöschdienste überwältigt«, stellte ein Grundsatzpapier für die Bombergeschwader am 10. November 1941 fest – übrigens eine Erkenntnis, die die deutsche Seite nach der Analyse der Angriffe auf Warschau bereits in die Praxis umgesetzt hatte.

Die Luftangriffe der Royal Air Force auf das Deutsche Reich waren in den Jahren 1940 und 1941 weitgehend wirkungslos verpufft. Zu hoch waren die britischen Verluste, zu gering die tatsächlich angerichteten Schäden. Wenn auch die Abwehr deutscher Angriffe in der »Luftschlacht um England« dem Land enormen Auftrieb gegeben hatte, so verfügte Großbritannien doch noch keineswegs über die militärische Stärke, die eine Rückkehr auf den Kontinent ermöglicht hätte. Es sei denn, es war eine Rückkehr in der Luft.

> Es gibt eine Menge von Leuten, die sagen, dass man mit Bomben nicht den Krieg gewinnen kann. Meine Antwort darauf ist: Es hat auch noch niemand versucht. Wir werden sehen.
>
> *Arthur T. Harris, Anfang 1942*

Monat um Monat bauten die Briten ihre Bomberflotte aus – und führten sie einer Art der Kriegführung zu, die bewies, wie sehr die deutschen Luftangriffe auf London und andere Städte die moralische Hemmschwelle gesenkt hatten. Am 14. Februar 1942 erhielt das Bomber Command eine neue Direktive. In Zukunft, so der Befehl, habe es seine Operationen gegen »die Moral der feindlichen Zivilbevölkerung, insbesondere der Industriearbeiter« zu richten. Um jegliches Missverständnis auszuräumen, reichte RAF-Chef Charles Portal am Folgetag eine erklärende Ergänzung nach: »Betrifft: Die neue Bombardierungsdirektive. Ich nehme an, es ist klar, dass es sich bei den Zielpunkten um bebaute Gebiete handelt, nicht um Werften oder Flugzeugfabriken, wie es im Anhang A heißt. Dies muss ganz klar gemacht werden, wenn es nicht bereits so verstanden worden ist.«

Der Angriff auf Lübeck war ein Wendepunkt im Bombenkrieg gegen Deutschland.

> Wenn man bedenkt, was kommen wird, was den deutschen Städten bevorsteht – gerechterweise, notwendigerweise, unentbehr-

licherweise bevorsteht, so bevorsteht, so befällt einen doch ein gelinder Schrecken.

Thomas Mann, Brief vom Mai 1942

Zum ersten Mal war ganz bewusst in großem Stil ein Wohngebiet zum Ziel erklärt worden. Der Strategiewechsel hatte auf der einen Seite ganz pragmatische Gründe: Noch funktionierte die deutsche Luftabwehr. Um der feindlichen Flak zu entgehen, mussten die britischen Bomber in großer Höhe fliegen. Präzise Abwürfe auf festgelegte Ziele waren auf diese Weise kaum möglich. Das Einzige, was sich so treffen ließ, waren große bebaute Flächen – wie sie Stadtzentren fraglos waren. Das Hauptmotiv jedoch war ein anderes: Der Kriegswille, die Moral der deutschen Bevölkerung sollte gebrochen werden, indem man sie, wie Arthur Harris formulierte, »obdachlos« bombte. Mit dieser Auffassung stand der Luftmarschall nicht allein. So berechnete Lord Cherwell, der wissenschaftliche Berater von Premierminister Winston Churchill, Ende März 1942 aufs Genaueste, wie viele Bomben benötigt würden, um binnen eines Jahres ein Drittel der deutschen Bevölkerung obdachlos zu machen. »Es besteht wenig Zweifel daran, dass dies die Moral der Bevölkerung zerbrechen wird«, so Cherwell, »unsere Ermittlungen scheinen zu bestätigen, dass der Wohnraumverlust die Moral spürbar niederdrückt. Es scheint die Leute stärker zu berühren als der Tod ihrer Freunde und sogar ihrer Angehörigen.«

Eigene moralische Bedenken gegen die Ausweitung des Kriegsgeschehens auf die Zivilbevölkerung ließen sich augenscheinlich wegargumentieren. Auch Zivilisten waren letztlich diejenigen, die die Rüstungsindustrie am Laufen hielten. Sie zu treffen, hieß somit auch, die Militärmaschinerie Deutschlands zu treffen. Während des gesamten Luftkrieges gegen Deutschland sind auch in England die Stimmen nie verstummt, die gegen diese Art der Kriegsmoral protestiert haben. Die gewichtigste unter ihnen war sicherlich die von George Bell, dem Bischof von Chichester. »Es steht außer Zweifel«, appellierte der Bischof Anfang 1944 zum wiederholten Mal, »dass großangelegte Städtebombardements von den Nazis begonnen wurden. Ich nehme auch völlig zur Kenntnis, dass bei Angriffen auf Zentren der Kriegsindustrie und des Verkehrs Zivilpersonen getötet werden, was als Resultat militärischer Aktionen unvermeidlich ist. Aber es muss ein faires Gleichgewicht zwischen den angewendeten Mitteln und dem angestrebten Ziel bestehen. Eine ganze Stadt zu vernichten, zerstört dieses Gleichgewicht.«

> Die Royal Air Force tat ab Anfang 1942 in Deutschland genau das, was die deutsche Luftwaffe mit den britischen Städten nicht geschafft hatte.
>
> *Max Hastings, britischer Historiker*

Reden wie diese fanden Gehör, politisch und militärisch aber blieben sie ohne Folgen.

Die Bombardierung Lübecks schreckte die Naziführung aus ihrer selbstgefälligen Sicherheit. »Meier« wolle er heißen, wenn auch nur ein einziges feindliches Flugzeug in den Luftraum des deutschen Reiches eindringe, hatte Reichsmarschall Hermann Göring einst vollmundig getönt. Noch am 6. März 1942 kommentierte Propagandaminister Joseph Goebbels die britische Ankündigung einer Verschärfung des Luftkrieges in seinem Tagebuch mit den Worten: »Das ist nun schon so oft geschehen, dass wir es nicht mehr ernst zu nehmen brauchen.« Nun aber, als er die Nachrichten aus dem zerstörten Lübeck erhielt, lamentierte er über einen »stark vergällten Sonntag«. Die Hauptsorge des Regimes aber galt nicht dem Leid der Betroffenen, sondern den Auswirkungen, die diese Demonstration britischer Stärke auf die Stimmung der Bevölkerung haben würde. Es hieß nun, die Betroffenen schnellstmöglich ruhigzustellen. Erreichen ließ sich das am ehesten durch demonstrative Großzügigkeit. Und so öffneten sich in Lübeck wie von Zauberhand die Tore der Vorratslager und die Städter erfreuten sich an Waren, die sie teilweise bereits seit Jahren nicht mehr zu sehen bekommen hatten: Apfelsinen, Butter, Eier oder Bismarckheringe, ja sogar Wäsche, Schuhe, Strümpfe wurden generös verteilt. Auch finanzielle Einbußen, die die Lübecker Geschäftsleute aufgrund des Angriffes erlitten hatten, wurden schnellstmöglich behoben.

Spezialverbände der Organisation Todt rückten an, um die Trümmer zu beseitigen und die Versorgung mit Gas, Wasser und Strom wiederherzustellen. Überraschend schnell normalisierte sich das Leben in Lübeck wieder. Bereits eine Woche nach dem Bombenangriff lag die Produktion wieder bei fast 90 Prozent des Normalniveaus. Die britische Seite schätzte die angerichteten Schäden erheblich höher ein. Noch im Mai gingen die Ökonomen davon aus, dass Lübeck noch nicht die Hälfte des eigentlichen Produktionsniveaus erreicht habe. Auch die Zahl der Toten überschätzte das Bomber Command um ein Vielfaches. In Lübeck sind nicht, wie die Engländer annahmen, 2600 Menschen umgekommen, sondern wahrscheinlich etwa 320. Eine Tragödie für die Stadt und ihre Bewohner war es gleichwohl – und doch nur der Auftakt zu drei Jahren Bombenkrieg, in dessen Zentrum vor allem die Zivilbevölkerung stand.

Mit dem Angriff auf Lübeck und der Bombardierung Rostocks wenige Wochen später hatte das Bomber Command seine gefährliche Schlagkraft bewiesen.

> Unsere neuen Methoden erweisen sich als sehr erfolgreich. Essen, Köln und vor allem Lübeck teilten das Schicksal Coventrys. Ich bin davon überzeugt, dass wir unbedingt den ganzen Sommer damit fortfahren und Hitler im Rücken treffen müssen, während er sich mit dem Bären rauft.
>
> *Winston Churchill an US-Präsident Roosevelt, 1. April 1942*

Um auch die letzten Zweifler umzustimmen, setzte Arthur Harris alles auf eine Karte. Am 19. Mai 1942 trug er seinen Plan vor, sämtliche zur Verfügung stehenden Flugzeuge der Royal Air Force zu einer einzigen Armada zusammenzuziehen und auf ein einziges Ziel fliegen zu lassen. Tatsächlich gab das Kabinett grünes Licht. »Machen Sie allen Besatzungen klar, dass dies keine gewöhnliche Aktion ist«, teilte Harris kurz vor dem Angriff allen Kommandeuren mit, »es ist in der Tat der erste wirklich große unabhängige Bomberangriff in Form einer gewaltigen erstklassigen Bomberschlacht der Geschichte.« Zwei mögliche Ziele hatte er vorgeschlagen: Hamburg und Köln, je nach Wolkensituation. Am 30. Mai 1942 entschied das Wetter gegen die Domstadt.

1042 Bombenflugzeuge standen bereit zum Anflug auf Köln. Harris war es gelungen, seine eigentliche Flotte von nur gut 400 Maschinen durch Anleihen bei allen anderen Waffengattungen mehr als zu verdoppeln. Die erste Welle würden die mit Navigationsgeräten ausgerüsteten »Wellington«- und »Stirling«-Bomber bilden, die in direktem Anflug den Kölner Neumarkt markieren würden. In einer zweiten Welle würden ihnen »Whitley«, »Hampden« und »Manchester«-Maschinen folgen und das Areal nördlich und südlich des Zentrums bombardieren. Schlussendlich – so die Logistik der Zerstörung – würden die modernen

»Halifax« und »Lancaster«- Bomber von Norden her einfliegen und ihre gewaltige Bombenlast abladen.

Als kurz nach Mitternacht das dumpfe Grollen der ersten Flugzeuge zu hören war, waren die Kölner noch nicht sonderlich beunruhigt.

> Wir hatten natürlich von den Luftangriffen auf Lübeck und Rostock gehört, und jetzt stand ganz Deutschland unter der Spannung: Welche Stadt wird die nächste sein?
>
> *Hermann Daemberg, damals in Köln*

Schon oft war die Stadt Ziel kleinerer Angriffe gewesen und doch relativ glimpflich davongekommen. Gerade in den letzten Wochen war es sogar recht ruhig gewesen. Die meisten Kölner freuten sich auf ein sonniges Frühlingswochenende, in den Kinos der Ehrenstraße war gerade *Quax, der Bruchpilot* mit Heinz Rühmann angelaufen. Um 0.17 Uhr dann fielen die ersten Bomben. Staffel um Staffel zogen die britischen Schwadrone über den Rhein. Der Kölner Hermann Daemberg, der diese Nacht als Kind im Kölner Vorort Porz erlebte, erinnerte sich, dass die Menschen im Luftschutzraum zunächst einmal verwundert waren, wie lange das Dröhnen der Motoren anhielt. »Dieser Angriff, er schien überhaupt kein Ende zu nehmen. Es dauerte eine halbe Stunde, es dauerte eine Stunde und es war immer noch nicht vorbei.«

> Meine Schule brannte, und Funken prasselten durch die Luft. Ich hatte große Mühe, herauszukommen. Ich habe dann einen Löscheimer gefunden, ihn umgestülpt und auf den Kopf gesetzt, damit die Funken nicht meine Haare ansengten, und bin nach Hause gelaufen. Dort war ich endlich in Sicherheit.
>
> *Gisbert Browot, damals in Köln*

Nach anderthalb Stunden schließlich wurde es stiller. Hermann Daemberg berichtete, dass sein Vater vorsichtig aus dem Keller nach oben ging. »Dann kam er wieder runter und sagte zu uns: ›Draußen ist es hell. Köln brennt.‹«

Am nächsten Morgen war die Domstadt nicht wiederzuerkennen. Die Altstadt lag in Trümmern, die Kirchen Groß St. Martin und St. Maria im Kapitol waren zerstört, der Kaufhof, das »Brauhaus Früh«, das erzbischöfliche Palais unweit des Doms – all das gab es nicht mehr. Nur der mächtige Umriss des Doms ragte unversehrt wie ein schwarzes Mahnmal aus der Trümmerwüste. »Ganze Straßenzüge waren einfach verschwunden«, so der Kölner Willy Emons, der mit seiner Schwester fassungslos dort entlanglief, wo noch gestern sein Schulweg gewesen war. Verbogene Straßenbahnschienen, umgestürzte Waggons versperrten die Wege. Feuerwehrleute begannen, die ersten Toten unter dem Schutt zu bergen, und hie und da züngelten noch immer Flammen aus eingefallenem Gebälk. »Die Leute irrten völlig orientierungslos umher. Sie haben in ihrer eigenen Stadt ihre eigene Straße nicht mehr wiedergefunden«.

Fast 500 Menschen sind in der Nacht des 31. Mai in Köln gestorben, 45 000 wurden obdachlos. Schätzungsweise 150-mal ist die Domstadt bis zum Ende des Kriegesnoch Ziel der alliierten Luftangriffe gewesen. Die meisten Bewohner verließen die Stadt, die nun Nacht für Nacht von Luftangriffen heimgesucht wurde.

> Es ist erstaunlich, dass wir trotz dieser Zerstörung, zunächst jedenfalls, keine Wut empfunden haben. Das änderte sich dann in den nächsten Tagen durch die Propaganda: Der Angriff wurde als Terrorangriff bezeichnet, er sollte nur die Zivilbevölkerung treffen. Und wir haben mit eigenen Augen gesehen, dass es tatsächlich so war.
>
> *Hermann Daemberg, damals in Köln*

Im Mai 1945 lebten kaum noch 40 000 Menschen in den Ruinen der einstigen Metropole am Rhein. Arthur Harris hatte mit dem Angriff auf Köln, der »Operation Millennium«, wie sie die britische Seite genannt hatte, unter Beweis gestellt, welch katastrophale Verwüstungen das Bomber Command in nur einer einzigen Nacht anrichten konnte. Dass das Folgemanöver – ein ähnlich starker Anflug auf das Ruhrgebiet – sein Ziel, die dort ansässige Rüstungsindustrie, weitgehend verfehlte, klammerten die Verantwortlichen wohlweislich aus. Die Strategie des Flächenbombardements sollte bis zum Kriegsende beibehalten werden.

Der Tod einer Stadt – aus mehreren tausend Metern Höhe war er ein abstraktes, ein anonymes Unternehmen. Für die Piloten der Royal Air Force glich bald schon ein Einsatz dem anderen. Später hatten viele von ihnen Schwierigkeiten, sich an einen konkreten Anflug auf eine ganz bestimmte Stadt zu erinnern. »Die Einweisungen liefen immer nach dem gleichen Muster ab«, so Richard Mayce vom britischen Bomberkommando. »Auf einer großen Landkarte wurden die Routen eingezeichnet und das jeweilige Ziel markiert. Und dann wurde uns gesagt, wir sollten das Zentrum dieser Stadt bombardieren, genau dort, wo wir die Leuchtmarkierungen der vorausfliegenden Pfadfinder sahen.« Nach ihrer Rückkehr wurden die Flieger nach Besonderheiten des Fluges befragt, nach der Stärke der gegnerischen Flak etwa, oder Auseinandersetzungen mit deutschen Nachtjägern. »Es war unser Auftrag, wir wussten, dass wir meist nichtmilitärische Ziele bombardierten. Es war uns klar, dass wir Bomben auf Menschen warfen«, so Mayce.

> Niemand sprach über seine moralischen Bedenken, denn jede Diskussion in dieser Hinsicht hätte dazu geführt, dass die eigene Moral zerbrochen wäre. Deshalb taten wir einfach weiter unsere Arbeit.
>
> *Richard Mayce, britisches Bomberkommando*

Die Flughöhe und die Dunkelheit der Nacht schufen einen Abstand zwischen den Besatzungen der Bomber und der Art ihres Auftrages. »Den Tod dort unten konnten wir nicht sehen, wir konnten ihn nicht hören, wir konnten ihn nicht riechen«, erklärte Harold Nash. Lange hatte er immer das gleiche Bild vor Augen, wenn er sich an die Nächte über den deutschen Städten zurückerinnerte. »Es war, als ob wir über einen schwarzen Samtteppich flögen. Die Feuer der Einschläge sahen aus wie schimmernde Diamanten. Diese funkelnden Lichter waren der einzige Kontakt, den wir zu den Menschen da unten hatten.«

Auf der Konferenz von Casablanca im Januar 1943 hatten sich die Alliierten auf die Grundzüge ihres weiteren Vorgehens festgelegt. Einig waren sich Briten und Amerikaner darin, dass sie mit Luftangriffen das industrielle und militärische System Deutschlands zerstören und den Kriegswillen des deutschen Volkes brechen wollten. Uneins blieb man sich aber in der Frage, ob derartige Angriffe bei Tag oder bei Nacht stattfinden sollten, plädierte doch die amerikanische Seite für gezielte Attacken gegen Industrie- und Rüstungsziele, die bei Tageslicht erheblich erfolgversprechender waren. Während die Briten ihren weit gestreuten, nächtlichen Flächenbombardements treu blieben, bevorzugte die amerikanische Seite trotz hoher Verluste das Prinzip des zielgerichteten Tagesangriffes, bis gegen Kriegsende die Abgrenzungen verschwammen. Für die deutsche Bevölkerung stellte das Beharren der USA kaum eine Erleichterung dar, war das Ergebnis der »Combined Bomber Offensive«

doch, dass sich vielfach Briten und Amerikaner in ihren Anflügen abwechselten und die Attacken für die Betroffenen zu einem schier endlosen Angriff verschmolzen, in dem es keine Atempause mehr gab. Die erste Stadt, die diese Art der »Arbeitsteilung« in ihrem vollen Ausmaß zu spüren bekam, war Hamburg.

»Ich hatte schon immer den Wunsch gehabt, Hamburg einmal wirklich und direkt aufs Korn nehmen zu können. Es war die zweitgrößte Stadt Deutschlands, und ich wollte dort wirklich einmal etwas Ungeheures veranstalten«, erinnerte sich Arthur Harris nach dem Krieg. Am 25. Juli 1943 begann der Angriff auf die Hansestadt, den die alliierte Seite »Operation Gomorrha« nannte.

Richard Mayce vom Bomber Command erinnerte sich: »Das Briefing war wie eine Geschäftsbesprechung. Wir saßen da wie eine Runde Handelsvertreter eines großen Unternehmens, und man gab uns ohne Umschweife die Anweisungen.« Der Royal Air Force war bekannt, dass Hamburg über starke Flugabwehrstellungen verfügte, doch bediente man sich nun eines simplen Tricks. Die erste anfliegende Staffel warf Bündel kleiner Stanniolstreifen, von den Deutschen »Düppelstreifen« genannt, ab, um das deutsche Radar zu verwirren. Ohne Meldung über Weg und Stärke der anfliegenden Verbände war die Flak praktisch blind.

Gegen ein Uhr nachts erreichten die ersten von 600 britischen Fliegern die Stadtgrenzen. Innerhalb einer Stunde warfen sie 600 Tonnen Spreng- und Brandbomben über den Stadtteilen Hoheluft, Altona, Eimsbüttel und über der Innenstadt ab. 1500 Menschen starben – und doch war dieser Angriff erst der Auftakt. In der darauffolgenden Nacht blieb es ruhig. Lediglich vier »Moskitos« wurden über dem Stadtgebiet gesichtet und lösten Luftalarm aus. In der Nacht vom 27. auf den 28. Juli begann dann die eigentliche Katastrophe. 800 britische Maschinen steuerten die Hansestadt an. In nicht einmal einer halben Stunde verwandelten sich die Stadtteile Rothenburgsort, Hammerbrook, Hohenfelde, Borgfelde, Hamm, Eilbek, Barmbek und Wandsbek in ein Flammenmeer. Bis zu 30 000 Menschen verloren in dieser Nacht in Hamburg ihr Leben. Sie verbrannten auf offener Straße, sie erstickten in den Kellern, sie wurden vom Rauch tödlich vergiftet oder von Trümmern erschlagen.

Die Beschreibung dessen, was in diesen Stunden in Hamburg passierte, fällt schwer. »Unvorstellbares Grauen«, »Inferno«, »Hölle« – die

Worte der Überlebenden vermitteln nur eine Ahnung dessen, was sich wirklich in den Straßen der betroffenen Stadtteile abspielte.

> Fasziniert sah ich dem Farbenspiel zu, in das Gelb und Rot der Flammen, die sich auf dem Hintergrund des dunklen Nachthimmels vermischten und wieder trennten. Noch nie sah ich, auch später nicht, ein so sauberes leuchtendes Gelb, ein so pralles Rot, ein so strahlendes Orange.
>
> *Harald Hollenstein, damals in Hamburg*

In einer ersten Welle drückten Sprengbomben die Hauswände ein, der darauf einsetzende Regen von Brandbomben entfachte unzählige Einzelbrände. Das anhaltend trockene und heiße Wetter der letzten Tage begünstigte die Ausbreitung der Flammen, die sich in rasender Geschwindigkeit zu einem orkanartigen Sturm vereinigten: dem Feuersturm, dem am meisten gefürchteten Phänomen des Bombenkrieges.

Physikalisch war die Entwicklung eines solchen Sturmes vorhersehbar, wenn er auch nicht gezielt erzeugt werden konnte. Das gewaltig auflodernde Feuer, in dessen Zentrum Temperaturen bis zu 1000 Grad entstanden, riss aus allen Richtungen Sauerstoff an sich und beschleunigte Luftströme zu orkanartigen Böen. Dieser Sturm deckte Hausdächer ab, brach Balken aus den Mauern, er bog Bäume zu Boden und riss regelrechte Feuerwalzen durch Straßenfluchten. »Die Flammen schlugen waagerecht über die Straße«, erinnerte sich Ingeborg Hammermeister, die als 13-Jährige die Angriffe auf Hamburg überlebte, »und dann war da dieses Geräusch, dieses unbeschreibliche Heulen«. Andere Überlebende schildern, wie der rasende Hurrikan die Luft in Myriaden von Funken aufstäuben ließ, den Asphalt in wilder Blasenbildung zum Kochen brachte, Glasscheiben wie Butter niederschmolz.

Der Feuerwehrmann Hans Brunswig war auf die Straße gerannt, in der Hoffnung, irgendwie helfen zu können. Doch bereits nach wenigen Metern musste er erkennen, dass die herkömmlichen Mittel der Brandbekämpfung hier chancenlos waren. »Der Sturm war so ungeheuerlich, dass man sich kaum auf den Beinen halten konnte«, berichtete er. »Als ich versuchte, bei unserer Feuerwache um die Ecke zu biegen, hat mich die Kraft des Windes sofort umgerissen. Ich habe mich längs auf den Boden gelegt und bin hinter eine Ecke gekrochen.«

> Ich konnte mir nicht vorstellen, dass aus diesem Feuersturm überhaupt jemand lebend herausgekommen ist.
>
> *Richard Mayce, britisches Bomberkommando*

Ungezählte Leichen säumten die Straßenränder, zum Teil bis zur Unkenntlichkeit verbrannt. Die Hitze hatte die Körper von Erwachsenen auf Kindergröße zusammenschrumpfen lassen. Andere Körper waren binnen Sekunden zu von bröckelnder Asche umhüllten Skeletten zerfallen. Nur wenige, die sich im Zentrum des Feuersturmes befanden, haben ihn überlebt. Und doch taten diejenigen, die sich auf die Straße wagten, instinktiv das Richtige, denn in den Kellern der brennenden Häuser entwickelten sich binnen kürzester Frist Kohlenmonoxid und Leuchtgas, an dem die Schutzsuchenden erstickten.

> Was blieb, war diese Stille, die um uns herrschte. Man hörte gar nichts. Wir haben auch nicht einen einzigen Menschen gesehen. Keinen, auch keinen Schwerverletzten, der da gelegen hätte und noch vor Schmerzen gestöhnt hätte. Wir haben nur Tote und Ruinen gesehen und weiter gar nichts, und das überstrahlt von einem wunderschönen Julimorgen.
>
> *Hans Brunswig, damals Feuerwehrmann in Hamburg*

Wie viele Menschen in der vermeintlichen Sicherheit der Keller starben, wird sich nie ermitteln lassen, viele der Leichen wurden nie geborgen oder verbrannten unter den einstürzenden Häusern derart, dass eine Identifizierung nicht mehr möglich war.

Bis zum 3. August flogen die Alliierten Angriffe auf Hamburg. Die Briten kamen bei Nacht, tagsüber griffen die Amerikaner Werften und Raffinerien an. Die Bilanz: mindestens 34.000 Menschen wurden getötet, etwa 125.000 verletzt. Für Navigator Richard Mayce war es die »Operation Gomorrha«, die »Juli-Katastrophe«, die einen Wendepunkt auch in seinem Leben dargestellt hat. »Es war das einzige Mal, dass ich bewusst aus dem Flugzeug geschaut habe. Ich sah etwas Unbeschreibliches, eine weite Fläche voller weißer Glut. So etwas hatte ich noch nie gesehen, und ich wünschte, ich hätte es nie sehen müssen. In dieser Nacht bin ich Pazifist geworden.«

Die Horchposten des Sicherheitsdienstes der SS vermerkten nach dem großen Angriff auf Hamburg Beunruhigendes. Am 4. August 1943 meldete der SD: »Durch die Terrorangriffe, insbesondere auf Hamburg ausgelöst, werden in den verschiedenen Gegenden des Reiches auch Gerüchte über angebliche Unruhen in Hamburg oder im Ruhrgebiet verbreitet. Den Gerüchten zufolge herrsche in den Luftkriegsgebieten eine Art ›Novemberstimmung‹.«

> Wir haben hier die Zerstörung einer Millionenstadt festzustellen, die in der Geschichte wohl kein Beispiel findet. Es tauchen damit Probleme auf, die fast nicht zu bewältigen sind.
>
> *Joseph Goebbels, Tagebuch, 26. Juli 1943*

Zeitgleich mit der Zerstörung Hamburgs hatte sich in Deutschland die Nachricht von der Absetzung des faschistischen Diktators Mussolini in Italien verbreitet. War auch in Deutschland die Zeit reif für ein Aufbegehren gegen den Diktator, der Deutschland in den Krieg geführt hatte, unter dem es jetzt so grausam leiden musste? Tatsächlich wurde aus Hamburg erstmals gemeldet, dass es auf den Straßen furchtlos zu unverhohlener Kritik am eigentlich Schuldigen der Katastrophe kam. »Dass es hier brennt, verdanken wir dem Führer«, habe man in Barmbek gerufen, es sei sogar zu Attacken gegen NS-Funktionäre gekommen.

Hitler und seine Paladine waren alarmiert. »Reichsführer-SS« Heinrich Himmler erhielt den Auftrag, gegen »subversive Elemente« mit den »schärfsten Mitteln« vorzugehen. Hastig ließ Himmler in der Hansestadt Bataillone aus Polizei, Wehrmacht und SS zusammenstellen, um den etwaigen Ausbruch von Unruhen zu verhindern. »Alle Stänkerer fassen«, so die schlichte Order vom 28. Juli. Doch auch in anderen Städten registrierten die Lauscher des Regimes »defätistische Äußerungen«. Am 6. Mai 1943 meldete der SD den vor allem im Ruhrgebiet kursierenden Vers: »Lieber Tommy, fliege weiter, wir sind alle Bergarbeiter. Fliege weiter nach Berlin, die haben alle ›Ja‹ geschrien.«

> Der Bombenkrieg hatte Einfluss auf die Moral der deutschen Bevölkerung. Die Siegesgewissheit ist im alliierten Bombenhagel geschwunden.
>
> *Rolf-Dieter Müller, Militärhistoriker*

Gewiss stellte der Sommer 1943 eine psychologische Wende dar. Gerade in den von Bombenangriffen besonders betroffenen Gebieten begann für viele Deutsche die innere Abkehr vom Nationalsozialismus. Doch die klare Opposition, das offene Aufbegehren gegen das Regime, auf das die Alliierten gehofft hatten, hat es nicht gegeben. Die meisten Deutschen haben den Luftkrieg gegen ihr Land in gelähmtem Entsetzen ertragen. In ohnmächtiger Verzweiflung richteten sie sich in der ständigen Bedrohung ein, in der Hoffnung, dass es »eines Tages« schon ein Ende haben würde und man dieses Ende selbst noch erleben würde.

Die Heimat war für die allermeisten Deutschen Heimatfront, spätestens seit dem Beginn des Jahres 1944, in dem der Luftkrieg über Deutschland noch einmal in ungeahntem Maß zunahm.

Das Dach der »Festung Europa« von der Hitler so gern sprach, stand himmelweit offen. »Ab November 1943 kamen sie immer«, erinnerte sich der Kabarettist Dieter Hildebrandt, der damals 16-jährig in Berlin zur Flak eingezogen wurde. »Sie kamen sonntags, Weihnachten, sie kamen einfach immer.« Nicht nur in der Hauptstadt, über der seit Ende 1943 ein dauerhafter Luftkrieg tobte, versuchten sich die Menschen einzurichten und ihren Alltag auch im Überlebenskampf zu arrangieren. Den Tagesrhythmus gab das auf- und abschwellende Heulen der Luftschutzsirene vor. In den Kellern dann begann die endlose Zeit des Wartens und des Hoffens, auch diesmal noch einmal verschont zu bleiben.

> Es war schon fast Routine. Immer, wenn wir durch einen Alarm aus dem Schlaf gerissen wurden, nahmen wir unser sogenanntes »Luftschutzpäckchen« und gingen schlaftrunken in den Luftschutzkeller. Am nächsten Tag konnten wir eine Stunde länger schlafen, weil der Unterricht, wenn in der Nacht Alarm gewesen war, um eine Stunde verlegt wurde.
>
> *Ingrid Straßburg, damals in Berlin*

»Ich habe Leute gesehen in den Luftschutzkellern, die waren bedeckt mit Tapferkeitsorden und Nahkampfspangen, auch Offiziere. Die zitterten vor Angst«, so Hildebrandt. »Vorne an der Front hatten sie immer gewusst, wo der Feind ist, aber hier in einem Luftschutzkeller, unter einem achtstöckigen Haus, das über einem zusammenfallen konnte, das war die schlimmste Angst von allen. Mir ist es genauso gegangen. Ich habe eine Scheißangst gehabt.«

Über die Hälfte aller Bomben, die während des Luftkrieges über Deutschland abgeworfen wurden, fielen während der letzten zehn Kriegsmonate. Von Norden kamen die Bomber über die Nordsee, von Süden über die Alpen, nach der Invasion der Alliierten im Sommer 1944 über Frankreich von Westen. »Nun Volk steh auf, und Sturm brich los«, hatte Propagandaminister Goebbels donnernd deklamiert – und die makabre Ironie dieses Satzes wurde Tag für Tag und Nacht für Nacht Gewissheit: Millionen Deutsche standen auf und gingen in die Luftschutzkeller, um dem alliierten Feuersturm zu entgehen.

45 der 60 wichtigsten deutschen Städte waren am Beginn des Jahres 1945 größtenteils zerstört.

Zu den wenigen Orten, die bis dahin noch weitgehend verschont geblieben waren, gehört eine Stadt an der Elbe, deren Name seit dem 13. Februar 1945 Symbol ist für die Maßlosigkeit des Schreckens, den der Zweite Weltkrieg noch in seinen letzten Wochen erreichte: Dresden. Auch auf diese Stadt hatte es während der vergangenen Jahre Luftangriffe gegeben. Mehrere hundert Menschen waren dabei zu Tode gekommen. Doch im Verhältnis zu den katastrophalen Luftangriffen auf die anderen deutschen Metropolen war »Elbflorenz« nahezu glimpflich davongekommen. Jeder Monat, der verging, bestärkte die Dresdner in dem Glauben, in einer Art von »Reichsluftschutzkeller« daheim zu sein. Doch warum verschonten die Alliierten die Stadt? Gerüchte gab es zur Genüge. Die Schönheit der Stadt mit ihren architektonischen und kunsthistorischen Schätzen sei es, die Briten und Amerikaner von einem Angriff absehen ließen, redeten sich die Dresdner ein. »Städte wie Rom, Paris oder Dresden bombardiert man nicht«, erinnerte sich der Historiker Arnulf Baring, der als 12-Jähriger den Untergang Dresdens erlebte, an einen in der Stadt kursierenden Spruch. In Dresden wohne eine Verwandte Winston Churchills, munkelte man.

> Man hat immer gehofft, dass diese einmalige Barockstadt Dresden zu weit entfernt ist für die alliierten Bomber – und auch, dass sie aufgrund ihrer Schönheit verschont bleiben würde.
>
> *Brigitte Sattelberger, damals in Dresden*

Ja, man habe von den Alliierten abgeworfene Flugblätter gefunden, mit dem Slogan: »Dresden wollen wir verschonen, denn da wollen wir mal wohnen.« Keine These war zu abenteuerlich, um nicht geglaubt zu werden, zumal das Kriegsende doch absehbar schien. Kaum noch 100 km war die Front im Februar 1945 von Dresden entfernt.

Trotz der alarmierenden Nachrichten, die seit Monaten, seit Jahren aus den anderen deutschen Städten eintrafen, war Dresden denkbar schlecht auf einen großen Bombenangriff vorbereitet. Es war kaum Nennenswertes für den Luftschutz getan worden. Zwar gab es am Bahnhof einen größeren Schutzraum, an einigen Plätzen hatte man Splittergräben ausgehoben, einige wenige Löschwassertanks standen bereit. Doch selbst für seine eigentliche Einwohnerzahl – im Frühjahr 1945 immerhin noch fast 570 000 Menschen – bot die Stadt keine Sicherheit. Darüber hinaus war Dresden gerade während der letzten Wochen zu einem gigantischen Flüchtlingslager geworden. Die Flüchtlinge kamen aus den deutschen Ostgebieten, vor allem aus Schlesien. In Dresden, so dachten sie, würden sie das Schlimmste erst einmal hinter sich haben. Die letzte Warnung erging am 12. Februar 1945 um 22.15 Uhr und lautete: »Bombenabwürfe über dem Stadtgebiet. Volksgenossen haltet Sand und Wasser bereit!« Vier Stunden später gab es kein Dresden mehr.

»Wir hatten unseren Job zu machen. Es war ein völlig normales Ziel«, so Fred Hulance vom Bomber Command. Tatsächlich unterschieden sich der Anflug und die Bombardierung Dresdens technisch kaum von den vorangegangenen Angriffen, sie verlief nur perfekter.

> Wir hofften, durch einen Großangriff Dresden zerstören zu können. Der deutsche Nachschub aus dem Westen an die Ostfront sollte so unterbrochen werden. Es gab diesen strategischen Hintergrund.
>
> *Peter Johnson, britisches Bomberkommando*

Schon die zweite große Angriffswelle von 529 Bombern, die Dresden gegen 1.30 Uhr erreichte, traf auf ein flammendes Inferno – ein grotesk erleuchtetes Ziel, in dem nur noch wenige Areale dunkel, das heißt, unbeschadet schienen. Bereits die erste Angriffswelle hatte einen Feuersturm sondergleichen hervorgerufen.

> Wir sahen den Feuersturm, der draußen tobte. Dann hieß es: »Alles im Keller zurücklassen, um das Leben zu retten.« Oben

> wiesen uns Soldaten an, zu kriechen und nicht zu laufen. Eine Frau lief in die falsche Richtung – direkt ins Feuer hinein. Sie wollte gar nicht in diese Richtung, ist aber vom Sog erfasst worden.
>
> *Hans-Joachim Dietze, damals in Dresden*

Wer ihm entrinnen konnte, hastete in panischer Flucht in Richtung der wenigen unbebauten Flächen der Stadt, vor allem in den Großen Garten und die Elbwiesen. Eben diese Parkanlagen waren es, über denen jetzt der Bombenhagel der zweiten Bomberstaffel niederging.

Diejenigen, die am nächsten Tag – es war Aschermittwoch – durch Dresden gingen, standen fassungslos vor dem, was noch 24 Stunden zuvor ihre Stadt gewesen war. Das Viertel, in dem Gerhard Baum und seine Familie wohnten, war weitgehend verschont geblieben. Das Bild, das sich ihm bot, als er den Hauptbahnhof erreichte, hat er nie vergessen. »Die großen Haufen von Leichen, denen Luftminen die Lungen zerrissen hatten, diese Haufen von Menschen, Kindern, Frauen. Die Stadt nach dem Angriff ist für mich eine Stadt voller toter Menschen, voller Leichen, Trümmern. Viele waren nicht mehr Herr ihrer Sinne, liefen verstört umher und in ihren Augen stand das blanke Entsetzen.«

Viele Bewohner flohen aus dieser Todeszone, deren Fassadenskelette noch immer die Hitze des verheerenden Brandes abstrahlten.

> Die ganze Stadt brannte, die Menschen standen da, wortlos, entsetzt, und sahen das Prasseln des Feuers und das Niederstürzen der Balken. Es war nicht mehr möglich, in die Innenstadt hineinzukommen. Ab und zu hörte man noch eine Feuerwehr, aber man stand da und stand fassungslos wie vor einem wirklich entsetzlichen Naturereignis.
>
> *Gerhard Baum, damals in Dresden*

Andere blieben in der Stadt, suchten in den qualmenden Straßenzügen nach Verwandten oder Freunden. Und noch einmal heulten die Sirenen auf, diesmal kamen die Amerikaner. Um die Mittagszeit bombardierten 311 Maschinen den Bahnhof Dresden-Friedrichstadt. Wieder wurden auch Wohngebiete getroffen, wieder starben Menschen. Wer auch diesen Angriff erlebte, musste sich von den alliierten Fliegern ganz persönlich verfolgt fühlen. Viele Überlebende der Tage in Dresden berichten,

Tiefflieger hätten Flüchtende einzeln ins Visier genommen und beschossen. Tatsächlich gab es keine derartige Menschenjagd aus der Luft, aber manche Dresdner hatten aufgrund des Schocks der zurückliegenden Nacht diesen Eindruck.

Am 15. Februar war das Zentrum Dresdens Geschichte. Die Semperoper, das Schloss, die barocken Bürgerhäuser – das alles lag in Schutt und Asche. Diese völlige Vernichtung eines unwiederbringlichen kulturellen Erbes ist es auch, die der Zerstörung Dresdens einen so prominenten Platz in der historischen Wahrnehmung eingeräumt hat. Für die Einwohner Dresdens waren all diese Gebäude Teil ihres Lebens und ihrer Kindheit. Für jeden Einzelnen, der die Verwüstung Dresdens miterlebte, war diese Nacht auch das Ende eines Lebensabschnittes, dessen Bedeutung sich für viele bis heute nicht relativiert hat.

> Deutschland hatte die Hauptschuld am Krieg, trotzdem war der Angriff auf Dresden ein Kriegsverbrechen. Die Menschen haben ihn als Strafe empfunden für das, was in diesem Krieg passiert war.
>
> *Werner Scholz, damals in Dresden*

»Es war ein totaler Zerstörungsakt, der da stattgefunden hat«, so Gerhard Baum. »Für mich ist eine Welt zusammengebrochen, meine Welt.«

Warum Dresden? Warum noch einmal ein derartiger Zerstörungsakt, wo der Ausgang des Krieges doch absehbar war? Diese Frage haben Betroffene und Historiker seit 1945 immer wieder gestellt. Der britische Historiker Max Hastings war sich sicher: »Mit dem Beschluss, Dresden anzugreifen, wollten die Westalliierten den Russen beweisen, dass sie ihnen jede mögliche Hilfe würden zukommen lassen. Ein Bombardement nahe der russischen Front sollte den Russen zeigen, wozu das Bomber Command fähig war.« Es ging wohl weniger darum, die Russen in einem Vorgriff auf den Kalten Krieg einzuschüchtern, wie oft behauptet wird. Eher wollten die Westalliierten die Rote Armee entlasten, die die Hauptlast der Kampfhaltungen in dieser Region trug.

> Der Bombenangriff auf Dresden war keine pure Sinnlosigkeit, weil man die militärische Bedeutung Dresdens im Endkampf des

Reiches unterschätzt und vergisst, dass aus der Sicht der Alliierten auch im Februar 1945 nicht auszuschließen war, dass es Hitler und seinen Nazischergen nicht doch gelingen würde, in irgendeiner Weise eine rasche Beendigung des Krieges zu verhindern.

Rolf-Dieter Müller, Militärhistoriker

Diese Allianz wurde gerade denjenigen zum Verhängnis, die vor der russischen Front direkt in die alliierten Bombardements geflohen waren. Ungeachtet aller Strategiefragen: Das Schicksal Dresdens ist vor allem ein Beleg dafür, dass auch das Vorgehen der Alliierten spätestens zu diesem Zeitpunkt jedes Augenmaß für die Verhältnismäßigkeit der Mittel verloren hatte.

Das Ausmaß der Zerstörung Dresdens hat Folgen gezeitigt. Am 28. März 1945 distanzierte sich Winston Churchill von »seinem« Marschall Arthur Harris, den er bis dahin fraglos unterstützt hatte. »Mir scheint der Moment gekommen«, ließ er in einem freilich später zurückgezogenen Memorandum verlautbaren, »wo die Frage der Bombardierung deutscher Städte einfach zur Steigerung des Terrors, jedoch unter anderem Vorwand, zu überprüfen wäre. Sonst werden wir ein total zerstörtes Land übernehmen. Die Zerstörung von Dresden hinterlässt einen ernsten Zweifel an der Art der alliierten Bombardierung. Ich halte präzisere Konzentration auf militärische Ziele wie Öl und Verbindungswege hinter der unmittelbaren Kampflinie für notwendiger als bloße Terrorakte und blinde Zerstörung, so eindrucksvoll sie sein mögen.« Für bis zu 25.000 Menschen, die bei der Zerstörung Dresdens umkamen, kam diese Einsicht zu spät.

Der Luftkrieg gegen Deutschland ist auch nach Dresden weitergegangen. Er traf Großstädte wie das bereits völlig verwüstete Berlin, er traf kleinere Städte wie Pforzheim, das in der Nacht zum 23. Februar wahrscheinlich ein Drittel seiner Einwohner verlor. Er traf Würzburg – ein barockes Gesamtkunstwerk, dessen Innenstadt zu fast 90 Prozent zerstört wurde und zum vielbeschworenen »Grab am Main« geriet. Der bloße Anblick fortschreitender Verwüstung machte den Betroffenen auf traumatische Weise bewusst, welche schrecklichen Konsequenzen der Durchhaltewahn des Regimes heraufbeschwor. Eines der sicherlich tragischsten Kapitel der Geschichte des Luftkrieges ereignete sich noch wenige Tage, bevor das Deutsche Reich endlich seine Waffen niederlegte. Im Glauben, es handele sich um deutsche Truppentransporter, bombardierten am 3. Mai 1945 britische Flugzeuge die in der Lübecker Bucht ankernden Schiffe »Cap Arcona«, »Deutschland«, »Athen« und »Thielbeck«. Tatsächlich waren diese Schiffe schwimmende KZ, auf denen tausende Häftlinge aus dem Konzentrationslager Neuengamme und dessen Nebenlagern kaserniert waren. Über 7000 Menschen sind bei diesem Angriff ums Leben gekommen, nur wenige Stunden von ihrer Befreiung entfernt.

Der Luftkrieg über Deutschland hat die Generationen, die ihn erlebte, geprägt – auf beiden Seiten. Vielen Piloten des britischen Bomber Command und der US Air Force ist erst nach dem Ende des Krieges das volle Ausmaß der Zerstörungen bewusst geworden, zu dem sie selbst beigetragen haben.

Trotz der verheerenden Verwüstungen, gerade während der Jahre 1944 und 1945, sind sich die Historiker heute weitgehend einig, dass die Luftangriffe der Alliierten den Zweiten Weltkrieg nicht wesentlich verkürzt haben. Der britische Ökonom und damalige Direktor der »Economic Effects Division« der Royal Air Force, Lord Gailbraith, bezeichnete die Strategie der Briten als »die größte Falschrechnung des Krieges«. Zwar wurden erhebliche Teilerfolge erzielt. So führten die Angriffe auf die deutsche U-Boot-Produktion zu einer erheblichen Schwächung der deutschen Unterseeflotte im Atlantik und damit zur Sicherung der Nachschubwege der Alliierten. Vor allem gegen Ende des Kriegesmachte sich auch die Zerstörung der Produktionsstätten für synthetische Treibstoffe bemerkbar, wie die der Leuna-Werke bei Merseburg.

Insgesamt aber fällt die Bilanz bescheiden aus. So richtete die viermonatige »Battle of the Ruhr«, die bereits im März 1943 begann, gewaltige Zerstörungen in Essen, Dortmund, Duisburg, Wuppertal und anderen Städten an, zog die deutsche Rüstungsproduktion allerdings nur wenig in Mitleidenschaft. Selbst 1944 produzierte Deutschland noch dreimal mehr Waffen als im Jahre 1941. Noch im März 1945 legten die während des Krieges entwickelten »V-Raketen« die belgische Hafenstadt Antwerpen in Schutt und Asche, forderten zahlreiche Todesopfer auch in England. Hitlers vermeintliche »Wunderwaffen«, deren kriegswendende Wirkung die Propaganda nicht müde wurde zu betonen, waren Instrumente blindwütiger Vergeltung gegen Zivilisten. Den Kriegsverlauf haben auch sie nicht mehr beeinflusst. Die Luftwaffen beider Seiten sind im Verlauf des Zweiten Weltkrieges zu einem Massenvernichtungsmittel geworden, dessen strategischer Wert in gleichem Maße sank wie die Bedenken der befehlsgebenden Kommandeure.

Am Ende war die Verwüstung vielerorts fast vollständig. Foto- und Filmaufnahmen zeigen beinahe ebenmäßige Flächen, wo zuvor eine Stadt gestanden hatte. Rußgeschwärzte Fassaden, Fensterhöhlen, die den Blick freigeben in leere Luft, schmale Trampelpfade durch Trümmerberge und hie und da Reste von Möbeln, Küchengerät oder Spielzeug – Zeugnisse einer Normalität, die binnen weniger Stunden unwiederbringlich zerstört wurde. Die Trümmer waren nach wenigen Jahren verschwunden, doch noch heute sind viele deutsche Städte gezeichnet von den Schneisen, die von den Bomben des Zweiten Weltkrieges geschlagen wurden. Auch wenn wohl nicht die Mehrheit der Deutschen damals den 8. Mai 1945 als den Tag ihrer Befreiung vom Terrorregime des Nationalsozialismus empfand, so war er es objektiv doch. Er ebnete den Weg auch zur Versöhnung mit den Alliierten, deren Sieg allerdings auch von den Deutschen viel abverlangt hatte. »Ich war kein Kind mehr«, so Brigitte Sattelberger, die das Kriegsende als 12-Jährige in Dresden erlebte. »Die Erlebnisse der Bombennächte hatten mich schlagartig altern lassen. Ich hatte zu viel Schreckliches gesehen.«

HITLERS KRIEGER

ERWIN ROMMEL

Der von Hitler entfesselte Weltkrieg prägte beispiellose militärische Karrieren. Manche davon wurden zum Mythos. Erwin Rommel kämpfte an vielen Fronten, nicht nur in Afrika. Seine Legende währte weit länger als das Reich, dem er zu dienen glaubte. Auf dem Höhepunkt seiner Erfolge ersetzte sein Ruf, so schien es, ganze Divisionen. Zum Dank beförderte ihn Hitler zum damals jüngsten Feldmarschall der Wehrmacht. Dann kamen die Niederlagen, am Ende das Zerwürfnis.

Inzwischen mehren sich die Stimmen, welche die Fassade vom »ritterlichen Krieg«, den Rommel in Afrika geführt habe, bröckeln lassen. Ein überzeugter Nazi sei »Hitlers Lieblingsgeneral« gewesen, sogar ein »Kriegsverbrecher«, meinen manche Kritiker. Dem wahren Rommel werden solche Überzeichnungen ebenso wenig gerecht wie alle Anflüge von Heroisierung der vergangenen Jahrzehnte. Wie viele führende Offiziere verschloss auch er zunächst die Augen vor dem wachsenden Terror der Nazis. Unter Führung ihrer Generalität war die Wehrmacht vom ersten Tag an ein verlässliches Instrument des Vernichtungskrieges. Im Spannungsfeld zwischen Gehorsam und Gewissen, Verdrängung und Protest zog sich Rommel bis in den Sommer 1944 ganz auf seine militärische Funktion zurück. Ob er tatsächlich im Juli 1944, vor dem Attentat auf Hitler, davon wusste und sich am Ende gar mit den Plänen der Verschwörer einverstanden erklärte, war lange unklar. Sicher ist: Erwin Rommel wusste genug von der Verschwörung, um dafür mit dem Leben zu bezahlen.

Herrlingen bei Ulm, 14. Oktober 1944: Die Todesboten waren pünktlich. Genau um zwölf Uhr mittags klingelten zwei Männer in Generalsuniformen der Wehrmacht an der Tür des Hauses Wippinger Steige Nr. 13. Ein Adjutant empfing die hohen Offiziere, die ihre Mäntel nicht ablegten und ohne weitere Umschweife verlangten, den Hausherrn zu sprechen. Dieser wartete mit seiner Frau bereits im Arbeitszimmer: Erwin Rommel, hoch dekorierter Feldmarschall des »Dritten Reiches«, als »Wüstenfuchs« bei Freund und Feind als legendärer Heerführer und ehedem als »Lieblingsgeneral« Hitlers bekannt. Ob die Gäste denn zum Mittagessen blieben, fragte die Ehefrau Rommels arglos, doch die beiden Militärs lehnten barsch ab. Sie müssten ihren Mann in dienstlicher Angelegenheit sprechen, erklärten sie mit Nachdruck – und zwar allein.

Noch hoffte Rommel, der zuletzt an der Invasionsfront in Frankreich eine deutsche Heeresgruppe kommandiert hatte, die Besucher würden von ihm lediglich Rechenschaft für die gescheiterte Abwehr der alliierten Landung in der Normandie verlangen. Doch Wilhelm Burgdorf, Chef des Heerespersonalamtes und Chefadjutant des Oberkommandos der Wehrmacht bei Hitler, sowie Ernst Maisel, Abteilungsleiter für »Weltanschauliche Erziehung« und »Ehrenangelegenheiten« im Heerespersonalamt, hatten einen viel gravierenderen Auftrag: Sie konfrontierten den Feldmarschall mit dem Vorwurf, er sei am Putschversuch des 20. Juli 1944 beteiligt gewesen. Die Generale zitierten belastende Aussagen von gefangen genommenen Verschwörern und erklärten, alle Indizien sprächen gegen Rommel. Deshalb sei es nun notwendig, dass er die »angemessenen Konsequenzen« ziehe. Rommel wurde leichenblass. Er sprang auf und lief unruhig im Zimmer auf und ab. »Ich fühle mich unschuldig«, stieß er schließlich hervor. »Ich bin nicht beteiligt am Attentat. Ich habe in meinem ganzen Leben dem Vaterland gedient und das Beste getan.« Doch dann ließ er sich resigniert in den Sessel sinken. »Ich werde die Konsequenzen ziehen«, sagte er leise, und dann: »Ich habe den Führer geliebt und liebe ihn noch.«

Die letzten Stunden im Leben Rommels machen das ganze Dilemma dieser scheinbar bis ins letzte Detail ausgeleuchteten Persönlichkeit deutlich: Wer war dieser Mann wirklich? Ein ritterlicher Heerführer, der zwar einem verbrecherischen System diente, dabei aber so untadelig blieb, dass bis heute Straßen und sogar Bundeswehr-Kasernen nach ihm benannt sind – als einzigem Feldmarschall aus Hitlers Wehrmacht neben Erwin von Witzleben, der freilich am 20. Juli eine aktive Rolle spielte? Ein brutaler Nazi-General und Kriegsverbrecher, eine scheele Propagandafigur, deren Andenken noch immer lediglich von Ewiggestrigen hochgehalten wird, wie andere behaupten? Oder tatsächlich ein Mann des Widerstandes, der sich zwar spät, dann aber mit Nachdruck der Verschwörung von Wehrmachtsoffizieren gegen Hitler anschloss und auch das Attentat auf den Diktator guthieß – somit ein Vorbild bis heute?

Gut viereinhalb Jahre vor jenem tragischen Oktobertag 1944 hatte der kometenhafte Aufstieg des Feldherrn begonnen. Es waren die Tage des »Westfeldzugess« im Frühjahr 1940, als die Wehrmacht den Erzfeind

Frankreich in nur sechs Wochen niederringen konnte. Erstmals hatte Rommel damals das Kommando über eine Panzerdivision erhalten und sich mit schnellen und überraschenden Vorstößen tief hinter die feindlichen Linien einen Namen gemacht. Bemerkenswert daran war vor allem, dass Rommel als Militärführer bis dahin mit Panzern so viel zu tun gehabt hatte wie mit U-Booten oder Sturzkampfbombern – nämlich gar nichts. Er war Infanterist, und als Autor des Buchs *Infanterie greift an* hatte er auch Hitlers Aufmerksamkeit erregt. Den Diktator hatten Rommels Berichte aus dem Ersten Weltkrieg an die »unvergesslichste und größte Zeit« seines Lebens erinnert – entsprachen diese doch in vielen Punkten den Erlebnissen und Gefühlen des seinerzeitigen Gefreiten Hitler. Der »Führer« persönlich sollte fortan zu den entscheidenden Förderern des ungewöhnlichen Generals zählen.

Rommel, 1891 als Sohn eines Schulrektors in Heidenheim geboren, hatte im August 1914 als Leutnant den Beginn des Ersten Weltkrieges erlebt und war Ende 1915 als Kompaniechef beim neu aufgestellten Württembergischen Gebirgsbataillon erstmals mit Führungsaufgaben betraut worden. An der Isonzofront in den Julischen Alpen gelang dem 25-Jährigen 1917 mit der Erstürmung des Monte Matajur ein erstes Husarenstück, das bereits alle Ingredienzien seiner späteren militärischen Erfolge aufwies: Überraschung und Kriegslist, Ehrgeiz und Eigeninitiative, Sturheit und (wenn nötig) Ignorieren von Befehlen höherer Dienstgrade.

> Von der Tat der Erstürmung des Monte Matajur muss er verstanden werden. Im Grunde genommen blieb er immer der gleiche Leutnant im Erfassen der Augenblickssituation und in dem sich daraus ergebenden blitzartigen Handeln.
>
> *Kurt Hesse, Offizier der Reichswehr*

Als das Kriegsende, der Schock der Niederlage und die von den meisten Soldaten abgelehnte Revolution zahlreiche ehemalige Frontkämpfer politisierten, blieb Rommel, was er immer gewesen war: ausschließlich ein Soldat, der die neue, republikanische Ordnung nicht wie viele andere Offiziere in Freikorpsverbänden bekämpfte. Die Siegermächte des Ersten Weltkrieges hatten der deutschen Republik nur knapp 100 000 Mann als Streitmacht zugestanden. Rommel, der sich für eine Weiterverwendung in der Reichswehr bewarb, hatte Glück und konnte bei der

Truppe bleiben. Er wurde Chef einer Maschinengewehrkompanie in Stuttgart und wurde dann als Lehrer an die Infanterieschule in Dresden berufen. Dort machte er sich Gedanken über die Kriegszeit, fragte nach den Ursachen der Niederlage und kam zu dem Ergebnis, dass das Heer in seiner alten Organisationsform den Erfordernissen eines modernen Krieges nicht gewachsen war. Im Krieg hatte sich Rommel immer wieder an den Grenzen gerieben, die durch die militärische Tradition Deutschlands gezogen waren. Leistung allein hatte nicht genügt in der kaiserlichen Armee. Herkunft und Dienstalter gingen vor.

In der Weimarer Republik war ihm als Offizier der Reichswehr jede politische Betätigung untersagt. Auch nach der »Machtergreifung« trat er nicht in die NSDAP oder eine ihrer Gliederungen ein.

> Wie die meisten Berufsoffiziere sah sich auch Rommel nicht als Politiker, sondern als Soldat mit der Pflicht zum Gehorsam.
>
> *Manfred Rommel, Sohn*

In den ersten Jahren der NS-Herrschaft, als Hitler seine Macht konsolidierte und auch auf die alten militärischen Eliten Rücksicht nehmen musste, dürfte es Rommel wie vielen anderen Konservativen schwergefallen sein, nicht das in ihren Augen »Positive« am neuen Staat zu sehen. Wenn ein starker Führer militärische Tugenden wie Gehorsam, Disziplin und Ordnung zu schätzen schien – welcher Offizier wollte ihm das angesichts der unhaltbaren Zustände im Reich vorwerfen? Wenn die Knebelketten des Versailler Vertrages endlich abgeworfen werden sollten – welcher Patriot hätte dieser Forderung Hitlers widersprechen sollen? Wenn die Armee modernisiert und verstärkt werden würde – was hätte ein Berufssoldat wie Rommel dagegen einwenden sollen? Wenn der neue Reichskanzler am »Tag von Potsdam« vor der Garnisonskirche der preußischen Tradition seine Reverenz erwies, welchem Frontkämpfer hätte er da nicht aus der Seele gesprochen – selbst einem Schwaben wie Rommel?

Spätestens mit Hitlers Entscheidung für die Wehrmacht und gegen Röhms SA am 30. Juni 1934 schien es eine weitgehende Interessenidentität zwischen dem Diktator und seiner Armee zu geben – gemeinsame Ziele, die es nun vereint zu erreichen galt. Dass diese Inszenierung eine bewusste Irreführung war – wie viele Deutsche wussten dies damals oder ahnten es auch nur? Rommel gehörte zu denen, die sich täuschen ließen. »Bei diesem Anlass hätte man mit der ganzen Blase aufräumen sollen«, äußerte er nach dem »Röhm-Putsch« – und meinte damit die zahlreichen, in Armeekreisen ungeliebten »Parteibonzen« und »Goldfasane«, mit denen Hitler sich umgab. Rommel übersah, dass die kaltblütige Beseitigung der SA-Führung nur der Auftakt zu einem ganz anderen Spiel war – einem Spiel, in dem ihm noch eine besondere Rolle zukommen sollte.

1937 wurde Hitler, der stets nach »tüchtigen Frontoffizieren ohne Generalstabsvorbildung« Ausschau hielt, auf Rommel aufmerksam. Während der »Sudetenkrise« Anfang Oktober 1938 übertrug er ihm das Kommando über das »Führerbegleitbataillon«. In dieser Funktion erlebte Rommel die Begeisterung der Menschen im Sudetenland, die dem Diktator wie einem Messias zujubelten und die Fahrt des »Führers« zu einem einzigen Triumphzug werden ließen. Rommel selbst erlag ebenfalls zunehmend der Faszination Hitlers und machte sich auch während sogenannter »nationalpolitischer Schulungskurse« die krude Gedankenwelt des Diktators zu eigen: »[Der] Soldat muss heute politisch sein, denn er muss stets einsatzbereit sein für die neue Politik«, schrieb er an seine Frau, nachdem er Hitler reden gehört hatte.

> Von ihm geht eine magnetische, vielleicht hypnotische Kraft aus, die ihren tiefsten Ursprung in dem Glauben hat, er sei von Gott oder der Vorsehung berufen, das deutsche Volk »zur Sonne empor« zu führen.
>
> *Rommel, 1939 über Hitler*

Den Polenfeldzug im September 1939 erlebte er dann ebenfalls in Hitlers engster Umgebung. Rommel durfte jetzt sogar an den Lagebesprechungen teilnehmen und sich dort manchmal sogar zu Wort melden. In den Briefen an seine Frau kam die wachsende Begeisterung für den Diktator zum Ausdruck: »Bin viel mit dem Führer zusammen. Dieses Vertrauen ist für mich die größte Freude, mehr als mein Generalsrang«, hieß es etwa. Jede freundliche Bemerkung, jede noch so kleine Aufmerksamkeit Hitlers schilderte er in seinen Briefen nach Hause. »Er ist außerordentlich freundlich zu mir«, »gestern Abend durfte ich neben ihm sitzen« oder »komme nun öfters mit ihm ins Gespräch«. Der unpolitische Soldat geriet nun immer mehr in den Bann des Diktators.

Er bewunderte an Hitler, dass »er sofort die wesentlichen Punkte erfassen und aus ihnen eine Lösung ableiten« könne. In quasipersönlichen Audienzen, die der Diktator ihm gewährte, erläuterte ihm der

»Führer« das Zusammenwirken von Panzern, Sturmtruppen und Luftwaffe und betonte immer wieder, dass schnelle Siege dem Feind jede Chance zur Verteidigung nehmen müssten. »Ich hatte den Eindruck, dass Rommel jedes Wort des Führers gierig in sich aufsog«, berichtete Hitlers Kammerdiener Heinz Linge später. Zu seiner großen Freude konnte Rommel feststellen, dass sich Hitlers Auffassungen eines modernen Krieges mit seinen eigenen deckten. Die »Stoppelhopser« von der Infanterie hatten für Rommel endgültig ausgedient, er wollte seinen Krieg an vorderster Front nun so schnell und beweglich führen, wie es nur mit Panzern möglich war, und bat um das Kommando über eine Panzerdivision.

> Ja, wenn wir den Führer nicht hätten. Ich weiß nicht, ob es einen anderen deutschen Mann geben würde, der die Kunst der militärischen Führung und auch der politischen Führung in gleichem Maße so genial beherrscht.
>
> *Rommel, April 1940*

Gegen die Bedenken des Personalamtes, ob der Infanterieoffizier überhaupt die Einsatzmöglichkeiten der Panzerwaffe kenne, war es wohl Hitler persönlich, der sich nachdrücklich für Rommel einsetzte und ihm im Februar 1940 den Befehl über die im Rheinland stationierte 7. Panzerdivision verschaffte, die er dann im Frankreichfeldzug befehligte.

Anders als für Kommandeure größerer Militärverbände damals üblich, führte Rommel seine Männer nicht am Kartentisch in der Etappe, sondern in vorderster Linie. Schon am dritten Angriffstag waren die Spitzen der Division durch das unwegsame Waldgebiet der Ardennen vorgestoßen und hatten das erste Angriffsziel, die Maas, erreicht. Wiederum drei Tage später hatte die Division den Fluss überwunden und nun die stark befestigte französische Verteidigungsstellung, die Maginotlinie, vor sich. Auch diese konnte durch einen massiven Feuerschlag »aus der Bewegung« genommen werden. Nun begann für Rommel der Krieg, den er schon immer führen wollte. Ohne auf die Haltebefehle seiner vorgesetzten Dienststellen zu achten, jagte er wie besessen vorwärts – überzeugt davon, intuitiv richtig zu handeln. Schnell wurde seine Truppe bei Freund und Feind als »Gespensterdivision« bekannt. Kritische Momente konnten bei dieser Art der Kriegführung natürlich nicht ausbleiben. Doch Rommel hatte wieder einmal das Glück des

Tüchtigen. Die Verteidiger waren von der Wucht des deutschen Angriffes derart geschockt, dass sie zu einer systematischen Gegenwehr nicht mehr in der Lage waren. Als der erste Teil des Feldzuges für Rommel am 1. Juni vor Lille endete, hatte seine Division bei geringen eigenen Verlusten mehr als 7000 französische Gefangene gemacht, eine große Zahl von französischen Panzern erbeutet und mehrere hundert weitere zerstört. Rommel erhielt für seine Leistungen das Ritterkreuz und wurde weiterhin von Hitler persönlich hofiert.

Die Wertschätzung des Kriegsherrn hatte jedoch auch eine Kehrseite.

> Rommel genoss Hitlers besonderes Vertrauen, das er sich durch seine rasche und wirkungsvolle Kriegführung im Frankreichfeldzug erworben hatte.
>
> *Nicolaus von Below, Adjutant Hitlers*

Als »Günstling Hitlers« genoss Rommel bei der militärischen Führung kein besonders großes Ansehen. Generalstabschef Franz Halder bezeichnete ihn als »verrückt gewordenen General«, der sich wiederholt über Befehle von oben hinweggesetzt hatte. Doch nichts ist erfolgreicher als der Erfolg. Das musste auch die Armeeführung anerkennen. Schon während des Feldzuges hatte sie umfangreiches Material für einen abendfüllenden Kinofilm drehen lassen, der schließlich ein halbes Jahr später unter dem Titel *Sieg im Westen* in die Kinos kam. Nach der Kapitulation Frankreichs waren zahlreiche Szenen »ergänzend« nachgestellt worden, wobei auch Rommel eine tragende Rolle zugewiesen bekam. »An der Spitze seiner ›Gespensterdivision‹ überquerte er als Hauptdarsteller noch einmal die Somme und stieß noch einmal zum Kanal vor«, so Rommel-Biograf Ralf Georg Reuth. »Allzu gewollt lamentierende Statisten – es waren französische Kriegsgefangene – wies der ›Schauspieler‹ Rommel dabei in die wirklichkeitsnahe Darstellung soeben Besiegter ein.« Entgegen einer oftmals in der Literatur geäußerten Auffassung hatte das Propagandaministerium mit dem Film nichts zu tun – im Gegenteil: Goebbels kritisierte sogar »die geschichtlichen und psychologischen Inkorrektheiten bei der Gestaltung des Filmwerkes«, das »erhebliche Mängel« aufweise. Noch war der Rummel um Rommel nicht von ganz oben gelenkt. Den unschätzbaren Propagandawert eines Erwin Rommel sollte Goebbels erst im darauffolgenden Jahr erkennen.

Der italienische Diktator Benito Mussolini hatte hinter den Deutschen, die soeben ihren »Erbfeind« besiegt hatten, nicht zurückstehen und sein »Nuovo Impero Romano« auf afrikanischem Boden ausbauen wollen. Dieses bestand bis dahin vor allem aus den Kolonien Libyen und Äthiopien und sollte nach dem Willen des größenwahnsinnigen »Duce« dereinst ganz Nordostafrika umfassen. Die italienische Offensive auf Ägypten geriet jedoch schon bald vor den britischen Verteidigungsstellungen ins Stocken. Als die Commonwealth-Truppen im Dezember 1940 eine Gegenoffensive starteten, fiel die italienische Front wie ein Kartenhaus zusammen. Binnen nur acht Wochen wurden die Italiener 800 km nach Westen zurückgedrängt, 130 000 Soldaten gerieten in Gefangenschaft, 400 Panzer und 3000 Geschütze waren verloren. Die kläglichen Reste der Armee flohen Hals über Kopf in Richtung Tripolis. Mussolinis Kolonialreich stand vor der Auflösung – und er musste kleinlaut den deutschen Bündnispartner um Hilfe bitten, wollte er keine schmerzhafte Niederlage erleiden. Hitler versprach zu helfen, nicht allein aus Solidarität, sondern durchaus auch aus eigenem Interesse. Die Unterstützung sollte die drohende Kapitulation der Italiener mit all ihren – auch psychologischen – Auswirkungen auf die Achsenmächte verhindern. Sie konnte zudem feindliche Truppen binden und vor allem die britischen Versorgungswege im Mittelmeer empfindlich stören. Kommandeur des deutschen Eingreifkorps in Nordafrika wurde Erwin Rommel.

> Rommel besitzt die Fähigkeit, seine Truppen mitzureißen. Dies ist für den Heerführer einer Truppe, die unter besonders schwierigen atmosphärischen Verhältnissen zu kämpfen hat, wie in Nordafrika, eine absolute Notwendigkeit.
>
> *Hitler über Rommel*

Eigentlich war er instruiert worden, dass seine Aufgabe rein defensiver Natur sei, doch wieder einmal setzte der General seine eigenen Prioritäten. Rommel gab seiner »Deutsches Afrikakorps« (DAK) genannten Truppe den Befehl zum Angriff und konnte bei einem kleinen Wüstenfort namens El Agheila den ersten Erfolg verbuchen. »Ich bin mit einer kleinen Gruppe – vielleicht 20 Mann und ein Leutnant – vorgefahren«, erinnerte sich Winrich Behr, damals Angehöriger einer Aufklärungsabteilung. »Wir haben dann unsere Fahrzeuge stehen lassen und sind nachts am Strand die restlichen Kilometer zu Fuß marschiert. Als wir ankamen, stellte sich heraus, dass im Fort zwar hunderttausende von Flöhen, aber kein einziger Brite übernachtete. Erst im Morgengrauen kamen ihre Spähwagen angefahren, die wir dann schnappten oder abschossen. Und diese lächerliche Geschichte kam, weil sie natürlich von einer gewissen strategischen Bedeutung war, in die deutsche Presse. Das Fort El Agheila erschien dort, als ob es Fort Knox wäre und wir eine große Schlacht geschlagen hätten. In Wirklichkeit war es eine lächerliche Karl-May-Geschichte.«

Auch die *Deutsche Wochenschau* blies die Eroberung des Wüstenforts gewaltig auf und sang erstmals das Hohelied auf Rommel, der in vorderster Linie den Angriff geleitet habe, wie es hieß. Eine glatte Lüge – die nicht die letzte bleiben sollte. Die deutsche Propaganda hatte ihr neues Lieblingssujet gefunden: Palmen und Minarette, wolkenloser Himmel und Wüstensand, Oasen und Kamelherden, brennende Sonne und auf Panzerblechen brutzelnde Spiegeleier. Es war die Exotik eines fremden Kontinents, den die Deutschen damals zumeist nur aus Abenteuerromanen kannten.

> Am meisten hat mich die Wochenschau geärgert mit den Spiegeleiern auf den Panzern. Wo hätten wir die Eier herkriegen sollen? Vielleicht einer, der hinten in der Etappe war und mit Beduinen zusammenkam. Eier konnte man vielleicht gegen Tee und gegen Zucker kriegen. Aber wo sollte ich Tee und Zucker hernehmen?
>
> *Rolf-Werner Völker, Panzergrenadier im Afrikakorps*

Dazu »Action« – anstürmende Panzer, donnernde Geschütze, Luftangriffe auf feindliche Stellungen. Endlich wieder Nervenkitzel für die deutschen Kinogänger, die seit dem Sieg über Frankreich weitestgehend mit Filmchen von der »Heimatfront« hatten vorliebnehmen müssen. Und dazwischen immer wieder Rommel, Rommel, Rommel – im langen Ledermantel, seinen Männern die Richtung weisend; im offenen Wagen, energisch gestikulierend; mit dem Fernglas in die endlose Weite blickend; staubverkrustet mit der Fliegerbrille auf der Stirn; bei einer Lagebesprechung, Befehle erteilend; mit bei seinem Soldaten.

Der Rommel-Rummel wurde jetzt zur Chefsache, der General ein geradezu willfähriges Objekt der Propaganda – kein anderer Wehrmachtsgeneral sei von der Wichtigkeit des Propagandaeinsatzes derart durchdrungen, notierte Goebbels nun erfreut. Während andere Truppenführer die »Propagandafritzen« und Kriegsberichterstatter nur widerwillig duldeten, wurden sie von Rommel hofiert. Für das beste Bild warf er sich ein ums andere Mal in Pose, ließ Szenen mitunter auch nachstellen, wenn sie seinen Ansprüchen nicht genügten.

> Er war ein bisschen eitel. Ehrgeizig war er sowieso. Aber auf der anderen Seite, welcher Mann ist nicht irgendwo doch eitel. Ein kleines Fünkchen war sicher immer dabei. Und er hat sich dann schon entsprechend in Positur auf den Panzer gestellt und hat das entsprechend begünstigt.
>
> *Hellmut von Leipzig, Rommels Fahrer*

Der Pakt mit der Propaganda hatte jedoch auch seine Schattenseite. Ein ums andere Mal verschwammen Dichtung und Wahrheit. Rommel spreche perfekt Arabisch, hieß es beispielsweise – dabei waren es kaum 50 Worte, die der General beherrschte. Andere Experten wussten die Antwort darauf, warum Rommel sich mit solch schlafwandlerischer Sicherheit in der Wüste bewegte – wollten sie doch unter den mehreren Dutzend Bezeichnungen, die das Arabische für den Begriff »Sand« bereithielt, auch den altarabischen Ausdruck »Rommel« entdeckt haben.

Erarbeitet hatte sich der solchermaßen Gefeierte das Image als »Herr des Wüstenkrieges« mit seinem blitzschnellen Vorstoß in die östliche libysche Provinz Cyrenaika, der Freund und Feind vollkommen überraschte.

> Rommel sagte: Wo marschiert wird, wird gesiegt, jeder Stillstand ist schlecht.
>
> *Friedrich Hauber, Ordonnanzoffizier in Rommels Stab*

Rastlos trieb Rommel seine Männer vorwärts, und nach vier Tagen waren bereits 300 km Wüste zurückgelegt. Als Problem erwies sich bald der Nachschub, der über immer längere Strecken herbeigeschafft werden musste. Mit Blick auf diese Achillesferse forderte das italienische Oberkommando die sofortige Einstellung der Angriffe. Doch gegen alle Warnungen und expliziten Verbote riskierte Rommel den weiteren Vormarsch – und bekam schließlich von Hitler Recht, der ihn zu seinen »unerwarteten Erfolgen« beglückwünschte. Was die britischen Soldaten in zwei Monaten erkämpft hatten, eroberte Rommels noch unvollständiges Afrikakorps in kaum zwei Wochen zurück. Das Nachschubproblem vermochte Rommel dabei auf seine Weise zu lösen. Beim überstürzten Rückzug hatten die Verteidiger oftmals das zurückgelassen, was die Deutschen am dringendsten brauchten – Brennstoff und Verpflegung. Diese Beute nährte den weiteren Angriff – zumindest vorläufig.

> Die Versorgungsfrage interessierte ihn nur in zweiter Linie. Er sagte zu uns: »Holt euch das Benzin doch bei den Tommys!« Das haben wir eine Zeitlang auch gemacht. Aber die Versorgung auf Dauer sicherzustellen, dafür hatte Rommel nicht die gleiche Sorge wie andere Leute.
>
> *Winrich Behr, Offizier des DAK*

Hitler überhäufte seinen erfolgreichen General mit militärischen Ehren. Im Juli ernannte er ihn zum »General der Panzertruppe« und kurze Zeit später zum Oberbefehlshaber der »Panzergruppe Afrika«. Rommel schrieb an seine Frau: »Wie ich jetzt […] erfahren habe, verdanke ich meine neueste Beförderung nur dem Führer. Du kannst Dir meine Freude darüber denken. Seine Anerkennung zu finden für mein Tun und Handeln ist das Höchste, was ich mir wünschen kann.«

Für die Briten hatte der Kriegsschauplatz Nordafrika derweil eine ganz neue Bedeutung gewonnen – militärisch und vor allem psychologisch. Die Cyrenaika war nach dem britischen Rückzug aus Griechenland 1941 der einzige Punkt, an dem sie den Deutschen an Land direkt gegenüberstanden. Der Vormarsch des Afrikakorps hatte die Verteidiger Ägyptens schwer getroffen. Als die britischen Truppen dann am 18. November 1941 ihrerseits vorstießen, trafen sie auf einen Gegner, der in den eigenen Offensivvorbereitungen steckte und nicht zur Verteidigung bereit war. Schnell konnten die Angreifer die deutschen Linien durchbrechen und vorrücken. In der britischen Presse machte sich Euphorie breit: »Rommel eingekesselt!«, »Rommel in wilder Flucht« – so lauteten die Schlagzeilen. Die Situation für das deutsche Afrikakorps spitzte sich zu. Stellung um Stellung musste aufgegeben werden. Am 16. Dezember begann der von Rommel angeordnete Rückzug an der gesamten Frontlinie. Zu Silvester 1941 stand Rommel dort, wo sein Vormarsch im Juni begonnen hatte.

Der Sieg der Briten – eine Niederlage der Deutschen? Ja, müsste die Antwort lauten, wenn Nordafrika ein »normaler« Kriegsschauplatz gewesen wäre. Doch es gehört zu den Paradoxien des Wüstenkrieges, dass es hier nicht allein auf Landgewinne ankam. Ein Vormarsch über Hunderte von Kilometern Wüste bedeutete (fast) nichts – das Ausschalten der gegnerischen Kräfte hingegen alles. So konnten die Briten trotz der Eroberungen nicht zufrieden sein, denn das eigentliche Ziel hatten sie nicht erreicht: die Zerschlagung der deutschen Kräfte. Das britische Hauptquartier musste in einer Mischung aus Anerkennung und Bedauern zugeben: »Es ist General Rommel gelungen, einen geordneten Rückzug zu organisieren.«

> Wir haben es mit einem sehr geschickten und wagemutigen Widersacher zu tun und, wenn ich das trotz der Verheerungen des Krieges sagen kann, mit einem großen General.
>
> *Winston Churchill, Januar 1942 im Unterhaus*

Das erkannte selbst Hitler an, der sonst kategorisch forderte, einmal eroberte Gebiete bis zum letzten Blutstropfen zu verteidigen: »Sagen Sie […] Rommel, ich bewundere ihn«, gab er dessen Stabschef nach einem Treffen mit auf den Weg. Das Bündnis zwischen dem »Führer« und seinem General hielt.

Dies galt umso mehr, als Rommel Ende Januar 1942 mit immer noch völlig unzureichenden Kräften eine erneute Gegenoffensive startete. Die Geschichte schien sich zu wiederholen. Wie sechs Monate zuvor traf der deutsche Angriff die Briten unvorbereitet. Wie im Juni 1941 gelangen schnelle Vorstöße. Schon bald waren weite Teile der Cyrenaika wieder in deutscher Hand. Erneut regnete es Orden und Beförderungen auf Rommel, der jetzt die »Panzerarmee Afrika« befehligte. Es folgte Rommels taktisches Meisterstück. Während die britische Aufklärung glaubte, dass die deutschen Verbände nach Osten vorrückten, ließ der »Wüstenfuchs« kehrtmachen. Sein tatsächliches Ziel war die Festung Tobruk. Stukas eröffneten in den Morgenstunden des 20. Juni den Angriff und bombten eine Gasse durch die Verteidigungslinien, durch die dann die deutschen Panzer stießen. Am Morgen des 21. Juni 1942 war die Festung in deutscher Hand. In der Heimat feierte der *Völkische Beobachter* in großen Lettern »Rommels herrlichen Sieg«.

> Rommel ist überhaupt ein General, der durch seine Erfolge auch die größten Propagandasiege erficht. Solche Generäle müssten wir mehrere haben.
>
> *Joseph Goebbels, Tagebuch, 27. Juni 1942*

Es war der bis dahin größte Triumph des Afrikakorps: Der zentrale Eckpfeiler des britischen Verteidigungssystems in Nordafrika war gefallen. Tobruk brachte dem »Wüstenfuchs« nicht nur einen weiteren Popularitätsschub, sondern auch noch einen neuen Rang ein: Generalfeldmarschall. Es war die fünfte Beförderung innerhalb von kaum drei Jahren. »Dass ich nun Feldmarschall geworden bin, ist mir wie ein Traum«, schrieb Rommel seiner Frau.

Gegen den Willen seiner Vorgesetzten wollte Rommel auch jetzt den geschlagenen Briten unverzüglich nachsetzen. Man müsse die Briten bis »zum letzten Hauch eines einzelnen Mannes« verfolgen. »Die Göttin des Schlachtenglücks streicht an den Feldherren immer nur einmal vorbei. Wer sie in einem solchen Augenblick nicht erfasst, wird sie oft niemals mehr einzuholen vermögen.« Rommel jedenfalls wollte ihr auf den Fersen bleiben. »Alle Einheiten bereiten sich auf den weiteren Vormarsch vor«, lautete sein Funkspruch nach der Eroberung von Tobruk. Seinem Dolmetscher Wilfried Armbruster stellte er schon die weiteren Ziele vor Augen: »Wenn wir so weitermarschieren, können wir uns bis nach Palästina durchschlagen.« Und insgeheim gab es da noch den großen »Orientplan«: die Eroberung der Ölfelder in Persien und die Vereinigung mit dem deutschen Ostheer.

> Die vordersten Teile stehen 200 km vor Alexandria. Noch einige Schlachten werden zu schlagen sein, ehe wir das Ziel erreicht haben. Allein das Schwerste ist wohl längst hinter uns.
>
> *Rommel an seine Frau, 29. Juni 1942*

Und so sangen die Soldaten, die teils an die Ostfront, teils nach Afrika transportiert wurden, etwa am Hauptbahnhof Leipzig: »In Jerusalem am Bahnhof, werden wir uns wiedersehn!«

Mit einem möglichen Vormarsch der deutschen Truppen geriet jedoch nicht nur Kairo oder der strategisch wichtige Suezkanal in Gefahr, sondern auch der Zufluchtsort vieler verfolgter Juden. Mehreren hunderttausend war es gelungen, vor den Mordkommandos der Nationalsozialisten ins vermeintlich sichere Palästina zu entfliehen. Jetzt machte sich unter ihnen Angst breit. Was würde geschehen, wenn es den deutschen Truppen gelang, tatsächlich bis ins Heilige Land vorzustoßen? Erst vor einigen Jahren wurde publik, dass die Pläne für die Ausdehnung des Holokaust in den Nahen Osten schon in den Schubladen des

Reichssicherheitshauptamtes lagen. Unmittelbar nach der Eroberung von Tobruk wurde der Stab eines »Einsatzkommandos Ägypten« zusammengestellt und nach Libyen in Marsch gesetzt.

An der Spitze stand SS-Obersturmbannführer Walther Rauff, einer der wichtigsten Organisatoren des Judenmords in der besetzten Sowjetunion und Erfinder der »Gaswagen«. Nach dem Muster der Einsatzgruppen, die im Rücken des Ostheeres die Massentötungen vollzogen, hatte Rauff den Auftrag, auch in Ägypten und Palästina »in eigener Verantwortung gegenüber der Zivilbevölkerung Exekutivmaßnahmen zu treffen«.

> Es kann kaum ein Zweifel bestehen, dass, wenn Palästina von den Nazis überrannt werden sollte, das Schicksal der Juden dieses Landes in nichts anderem als der vollständigen Vernichtung bestehen würde.
>
> *Moshe Shertok, Jewish Agency,*
> *an General Claude Auchinleck, 17. April 1942*

War der »untadelige« Soldat Rommel also in Wahrheit Wegbereiter des Massenmords? Bisher galt das Dogma, dass der Feldzug in Afrika anders gewesen sei als die Kämpfe im Osten – eine ritterliche, saubere Auseinandersetzung, ein »Soldatenkrieg«, in dem es keine Verbrechen gegeben habe. Das stimmt für den direkten Befehlsbereich Rommels. Es sind mehrere Fälle bekannt, in denen er Weisungen Hitlers ignorierte, jüdische Soldaten und andere Freischärler auf britischer Seite sofort zu erschießen. Nur ein einziger Befehl Rommels in Libyen hatte einen antisemitischen Hintergrund: Den deutschen Soldaten wurde verboten, bei Juden zu kaufen. Das freilich war auch in Deutschland selbst Usus. Dennoch bleibt es das unauflösliche Dilemma des »unpolitischen« Soldaten Rommel, dass auch seine Feldzüge Teil von Hitlers Weltanschauungskrieg waren – ob er wollte oder nicht. Würde Rommel die Mordkommandos geduldet haben, wenn er von ihnen erfahren hätte? Zum Glück für ihn musste er auf diese Frage nie eine Antwort finden. Zwar meldete sich Rauff nach seiner Ankunft im Juli 1942 beim Stab Rommels, um sein »Einsatzkommando« der Panzerarmee Afrika zu unterstellen. Doch der Feldmarschall weilte wieder einmal bei seinen Fronttruppen und war für Rauff vorerst nicht zu sprechen. Als sich die Kriegslage wenig später zuungunsten der Deutschen entwickelte, kehrte Rauff unverrichteter Dinge nach Deutschland zurück. Rommels Schild blieb unbefleckt.

Doch jetzt wendete sich das Kriegsglück gegen ihn. Nun rächte sich der überstürzte, im Siegestaumel gefasste Entschluss, die Offensive Richtung Ägypten fortzusetzen. Schon nach wenigen Tagen blieb der Vormarsch der wenigen noch einsatzfähigen deutschen Panzer an der Engstelle zwischen dem Mittelmeer und der für Panzer unpassierbaren Qattara-Senke bei einer unscheinbaren Bahnstation stecken, die der Verteidigungslinie der Briten ihren historischen Namen gab: El Alamein. Unter ihrem neuen Oberbefehlshaber General Bernard Law Montgomery begannen die Briten im Oktober 1942 eine Gegenoffensive, der die Deutschen angesichts der britischen Luftüberlegenheit und der Übermacht ihrer Bodentruppen kaum Herr wurden. So blieb nur der geordnete Rückzug. Doch als Rommel seinen obersten Befehlshaber darum bat, erhielt er eine unmissverständliche Antwort: »In der Lage, in der Sie sich befinden, kann es keinen anderen Gedanken geben als auszuharren, keinen Schritt zu weichen und jede Waffe und jeden Kämpfer, die noch freigemacht werden können, in die Schlacht zu werfen. […] Ihrer Truppe können Sie keinen anderen Weg zeigen als den zum Siege oder zum Tode.« Es war einer der typischen Durchhaltebefehle Hitlers, wie es sie in den nächsten Jahren noch mehrfach geben sollte. Rommel war entsetzt, sein Vertrauen in die militärischen Fähigkeiten des »Führers« erschüttert. Er gehorchte zunächst, hatte er doch von seinen Untergebenen selbst immer wieder unbedingten Gehorsam gefordert.

> Wir stehen vor schweren Tagen, vielleicht den schwersten, die ein Mensch durchmachen kann. Die Toten haben es gut, für sie ist alles vorbei.
>
> *Rommel an seine Frau, 3. November 1942*

Doch als er sah, welche Folgen das haben würde, entschloss er sich, auf eigene Faust zu handeln, um zu retten, was noch zu retten war.

Viel blieb nicht mehr, zumal in Rommels Rücken britische und US-amerikanische Truppen in Nordwestafrika landeten und er sich damit einem Zweifrontenkrieg ausgesetzt sah. In einer geradezu verzweifelten Aktion erschien er unangemeldet in Hitlers Hauptquartier, um dem Kriegsherrn deutlich zu machen, dass angesichts der alliierten Überlegenheit nur noch eine Chance bestand: Rückzug aus Afrika, wertvolles Material und kampffähige Einheiten für die Schlacht um Europa retten. Hitler verlor die Beherrschung, putzte ihn vor allen Anwesenden herunter und verbot die Evakuierung. Es folgte das unvermeidliche: Rückzug Stück um Stück. Bis zum Mai 1943 leistete die »Heeresgruppe Afrika« noch Widerstand, ehe sie kapitulierte – ohne ihren großen Kommandeur.

Der war zuvor abberufen worden. Der Name des »Wüstenfuchses« sollte aus dem bitteren Ende der Kämpfe in Afrika herausgehalten, sein legendärer Ruf nicht mit Niederlagen befleckt werden – weil es »seinem Namen sehr abträglich sein würde«, wie Goebbels notierte. »Eine militärische Autorität wie die Rommels kann man nicht nach Belieben schaffen und nach Belieben wieder beseitigen.«

Als unbesiegter Held wurde der Feldmarschall nun herumgereicht. Bücher und Rundfunkvorträge entstanden, die Kameras der *Wochenschau* richteten ihre Objektive auf ihn. Es war eine Rolle, die dem aktiven Heerführer nicht allzu sehr behagte. Doch ein neues Kommando bekam er zunächst nicht. Hitler, hieß es, wolle ihn sich »aufsparen« für schwierige Aufgaben, »wo eine klare improvisatorische Führung am dringendsten benötigt wird«, so Goebbels.

Anfang November 1943 fand er sein endgültiges Aufgabenfeld im besetzten Frankreich. Hitler ernannte ihn zum Inspekteur der Verteidigungsanlagen im Westen, die an der Kanalküste die fraglos bevorstehende Landung der Alliierten aufhalten sollten. Rommel war irritiert: »Man weiß nicht recht, ob die neue Verwendung eine Kaltstellung bedeuten soll. Von verschiedenen Seiten wird sie anscheinend so bewertet. Ich sträube mich, dies zu glauben«, schrieb er an seine Frau. In der Tat stand seine Position auf wackligen Füßen. Bis auf Weiteres blieb er Hitler direkt unterstellt; sein eigentlicher Vorgesetzter, der Oberbefehlshaber West, wurde nicht informiert. Konkrete Entscheidungsbefugnisse für den Fall einer alliierten Landung erhielt Rommel nicht. Es blieb bei vagen Zusagen. Dass er in den folgenden Monaten aber wieder verstärkt in den Fokus der deutschen Propaganda rückte, macht deutlich, welche Rolle Hitler ihm hauptsächlich zugedacht hatte: Der Feldmarschall sollte eine Art psychologische Trumpfkarte darstellen, den Alliierten Respekt einflößen und an der Heimatfront Siegeszuversicht vermitteln. Wo Rommel ist, kommt keiner durch.

Mit Feuereifer machte er sich nun an die Arbeit, um so schnell wie möglich nachzuholen, was bis zu diesem Zeitpunkt versäumt worden war: die Befestigung von fast 2000 km Küstenlinie, von den Deutschen großspurig als »Atlantikwall« bezeichnet. Dieser bestand bis dahin nur aus diversen, kaum in ein Gesamtkonzept eingebundenen Bunkerbauten, zwischen denen große Lücken klafften. Rommel erreichte nun, dass gewaltige Mengen Stahl und Beton für die Erweiterung der Verteidigungsbauten bereitgestellt wurden. Zudem zeigten sich erneut die Fantasie und das Organisationsgeschick des Improvisationskünstlers in Form von Unterwasserhindernissen für Landungsboote, Stacheldrahtverhauen, Panzersperren und einer Erfindung, die bald »Rommelspargel« genannt wurde: in den Boden gerammte und teils mit Minen versehene Baumstämme, die an der Küste und im Hinterland die Landung von Lastenseglern unmöglich machen sollten.

> Sehr begeistert ist der Führer [...] von der Arbeit Rommels. Rommel hat im Westen mustergültig gewirkt. Er hat eine alte Rechnung mit den Engländern und Amerikanern zu begleichen und glüht innerlich vor Zorn und Hass. Rommel ist wieder der alte Kämpfer.
>
> *Joseph Goebbels, Tagebuch, 14. April 1944*

Als der Angriff der Alliierten auf die »Festung Europa« dann in den Morgenstunden des 6. Juni 1944 begann, befand sich Rommel zu Hause bei seiner Familie – die Meteorologen hatten eine Schlechtwetterlage vorhergesagt, die einen Landungsversuch für mehrere Tage auszuschließen schien. Erst am späten Abend des »längsten Tages« kehrte der Feldmarschall in sein Hauptquartier La Roche-Guyon zurück. Wertvolle Stunden waren verstrichen, weil die Verantwortlichen sich nicht einigen konnten: War dies nur ein Ablenkungsmanöver oder der erwartete Hauptstoß? Als endlich klar wurde, dass man es tatsächlich mit dem lange gefürchteten Großangriff zu tun hatte, war es längst zu spät. Die Landungstruppen der Alliierten hatten mehrere ausgedehnte Brückenköpfe erkämpft, während heftige Angriffe der britischen und amerikanischen Luftwaffe die Verlegung der zum Teil hunderte Kilometer weit entfernten Panzer an die bedrohten Frontabschnitte nahezu unmöglich machte.

In den darauffolgenden Tagen erkannte Rommel, dass der Vormarsch der Westalliierten nicht mehr aufzuhalten war. In ihm reifte nun der Gedanke, dass in dieser Lage versucht werden müsse, Verhandlungen mit den Westmächten aufzunehmen. Diese sollten das Ziel haben, im Westen einen Waffenstillstand zu erreichen, um sich anschließend – möglicherweise sogar gemeinsam mit Briten und Amerikanern – nach

Osten zu wenden und dem als Bedrohung für ganz Europa angesehenen Bolschewismus entgegenzutreten.

> Rommel hat klargemacht, dass der Krieg als solcherverloren war und zu einem Ende gebracht werden musste. Das war das Stärkste, was erals aktiver Militär sagen konnte. Seine berühmte Feststellung gipfelte im Satz: »Es muss ein politisches Ende gesucht werden.«
>
> *Meinhard Glanz, Soldat des DAK, später Bundeswehrgeneral*

Heute wissen wir, dass die Hoffnung, einen Keil in die Anti-Hitler-Koalition treiben zu können, zu diesem Zeitpunkt vollkommen illusorisch war. Damals erschien sie Männern wie Rommel als eine letzte Chance, den befürchteten Untergang des Deutschen Reiches noch abzuwenden. Es muss Rommel jedoch auch klar gewesen sein, dass ein solcher Schritt – wäre er von Erfolg gekrönt gewesen – in Deutschland eine neue Dolchstoßlegende nach dem Vorbild von 1918 geschaffen hätte.

Während einer Lagebesprechung am 17. Juni 1944 äußerte Rommel gegenüber Hitler, dass man auf politischem Wege zu einem Ende des Krieges im Westen kommen müsse. Dies gehöre nicht zu seinen Obliegenheiten, fuhr Hitler seinen General hart an. Mit ihm, Hitler, schließe niemand Frieden – um dann jedoch mit gespielter Freundlichkeit von V-Waffen und Strahljägern zu fabulieren, mit deren Hilfe die Kriegswende in absehbarer Zeit erzwungen werde. Noch einmal gelang es dem Diktator, Rommel auf seine Seite zu ziehen, doch die Konfrontation mit der harten Kriegsrealität ließen bei diesem bald endgültig alle Illusionen verfliegen. Am 29. Juni unternahm er auf Hitlers Berchtesgadener Refugium »Berghof« einen letzten Versuch, den Kriegsherrn von der Notwendigkeit einer politischen Lösung zu überzeugen. Doch der ließ ihn nicht mehr zu Wort kommen und verwies ihn schließlich des Raumes.

> Die Truppe kämpft allerorts heldenmütig, jedoch der ungleiche Kampf neigt dem Ende entgegen. Es ist meines Erachtens nötig, die Folgerungen aus dieser Lage zu ziehen. Ich fühle mich verpflichtet als Oberbefehlshaber der Heeresgruppe, dies klar auszusprechen.
>
> *Rommel, Betrachtungen zur Lage, 15. Juli 1944*

Es war das letzte Mal, dass sich der »Führer« und sein »Lieblingsgeneral« persönlich gegenüberstanden.

In Augenzeugenberichten ist die Rede davon, dass Rommel in den darauffolgenden Tagen mehrfach erklärt habe, die Westfront »aufmachen« zu wollen, um dafür zu sorgen, dass Briten und Amerikaner vor den Russen in Berlin einmarschierten. Zum letzten Schwur in dieser Sache sollte es jedoch nicht mehr kommen. Am Abend des 17. Juli geriet Rommels Wagen bei der Rückreise von einem Frontbesuch unter feindlichen Tieffliegerbeschuss. Von Granatsplittern getroffen, wurde Rommel aus dem Auto geschleudert und erlitt schwere Kopfverletzungen. Damit war der Feldmarschall vorerst ausgeschaltet.

Drei Tage später explodierte in Hitlers Hauptquartier »Wolfsschanze« die von Stauffenberg gelegte Bombe. Welche Rolle aber spielte dabei Rommel? Was wusste er, was billigte er? Dass es in Deutschland Widerstandszirkel gab, hatte Rommel 1943 von Vertrauten erfahren. Carl Goerdeler, ehemaliger Leipziger Oberbürgermeister, führender Kopf des zivilen Widerstandes, hoffte, den »Faktor Rommel« in seine Umsturzpläne einbeziehen zu können. Zwar galt der Feldmarschall vielen Verschwörern als Mann Hitlers, doch wenn es gelang, den populären Kriegshelden auf die Seite des Widerstandeszu ziehen, würde das die Basis des Umsturzes in der Bevölkerung zweifellos erheblich vergrößern. Zudem glaubten die Verschwörer, in Rommel den richtigen Mann zur Anknüpfung von Verhandlungen mit den Westmächten vor sich zu haben, da sie ebenfalls einen Separatfrieden im Westen anstrebten. Auch Männer des militärischen Widerstandes versuchten, den Feldmarschall auf die Seite der Verschwörung zu ziehen. Da jedoch schriftliche Aufzeichnungen von Gesprächen nicht angefertigt wurden, etliche Unterlagen verloren gegangen sind oder vernichtet wurden und sich die Aussagen von Überlebenden teilweise widersprechen, sind freilich bis heute viele Fragen offen. Unklar ist vor allem: Wusste Rommel von dem geplanten Attentat – und billigte er es? Es bleibt ein Knäuel unterschiedlicher Behauptungen, der sich nicht mit letzter Gewissheit entwirren lässt.

> Ich möchte nochmals feststellen, dass mein Mann nicht an den Vorbereitungen oder den Ausführungen des 20. Juli beteiligt war, da er es als Soldat ablehnte, diesen Weg zu beschreiten. Er war während seiner Laufbahn immer Soldat und nie Politiker.
>
> *Lucie Rommel, Ehefrau, September 1945*

Rommels Sohn Manfred sagte später, dass seinem Vater Erwägungen, ein Attentat auf Hitler durchzuführen, mit Sicherheit bekannt waren.

Erst vor wenigen Jahren erschlossene britische Aktenbestände lassen den Schluss zu, dass Rommel durchaus eine aktive Rolle bei dem Umsturzversuch spielte. Es handelt sich um die Wortprotokolle von hohen deutschen Stabsoffizieren, die im englischen Kriegsgefangenenlager Trent Park ohne ihr Wissen abgehört wurden, was den dort getätigten Aussagen einen hohen Quellenwert verleiht. Vor allem den Berichten von General Heinrich Eberbach, der im Juli 1944 die »Panzergruppe West« geführt hatte und noch am 16. und 17. Juli mit Rommel zusammengetroffen war, kommt dabei große Bedeutung zu. Eberbach zufolge habe der Feldmarschall erklärt, um »mit Deutschland noch irgendwie vernünftig durchzukommen«, müsse der »Führer« möglichst schnell »umgelegt« werden. Rommel sei mit den Zielen der Verschwörer einverstanden gewesen, habe aber darauf bestanden, dass die »Revolution gegen Hitler« von der Heimat ausgehen müsse, da andernfalls die Front zusammengebrochen wäre. Erst wenn in der Heimat vollendete Tatsachen geschaffen worden wären, hätten sich die Fronttruppen solidarisch erklären können.

> Die Möglichkeit, dass Hitler das deutsche Volk in den eigenen Untergang mitzunehmen beabsichtigte, zog er wohl schon Anfang 1944 in Betracht. Im Sommer 1944 wurde sie zur Gewissheit.
>
> *Manfred Rommel, Sohn*

Hat sich Rommel also doch noch von dem Mann losgesagt, der ihm selbst eine glänzende Karriere ermöglichte, dabei jedoch – wie er spät, aber dann umso klarer, begriff – Deutschland ins Verderben geführt hatte?

Der schwer verwundete Rommel blieb nach dem 20. Juli zunächst unbehelligt. Als dem »Führer« Anfang August 1944 belastendes Material über seinen Feldmarschall vorgelegt wurde, war er zwar »betroffen« und »enttäuscht«, entschied jedoch lediglich: »Rommel nach seiner Wiederherstellung befragen und ihn dann entlassen, ohne weiteres Aufhebens«. Der Stein wurde dann von gänzlich unerwarteter Seite ins Rollen gebracht. Nachdem Rommel aus dem Lazarett nach Hause entlassen worden war, hatte ihn in Herrlingen ein lokaler NSDAP-Funktionär besucht, um dem Feldmarschall die Genesungswünsche der Partei zu überbringen. Vor diesem machte Rommel dann seinem ganzen Unmut Luft: Der Krieg sei verloren; Hitler, dessen »Geisteskraft nachgelassen« habe, nur noch von Dilettanten umgeben. Diese defätistischen Äußerungen gelangten auf Umwegen zu Martin Bormanns NSDAP-Parteikanzlei. Bormann, dessen Verhältnis zu Rommel nie besonders gut gewesen war, sah seine Stunde gekommen und informierte Hitler. Dieser bekam nun möglicherweise auch von der Wehrmachtsführung weiteres, Rommel belastendes Material vorgelegt.

Einige Autoren spekulieren deshalb über eine Intrige des OKW gegen Rommel. Alles sei das Werk von Keitel und Jodl, behauptete etwa Rommels einstiger Ordonnanzoffizier Alfred-Ingemar Berndt später. In der Tat hatte der Feldmarschall immer noch viele Gegner in der militärischen Führungsspitze. Doch waren diese auch bereit, Rommel endgültig ans Messer zu liefern? Für den 7. Oktober 1944 ließ Hitler Rommel nach Berlin bestellen, doch Rommel lehnte die Reise mit Verweis auf seinen angeschlagenen Gesundheitszustand ab. Seine Absage, sich Hitler persönlich zu stellen, wurde vom Diktator letztlich als Schuldeingeständnis bewertet. Sechs Tage später kündigte das OKW den Besuch zweier Offiziere an.

> Der Führer war tief getroffen von dem Verrat des Feldmarschall Rommel [...] und er wollte es dem deutschen Volk nicht antun, bei dem er einen so großen Namen hatte, General Rommel vor Gericht zu stellen.
>
> *Alfred Jodl, Aussage in Nürnberg, 1945*

»Es ist mir nicht möglich auszudrücken, was in seinem Gesicht zu lesen war«, beschreibt Lucie Rommel die Situation, als ihr Mann am 14. Oktober 1944 gegen 13 Uhr aus seinem Arbeitszimmer kam, um sie über das Ergebnis des etwa einstündigen Gespräches mit den Generalen Burgdorf und Maisel zu informieren. Knapp gab Rommel, bleich und doch gefasst, das grausame Ergebnis wieder: »Ich bin gekommen, dir Lebewohl zu sagen. Sie verdächtigen mich der Teilnahme am Anschlag auf Hitler. Der Führer hat mich vor die Wahl gestellt, mich entweder vergiften zu lassen oder vor das Volksgericht zu kommen. Sie haben das Gift mitgebracht. In einer Viertelstunde bin ich tot.« Seinem Sohn erklärte der Feldmarschall, warum er freiwillig aus dem Leben scheiden werde: »Hitler hat mir mitteilen lassen, dass im Falle meines Freitodes euch nichts geschieht; im Gegenteil, es wird für euch gesorgt werden.« Rommels Selbstmord bewahrte die Familie vor der Sippenhaft, er sollte ein Staatsbegräbnis bekommen, damit das »Geheimnis seines Verrates vor dem deutschen Volk geheim gehalten werden konnte«. Die Täuschung der Öffentlichkeit war den Nazis viel wert. Nach kurzem Abschied stieg Rommel mit Burgdorf und Maisel in den Wagen, der vor dem Haus wartete. Schon nach wenigen Minuten ließ Burgdorf den Wagen halten und gab Rommel die tödliche Giftkapsel – kurze Zeit später war der Feldmarschall tot.

Ironischerweise hat gerade der erzwungene Selbstmord Rommels erheblich dazu beigetragen, den »Mythos Rommel« über die Niederlage des »Dritten Reiches« zu retten.

> Dass es überhaupt einen Mythos Rommel bis heute gibt, auch bei den Westalliierten, dass er bis heute legendär als »Desert Fox« ist, hängt damit zusammen, dass sein Name nicht durch Massenvernichtung beschmutzt ist, sondern dass er ein reiner Militärstratege und Heerführer geblieben ist. Das war ein Glücksfall für ihn.
>
> *Klaus-Peter Mallmann, Historiker*

Die Verbrechen des Hitlerreiches wurden Rommel nicht angelastet, der Ehrenschild des »Wüstenfuchses« blieb fleckenlos. Bereitwillig hielten britische Historiker nach dem Krieg am Bild des ebenso genialen wie ritterlichen Heerführers fest, das schon die englische Kriegspropaganda gezeichnet hatte – und die geschlagenen Deutschen griffen diese Vorlage nur allzu gern auf. Bereichert wurde das Bild um die Legende vom Widerstandskämpfer – allen voran von Rommels ehemaligem Stabschef Speidel. Er habe sich vorgenommen, aus Rommel »einen Nationalheros des deutschen Volkes« zu machen, erklärte Speidel nach Kriegsende. Die bittere Tragik von Rommels Schicksal jedoch können beide Zuschreibungen nicht fassen: mit voller Hingabe und den besten Intentionen einem Regime gedient zu haben, das an anderen Orten ungeheuerliche Verbrechen beging. Als er diese Selbsttäuschung zum Schluss erkannte, war es zu spät.

HITLERS GEGNER

DER WIDERSTAND

Wohl kaum ein Datum in der deutschen Zeitgeschichte wurde so nachhaltig Gegenstand von Mythen und Legenden wie der 20. Juli 1944. Wäre das Attentat auf Hitler gelungen, hätte es ein Wendepunkt des Zweiten Weltkrieges, ein Signal zur Beendigung des Völkermordes werden können. Heute wissen wir: Es führten viele Wege zum 20. Juli 1944. Was alle oppositionellen Gruppen einte, war die Überzeugung, dass der NS-Staat ein amoralischer verbrecherischer Anschlag auf das Weltgewissen war. Gewerkschafter und Pfarrer, ehemalige Politiker der Republik und Militärs waren sich einig darin, dass Deutschland auf eine Katastrophe zusteuerte, wenn Hitler nicht beseitigt würde. Viele der Verschwörer hatten dem Diktator anfangs voll Begeisterung gedient. Manche waren selbst in den Vernichtungskrieg verstrickt gewesen. Nun aber wandten sie sich angesichts der offenkundigen Verbrechen des Regimes von Hitler ab. Der Urheber des letzten Anschlages, Claus Graf Schenk von Stauffenberg, verkörpert diesen Widerspruch in seiner eigenen Person. Jene Männer, die den wahngetriebenen Psychopathen endlich töten und den Krieg aus eigener Kraft beenden wollten, waren einsame Verschwörer, die nicht von der Volksstimmung getragen wurden, sondern nur von ihrem eigenen Pflichtgefühl. Oft ist gefragt worden, ob es denn überhaupt etwas genutzt hätte, wenn die bewusste Bombe unterm Kartentisch ihr Zielobjekt zerrissen hätte. Die bedingungslose Kapitulation stand ja längst fest, genauso wie die Aufspaltung des Reiches in Besatzungszonen, die brutale Amputierung Ostdeutschlands und die Vertreibung seiner Menschen. Doch wenn die Kapitulation Anfang August 1944 erfolgt wäre, dann hätten Millionen von Soldaten an den Fronten in Europa nicht mehr sterben müssen. Allein auf deutscher Seite sind zwischen August 1944 und Mai 1945 mehr Menschen umgekommen als in den fünf Kriegsjahren zuvor; dann wären Hunderttausende von Juden nicht mehr in die Gaskammern getrieben worden – denn der Holokaust erreichte erst im Sommer 1944 seinen Gipfelpunkt. Und wenn der Krieg beendet worden wäre, wären vielebisher unzerstörte Städte nicht mehr vernichtet worden. Würzburg, Dresden, Breslau, Königsberg und viele, viele andere Kleinodien alter Baukunst waren noch unversehrt. Ein gelungener Tyrannenmord an Hitler hätte seinen Sinn gehabt.

Berlin, 19. Juli 1944: Es war gegen 19 Uhr, als ein hochgewachsener Generalstabsoffizier mit einer Klappe über dem linken Auge eine Kirche im

Stadtteil Steglitz betrat, wo eben die Abendandacht begann. Niemand kannte den Mann, der sich einer Kirchenbank zum stillen Gebet niederließ, dessen Name aber schon bald zum Synonym eines anderen, besseren Deutschlands werden sollte: Claus Schenk Graf von Stauffenberg. Er hatte am frühen Abend seinen Freund Adam von Trott zu Solz getroffen, ein Mitglied des Kreisauer Kreises, der seit Sommer 1940 auf dem schlesischen Gut Kreisau des Grafen Helmuth James Graf von Moltke zusammenkam, um die politische und soziale Neuordnung Deutschlands für die Zeit nach Hitler zu planen. Auf dem Heimweg von Charlottenburg in die Tristanstraße 8 am Wannsee kam Stauffenberg an der Kirche vorbei. Dem gläubigen Katholiken muss es an diesem Abend ein besonderes Bedürfnis gewesen sein, Zwiesprache mit seinem Schöpfer zu halten. Am nächsten Tag wollte Stauffenberg das scheinbar Unmögliche wagen: die Rettung Deutschlands vor dem totalen Untergang, die Beendigung des verbrecherischen Krieges, des Sterbens an den Fronten und des millionenfachen Mordens in den Konzentrationslagern. Stauffenberg wollte Hitler töten. »Das muss für Stauffenberg ein ganz schwerer Entschluss gewesen sein«, so Ulrich de Maizière, der Stauffenberg 1942 im Generalstab des Heeres kennengelernt hatte, »auch vor dem Hintergrund seiner Religiosität. Aber auch vor dem Hintergrund des Bewusstseins, dass mit dem Attentat ja nicht nur Hitler sterben würde, sondern auch andere im Raum anwesende Menschen, denen man nicht das gleiche Maß an Schuld zumessen kann und die das Ende nicht verdient hätten. Diese Entscheidung für einen Mann, der religiös ist, der feste Wertvorstellungen hat, zu einem Attentat gezwungen zu sein, bei dem man nicht nur den Verbrecher umbringt, sondern auch noch andere Menschen, das ist schon ein sehr schwerer Entschluss.«

Es war spät, als Oberst Claus Schenk Graf von Stauffenberg an diesem Abend die Villa in der Tristanstraße erreichte. Sein älterer Bruder Berthold, mit dem er die Wohnung teilte, erwartete ihn bereits. Man kann sich vorstellen, dass das Gespräch der beiden Männer an diesem 19. Juli 1944 nur um ein Thema kreiste: das bevorstehende Attentat. Der Plan der Verschwörer sah vor, dass Oberst Graf Stauffenberg am nächsten Morgen in das »Führerhauptquartier Wolfsschanze« fliegen, die Bombe vor Ort scharf machen, in der Nähe des Tyrannen platzieren und den Tatort noch vor der Explosion verlassen sollte. Es war ein Himmelfahrtskommando. Kaum einer der Verschwörer räumte der Aktion große Chancen ein. Berthold Schenk Graf von Stauffenberg hatte noch am 14. Juli 1944 geäußert: »Das Furchtbarste ist, zu wissen, dass es nicht gelingen kann und dass man es dennoch für unser Land und unsere Kinder tun muss.« Selbst Henning von Tresckow, bis Ende 1943 die treibende Kraft der militärischen Opposition, zweifelte an dem Gelingen des Attentates und meinte, dass es »mit der allergrößten Wahrscheinlichkeit schiefgehen« werde.

> Jeder Mensch, der ein bisschen nachdachte, wusste: Es ist völlig sinnlos, als Einzelner oder selbst als Gruppe zu versuchen, gegen diese Diktatur anzugehen.
>
> *Hildegard Hamm-Brücher, damals Studentin*

Auch Stauffenberg muss damit gerechnet haben, dass er den 20. Juli 1944 nicht überleben würde. Dennoch war er von der zwingenden Notwendigkeit seines Handelns überzeugt: »Es ist Zeit, dass etwas getan wird«, hatte er seinem Freund Peter Sauerbruch, dem Sohn des berühmten Chirurgen Ferdinand Sauerbuch noch wenige Tage zuvor erklärt. »Derjenige allerdings, der etwas zu tun wagt, muss sich bewusst sein, dass er wohl als Verräter in die deutsche Geschichte eingehen wird. Unterlässt er jedoch die Tat, dann wäre er ein Verräter vor seinem eigenen Gewissen.«

Das Bombenattentat sollte nicht nur die Diktatur Hitlers beenden, sondern Initialzündung sein für einen lange vorbereiteten Staatsstreich. Auch wenn die Chancen für ein Gelingen des Bombenanschlages schlecht standen, waren sich die Verschwörer einig, dass es längst um mehr ging als um den praktischen Zweck der Tat. »Das Attentat auf Hitler muss erfolgen, um jeden Preis«, hatte Henning von Tresckow Anfang Juni 1944 erklärt. »Denn es kommt […] darauf an, dass die deutsche Widerstandsbewegung vor der Welt und vor der Geschichte unter Einsatz des Lebens den entscheidenden Wurf gewagt hat. Alles andere ist daneben gleichgültig.« Alles andere – das schloss auch das eigene Leben mit ein, die Familie, die Kinder. Am Abend des 19. Juli 1944 versuchte Stauffenberg noch einmal mit seiner Frau Nina zu telefonieren. Sie war am 18. Juli mit den Kindern ins schwäbische Lautlingen, an den Stammsitz der Familie, zurückgekehrt. Stauffenberg hatte seine Frau, die im vierten Monat schwanger war, noch gebeten, in Berlin zu bleiben und nicht zu fahren. Doch Nina hatte bereits Fahrkarten besorgt, und Stauffenberg wagte nicht, ihr den wahren Grund seiner Bitte zu nennen. Um seine Familie zu schützen, hatte Stauffenberg seine Frau nicht in Details der Verschwörung eingeweiht. Je weniger sie wisse, desto besser sei es für sie, hatte er einmal zu ihr gesagt. Doch als er am Abend des 19. Juli mit ihr sprechen wollte, kam die Verbindung nicht mehr zustande.

Dass gerade er zur Symbolfigur des Aufbegehrens gegen Hitler werden sollte, war Stauffenberg nicht in die Wiege gelegt worden. 1907 als Spross einer schwäbischen Adelsfamilie geboren, hatte er sich trotz seiner künstlerischen Neigungen für den Soldatenberuf entschieden.

> Die Familie war doch überrascht, dass sich mein Vater zu einem militärischen Beruf entschlossen hat. Nur mein Großvater war zunächst Berufsoffizier gewesen, ist aber bereits als Rittmeister ausgeschieden und in den Hofdienst gegangen. Außer ihm war nur ein Onkel Berufsoffizier.
>
> *Berthold Graf Schenk von Stauffenberg, Sohn*

Unzweifelhaft war Stauffenberg Patriot, wollte Deutschland von den Fesseln des Versailler Vertrages befreit sehen, war für den Wiederaufbau eines mächtigen deutschen Heeres. Es spricht vieles dafür, dass er Hitler als Hoffnung wahrgenommen hat, als den Mann, der das Land aus Chaos und Spaltung führen werde.

Dennoch war er aufgrund seiner Herkunft, seiner Bildung und seines Charakters alles andere als ein bedingungsloser Anhänger des Diktators. Aber auch eine klare Gegenhaltung zum NS-System war lange nicht auszumachen, trotz der brutalen Unterdrückung der Opposition, trotz der Nürnberger Gesetze, trotz der von ihm scharf verurteilten Judenpogrome am 9. November 1938. Den Kriegsbeginn am 1. September 1939 empfand er trotz aller Bedenken als Erlösung. »Der Krieg sei schließlich sein Handwerk von Jahrhunderten her«, erklärte er Vertrauten zufolge. Stauffenberg war mit Leib und Seele Soldat. Als Offizier nahm er an den Feldzügen gegen Polen und Frankreich teil und wurde mitgerissen von der allgemeinen Siegeszuversicht und der Jubelstimmung.

Die Unterzeichnung des Waffenstillstandsvertrages mit Frankreich am 22. Juni 1940 erlebte Stauffenberg im Feldquartier des Oberkommandos des Heeres an der belgisch-französischen Grenze. Einen Tag zuvor schrieb er an seine Frau: »Heute in einer Woche jährt sich der Tag des Versailler Vertrages. Welche Veränderung in welcher Zeit! Neben Triumph und Freude ist da unvermeidbar die Überschau über die

Jahrzehnte, die wir miterlebten, mit dem Wissen, wie wenig Endgültiges es gibt, und dass die schroffste Umwandlung, ja Umkehr wahrscheinlicher ist als das Beharren auch nur für wenige Jahre. Wenn wir unseren Kindern beibringen, dass nur der dauernde Kampf, das dauernde Streben nach Erneuerung vor dem Untergang rettet und dass Beharren, Erhalten und Tod identisch sind, dann haben wir den größten Teil unsrer nationalen Erziehungspflicht geleistet.« Seine Haltung zu Hitler schwankte in dieser Zeit zwischen einer generellen Skepsis und der Anerkennung seiner militärischen Leistungen.

> Hitler war für Stauffenberg ebenso wie für uns der Kanzler unseres Vaterlandes, dem wir unseren Fahneneid hatten schwören müssen.
>
> *Werner Reerink, Ordonnanzoffizier Stauffenbergs*

Hitler habe ein Gespür für das Militärische, sehe alles in großen Zusammenhängen und ringe um Deutschlands Zukunft. Die Nähe zu ihm rege zu schöpferischem Denken an, man müsse ihm zum Sieg verhelfen.

Am 22. Juni 1941 begann der deutsche Angriff auf die Sowjetunion, Hitlers Krieg um »Lebensraum« im Osten. Der Generalstab des Heeres zog in sein vorgeschobenes Hauptquartier im ostpreußischen Angerburg, ganz in der Nähe von Hitlers »Wolfsschanze«. Stauffenberg unternahm nun häufig Reisen zu den Frontverbänden, um einen unmittelbaren Eindruck von der Lage zu gewinnen. Bei dieser Frontreise stattete Stauffenberg auch dem Hauptquartier der Heeresgruppe Mitte einen Besuch ab. Dabei lernte er zum ersten Mal den Oberstleutnant im Generalstab Henning von Tresckow sowie dessen Ordonnanzoffizier Leutnant Fabian von Schlabrendorff kennen.

> Mein Vater hat immer zu meiner Mutter gesagt: »Ein Christ kann nur ein wütender Gegner Hitlers sein.«
>
> *Uta Freifrau von Aretin, Tochter Henning von Tresckows*

Die beiden waren von Stauffenbergs Persönlichkeit beeindruckt und erkannten, »dass er ein Nichtnazi war, ja sogar in Hitler und dem Nationalsozialismus eine Gefahr erblickte«. Noch war nicht abzusehen, dass sich hier die führenden Köpfe des späteren militärischen Widerstandes begegnet waren. Erst im Sommer 1943 wurde Tresckow klar, »wessen Geistes Kind Stauffenberg war«.

Stauffenbergs häufige Reisen an die Front, seine guten Verbindungen innerhalb des Generalstabes und des Offizierskorps des Heeres vermittelten ihm ein realistisches Bild der Lage. Die deutschen Verbände erlitten gegen die sich verzweifelt wehrende Rote Armee gewaltige Verluste an Menschen und Material. Zugleich muss er umfangreiche Kenntnisse von den maßlosen Verbrechen hinter der Front, den Massenerschießungen von Juden, der Liquidierung der Kommissare und dem Elend der Kriegsgefangenen gehabt haben. Doch all dies hat ihn noch nicht zum Umdenken bewogen.

> Stauffenberg hat sicher unter seiner Kenntnis von den Dingen, die im rückwärtigen Gebiet der Front stattfanden, gelitten. Ich glaube, dass seine Möglichkeiten der Informationen größer waren als die der meisten Kameraden. Dies war ein Grund für seine Ablehnung Hitlers.
>
> *Ulrich de Maizière, Generalstabsoffizier*

Helmuth James Graf von Moltke, Kriegsverwaltungsrat im Amt Ausland/Abwehr, suchte in dieser Zeit Mitarbeiter für die Zeit nach dem Sturz der Nationalsozialisten. Er fragte Hans-Christoph Freiherr von Stauffenberg, ob denn mit seinem Vetter im Generalstab nichts zu machen sei. Der Bruder Berthold erkundigte sich schließlich nach dessen Haltung. »Ich habe mit Claus gesprochen«, bemerkte er einige Wochen später. »Er sagt, zuerst müssen wir den Krieg gewinnen. Während des Krieges darf man so was nicht machen, vor allem nicht während eines Krieges gegen die Bolschewisten. Aber dann, wenn wir nach Hause kommen, werden wir mit der braunen Pest aufräumen.«

Erst nachdem Stauffenberg im Frühjahr 1942 das ganze Ausmaß der verheerenden Katastrophe überblickt hatte, in die die Wehrmacht im Winter 1941/42 vor den Toren Moskaus geraten war, kündigte sich bei ihm ein grundlegender Wandel an. Erstmals sprach er gegenüber dem Oberleutnant Julius Speer, einem Mitarbeiter seines Freundes Eberhard Finckh, davon, dass es nur eine Lösung gebe, um Hitler Einhalt zu gebieten: »Sie heißt töten.« Er war sich mit Speer einig, dass ein derartig weitreichender Schritt nur von einer herausragenden Persönlichkeit unternommen werden könne, die sofort nach Hitlers Ausscheiden die Macht in die Hand nahm, Staat und Wehrmacht unter Ausschaltung der Partei zu führen vermochte. Andernfalls würde ein heilloses Chaos ausbrechen. Die Kritik am NS-Regime hatte sich nun also derart verfestigt, dass er nunmehr auch den Tyrannenmord befürwortete. Freilich war er, der junge Major im Generalstab, weder willens noch in der Lage, selber zu handeln. Die Verantwortung mussten die obersten Militärs, die Feldmarschälle, übernehmen.

Die Kritik an Hitler war im Generalstab weit verbreitet, doch handeln wollte offenbar niemand. Als er am 26. September 1942 nach seiner Rückkehr eine Besprechung über die Probleme bei der Aufstellung neuer Divisionen hatte, sprang Stauffenberg plötzlich erregt auf und rief: »Hitler ist der eigentliche Verantwortliche; eine grundsätzliche Änderung ist nur möglich, wenn er beseitigt wird. Ich bin bereit, es zu tun!« Damit war es zum ersten Mal ausgesprochen. Stauffenberg war dazu entschlossen, notfalls selbst den Tyrannenmord auszuführen, nachdem andere dazu offenbar nicht bereit waren.

Es kann nicht so weitergehen. Es wird höchste Zeit.

Stauffenberg, 15. November 1942

Nun ging er entschlossen den einmal eingeschlagenen Weg voran und suchte nach Möglichkeiten der Ausführung.

Im Februar 1943 wurde Stauffenberg an die Front in Nordafrika abkommandiert. Dort geriet er am 7. April 1943 in einen feindlichen Tieffliegerangriff und wurde schwer verwundet. Im Feldlazarett musste ihm die zerschossene rechte Hand über dem Gelenk abgenommen werden, ebenso verlor er auch den kleinen und den Ringfinger der linken Hand sowie sein linkes Auge. Mit eiserner Disziplin arbeitete er daran, möglichst bald wieder »einsatzfähig« zu werden, und übte das Schreiben mit den drei Fingern seiner linken Hand. Trotz seiner schweren Verwundung war sein Wille zur Tat ungebrochen.

Ich erinnere mich, wie ich ihn in München am Krankenbett besuchte und er sagte: »Es wird Zeit, dass ich das Deutsche Reich rette!« Und ich habe ihm geantwortet: »Dazu bist du jetzt in deinem Zustand der Richtige!« Ich habe diesen Satz gewissermaßen als Witz abgetan, aber es war wohl der Moment, als der Entschluss in ihm reifte, selber aktiv einzugreifen.

Nina Gräfin Schenk von Stauffenberg, Ehefrau

Im Gegenteil, auf seine engen Freunde wirkte er nun noch entschlossener. Ende Juni bemerkte er: »Die Generäle werden nicht handeln, wir müssen das tun.«

Die Köpfe der Verschwörer, Henning von Tresckow und Friedrich Olbricht, wollten Stauffenberg als zentrale Figur der Verschwörung aufbauen und ihm einen Posten verschaffen, von dem aus er den Umsturz organisieren und führen konnte. Sobald er wieder dienstfähig war, sollte er Chef des Stabes des Allgemeinen Heeresamtes im Berliner Bendlerblock werden. Obgleich Stauffenberg die Verschwörer oft als allzu zögerlich erschienen und es um die Erfolgschancen des ganzen Unternehmens nicht gut stand, entschloss er sich nun fest dazu, mitzumachen und alles in seiner Macht Stehende zu unternehmen, um Hitler zu töten und das NS-Regime zu beseitigen.

Die Ermordung Hitlers, so Tresckow, musste mit einem gut durchdachten Plan verknüpft werden, die gesamte NS-Herrschaft zu beenden.

> Es ist ein Akt militärischer Einsicht, den Krieg als verloren zu betrachten. Und es ist geradezu eine historische Pflicht der Generalstabsoffiziere, den durch Hitlers Schuld mit Sicherheit zu erwartenden Verlust des Krieges im Interesse des deutschen Volkes zu verhindern.
>
> *Henning von Tresckow, Juni 1943*

Das ideale Instrument hierfür war das Ersatzheer. Überall in Deutschland befanden sich Kasernen, in denen Truppenteile ausgebildet oder neu aufgestellt wurden. Ihrer musste man sich bedienen, um im Augenblick des Attentates die Macht an sich zu reißen. Bereits im Frühjahr 1942 hatte man Pläne für den Einsatz des Ersatzheeres zur Küstensicherung oder gegen die Landung feindlicher Fallschirmjäger unter dem Decknamen »Walküre« aufgestellt. Die Planungen waren mehrfach verändert worden. Im Juli 1943 forderte »Walküre« die Aufstellung von Kampfgruppen aus den Ersatz- und Ausbildungstruppenteilen durch die stellvertretenden Generalkommandos, um »innere Unruhen« zu bekämpfen. Die Verschwörer erkannten die Chance, die »Walküre«-Pläne zu instrumentalisieren, sie nach ihren Bedürfnissen zu modifizieren und so ihren Putschvorbereitungen einen ganz legalen Anstrich zu verpassen.

> Der »Walküre«-Plan war eine schwierige Angelegenheit. Der Plan machte Leute zu Mittätern, die keine Ahnung hatten, worum es eigentlich ging.
>
> *Karl-Otmar Freiherr von Aretin, Freund der Familie Stauffenberg*

Der ganze Plan hing entscheidend vom Befehlshaber des Ersatzheeres, Generaloberst Friedrich Fromm, ab. Beteiligte er sich an dem Umsturz, löste er die »Walküre«-Maßnahmen aus, dann konnte für die entscheidenden Stunden der Schein der Legalität gewahrt bleiben. Verschloss er sich, dann stand der Plan auf wackeligen Füßen, weil die Wehrkreiskommandos dann erahnen konnten, dass sie für einen Staatsstreich instrumentalisiert werden sollten.

Stauffenberg stieg nach seiner Ernennung zum Chef des Stabes des Allgemeinen Heeresamtes im September 1943 binnen kurzem zum Kopf der Verschwörung auf. Rasch hatte er Kontakt zu den wichtigsten Persönlichkeiten des Widerstandes aufgenommen und sie trotz mancher Meinungsverschiedenheit auf das gemeinsame Ziel eingeschworen. Ihm war es wichtig, dass die Militärs nicht allein handelten, sondern, dass im Hinblick auf ein Deutschland nach Hitler alle Gruppen des Widerstandes zusammenarbeiteten. So befürwortete er im Sommer 1944 auch ein Treffen der Sozialdemokraten Leber und Reichwein mit den Kommunisten Anton Saefkow und Franz Jacob, die er in die bürgerlich-sozialdemokratische Allianz einbinden wollte.

Stauffenberg hoffte noch lange darauf, nach der Beseitigung Hitlers zumindest einen Verhandlungsfrieden erreichen zu können, da die Fronten in Ost und West hielten. Im Frühjahr 1944 gab er auch diese Hoffnung auf und erkannte, dass das Reich keinen außenpolitischen und erst recht keinen militärischen Handlungsspielraum mehr besaß. Die Kapitulation und die Besetzung des Reiches waren nicht mehr aufzuhalten.

> Es geht jetzt nicht mehr um den Führer, nicht um das Vaterland, nicht um meine Frau und meine vier Kinder; sondern es geht jetzt um das ganze deutsche Volk.
>
> *Stauffenberg, 23. Juni 1944*

Gleichwohl wollte er das Land niemals der Sowjetunion ausliefern. Wenn man schon die Fahnen streichen musste, dann sollten die Westalliierten Deutschland besetzen und es so vor der Rache der Roten Armee bewahren. Stauffenberg hielt an dieser unrealistischen Hoffnung auf Zusammenarbeit mit den Westalliierten, insbesondere den Briten, bis zum Sommer 1944 fest. Erst nach der geglückten Landung der Alliierten in der Normandie erkannte Stauffenberg, dass an der bedingungslosen

Kapitulation kein Weg mehr vorbeiführen werde. Das Attentat konnte »nur« noch dazu dienen, das sinnlos gewordene Blutvergießen zu beenden, was allemal besser sei, so Stauffenberg, als »der Schande und dem lähmenden Zwang tatenlos zu verfallen«.

Das Hauptproblem des ganzen Umsturzes war zweifellos das Attentat selbst. Hitler hielt sich 1944 fast nur noch in seinen hermetisch abgeriegelten »Führerhauptquartieren« auf. Nur ein kleiner, erlesener Personenkreis von Vertrauten und hohen Militärs hatte hier überhaupt Zugang.

> Von denen, die bereit gewesen wären, Hitler niederzuschießen, hatte kaum jemand Zugang zu ihm, schon gar nicht mit geladener Pistole. Die Antreiber waren Reserveoffiziere oder Obristen – wie Stauffenberg, die Masse der Generale folgte Hitler sehr.
>
> *Johannes Tuchel, Historiker*

Hitler außerhalb seiner Machtzentralen zu fassen, war freilich fast unmöglich, weil er sich kaum noch in der Öffentlichkeit zeigte und auch Frontbesuche nur noch ungern vornahm. Man trat auf der Stelle und konnte nichts anderes tun, als auf eine glückliche Fügung zu hoffen. Doch auf einmal schienen die Verschwörer Glück zu haben: Mitte Mai 1944 wurde bekannt, dass Stauffenberg demnächst zum Chef des Stabes beim Befehlshaber des Ersatzheeres ernannt werden würde. In dieser Eigenschaft würde er gelegentlich vor Hitler vortragen müssen – und er war entschlossen, sich diese Gelegenheit nicht entgehen zu lassen.

Am 7. Juni, einen Tag nach der Alliierten-Invasion in der Normandie, wurde Stauffenberg zum ersten Mal mit Generaloberst Fromm zu Hitler auf den »Berghof« am Obersalzberg zitiert. Göring, Reichsführer-SS Himmler, Feldmarschall Keitel und Rüstungsminister Speer waren ebenfalls anwesend. Stauffenberg beschrieb die Atmosphäre als »faul und verrottet, als bekäme man keine Luft«. Ganz bewusst ließ er die Situation auf sich wirken und prüfte, ob er eine besondere Wirkung verspürte. Zigmal hatte er die Erfahrung gemacht, dass sich gestandene Offiziere und Generale in Hitlers Nähe in willfährige Lakaien verwandelten. Stauffenberg blieb freilich unbeeindruckt. Hitlers Augen seien wie hinter einem Schleier gewesen, beim Vortrag blieben einzig er und Oberst Heinz Brandt von der Operationsabteilung nüchtern und fest, während die anderen ins Schwimmen gerieten.

Zweimal war Stauffenberg im Juli 1944 noch auf dem »Berghof«. Er hatte den Sprengstoff in der Aktentasche, unterließ jedoch das Attentat, da Himmler und Göring nicht anwesend waren, die nach dem Willen der führenden Köpfe der Verschwörung ebenfalls getötet werden sollten. Am 14. Juli zog Hitler vom »Berghof« nach Ostpreußen in die »Wolfsschanze« um. Bereits für den 15. Juli wurden Fromm und Stauffenberg zum Vortrag bestellt, um über die Aufstellung neuer Volksgrenadierdivisionen für die Ostfront zu berichten. Die Verlegung des Hauptquartiers kam für Stauffenberg vollkommen überraschend. Er war im Herbst 1942 das letzte Mal dort gewesen und mit den Örtlichkeiten nicht mehr vertraut, kannte insbesondere die neu gebaute Lagebaracke nicht. Doch darauf konnte nun keine Rücksicht mehr genommen werden. Mit dem Sprengstoff in seiner Aktentasche flog er am Morgen des 15. Juli von Berlin nach Rastenburg. Diesmal musste es gelingen, den Diktator zu töten. Doch wieder musste Stauffenberg das Attentat in letzter Minute abblasen, weil bekannt wurde, dass Himmler nicht an der Besprechung teilnahm. Als er am 18. Juli 1944 die Mitteilung erhielt, dass er in zwei Tagen erneut zur Lagebesprechung in die »Wolfsschanze« kommen sollte, entschied er, nun auf die Haltung der Generale keine Rücksicht mehr zu nehmen. Es ging nur noch darum, die Tat auszuführen, auch wenn der Umsturz scheitern würde.

> Im Grunde wussten die Männer, dass es wahrscheinlich vergeblich sein würde. Für sie war es ein Sühnegang. Sie wollten zeigen, dass es im deutschen Volk noch so etwas wie Gewissen, Anstand und Gerechtigkeit gegeben hat.
>
> *Uta Freifrau von Aretin, Tochter Henning von Tresckows*

Die Lagebesprechung, bei der die Bombe explodieren sollte, war am 20. Juli für 13 Uhr angesetzt. Nach der Landung in Rastenburg blieben den Verschwörern somit nur knapp drei Stunden, um den Sprengstoff vorzubereiten und die Zünder scharf zu machen. Selbst für einen unversehrten Mann war dies ein schwieriges Unternehmen – umgeben von Wachkommandos und dem persönlichen SS-Begleitschutz des »Führers«. »Aus meiner Sicht heraus war es völlig idiotisch, dass ein einarmiger Mann das Attentat machen sollte, der auch noch selber die Aktentasche öffnen, zwei Zünder scharf machen sollte, und das innerhalb kürzester Zeit. Das war für meine Begriffe eine Fehlentscheidung«, so Albrecht von Hagen, Sohn des gleichnamigen Widerstandskämpfers, der den Sprengstoff für das Attentat besorgt hatte. »Aber letztlich musste sie getroffen werden, weil niemand anders da war.«

> Nur eine kleine Minderheit leistete Widerstand, oft einsam und verzweifelt. In der Wehrmacht mit acht Millionen Mann gab es vielleicht 200 Entschlossene. Und dann musste Stauffenberg die Bombe auslösen und auch noch den Umsturzversuch anführen – eine verzweifelte Personalnot.
>
> *Johannes Tuchel, Historiker*

Es war gegen 10.15 Uhr am 20. Juli 1944, als die Maschine mit den Attentätern an Bord auf dem Flugfeld bei Rastenburg landete. Den Vormittag verbrachten Stauffenberg und sein Adjutant Werner von Haeften mit Besprechungen im OKH-Hauptquartier »Mauerwald«, 6 km entfernt vom »Führerhauptquartier«. Gegen zwölf Uhr ging bei Generalfeldmarschall Keitel ein Anruf ein. Hitlers Diener, SS-Hauptsturmführer Heinz Linge, rief an, um daran zu erinnern, dass die Lagebesprechung von 13 Uhr auf 12.30 Uhr vorverlegt worden war, weil man den italienischen Staatschef Mussolini am frühen Nachmittag erwartete. Keitel drängte zum Aufbruch. Stauffenberg blieben somit nur noch Minuten, um die Bombe scharf zu machen. Beim Hinausgehen fragte er den Adjutanten Keitels, wo er sich vor der Lagebesprechung frisch machen und sein Hemd wechseln könne. Mit Haeften zog er sich in einen schmalen Aufenthaltsraum zurück, wo die beiden – wie ein Wachsoldat beim Vorübergehen beobachtete – mit einem »Gegenstand« zu hantieren begannen.

Stauffenberg und Haeften hatten zwei Pakete Plastiksprengstoff deutscher Herstellung von jeweils rund einem Kilo in der Aktentasche versteckt. Das Zusammensetzen der Bombe war ein äußerst komplizierter Vorgang. Zunächst musste die Sprengladung mit einem Zünder versehen werden. Dann folgte der heikelste Schritt, das Ingangsetzen des Zünders. Mit einer Flachzange, die speziell für diesen Zweck so gebogen worden war, dass Stauffenberg sie mit drei Fingern bedienen konnte, musste er die Kupferhülse des Zünders zusammenpressen. Dadurch wurden die Säureampullen, die in der Hülse steckten, zerbrochen, die Säure trat aus und zerfraß die Spanndrähte, die den Schlagbolzen hielten. Dabei musste Stauffenberg mit großer Vorsicht vorgehen. Wurden die Spanndrähte beim Hantieren geknickt, war der Zündmechanismus defekt. Durch ein kleines Loch prüfte Stauffenberg anschließend, ob die Feder mit dem Zündbolzen noch gespannt war. Dann zog er den Sicherheitsstift der Sprengladung ab – die Bombe war scharf. Die Zeitverzögerung des chemisch-mechanischen Zünders war auf maximal 30 Minuten berechnet, bei warmem Wetter jedoch konnte die Bombe bereits nach 15 bis 20 Minuten explodieren.

Um die Zündsicherheit zu erhöhen, musste Stauffenberg nicht nur einen, sondern zwei oder drei Zünder in Gang setzen. Doch bevor es den Verschwörern gelang, einen zweiten Sprengsatz scharf zu machen, stieß jemand die Tür zum Aufenthaltsraum auf und meldete Stauffenberg einen Telefonanruf. Stauffenberg antwortete erregt: »Ich komme gleich!« Blitzschnell ließ er dabei die scharf gemachte Sprengladung in seine Aktentasche gleiten. Die zweite, nicht scharf gemachte Bombe nahm Haeften in der Verwirrung an sich – ein fataler Fehler. Bei der Detonation der ersten Sprengladung wäre auch die zweite Packung hochgegangen, trotz des fehlenden aktiven Zünders. Die Sprengung beider Packungen hätte nach Meinung von Fachleuten ausgereicht, um alle Anwesenden in der Lagebaracke zu töten. Warum Stauffenberg, der sich über die technische Wirkungsweise der Bombe klar sein musste, es unterließ, den zweiten Sprengsatz in seine Aktentasche zu stecken, ist bis heute ungeklärt. Vielleicht eine menschliche, allzu menschliche Fehlleistung, führt man sich Stauffenbergs Situation vor Augen: Er stand kurz davor, den obersten Befehlshaber und »Führer« des Reiches zu töten, der sein Volk in einen Krieg ungeheuren Ausmaßes geführt hatte. Sein Tod sollte das Leben Hunderttausender retten, das millionenfache Morden beenden, Deutschland vor dem endgültigen Untergang bewahren. Mehrfach waren Versuche, den Tyrannen zu töten, bislang gescheitert. Jetzt hing alles von Stauffenberg ab – als er ausgerechnet beim Scharfmachen der Bombe gestört wurde. Das zweite Sprengstoffpäckchen nicht in die Aktentasche zu stecken, gehörte zweifellos zu einer verhängnisvollen Kette von Fehlentscheidungen, die den Lauf der Geschichte an diesem Tag auf tragische Weise bestimmen sollten.

Die Lagebesprechung hatte bereits begonnen, General Adolf Heusinger trug eben über die Lage an der Ostfront vor, als Stauffenberg den Raum betrat. Hitler und General Walter Warlimont sahen sich nach Stauffenberg um, Warlimont erinnerte sich später: »Das klassische Bild des Kriegers durch alle geschichtlichen Zeiten. Ich kannte ihn kaum, aber wie er dort stand, das eine Auge durch eine schwarze Binde verdeckt, einen verstümmelten Arm in einem leeren Uniformärmel, hochaufgerichtet, den Blick geradeaus auf Hitler gerichtet, der sich nun auch umgedreht hatte, bot er, wie gesagt, ein stolzes Bild, wie man es von dem Generalstabsoffizier, dem deutschen Generalstabsoffizier jener Zeit, gewohnt war.« Stauffenberg wurde von Keitel zum Vortrag gemeldet, Hitler reichte ihm anschließend »mit dem üblichen prüfenden Blick wortlos« die Hand. Stauffenberg schob sich hinter General Heusinger, der nun zwischen ihm und Hitler zu Stehen kam. Die Aktentasche wurde direkt vor Stauffenberg platziert, der sie so dicht wie möglich an Hitler heranschob. Doch ein massiver Tischsockel verhinderte, dass die Tasche direkt vor Hitler liegen blieb. Wahrscheinlich ragte die Aktentasche ein wenig unter dem Tisch hervor, jemand soll sie kurz vor der Explosion mit dem Fuß weiter unter den Tisch geschoben haben.

Wenig später verließ Stauffenberg den Raum – er müsse noch rasch ein Telefonat erledigen, entschuldigte er sich. Von diesem Augenblick an war der Attentäter auf der Flucht. Doch keiner der Anwesenden nahm von seinem Weggang große Notiz; während der Lagebesprechungen war es üblich, dass Teilnehmer hinausgerufen wurden und kurz den Raum verließen. Stauffenberg eilte auf das Gebäude der Adjutantur der Wehrmacht zu, wo er Haeften mit dem Wagen zu treffen hoffte.

> Stauffenberg wirkte kein bisschen nervös. Ganz ruhigen Schrittes lief er an mir vorbei. Ich hätte nie darauf getippt, dass er der Attentäter war.
>
> *Kurt Salterberg, damals Wachpersonal in der »Wolfsschanze«*

Es war kurz nach 12.40 Uhr. Wachposten Kurt Salterberg erinnerte sich: »Normalerweise war ja, sobald die Lagebesprechung begonnen hatte, Ruhe, und der Nachrichtenoffizier, der in der Baracke Dienst hatte, kam dann oft an die Tür, um frische Luft zu schnappen. So war es auch an diesem Tag. Wir haben uns zugewunken, und in diesem Augenblick erfolgte die Explosion. Die Fenster der Lagebaracke hatten wegen der Hitze offen gestanden, und durch die Explosion wurden Trümmer und Papiere durch die Fenster geschleudert, auch Leute flogen raus, oder sprangen. Es gab natürlich eine gewaltige Staubwolke, im ersten Moment konnte man gar nicht viel erkennen, aber man hörte lautes Schreien und Stöhnen – also, es war eine Aufregung, das kann man sich gar nicht vorstellen.«

Auch Stauffenberg, der mit Haeften, General Erich Fellgiebel und dem Wehrmachtsnachrichtenoffizier Oberstleutnant Ludolf Sander zusammenstand, hörte die ohrenbetäubende Explosion, er zuckte heftig zusammen. Haeften und Stauffenberg warfen sich einen kurzen Blick zu, dann bestiegen sie den zuvor bestellten Wagen und fuhren los. Als sie an der Lagebaracke vorbeikamen, wies Stauffenberg den Fahrer an, langsam zu fahren. Bis heute ist ungeklärt, was Stauffenberg in diesem Moment gesehen hat. Sah er wirklich, wie Fellgiebel später behauptete, wie ein »unter dem Umhang des Führers liegender Verletzter herausgetragen wurde«, woraus er geschlossen habe, dass Hitler tot sei? Kurt Salterberg, Augenzeuge des Geschehens, hielt dies für unmöglich: »Es war ja noch so viel Staub in der Luft, die Staubwolke hatte sich ja noch gar nicht richtig verzogen. Er hat vielleicht die Verwundeten auf dem Rasen gesehen und ihr Schreien gehört. Aber ein endgültiges Bild, was passiert war, konnte er sich in diesem Augenblick nicht verschaffen. Er konnte auch nicht feststellen, ob der Führer tot war oder nicht.«

Er war nicht tot. Der Mann, dem der Anschlag gegolten hatte, war nur leicht verletzt. Ein paar Kratzer und Prellungen, einige Haare waren versengt, seine Hose zerrissen. »Mein Führer! Sie leben!«, hatte Generalfeldmarschall Keitel erleichtert ausgerufen und den noch benommenen Diktator stürmisch umarmt. Gestützt von seinem persönlichen Adjutanten Julius Schaub und seinem Diener Heinz Linge, verließ Hitler die Lagebaracke. »Er war blutig an den Händen und im Gesicht, seine Hose war bis über die Oberschenkel zerfetzt«, schilderte Kurt Salterberg diesen Augenblick. »Hitler ging ganz nach vorne geneigt und ließ sich stützen. Nach einigen Metern blieb er plötzlich stehen, drehte sich um und blickte ganz eingehend auf die Baracke.« Die glich nach der Detonation einem rauchenden Trümmerhaufen. Der große Eichentisch war zusammengebrochen, Glasscherben, Holzsplitter und Reste der zerstörten Wand- und Deckenverkleidung bildeten ein wüstes Durcheinander. Dort, wo die Aktentasche mit dem Sprengstoff gestanden hatte, klaffte ein großes Loch im Boden. Die Druckwelle hatte fast alle Teilnehmer der »Mittagslage« niedergeworfen und ihre Trommelfelle zerrissen. Doch die Bombe hatte ihre Wirkung wegen des massiven Tischsockels nur einseitig entfalten können. Die Männer, die direkt neben dem Tischbock gestanden hatten, wurden schwer verletzt. Aber Hitler, der sich, als die Bombe explodierte, gerade weit über den Tisch beugte, und all jene, die der Tischbock von der Druckwelle abschirmte, wurden verschont. Von den 24 Anwesenden erlitten nur sieben ernsthafte Verletzungen, vier starben später an ihren Wunden. Von all dem kann Stauffenberg nichts gewusst haben. Er war fest davon überzeugt, dass Hitler das Attentat nicht überlebt hatte. Er und Haeften mussten nun so schnell wie möglich nach Berlin zurückkehren, um dort den Staatsstreich voranzutreiben.

Schon bald nach der Detonation war in der »Wolfsschanze« die Suche nach dem Täter angelaufen. Zunächst hatte man Zwangsarbeiter in Verdacht, die an den Umbauten der Bunkeranlagen arbeiteten. Doch schon bald richteten sich die Vermutungen gegen Oberst Graf Stauffenberg. Zwischen 14 und 15 Uhr wurden schließlich Maßnahmen zu seiner Ergreifung in Gang gesetzt. Doch da waren die Verschwörer bereits in der Luft. Gegen 15.45 Uhr landeten Stauffenberg und Haeften unbehelligt in Rangsdorf bei Berlin. Noch vom Flugplatz aus rief Haeften bei General Friedrich Olbricht in der Bendlerstraße, Sitz des Kriegsministeriums, an und meldete Hitlers Tod. Zum ersten Mal hörten die Mitverschwörer in Berlin diese Nachricht. Erst jetzt löste Olbricht – mit stundenlanger Verzögerung – »Walküre« aus.

Die Nachrichtenverbindungen spielten am 20. Juli 1944 eine große Rolle. General Fellgiebel sollte dafür sorgen, dass nach dem Attentat keine Nachrichten aus der »Wolfsschanze« nach außen drangen. Schon vor der Explosion hatte er alle Maßnahmen zur nachrichtentechnischen Sperre getroffen. Doch die vollständige Isolierung des »Führerhauptquartiers« war technisch schlichtweg unmöglich. Zudem wusste Fellgiebel, dass die Bombe zwar explodiert war, Hitler aber überlebt hatte. Er hatte deshalb bereits gegen 13 Uhr mit der Verschwörerzentrale in Berlin telefonisch Verbindung aufgenommen. General Fritz Thiele jedoch, der das Gespräch im Bendlerblock entgegennahm, reagierte wie gelähmt. Er sollte an diesem Tag der erste der eingeweihten Offiziere sein, die angesichts des missglückten Attentates »umfielen«.

> Es war eine konfuse Lage, alles war aufgeregt, Meldungen wurden durchgegeben, Gespräche mit den Außendienststellen geführt, bis sich dann langsam herauskristallisierte: Es stimmt nicht, der Führer ist nicht tot, er lebt.
>
> *Erwin Schenzel, Fernschreiboffizier im Bendlerblock*

Auch General Olbricht stand zunächst unter Schock. Die Verschwörung war auf den Tod Hitlers aufgebaut – für den Fall seines Überlebens war keine Vorsorge getroffen worden. Angesichts der unsicheren Nachrichtenlage beschlossen die Männer, vorerst »Walküre« nicht auszulösen. Statt zu handeln, gingen sie zum Mittagessen, als sei nichts geschehen.

Erst nach Haeftens Anruf vom Flugfeld Rangsdorf geriet die Verschwörung in Bewegung. Der Plan sah vor, die Truppen des Ersatzheeres zu mobilisieren und die Schlüsselstellen der Führung zu besetzen. Ein Teil der Panzertruppenschule sollte den Schutz des Bendlerblockes übernehmen, das Wachbataillon »Großdeutschland« die Besetzung der Regierungsgebäude in Berlin. Doch zuvor mussten Generaloberst Friedrich Fromm, Befehlshaber des Ersatzheeres, die »Walküre«-Pläne zur Unterschrift vorgelegt werden. Zwar war Fromm wohl von dem Komplott in Kenntnis gesetzt worden, bislang hatte er aber vermieden, eindeutig Stellung zu beziehen. Nun musste er sich entscheiden. Olbricht berichtete Fromm von dem Attentat. Doch Fromm blieben Zweifel an Hitlers Tod. Er ließ sich mit der »Wolfsschanze« verbinden. Da die Nachrichtensperre zu diesem Zeitpunkt bereits teilweise aufgehoben war, gelang es ihm, mit Keitel selbst zu sprechen. Ewald Heinrich Kleist, der damals Zeuge des Telefonats wurde, erinnerte sich: »Keitel sagte ihm, dass Hitler am Leben sei, denn der Schlusssatz von Fromm war: ›Also Herr Feldmarschall, ich kann mich darauf verlassen, der Führer lebt?‹ Ich habe das zufällig gehört und damit war natürlich ein sehr ernstes Zeichen gegeben.«

Fromm weigerte sich, den »Walküre«-Befehl zu unterschreiben. Stauffenbergs Nachfolger als Chef des Stabes, Albrecht Mertz von Quirnheim, hatte jedoch inzwischen die Dinge weiter vorangetrieben und unterschrieb die Befehle selbst. »Die Verschwörer mussten alles auf eine Karte setzen. Kurz vor 16 Uhr wurde endlich das Stichwort ›Walküre‹ an alle Wehrkreise, Lehr- und Ersatztruppen ausgegeben. Zusätzlich sollte ein Fernschreiben herausgehen: »Der Führer ist tot! Eine gewissenlose Clique frontfremder Parteiführer hat es unter Ausnutzung dieser Lage versucht, der schwerringenden Front in den Rücken zu fallen und die Macht zu eigennützigen Zwecken an sich zu reißen. In dieser Stunde höchster Gefahr hat die Reichsregierung zur Aufrechterhaltung von Recht und Ordnung den militärischen Ausnahmezustand verhängt und mir gleichzeitig mit dem Oberbefehl über die Wehrmacht die vollziehende Gewalt übertragen.« Es folgte eine lange Reihe von Befehlen über Machtbefugnisse und Vollzugsgewalten. Unterzeichnet war das Schreiben mit dem Namen des Generalfeldmarschalls Erwin von Witzleben, der zugesagt hatte, nach einem gelungenen Staatsstreich den Oberbefehl der Wehrmacht zu übernehmen.

In der Hektik wurden die Befehle als »Geheime Kommandosache« gekennzeichnet. Damit mussten sie verschlüsselt von sogenannten »Geheimschreibern« durchgegeben werden. Dazu standen im Bendlerblock gerade einmal vier Schreibkräfte zur Verfügung. Zum Absetzen des vollständigen Funkspruches – eine äußert langwierige Prozedur, bei der jede Seite einzeln abgesetzt werden musste – benötigten sie allein drei Stunden. Ohne Geheimhaltungsstufe hätte das Fernschreiben durch eine Konferenzschaltung an 20 Empfänger gleichzeitig durchgegeben werden können, was den Vorgang erheblich beschleunigt hätte.

Gegen 16.30 Uhr, über vier Stunden nach dem Attentat, trafen endlich Stauffenberg und Haeften in der Bendlerstraße ein. In Stauffenbergs Arbeitszimmer warteten bereits Berthold Schenk Graf von Stauffenberg, Fritz-Dietlof Graf von der Schulenburg, Oberleutnant Ewald Heinrich von Kleist und zwei weitere Mitstreiter auf sie. »Er ist tot«, sagte Stauffenberg beim Eintreten schlicht und berichtete anschließend über den Hergang des Attentates: »Ich habe alles von außen gesehen. Da ist eine Explosion in der Baracke erfolgt, und da habe ich nur noch gesehen, wie eine große Anzahl Sanitäter herübergelaufen sind, Wagen hingebracht worden sind. Diese Detonation war so, als ob eine 15-cm-Granate hineingeschlagen hätte: Da kann kaum noch jemand am Leben sein.« Mit Stauffenbergs Erscheinen und der Versicherung, dass Hitler tot sei, schien die Lähmung, die die Verschworenen zwischenzeitlich ergriffen hatte, abzufallen. Kleist erinnerte sich: »Er war die entscheidende Figur, und es war faszinierend zu sehen, wie alle immer auf ihn zukamen und fragten, was zu tun sei, wie der Mann in einer unerhörten Erregung war, aber vollkommen ruhig und beherrscht, von äußerster Höflichkeit. Aber man merkte seine Erregung an seinem Atem, und es war beeindruckend, ihn zu sehen an diesem Tage. Man muss sich ja vorstellen, dieser Druck, der auf diesem Mann lastete – damit fertig zu werden, kühl zu bleiben, die notwendigen Anordnungen zu treffen, soweit es möglich war, das war schon sehr schwer.«

Als Stauffenberg erfuhr, dass »Walküre« eben erst ausgelöst worden war und Fromm seine Unterschrift verweigerte, handelte er umgehend.

Mit Olbricht suchte er den Oberbefehlshaber des Ersatzheeres auf und bekräftigte noch einmal, dass Hitler tot sei.

> Meine Beweggründe zu dieser Handlungsweise sind getrieben von der unendlichen Sorge um unser Vaterland, um das Schicksal unseres Volkes. Der Führer bekommt politisch keinen Frieden, der Feind steht vor den Toren, militärisch ist die Situation nicht mehr zu meistern. Es musste daher so oder so gehandelt werden.
>
> *Friedrich Olbricht, 20. Juli 1944*

Fromm meinte, dass »irgendjemand aus der Umgebung des Führers dabei beteiligt gewesen sein« müsse. Stauffenberg bestätigte ruhig: »Ich habe es getan.« Irritiert entgegnete Fromm, dass Keitel ihm eben noch versichert habe, dass Hitler lebe. Stauffenberg antwortete barsch: »Der Feldmarschall Keitel lügt wie immer, ich selbst habe gesehen, wie man Hitler tot hinausgetragen hat.« Bis heute ist ungeklärt, was Stauffenberg zu dieser Behauptung veranlasste. Dass er tatsächlich beobachtete, wie jemand aus der Baracke getragen wurde, den er für Hitler hielt, scheint nach den vorliegenden Berichten und Fakten unwahrscheinlich. Doch war Stauffenberg nach allem, was er in der »Wolfsschanze« gesehen und gehört hatte, überzeugt, dass Hitler nicht überlebt haben konnte. Im festen Glauben, dass das Attentat gelungen war, dass es gelungen sein *musste,* trieb er den Umsturz nun energisch voran. »Es blieb ja auch gar nichts anderes übrig«, meinte Ewald Heinrich von Kleist rückblickend, »man musste festhalten an der These, dass der Hitler tot war. Doch die Angsthasen um uns herum wurden trotzdem mehr und mehr.«

Inzwischen hatten die Verschwörer in der Bendlerstraße Verstärkung erhalten. Jüngere Offiziere, die eingeweiht waren, wollten sich nützlich machen. Auch einige Zivilisten, die nach dem Umsturz für die Übernahme politischer Führungsaufgaben vorgesehen waren, gesellten sich zu den Militärs. So erschien der evangelische Theologe Eugen Gerstenmaier – ausgerüstet mit Bibel und Pistole. Wenn man schon Revolution mache, dann müsse auch geschossen werden, meinte der wackere Kirchenmann. Auch er zählte zum Kreisauer Kreis, dessen Spektrum vom Sozialisten bis zum Nationalkonservativen reichte. Seit geraumer Zeit hatte der militärische Widerstand Kontakt zum Kreisauer Kreis aufgenommen. Viele der Mitglieder waren miteinander befreundet oder sogar verwandt. Zwar ließen sich die politischen Vorstellungen der einzelnen Widerständler kaum auf einen Nenner bringen, doch in einem waren sich alle einig: Hitler als der »Vollstrecker des Bösen« musste beseitigt werden. Dafür waren sie bereit, ihr Leben zu opfern.

Im früheren Generaloberst Ludwig Beck fand sich eine Integrationsfigur des deutschen Widerstandes. Er hatte schon 1938 versucht, den bevorstehenden Krieg zu verhindern. Nach dem Putsch sollte Beck als neues Staatsoberhaupt fungieren.

> Es ist die Pflicht von Männern, die ihr Vaterland wirklich lieben, jetzt für dieses Ziel die letzte Kraft einzusetzen. Wenn uns das nicht gelingt, haben wir wenigstens unsere Schuldigkeit getan.
>
> *Ludwig Beck, 20. Juli 1944*

Als er am 20. Juli kurz nach 17 Uhr in der Bendlerstraße eintraf und sich von dem bisherigen Geschehen und dem zweifelhaften Ausgang des Attentates unterrichten ließ, reagierte der alte General unerschrocken: »Für mich ist dieser Mann tot«, sagte er zu Olbricht, »davon lasse ich mein weiteres Handeln bestimmen.« An den Kampfgeist seiner Gefährten appellierend fügte er hinzu: »Von dieser Linie dürfen wir nicht abweichen, sonst bringen wir unsere eigenen Reihen in Verwirrung.«

In der »Wolfsschanze« hatte man inzwischen erkannt, dass der Sprengstoffanschlag Auftakt zu einem lange geplanten Umsturz gewesen war. Durch einen Fehler waren die Fernschreiben aus der Nachrichtenzentrale des Bendlerblockes auch in der »Wolfsschanze« eingegangen. Keitel hatte sofort Weisung gegeben, die Befehle aus der Verschwörerzentrale zu ignorieren. »Der Führer lebt! Völlig gesund!«, ließ er an die Wehrkreise durchgeben. Wegen der Geheimhaltungsstufe traf mancherorts das Fernschreiben Keitels vor dem Funkspruch aus der Bendlerstraße ein. Um dem Durcheinander Herr zu werden, diktierte Beck indes eine Erklärung, die über den Rundfunk abgesetzt werden sollte. »Es ist höchst gleichgültig, ob Hitler tot ist oder lebt. Ein Führer, in dessen engster Umgebung solche Gegensätze aufklaffen, dass gegen ihn ein Bombenattentat unternommen wird, ist moralisch tot.«

Der Putschplan der Verschwörer sah vor, sich der Radiosender zu bemächtigen, um dem NS-Regime das Informationsmonopol zu entreißen. Doch der zuständige Offizier in Berlin war kein Fachmann – zwar wurde ihm ein Schaltraum vorgeführt, doch er konnte nicht überprüfen, ob seinen Weisungen tatsächlich Folge geleistet wurde. In Wahrheit wurde er getäuscht und der Sendebetrieb zu keinem Zeitpunkt unterbrochen. Seit den schweren Bombenangriffen der Alliierten auf die Reichshauptstadt war der zentrale Schaltraum in einen Bunker umgezogen, ebenso die Sprecherstudios. In diesen Stunden verlor die Verschwörung den Kampf um die Ätherwellen und damit die Möglichkeit, auf die Bevölkerung entscheidenden Einfluss auszuüben.

Die Verschwörer in der Bendlerstraße kämpften indes einen verzweifelten Kampf. Seit 18 Uhr telefonierte Stauffenberg mit Kommandostellen des Ersatzheeres in ganz Deutschland. In zwei Hörer gleichzeitig sprechend, versuchte er die Halbherzigen anzuspornen, ihnen Mut zu machen und sie aus ihrer Lethargie zu reißen. Doch um 18.28 Uhr wurde seine Überzeugungsarbeit jäh zunichtegemacht. Der Reichsrundfunk verbreitete eine Sondermeldung des Senders Königsberg: »Auf den Führer wurde ein Sprengstoffanschlag verübt. Der Führer selbst hat außer leichten Verbrennungen und Prellungen keine Verletzungen erlitten. Er hat unverzüglich darauf seine Arbeit wieder aufgenommen und – wie vorgesehen – den Duce zu einer längeren Aussprache empfangen.« Der Rundfunk wiederholte diese Meldung um 18.38 und um 18.42 Uhr. Die Sender wurden also nirgendwo tatsächlich von den Aufständischen kontrolliert.

Die Nachricht vom Attentat auf Hitler löste in der deutschen Bevölkerung die unterschiedlichsten Reaktionen aus. Nicht wenige zeigten sich entsetzt. »Ja, ich dachte wirklich, wie kann man nur unseren geliebten Führer zu töten versuchen, jetzt, wo wir alle Kräfte brauchen, um diesen Krieg siegreich beenden zu können. Ich war richtig geschockt«, erinnerte sich Gottfried Schröter, damals Soldat. »Wir waren froh, dass Hitler lebte«, berichtete Ernst Mayer, Jahrgang 1927. »Wir Jungen haben uns doch mit dem Regime identifiziert.« An der Front wurde die Nachricht von einigen Offizieren mit Enttäuschung aufgenommen: »Wir waren damals im Nordabschnitt der Sowjetunion und hörten im Radio, dass es ein Attentat gegeben habe und dass es gescheitert war. Da fiel eine Nacht über einen herein, die einen nicht mehr verlassen hat bis zum Kriegsende«, erinnerte sich Altbundespräsident Richard von Weizsäcker.

Die Nachricht von Hitlers Überleben hatte fatale Folgen für den lange geplanten Staatsstreich. Solange Hitler lebte, fühlten sich viele der Offiziere noch immer an ihren Eid gebunden, den sie auf Hitler geschworen hatten. Wer gegen Hitler putschte, brach mit der Tradition des Treueeides und des Gehorsams. »Wir standen zwischen dem überlieferten, anerzogenen

Bewusstsein der Pflichterfüllung, nicht nur gegenüber dem jeweiligen Staatsoberhaupt, sondern gegenüber dem Volk, gegenüber dem Reich, und der wachsenden Erkenntnis der moralischen Fragwürdigkeit der Spitzenpersönlichkeiten, insbesondere Hitler. So dass man zwar als Soldat seine Pflicht tat, aber oft mit bedrängtem Gewissen«, schilderte Ulrich de Maizière, damals selbst Offizier im Generalstab, den inneren Konflikt. Nur Hitlers Tod hätte die Offiziere von dieser Verpflichtung befreit. Viele, die ahnten, dass ein Putsch im Gange war, hätten dann vermutlich für die Verschwörer Partei ergriffen. Doch als der Rundfunk am Abend des 20. Juli meldete, dass Hitler noch am Leben sei, scheuten sich einige Offiziere vor der Teilnahme an einem Umsturz.

Olbricht hatte gegen 16 Uhr den Wehrmachtskommandanten von Berlin, Generalleutnant Paul von Hase, angerufen und ihn persönlich davon unterrichtet, dass »Walküre« ausgelöst worden sei. Der Stadtkommandant verfügte neben der Streifen-Abteilung Groß-Berlin vor allem über das Wachbataillon »Großdeutschland«. Doch dieses hatte seit Mai 1944 einen neuen Kommandanten – Major Ernst Remer, ein fanatischer Nationalsozialist. Remers Truppen bezogen zunächst tatsächlich ihre Posten, unter anderem am Propagandaministerium. Doch dem Kommandeur kamen Zweifel, und er beschloss, Goebbels persönlich aufzusuchen. Er berichtete dem Propagandaminister, dass er Befehl habe, das Regierungsviertel abzuriegeln, weil ein Putsch gegen Hitler im Gange und dieser tödlich verletzt sei. Goebbels erwiderte, er habe eben noch mit dem »Führer« gesprochen, und erklärte dem Major, dass ein Militärputsch im Gange sei. Goebbels ließ sogar eine Verbindung zur »Wolfsschanze« herstellen. Kurz darauf sprach der Major mit Hitler.

> Der Führer wies auf den gemeinen verbrecherischen Anschlag hin und sagte mir, dass ich ihm direkt solange unterstünde, bis der Reichsführer Himmler einträfe, den er als Chef des Heimatheeres eingesetzt habe. Ich hätte unter allen Umständen mit allen Mitteln jeglichen Widerstand niederzuhalten.
>
> *Otto Ernst Remer, Kommandeur des Wachbataillons »Großdeutschland«, 22. Juli 1944*

Ob er ihn an seiner Stimme erkenne, fragte der Diktator. Remer bejahte dies. »Ich lebe also. Das Attentat ist misslungen«, fuhr Hitler fort. »Eine kleine Clique ehrgeiziger Offiziere wollte mich beseitigen. Aber jetzt haben wir die Saboteure der Front. Wir werden mit dieser Pest kurzen Prozess machen! Sie erhalten von mir den Auftrag, sofort die Ruhe und Sicherheit in der Reichshauptstadt wiederherzustellen, wenn nötig mit Gewalt.« Damit waren für Remer alle Zweifel beseitigt. Sofort hob er die Abriegelung des Regierungsviertels auf und ließ die Truppen stattdessen in der Bendlerstraße aufmarschieren, auch die Stadtkommandantur wurde besetzt. Damit war der Aufstand zusammengebrochen, selbst wenn aus einigen Städten, zum Beispiel dem von den Deutschen besetzten Paris, noch ermutigende Nachrichten eintrafen.

Stauffenberg telefonierte unablässig, gab Befehle, drängte und versuchte, die Aktion in Gange zu halten. Es käme jetzt vor allem darauf an, nicht nachzulassen, beschwor er die Mitstreiter. Dies sei die Stunde der Offiziere. Doch die Tatsachen sprachen allmählich gegen ihn. Weder die Rundfunksender noch das Regierungsviertel waren in der Hand der Verschwörer. Hitler lebte, daran war mittlerweile kein Zweifel mehr. Der Kreis derer, die an dem geplanten Staatsstreich festhielten, wurde immer kleiner, auch Generalfeldmarschall Erwin von Witzleben, der als Oberbefehlshaber der Wehrmacht fungieren sollte, wandte sich ab. Nach einer heftigen Auseinandersetzung mit Stauffenberg und Beck ließ er wissen: »Wir fahren nach Hause.« Mehrere Einheiten umstellten die Verschwörerzentrale, vor den Eingängen hatten Maschinengewehrposten Aufstellung genommen, im Gebäude selbst kam es zu Schusswechseln zwischen den Verschwörern und hitlertreuen Offizieren.

Der zwischenzeitlich arrestierte Generaloberst Fromm konnte sich befreien und begab sich mit einem bewaffneten Gefolge unverzüglich zu seinem Arbeitszimmer, wo er seine Widersacher versammelt vorfand. Triumphierend blickte er sich im Raum um – die Stunde seiner Rache war gekommen. Fromm genoss den Augenblick. Wie ein Schauspieler auf der Bühne trat er auf und verkündete mit fester Stimme: »So, meine Herren, jetzt mache ich es mit Ihnen so, wie Sie es heute Mittag mit mir gemacht haben.« Dann befahl er den Verschwörern, die Waffen abzugeben, und erklärte sie des Hochverrates überführt. Laut und ohne zu stocken teilte er ihnen mit, dass sie durch ein Standgericht abzuurteilen seien. Der Putschversuch war damit endgültig zusammengebrochen, die Männer des 20. Juli sahen ihrem Tod entgegen.

Der frühere Generaloberst Beck bat darum, das Urteil an sich selbst vollstrecken zu dürfen, und erschoss sich mit Fromms Dienstwaffe.

Danach wandte Fromm sich wieder den Verschwörern zu. Er wollte die Erschießung der Putschisten nicht länger hinauszögern, SS-Chef Himmler konnte jeden Moment im Bendlerblock erscheinen. Fromm sorgte sich, was die Verhafteten gegen ihn in einem Verhör aussagen könnten. Schließlich hatte er sich anfangs nicht ausdrücklich gegen einen Staatsstreich ausgesprochen, er musste also um seinen eigenen Kopf fürchten. »Im Namen des Führers hat ein von mir bestelltes Standgericht das Urteil gesprochen. Es werden der Oberst im Generalstab von Mertz, General Olbricht, der Oberst, den ich mit Namen nicht nennen will, und der Oberleutnant von Haeften zum Tode verurteilt.«

Endlich ergriff Stauffenberg, der die ganze Zeit geschwiegen hatte, das Wort: »Alles, was heute geschehen ist, wurde durch meine Befehle veranlasst. Nur das, was ich sagte, wurde getan. Alle haben als Soldaten, als meine Untergebenen nur auf mich gehört, so wie sie es mussten. Sie trifft überhaupt keine Schuld. Ich bin es allein, der alles zu verantworten hat. Ich allein bin daher schuldig«, versuchte er seine Freunde vor der Erschießung zu bewahren. Fromm erwiderte nichts – doch seine Geste war eindeutig: Er trat zur Seite und gab die Türöffnung frei. Langsam gingen die zu Tode Verurteilten an ihm vorbei.

Im Hof des Bendlerblockes war inzwischen eine Abteilung des Wachbataillons »Großdeutschland« eingetroffen. Fromm hatte befohlen, ein Erschießungskommando von zehn Mann aufzustellen. Militärfahrzeuge fuhren in den Hof, um den Hinrichtungsplatz mit Scheinwerfern zu beleuchten. Hinter den Fenstern zum Geviert des Hofes und in den Toreinfahrten hatten sich etliche Neugierige eingefunden. Die Verurteilten wurden in den Hof geführt. Wegen Bauarbeiten war ein Sandhaufen aufgeschüttet worden, einzeln stellte man sie davor auf. Obergefreiter Rudolf Kuphal, der im Casino des Bendlerblockes seinen Dienst versah, war Augenzeuge: »Stauffenberg befand sich darunter. Ich erkannte ihn. Ich habe im Krieg sehr viele Tote gesehen, ich habe Erschießungen miterlebt. Aber jetzt stand jemand da, vor mir, zehn, fünfzehn Meter entfernt, den ich persönlich kannte, sehr geschätzt habe. Der sollte erschossen werden. Das konnte ich in diesem Moment gar nicht verarbeiten. Das ging einfach nicht. Ich war sehr, sehr betroffen. Ich habe mich herumgedreht und bin aus dem Hof gegangen.« Kurz vor 0.30 Uhr krachte die erste Salve des Erschießungskommandos.

Diese Offiziere waren alle stolz. Das waren Preußen im wahrsten Sinne des Wortes. Sie sind in dieser Haltung gestorben.

Rudolf Kuphal, Angehöriger des Berliner Wachbataillons

General Friedrich Olbricht starb als Erster. Dann war die Reihe an Stauffenberg. Doch als das Kommando kam, warf sich Haeften vor seinen Freund und Vorgesetzten. Als sich die Mündungen der zehn Gewehre auf Stauffenberg richteten, schrie er hinaus, wofür er gekämpft hatte und nun zu sterben bereit war. »Es lebe das heilige Deutschland!« Mit der letzten Salve starb Mertz von Quirnheim.

Es war bereits kurz nach Mitternacht, als eine dröhnende Stimme über alle deutschen Rundfunksender ertönte: »Achtung! Achtung! Demnächst spricht der Führer.« Gleich darauf hörte man Hitler. In einer Rundfunkansprache wandte er sich an sein Volk: »Eine ganz kleine Clique ehrgeiziger, gewissenloser und zugleich verbrecherischer, dummer Offiziere hat ein Komplott geschmiedet, um mich zu beseitigen … Mit ihnen wird jetzt so abgerechnet, wie wir das als Nationalsozialisten gewohnt sind.« Die überlebenden Verschwörer hatten soeben ihr Todesurteil aus dem Munde des Tyrannen vernommen.

Helden sind selten. Und Stauffenberg war ein Held. Eine Nation besteht eben aus normalen Menschen, und nicht alle Menschen sind in der Lage, solche Entscheidungen auf sich zu nehmen.

Ulrich de Maizière, Generalstabsoffizier

Hitler sollte seine Drohung wahr machen. »Ich will, dass sie gehängt werden, aufgehängt wie Schlachtvieh«, wies Hitler seinen »Volksgerichtshof«-Präsidenten Roland Freisler an. Der Blutrichter des »Dritten Reiches« inszenierte den wohl zynischsten Schauprozess der Geschichte und verurteilte die meisten der Männer des 20. Juli zum Tod durch Erhängen. Hitler ließ die Hinrichtungen heimlich mitfilmen und ergötzte sich noch Tage später an den Filmaufnahmen. Doch gezeigt werden durften sie nicht – ebenso wenig wie die ebenfalls nur insgeheim gefilmten Schauprozesse Freislers. Sie hätten enthüllt, dass die Angeklagten keine »Lumpen« waren, wie der Blutrichter herausschrie, sondern anständige, mutige Männer.

HITLERS GEISELN

DIE GROSSE FLUCHT

Aus der Heimat zu flüchten, aus dem angestammten Lebensumfeld vertrieben zu werden – für bis zu 14 Millionen Deutsche war dies das traumatische Ereignis ihres Lebens. Am Ende eines Krieges, der gezeigt hat, wozu Menschen fähig sind; eines Krieges, der von deutschem Boden ausgegangen ist, den Deutsche aggressiv geführt haben – am Ende dieses Krieges sind deutsche Frauen, Kinder, alte Menschen selbst millionenfach zu Opfern von Flucht und Vertreibung geworden. Doch dies war nicht allein ein deutsches Phänomen. Vertreibung war im 20. Jahrhundert ein Verbrechen, das viele traf. Allein in Europa haben zwischen 1939 und 1948 fast 50 Millionen Menschen ihre Heimat unter Zwang verlassen müssen. Im Oktober 1944 erreichte die Rote Armee im Osten erstmals deutschen Boden. Nun wurden Deutsche Opfer eines Hasses, den sie selbst gesät hatten. Vieles wäre der Bevölkerung erspart geblieben, hätte man sie rechtzeitig evakuiert. Doch Menschen durften ihre Dörfer und Städte nicht verlassen. »Jede Räumung wird die Moral der Truppe und der Zivilbevölkerung schwächen«, verfügte Ostpreußens Gauleiter Erich Koch. Ein Bauernhof voller Kinder werde hartnäckiger verteidigt als ein leeres Gehöft – so das menschenverachtende Kalkül der obersten Führung. Schließlich war es zu spät für eine sichere Rettung. Durch den ganzen deutschen Osten zog sich danach eine Spur des Grauens: Kinderwagen mit erfrorenen Säuglingen standen am Straßenrand. Kadaver verhungerten Viehs säumten die Alleen – und immer wieder gerieten die Trecks mitten in Gefechte, wurden vollbeladene Flüchtlingsschiffe versenkt. Es war ein Inferno, aus dem es keinen Ausweg gab.

Januar 1945, an der Küste des Frischen Haffes in Ostpreußen: Die Fläche vor den Flüchtlingen schien endlos – 70 km lang und 20 km breit glitzerte das Eis des zugefrorenen Küstengewässers. Am Horizont, nur schemenhaft zu erkennen, lag die schmale Landzunge, die die Meeresbucht vom offenen Meer, der Ostsee, trennte. Die Frische Nehrung war für viele Menschen im Januar 1945 zur letzten Hoffnung geworden. Oft waren sie wochenlang mit ihren Pferdewagen, ihren Handkarren und Schlitten umhergezogen, bei schneidender Kälte, ohne Ordnung, ohne Ziel, im Rücken die immer näher rückende Front. Am 12. Januar hatte der Sturm der Roten Armee auf Ostpreußen begonnen.

Schon nach wenigen Tagen, am 23. Januar 1945, stießen sowjetische Panzer bei Elbing zur Ostseeküste vor. Damit war die Landverbindung zwischen Ostpreußen und dem Reichsgebiet im Westen abgeschnitten – über zweieinhalb Millionen Menschen saßen in der Falle. Flucht war nur noch mit dem Schiff über die Ostsee möglich. Der einzige Weg in die Hafenstädte Danzig oder Pillau führte nun über die Frische Nehrung. Doch um zur rettenden Landzunge zu gelangen, mussten die Flüchtlinge mit ihren Planwagen und Karren das Eis des Haffes überwinden. Es war für viele ein Wettlauf mit dem Tod – an manchen Stellen war die Eisfläche nur wenige Zentimeter dick. Spalten zogen sich hindurch und Holzpfähle oder kleine Tannenbäume, ins Eis gesteckt, sollten den Weg für die Flüchtlinge markieren.

Eine gefährliche Überfahrt: Die gleißend weiße Fläche bot keinerlei Schutz vor sowjetischen Tieffliegerangriffen. Dort, wo Bomben Löcher in das Eis gerissen hatten, bildete sich bei Temperaturen von bis zu minus 20 Grad Kälte schnell eine tückisch dünne Eisschicht, die aber kein Gewicht tragen konnte. Immer wieder brachen Wagen ein und zogen Mensch und Tier mit in die Tiefe. Für viele Ostpreußen zählte die Haffüberquerung zu den traumatischsten Erlebnissen der Flucht. Hildegard Rauschenbach aus dem Kreis Pillkallen war damals 19 Jahre alt. Ende Januar 1945 erreichte sie mit ihren Eltern die Küste bei Heiligenbeil. Vor dem Haff wurde die Familie auf einen großen Platz eingewiesen, wo bereits hunderte von Schicksalsgenossen warteten. Die Flüchtlinge wurden angewiesen, nur ihr Handgepäck mitzunehmen. Alles andere mussten sie zurücklassen, die Wagen durften bei der Flucht über das brüchige Eis nicht zu schwer beladen sein. Binnen weniger Stunden türmte sich das Flüchtlingsgut am Straßenrand: Nähmaschinen, Tonnen mit gepökeltem Fleisch, Radios, Federbetten, Kisten mit wertvollem Porzellan und Familiensilber. Überall wimmelte es von Menschen, Kinder weinten vor Kälte und Angst, Schreie durchschnitten die eisige Luft – im herrschenden Chaos wurden Familienmitglieder voneinander getrennt, gingen Kinder ihren Müttern verloren.

Damit das Eis die schwere Last tragen konnte, wurden die Wagen mit einem Abstand von mehreren Metern nacheinander auf die vorgesehene Strecke eingewiesen. Es kam zu langen Stauzeiten. Viele versuchten das Eis im Schutz der Dunkelheit zu überqueren. Nur nachts konnten sich die Flüchtlinge vor sowjetischen Jagdbombern sicher fühlen.

Doch in der dunklen Eiswüste kamen viele vom Weg ab, stürzten in die Bombenkrater. Wer stehen blieb, lief Gefahr zu sinken. Schnell bildeten sich Wasserlachen um die Räder der Wagen, sackten riesige Eisschollen in die Tiefe. »Wir sind die ganze Nacht gefahren und gefahren«, erinnerte sich Hildegard Rauschenbach, »und mein Vater sagte: ›Wir müssten doch schon längst auf der Nehrung sein!‹ Als dann der Morgen graute – dieses Bild werde ich nie in meinem Leben vergessen –, sah ich diese endlos lange Schlange von Wagen, hörte dieses leise Knirschen der Räder im Schnee. Die Pferde schnaubten mit den Nüstern und der Dampf vermischte sich mit der eisigen Winterluft. Und dann ging die Sonne auf – es war so gespenstisch still –, nur das Schnauben der Pferde und die knirschenden Räder waren zu hören.« Hildegard Rauschenbach und ihre Eltern gelangten unbeschadet über das Eis des Frischen Haffes. Viele andere hatten weniger Glück.

Tag für Tag, von Januar bis März 1945, spielten sich auf dem Eis dramatische Szenen ab.

> Es sind Fuhrwerke eingebrochen, denn das Eis war gerissen durch den strengen Frost. Pferde sind eingesunken, die nicht wieder herauskamen. Die mussten erschossen werden. Die Flüchtlingswagen blieben dann liegen. Es war ein Chaos, Tag und Nacht.
>
> *Hannelore Thiele, floh übers zugefrorene Haff*

Hitlerjugend- und Volkssturmeinheiten wurden abgestellt, um die Trecks auf dem Eis vor Angriffen der Sowjets zu beschützen. Ein aussichtsloser Auftrag, auf der weiten Fläche bot der Flüchtlingsstrom den russischen Tieffliegern bei gutem Wetter ein unübersehbares Angriffsziel. Wahllos schossen die Bord-MGs der Flieger auf die Menschen, die mit ihren letzten Habseligkeiten das Haff überquerten. Fontänen spritzten hoch, wenn Bomben in das Eis einschlugen. Eis- und Granatsplitter prasselten auf die Flüchtlinge herab, die verzweifelt hinter ihren Fuhrwerken Deckung suchten. »Man hatte das Gefühl, man fährt bei Gewitter – so grollte und blitzte es um uns herum, Tag und Nacht«, erinnerte sich Hannelore Thiele an die Flucht über das Eis. Den Weg zur Nehrung säumten bald zerfetzte Körper und Pferdekadaver, deren Blut das Eis rot färbte.

Wie ein dichter Waldstreifen am Horizont wirkte der kilometerlange Strom der Flüchtlingstrecks – Wagen an Wagen reihte sich auf dem Eis des Haffes. Wer die schmale Landzunge lebend erreichte, glaubte sich zunächst in Sicherheit, schöpfte wieder Hoffnung, wenn er endlich festes Land unter seinen Füßen spürte. Doch auch auf der Nehrung nahm das Elend kein Ende. Auf den engen Sandwegen drängten Wagen einander die Böschung hinab. Verletzt, von Kugeln getroffen, erschöpft und völlig unterkühlt, blieben zahllose Flüchtlinge am Straßenrand liegen, vor allem Alte und Kinder – die Schwächsten der Schwachen. Wie Lemminge schoben sich die Menschen die Nehrungsstraße entlang – vorbei an Leichen, zerschmetterten Wagen und Bergen von Gepäck. Einige scherten aus dem Strom aus, machten Rast und versuchten sich von den Strapazen der Haffüberquerung zu erholen.

Dabei schien nur wenige Monate zuvor der Krieg noch weit entfernt. Über den wogenden Kornfeldern lag die drückende Hitze des Hochsommers, auf den weiten Feldern und Wiesen standen Pferde und Rinder, die Bauern bereiteten die Ernte vor: Die »Kornkammer Deutschlands« – weitab von allen Fronten wirkte Ostpreußen wie eine Insel des Friedens inmitten des Krieges. »Wir hatten eine sehr beschauliche Zeit im Krieg«, erinnerte sich der Schriftsteller Arno Surminski, der im Kreis Rastenburg aufwuchs. »Jahrelang herrschte relativer Frieden. Man hörte vom Krieg nur durch die Urlauber von der Front oder durch Gefallenenmeldungen.« Während im »Reich« schon hunderttausende von Bombenopfern zu beklagen waren, Städte wie Lübeck, Köln und Hamburg bereits in Schutt und Asche lagen, fühlten sich die Menschen in Ostpreußen relativ sicher. So trafen aus dem Westen immer öfter vollbesetzte Züge ein. Mit der »Kinderlandverschickung« wurden seit 1941 Kinder aus gefährdeten Ballungsgebieten, vor allem aus Berlin, evakuiert. Das Land des Bernsteins, der dunklen Wälder und kristallenen Seen, des hohen Himmels und der Störche schien wie geschaffen als Zufluchtsort für ausgebombte Reichsbewohner. Die ständig zurückweichende Ostfront beeinträchtigte das Sicherheitsgefühl der Zivilbevölkerung wenig – spielten sich die Kampfhandlungen doch noch immer nicht auf deutschem Boden ab.

> Ich kann mich noch erinnern, dass eine Frau sagte: »Aber unser Führer wird doch nicht die Russen in unser schönes Ostpreußen hineinlassen!« – obwohl sich das wirklich schon abzeichnete. Aber man hat bis zum Schluss noch gehofft. Es war unvorstellbar, einfach wegzugehen.
>
> *Hildegard Rauschenbach, damals 18 Jahre alt*

Dass sich jenseits von Memel und Weichsel eine Katastrophe anbahnte, ahnte im Spätsommer 1944 kaum jemand.

Dabei hatte der Untergang Ostpreußens bereits am 22. Juni 1944 begonnen. Am dritten Jahrestag des deutschen Überfallesauf die Sowjetunion eröffnete die Rote Armee nach stundenlangem Trommelfeuer ihre Sommeroffensive. Vergeblich hatten die Oberbefehlshaber Hitler darum gebeten, den fast 1000 km langen Balkon, den die Front weit nach Osten formte, aus strategischen Gründen zurückzunehmen. In blinder Verbissenheit klammerte sich der Kriegsherr an die fixe Idee, jedes einmal eroberte Fleckchen Boden bis zum letzten Mann zu verteidigen. Den Bau von Befestigungslinien hinter der Front lehnte er ab. Stattdessen erklärte er Städte, die im Frontbereich lagen, zu »festen Plätzen« und befahl deren Verteidigung »bis zur letzten Patrone«. Es war ein Kriegsgebaren, dem längst jeder Sinn für die Wirklichkeit fehlte. Schon lange verfügte die deutsche Wehrmacht nicht mehr über die Kräfte, die nötig gewesen wären, solche »Festungen« zu halten. Hitler hatte alle verfügbaren Reserven an die Invasionsfront im Westen abberufen. Als gut zwei Wochen nach der Alliierten-Landung in der Normandie 160 Divisionen der Roten Armee mit 2,2 Millionen Soldaten und über 6 000 Schlachtfliegern im Osten losschlugen, vermochte die Heeresgruppe Mitte der russischen Übermacht nur wenig entgegenzusetzen. Die Front brach auf etwa 350 km ein – der Weg zu Deutschlands Reichsgrenzen lag nun für die Rote Armee offen. In nur sechs Wochen stieß sie rund 1000 km weit nach Westen vor, durchmaß den weiten Raum zwischen Dnjepr und Weichsel. Erst kurz vor der ostpreußischen Grenze kam die Front schließlich zum Stehen. Wer in grenznahen Gebieten wohnte, hörte in der Ferne schon das unheilvolle Grollen des Kanonendonners.

Ende Juli 1944 zogen die ersten Flüchtlingstrecks durch Ostpreußen. Die Menschen stammten überwiegend aus dem Baltikum und dem angrenzenden Memelland, an das sich ein sowjetischer Panzerkeil bedrohlich nah herangeschoben hatte. Ungeachtet dessen, dass allerorts Stimmen laut wurden, dass ein weiterer Vorstoß der Russen zu befürchten sei, säten auch in Ostpreußen die Bauern Korn für das nächste Jahr aus. Die Menschen hielten an ihrem gewohnten Lebensrhythmus fest – und an der Hoffnung, dass der Spuk bald vorüber wäre. Dass der Krieg gegen die Sowjetunion einmal zu seinem Ausgangspunkt zurückkehren könnte, schien für die meisten unvorstellbar.

Nach dem raschen Vormarsch der Roten Armee schlug Wehrmachtsgeneral Friedrich Hoßbach, Oberbefehlshaber der 4. Armee, die »vorbeugende Evakuierung der Zivilbevölkerung aus den östlichen Gebieten Ostpreußens« vor. Doch seine warnenden Rufe verhallten ungehört. Vor allem Erich Koch, Gauleiter Ostpreußens und intimer Freund von Hitlers Sekretär Martin Bormann, lehnte den Vorschlag strikt ab und verkündete stattdessen, kein Russe werde jemals ostpreußischen Boden betreten.

> Es war damals noch alles auf den Endsieg programmiert. Jedenfalls waren das die offiziellen Parolen der Partei. Wenn man die Zivilbevölkerung evakuiert hätte, wäre das ein Beweis gewesen, dass man an den Endsieg nicht mehr glaubt. Und das wollte man auf alle Fälle verhindern.
>
> *Hanns Joachim Paris, damals Kriegsberichterstatter*

Als »Reichsverteidigungskommissar« brüstete sich Koch mit einer Schimäre, die Ostpreußen vor dem bevorstehenden Angriff der Sowjets schützen sollte: dem Bau des »Ostwalls«. Mit Schützen- und Panzergräben meinte Koch den Vormarsch der Roten Armee aufhalten zu können. Weniger freiwillig als unter Androhung drakonischer Strafmaßnahmen wurden Zehntausende von ihren Arbeitsplätzen abgezogen, Männer und Frauen zum Schanzdienst verpflichtet. Mit einem wahren Massenaufgebot von Menschen, Pferden und Wagen trieb Koch den Stellungsbau voran.

Die Soldaten der Roten Armee waren auf ihrem Weg durch von Deutschen verwüstete Gebiete gezogen, hatten Orte gesehen, die den Befehlen von der »verbrannten Erde« zum Opfer gefallen waren. Der Vormarsch ihrer Truppen hatte die unmenschlichsten Verbrechen ans Licht gebracht. »Merke Dir, Soldat! Dort in Deutschland versteckt sich der Deutsche, der Dein Kind gemordet, Deine Frau, Braut und Schwester vergewaltigt, Deine Mutter, Deinen Vater erschossen, Deinen Herd niedergebrannt hat«, hieß es in einem Aufruf an die Soldaten der Roten Armee. »Geh mit unauslöschlichem Hass gegen den Feind vor! Deine heilige Pflicht ist es, um der Gerechtigkeit willen und im Namen des Andenkens der von den faschistischen Henkern Hingemordeten, in die Höhle der Bestie zu gehen und die faschistischen Verbrecher zu bestrafen. Das Blut unserer im Kampf gefallenen Kameraden, die Qualen der Gemordeten, das Stöhnen der lebendig Begrabenen, die unstillbaren Tränen der Mütter rufen Euch zu schonungsloser Rache auf.«

Wir sind an so vielen Orten vorbeigefahren, haben so viele Zerstörungen gesehen. Alles war zerstört. Wir haben so viele Leichen gesehen. Natürlich waren wir gegen die Deutschen eingenommen.

Semjon Cipernjak, Soldat der Roten Armee

Einen Tag nach Erscheinen des Aufrufes, am 16. Oktober 1944, begann der russische Vorstoß auf Ostpreußen.

Der Angriff erfolgte frontal von Osten in Richtung Königsberg – für die deutsche Heeresgruppe völlig unerwartet. Da die Front der 4. Armee in einem weiten Bogen nach Osten vorsprang, hatte man damit gerechnet, dass die Sowjets einen Zangenangriff versuchen würden. Nun stürmten sie mit vielfacher Überlegenheit gegen die deutschen Stellungen. Artilleriefeuer und Bombenangriffe bislang unbekannter Stärke verwandelten das ostpreußische Grenzgebiet in eine Feuerhölle. Das dumpfe Grollen der Front erschütterte die ganze Provinz und versetzte die Bevölkerung in Angst und Schrecken. Zum ersten Mal in der Geschichte jenes Krieges, den Hitler im Namen des deutschen Volkes entfesselt hatte, rollten sowjetische Panzer auf deutschenBoden. Der sowjetische Stoßkeil teilte sich in drei Richtungen auf. Der mittlere, auf Nemmersdorf zielende Vorstoß, war der erfolgreichste. Für die Dorfbewohner der kleinen Gemeinde brachte er Schrecken, Leid und Tod.

Am 21. Oktober drangen russische Soldaten in ihre Häuser und Höfe ein. Als deutsche Einheiten das Dorf zwei Tage später zurückeroberten, bot sich ihnen ein grauenvolles Bild: Alle, die Nemmersdorf nicht rechtzeitig verlassen hatten, waren brutal ermordet worden. Die grausame Bilanz der ersten Konfrontation russischer Kampfverbände mit deutscher Zivilbevölkerung lautete: 26 Tote. Darunter Frauen, Kinder und Alte.

Da lagen 30 oder 40 Mann, zusammengeschossen, und ringsherum lagen die Toten mit eingeschlagenen Schädeln und die kleinen Kinder vielleicht drei, vier Meter entfernt. Das war für uns der Ansporn, noch wütender zu kämpfen. Rachegefühl kann man nicht sagen, es war mehr als Rache.

Fritz Busse, als Soldat in Nemmersdorf

Goebbels' Propagandamaschinerie lief auf Hochtouren: Deutsche wie ausländische Zeitungen berichteten wenig später vom »Massaker in Nemmersdorf« und sparten dabei nicht an Details: »Vergewaltigte Frauen und

Kinder«, »brutal hingerichtete Greise«. Die *Deutsche Wochenschau* brachte Bilder, die sich für immer in das Gedächtnis der entsetzten Kinobesucher schreiben sollten. Der Name des kleinen, einst friedlichen Dorfes am Flüsschen Angerapp ging als Fanal des Schreckens in die Geschichte ein. Die 1951 vom Bundesministerium für Vertriebene in Auftrag gegebene »Dokumentation der Vertreibung der Deutschen aus Ost-Mitteleuropa« spricht im Zusammenhang mit Nemmersdorf von »grausamen Exzessen«, während die *ZEIT* 1992 fast kühl bilanzierte: »Im Verhältnis zur Katastrophe des Sowjetreiches, zu den Dutzenden von Millionen Toten, ist ›Nemmersdorf‹ 1944 ein winziger Punkt im All.«

Die Rote Armee hat beim Überschreiten der deutschen Grenze in Ostpreußen und anderswo schreckliche Verbrechen gegen wehrlose Zivilisten begangen. Jedoch hat Goebbels versucht, die grausame Wahrheit noch grausamer zu gestalten, Fakten bewusst zu verzerren, um eine bestimmte Wirkung zu erzielen.

> Erfinden brauchten sie das Ganze nicht. Leichen brauchten sie nicht von woanders herzuholen, die waren da. Man hatte ihnen die Leichen und das was dort geschehen war, sozusagen auf dem Präsentierteller serviert. Dass sie es vermarktet haben, wie man heute sagt, darüber besteht kein Zweifel.
>
> *Harry Thürk, als Soldat in Nemmersdorf*

Doch mit seiner Nemmersdorf-Kampagne hatte sich der sonst so geschickt agierende Propagandaminister verrechnet. Statt den Widerstandswillen zu stärken, brach unter der Bevölkerung Panik aus. In den Wochen nach dem Überfall auf Nemmersdorf setzte in Ostpreußen eine erneute, unkontrollierte Fluchtbewegung ein, die Goebbels' Durchhalteparolen Lügen strafte. Schließlich gestattete die Gauleitung auf Drängen des Militärs – und um wieder Herr der Lage zu werden – die Evakuierung eines etwa 30 km langen Streifens hinter der Front.

Nemmersdorf war zum Fanal geworden. Das Schreckensbild, das die deutsche Propaganda gezeichnet hatte, sollte in den kommenden Monaten noch übertroffen werden. Das Massaker in Nemmersdorf blieb kein Einzelfall – es war nur Auftakt einer Reihe schrecklicher Exzesse sowjetischer Soldateska gegen die deutsche Zivilbevölkerung.

Am 18. Oktober, auf dem Höhepunkt der russischen »Herbstoffensive« und zum Jahrestag der Völkerschlacht bei Leipzig, war Hitlers Aufruf zur Bildung eines Volkssturmes erfolgt. »Während der Gegner glaubt, zum letzten Schlag ausholen zu können, sind wir entschlossen, den zweiten Großeinsatz unseres Volkes zu vollziehen. Es wird uns gelingen, wie in den Jahren 1939 bis 1940, ausschließlich auf unsere Kraft bauend, nicht nur den Vernichtungswillen der Feinde zu brechen, sondern sie wieder zurückzuwerfen und so lange vom Reich abzuhalten, bis ein die Zukunft Deutschlands, seiner Verbündeten und damit Europas sichernder Friede gewährleistet ist.« Längst hatte der Diktator jeden Sinn für die Wirklichkeit verloren. Mit seinem Aufruf, der allen »waffenfähigen Männern von 16 bis 60 Jahren« galt, glaubte er dem Millionenheer der Alliierten, ihrer Übermacht an Panzern und Flugzeugen standhalten zu können.

> Der Deutsche ist stärker, er wird den Russen verdrängen, und es wird nicht dazu kommen, dass sie so weit vordringen. Das hat jeder gehofft. Ob man es geglaubt hat, weiß ich nicht, aber gehofft hat es jeder.
>
> *Hannelore Thiele, Jahrgang 1932*

Alte Männer, die kaum noch in der Lage waren, ein Gewehr zu schultern, und Jungen, die mehr Kinder als Männer waren, sollten Hitlers Wahn vom »Endsieg« geopfert werden. Der militärische Erfolg bestand allenfalls darin, den aussichtslosen Krieg, den Hitler im Namen des deutschen Volkes führte, um einige Wochen zu verlängern – und damit auch die Leiden, die er schuf.

Ende Oktober klangen die Angriffe der Sowjets schließlich ab. Noch zehn Wochen waren es bis zum Januar 1945 – über Ostpreußen lag die »Ruhe vor dem Sturm«. Während sich die ostpreußische Bevölkerung – eingelullt in falsche Versprechungen der deutschen Propaganda – allmählich wieder in Sicherheit wähnte, verließ ein Mann heimlich die dunklen Wälder Ostpreußens, der kurz zuvor noch verkündet hatte, er wolle in keinem Falle fortgehen, solange die Krise noch andauere: Adolf Hitler. Nach dem unerwartet heftigen Vorstoß der Roten Armee im Oktober 1944 war die Situation in und um Rastenburg jedoch bedrohlich geworden. Bomben waren auf einen Teil des »Führerhauptquartiers Wolfsschanze« gefallen, ohne jedoch größeren Schaden anzurichten. Obwohl Hitler um die Übermacht der Sowjets wusste und alles dafür sprach, dass weitere Schläge der Roten Armee folgen würden, befahl er, mehrere Divisionen aus Ostpreußen und von der Weichsel nach Westen zu verlegen. Damit wurden der Ostfront die letzten Reserven abgezogen. Der Diktator plante eine Offensive, die die Kriegswende erzwingen sollte: den Durchbruch in den Ardennen. Verzweifelt klammerte er sich an die letzte große Gegenoperation der deutschen Wehrmacht, mit der er die alliierten Armeen zu bezwingen hoffte. »Im Osten kann ich noch Raum verlieren«, entschied Hitler zynisch und gab damit Millionen Menschen in den deutschen Ostprovinzen der Willkür seiner Gegner preis.

Von all dem ahnte die Mehrheit der ostpreußischen Bevölkerung nichts. Das Weihnachtsfest stand vor der Tür – viele, die im Herbst aus den bedrohten Gebieten evakuiert worden waren oder auf eigene Faust die Flucht angetreten hatten, kehrten nun wieder in ihre Dörfer zurück.

> Mein Vater hat gesagt: Bei uns waren die Russen schon 1914. Die kommen wieder, aber die hauen auch wieder ab. Alles bleibt so, wie es ist.
>
> *Heinz Grönling, damals 14 Jahre alt*

Zu präsent war die Erinnerung an die Zeit des Ersten Weltkrieges, als Ostpreußen schon einmal von russischen Truppen überrannt worden war. Auch damals hatten viele die Flucht ergriffen und ihre Heimat verlassen. Doch in der legendären Schlacht bei Tannenberg war es Hindenburg und Ludendorff gelungen, die Russen zu vertreiben, und die ostpreußische Bevölkerung konnte zurückkehren. Die Erinnerungen an 1914 waren 30 Jahre später wacher denn je. Vor allem die Alten, die die Schlacht bei Tannenberg miterlebt hatten, waren davon überzeugt, dass sich die Geschichte wiederholen würde. Im festen Glauben, dass es auch diesmal gelingen würde, die Russen zurückzuschlagen, kehrten die Menschen in ihre Heimat zurück, schmückten die Weihnachtsbäume und bereiteten sich wie jedes Jahr auf die Festtage vor.

> Weihnachten 1944 war für mich der Zusammenbruch meiner Kindheit. Nichts, kein Geschenk, nichts, es war schrecklich. Meine Mutter hat mich dann in den Arm genommen, und ich habe die Welt nicht mehr verstanden, dass nun alles zu Ende sein soll.
>
> *Bruno Behrendt, Jahrgang 1929*

Auch die deutsche Führung zeigte sich demonstrativ zuversichtlich. In seiner Rundfunkansprache zum Jahreswechsel erklärte Joseph Goebbels:

»Wir haben ein Jahr hinter uns gebracht, wie es einzigartig ist in der deutschen Geschichte. Das deutsche Volk zeigt in diesem Kriege eine Höhe seiner moralischen Widerstandskraft, die nur Bewunderung verdient.« Nur knapp zwei Wochen später, am 12. Januar 1945, brach über Ostpreußen die Katastrophe herein.

Als »größten Bluff seit Dschingis Khan«, hatte Hitler die Zahlen, die ihm die Abteilung »Fremde Heere Ost« vorlegte, verächtlich abgetan. Von einer bis zu 20-fachen Überlegenheit der russischen Truppen war darin die Rede gewesen. Doch Hitler und seine Paladine spielten die drohende Gefahr herunter.

> Ich glaube nicht, dass die Russen überhaupt angreifen. Das ist alles nur ein Riesenbluff. Ich bin fest davon überzeugt, dass im Osten nichts passiert.
>
> *Hitler, 24. Dezember 1944*

Doch dann dröhnten seit den frühen Morgenstunden des 12. Januar 1945 überall an der Ostfront russische Geschütze und zermalmten deutsche Stellungen. Innerhalb weniger Tage gelang es den Sowjets, bis zur Ostseeküste vorzudringen und der Bevölkerung den Fluchtweg über das Land abzuschneiden. Von Tilsit bis Johannisburg, von Goldap bis Elbing saßen zweieinhalb Millionen Menschen, deren Leben bei einer rechtzeitigen Evakuierung zu retten gewesen wäre, in der Falle.

> Bei der Heeresgruppe habe ich die große Lagekarte gesehen und wusste, was da auf uns zukam: Unsere Verbände waren blau eingezeichnet und gegenüber war ein großes rotes Meer. Das waren die Sowjets, die gegen die ostpreußische Grenze anrannten.
>
> *Hanns Joachim Paris, Kriegsberichterstatter*

Von drei Seiten eingekesselt, war Flucht nur noch in Richtung Ostsee möglich. In Panik begaben sich die Menschen auf ihren verzweifelten Weg zu den Hafenstädten. Nichts war vorbereitet – die Evakuierungspläne lagen unberührt in den Schubladen. Vielerorts warteten die Menschen verzweifelt und vergeblich auf einen Fluchtbefehl. Oft waren es gerade die Ortsgruppenleiter oder Kreisleiter selbst, die angesichts der drohenden Gefahr als Erste Hals über Kopf türmten. In aller Eile verbrannten sie Akten und Papiere und verließen klammheimlich die Amtsstuben. Ihre Schützlinge, denen monatelang jede Vorbereitung zur

Flucht unter Todesstrafe verboten worden war, mussten nun allein zusehen, wie sie ihr Leben retten konnten.

Eine junge Frau, im Januar 1945 gerade 36 Jahre alt, ergriff angesichts des Versagens der Parteileitung selbst die Initiative: Marion Gräfin Dönhoff, später Journalistin. 1939 hatte sie die Verwaltung der Familiengüter im Kreis Preußisch-Holland übernommen und fühlte sich für die Menschen, die auf den Gütern lebten und arbeiteten, verantwortlich. Als die Nachricht vom Heranrücken der Front kam, ließ sie die Leute in einem Inspektorenhaus zusammenrufen und erklärte ihnen, dass man nun gemeinsam die Flucht antrete. »Sie waren vollständig konsterniert«, beschrieb die Gräfin die Szene, »man hatte ihnen so viel vom Endsieg erzählt und davon, dass der ›Führer‹ es nie zulassen werde, dass auch nur ein Fußbreit ostpreußischen Bodens verloren ginge, dass sie diese Nachricht einfach nicht fassen konnten.«

> Am Tage, bevor es richtig losging, wurde ich als Defätist verwarnt. Ein Mann von der Gauleitung kam und sagte: Es werden härteste Maßnahmen gegen Sie ergriffen. Meine defätistischen Maßnahmen waren lediglich, dass ich auf den Gütern für die Leiterwagen, die man damals hatte, Gerüste bauen ließ, die als Dach obendrauf gesetzt wurden.
>
> *Marion Gräfin Dönhoff*

Ein letztes schweigsames Abendbrot, dann verließ Marion Dönhoff die Güter, die 600 Jahre lang im Besitz ihrer Familie gewesen waren. Auf dem Tisch blieben Speisen und Silber zurück, die Türen wurden nicht verschlossen. Sie fühlte: Es war ein Abschied für immer. Ein Rucksack mit Kleidung und Papieren, eine Satteltasche mit Waschzeug und einem alten Kruzifix – nur mit dem Allernotwendigsten versehen bestieg die Gräfin ihr Reitpferd. Zusammen mit ihren Schutzbefohlenen reihte sie sich ein in den kilometerlangen Strom von Flüchtlingen, der die eisglatten Straßen Ostpreußens verstopfte. Die meisten waren erst aufgebrochen, als der Geschützdonner die Fensterscheiben erzittern ließ. Allerorts hatte die Großoffensive der Roten Armee die Menschen überrascht. Seit dem russischen Vorstoß im vergangenen Herbst war relative Ruhe eingetreten – nur vage Vorahnungen hatten wie dunkle Gewitterwolken das Leben in Ostpreußen überschattet. Als der Ruf »Die Russen kommen« im ganzen Land erschallte, trat eine traurige Erkenntnis an die

Stelle der verzweifelten Verdrängung: Die Stunde des Abschiedes war gekommen – und diesmal würde es keine Rückkehr mehr geben.

Für die damals 13-jährige Hannelore Thiele kam der jähe Aufbruch in den frühen Morgenstunden des 27. Januar 1945. In aller Eile packte die Familie ihr Hab und Gut zusammen. Auch die kleine Hannelore machte ihren Schulranzen fertig und griff nach ihrer Lieblingspuppe, ohne die sie ihr Zuhause nicht verlassen wollte. Doch die Anweisungen der Eltern waren streng und unerbittlich: Alles, was unterwegs überflüssig war, musste zurückbleiben – auch die geliebte Puppe von Hannelore Thiele. Als der vollbepackte Panjewagen auf die holprige Landstraße rumpelte und sich mehr und mehr von zu Hause entfernte, vergossen nicht nur die Kinder bittere Tränen: »Ich habe damals meinen Großvater zum ersten Mal weinen sehen. Das werde ich nie vergessen. Er drehte sich immer wieder um – aber es gab kein Zurück mehr.

> Schön ist es ohnehin nicht gewesen, die Heimat zu verlassen. Aber es ist dann unter einem großen Druck und Hals über Kopf passiert.
>
> *Hannelore Thiele, Jahrgang 1932*

Und da haben auch wir begriffen, dass wir nicht wieder zurückkommen werden«, schilderte Hannelore Thiele die Abfahrt.

Dem damals zehnjährigen Arno Surminski erschien die Flucht, die sein Leben schlagartig verändern sollte, zunächst wie ein großes Abenteuer. Durch knirschenden Schnee lief er mit anderen Jungen seines Alters neben dem Treck her. Der Mond erleuchtete die Szenerie, der Nachthimmel glühte rot von den Feuersbrünsten, die in der Ferne loderten. Doch allmählich begriff auch er den Ernst der Lage: »Als man sah, wie hilflos die Erwachsenen waren, dass auch sie nicht mehr helfen konnten, dass sie selbst willkürlich allem ausgesetzt waren – bis dahin hatte man noch das Gefühl gehabt, alles wird gut gehen, Vater und Mutter machen das schon. Aber das war nun vorbei.« Abschied nicht nur von der Heimat, sondern auch von der Kindheit. Die Flucht ins Ungewisse – sie veränderte das Leben der Menschen plötzlich und schonungslos. Nichts war fortan mehr so, wie es gewesen war.

Endlos reihten sich die Flüchtlingswagen aneinander. Durch ganz Ostpreußen zog der große Treck – immer in Richtung Westen, doch wohin genau, das wusste keiner.

> Es war, als ob man an einer Fleischmaschine dreht – Pferd an Pferd, Wagen an Wagen, Mensch an Mensch.
>
> *Marion Gräfin Dönhoff*

Die Quecksilbersäule war mittlerweile auf Temperaturen von 25 Grad unter null gesunken. Hoher Schnee und heftiges Schneetreiben behinderten die Flucht. In den Schneemassen blieben die Räder der Wagen stecken, brachen die Achsen der Fuhrwerke. Auf eisglatten Straßen rutschten die Pferde immer wieder aus, Wagen stellten sich quer und behinderten die nachfolgenden Karossen. Die ohnehin schmalen Landstraßen und Alleen waren geteilt worden. Eine Seite musste für die Fahrzeuge der Wehrmacht freigehalten werden, die sich ihren Weg zur Hauptkampflinie bahnten. Dabei kam es immer wieder vor, dass schwere Lastwagen und Panzer die Flüchtlinge beiseitedrängten, mitrissen und schwer verletzten. Doch die Soldaten hatten keine Zeit, sich um das Schicksal der Flüchtlinge zu kümmern. Die militärische Lage war katastrophal – überall waren die deutschen Linien durchbrochen worden, ertranken die Einheiten in der Flut der russischen Übermacht. Die Flüchtlinge konnten nicht auf die Hilfe der Soldaten hoffen, die um ihr eigenes Leben kämpften – und überdies bestrebt waren, die Front so lange zu halten, bis die Zivilbevölkerung halbwegs in Sicherheit war.

Die grimmige Kälte forderte bald erste Opfer. Schon wenige Stunden nach ihrem Aufbruch waren viele Menschen durchgefroren und verzweifelt. Vor allem für Kleinkinder und alte Menschen war die Eiseskälte eine tödliche Gefahr. Ohne ausreichende Kleidung, geschwächt durch die Strapazen der Flucht und mangelnde Ernährung starben die Kleinen zuerst: Babys erfroren in den Armen ihrer Mütter, die sie verzweifelt an den Leib gepresst hielten. Mit der Wärme ihres eigenen Körpers versuchten sie, die Kinder vor der unerbittlichen Kälte zu schützen.

> Ich habe immer nur daran gedacht, lebend durchzukommen. Ich hatte immer meine beiden Kinder in den Armen, dass, wenn geschossen wird, wir alle drei tot sind.
>
> *Stephanie Lingk, flüchtete über das Haff*

Doch waren erst einmal alle Windeln durchnässt, keine trockenen Kleidungsstücke mehr zum Wechseln vorhanden, hatten die Jüngsten kaum noch eine Überlebenschance. Eine Spur des Grauens zog sich durch ganz Ostpreußen: Kinderwagen mit kleinen, steif gefrorenen Leibern standen am Wegesrand, in Lumpen gewickelte Kinderleichen ragten aus den Schneeverwehungen. Für eine Bestattung blieb selten Zeit – im hart gefrorenen Boden wäre ohnehin jeder Versuch, ein Grab auszuheben, gescheitert. Rudi Powilleit, als 16-Jähriger im Volkssturm eingesetzt, erinnerte sich mit Entsetzen an den Anblick einer jungen Mutter, die ihren Säugling verloren hatte: »Sie hatte das Baby auf dem Arm – das war tot gefroren. Und die Frau ist richtig durchgedreht, sie schrie und weinte. Aber was sollten wir Jungs denn machen? Es war fatal!«

Der Anblick von Leichen – für die Flüchtlinge wurde er bald zur grausamen Gewohnheit. Doch mit jedem Schritt auf ihrem qualvollen Weg in Richtung Westen stumpften viele Menschen ab, blieben Mitleid und Solidarität mehr und mehr auf der Strecke.

> Für jemanden, der in so einer beschaulichen kindlichen Welt gelebt hat, war es erschreckend zu sehen, wie tote Menschen einfach in den Straßengraben gelegt wurden, weil man keine Zeit mehrhatte, sie zu beerdigen.
>
> *Arno Surminski, Jahrgang 1934*

Die eigene existenzielle Bedrohung machte nicht selten blind für das Leid des anderen. Hilfe gab es oft nur noch innerhalb der Familie oder einer Gemeinschaft – nicht aber einem anderen gegenüber. Bei vielen waren schon nach Tagen die Vorräte knapp geworden – nur die Umsichtigsten hatten damit gerechnet, dass die Flucht Wochen, ja Monate dauern könnte. Die meisten hatten nur für wenige Tage vorgesorgt und vor allem Futter für die Pferde mitgenommen. Als die Gläser mit dem Eingemachten, die Tonnen mit Gepökeltem zur Neige gingen oder wegen Überladung der Wagen am Wegesrand liegen bleiben mussten, gesellte sich zum klirrenden Frost der beißende Hunger. Manchmal gelang es, eine Kuh zu melken, denn überall zogen in jenen Tagen riesige Viehherden übers Land. Die Bauern hatten die Tiere bei der Flucht losbinden und ihrem Schicksal überlassen müssen. Vor allem ältere Menschen waren den Strapazen der Flucht oft nicht gewachsen. Im hinteren Teil der Panjewagen unter Decken zusammengekauert, starben sie meist lautlos und unbemerkt.

> Den Glauben an Gott hatte meine Mutter verloren. Sie sagte, wenn ein Gott so etwas mit ansehen kann, dass unschuldige Menschen so gestraft werden und so leiden müssen, dann kann es doch gar keinen Gott mehr geben.
>
> *Hannelore Thiele, Jahrgang 1932*

Den Angehörigen blieb nichts anders übrig, als die Toten notdürftig im Schnee zu verscharren und ein kurzes Gebet zu sprechen, bevor sie der endlose Strom der Flüchtlinge wieder verschluckte.

Als um den 23. Januar 1945 die Nachricht durchsickerte, die Russen hätten die Küste bei Elbing erreicht und damit den Landweg zum Westen abgeschnitten, beschlossen viele Flüchtlinge, wieder umzukehren. Gerade die Alten, die die Russen schon einmal in ihrem Land erlebt hatten, glaubten, dass ihnen bei einer Rückkehr nichts geschehen würde. Doch die Menschen, die umgekehrt waren und den Sowjets in die Hände fielen, hatten keineswegs das bessere Los gewählt. Das Wenige, was die Flüchtlinge noch besaßen, wurde ihnen von den Rotarmisten genommen. Uhren, Schmuck und Wertgegenstände verschwanden in den Taschen von Stalins Soldaten. In den meisten Fällen blieb es nicht allein bei Plünderungen – Zivilisten wurden wahllos erschossen, Frauen und Mädchen brutal vergewaltigt. Eine Mutter, die versuchte, ihre erst 13-jährige Tochter vor den Vergewaltigungen zu schützen, wurde ohne Zögern von den Rotarmisten erschossen. Danach töteten die Soldaten auch das Mädchen mit einem Kopfschuss.

Nachdem der Fluchtweg über das Land abgeschnitten war, versuchten Hunderttausende über das Eis des Haffes zu fliehen, um auf der Frischen Nehrung zu den Hafenstädten Danzig und Pillau zu gelangen.

> Eine Nacht, bevor wir nach Pillau rüber sind, waren wir noch auf einem großen Feld, wo ein Flüchtlingswagen am andern stand. Da hatte ich zum ersten Mal das Gefühl: Das ist Ostpreußens Reichtum. Da habe ich auch gedacht: Das verdanken wir diesem verfluchten Hitler. Das war das erste Mal, dass ich diese Verbindung begriffen habe.
>
> *Irmela Ziegler, Jahrgang 1926*

In den letzten Januarwochen war das Eis noch stark genug, die schwere Last zu tragen. Doch als die Kälte Anfang Februar immer mehr nachließ, wuchs für die Flüchtlinge eine neue Gefahr: Die Eisdecke schmolz und wurde mit jedem neuen Tag dünner und dünner. Im Rücken der Flüchtlinge kämpfte die 4. Armee verzweifelt, um Zeit und Raum für die Menschen zu gewinnen, die sich in ihren Trecks auf die Küste zubewegten. In Königsberg, der einst so schönen Hauptstadt Ostpreußens, war unterdessen ein unerbittlicher Festungskampf entbrannt. Seit den letzten Januartagen wurde die Stadt von russischen Truppen belagert. Das Leben in der »Festung« verschlechterte sich für die Menschen täglich – verängstigt hockten sie in den Kellern der Häuserruinen, die seit den schweren Luftangriffen im Sommer 1944 wie schwarze Zahnstümpfe in den Himmel ragten. Ende Januar hatten die letzten Züge Königsberg in Richtung Westen verlassen.

Die letzten Tage Ostpreußens – es waren die traurigsten, die das schöne und stolze Land je gesehen hatte. Zweieinhalb Millionen Menschen auf der Flucht, gefangen im endlosen Strom der Trecks, zusammengepfercht in den Hafenstädten Pillau und Danzig. Wer die Frische Nehrung lebend erreicht hatte und das Glück besaß, auf eines der übervollen Schiffe zu gelangen, die nun täglich in Richtung Westen ablegten, glaubte sich gerettet. Doch der Leidensweg der Menschen war noch nicht zu Ende. Unter den vielen traurigen Geschichten jener Tage ragt eine besonders hervor – der Untergang des einstigen »Kraft durch Freude«-Dampfers »Wilhelm Gustloff«, der von einem sowjetischen U-Boot torpediert wurde. 9000 Menschen kamen um, über die Hälfte von ihnen waren Kinder. Es war, bedingt allein durch die Zahl der Opfer, wohl die größte Katastrophe in der Geschichte der Seefahrt. Währenddessen vollzog sich in Schlesien eine Tragödie anderer Art. Hier hatte sich Gauleiter Karl Hanke – wie viele seiner Amtskollegen – allen Forderungen widersetzt, die Bevölkerung rechtzeitig zu evakuieren. Stattdessen wurde die schlesische Hauptstadt Breslau zur »Festung« erklärt – es war das Todesurteil für die Stadt. Und wieder traf die überstürzte Flucht vor allem Frauen und Kinder. Sprichwörtlich wurde der Todesmarsch der Breslauer Mütter, die mit ihren Kindern im eisigen Schneesturm bei minus 20 Grad zu Fuß nach Westen zogen. 18.000 Menschen starben dabei – vor allem Kinder. Für Hunderttausende war mit dem Verlassen der Heimat der Leidensweg noch nicht beendet. Auch »im Reich« gerieten sie in die erbarmungslose Mühle des Krieges, wurden von russischen Truppen erfasst oder starben in Lagern an Hunger und Typhus.

Während sich die »Festung« Breslau in einem sinnlosen Kampf aufrieb, wurden in den schon eroberten Gebieten seit dem März 1945 vollendete Tatsachen geschaffen: Im Vorgriff auf die Westverschiebung Polens, die auf der Potsdamer Konferenz im Juli 1945 beschlossen werden sollte, kamen Pommern, Schlesien und Masuren unter polnische Verwaltung, Danzig folgte wenig später. Die Deutschen, die in diesen Gebieten lebten, mussten ab Ende Juni ihre Heimat verlassen.

> Der Gedanke, wir sind Deutsche, und deshalb müssen wir leiden für das, was die Deutschen angerichtet haben und was Hitler angerichtet hat, der war den meisten Menschen völlig fremd. Sie sahen einfach: Was haben wir getan? Wir haben nichts Böses getan, und uns ist vieles unverdient weggenommen worden.
>
> *Arno Surminski, Schriftsteller*

Zum Teil wurden sie vor ihrer Vertreibung in Lagern zusammengepfercht. Andere Deutsche schickte man ohne Vorwarnung auf den Weg. Innerhalb von zehn Minuten hatten sie ihre Sachen zu packen. Ähnlich erging es den Deutschen, die in der Tschechoslowakei lebten. Bei ihrer Ankunft im Westen besaßen die Vertriebenen oft nur mehr das, was sie am Leib trugen.

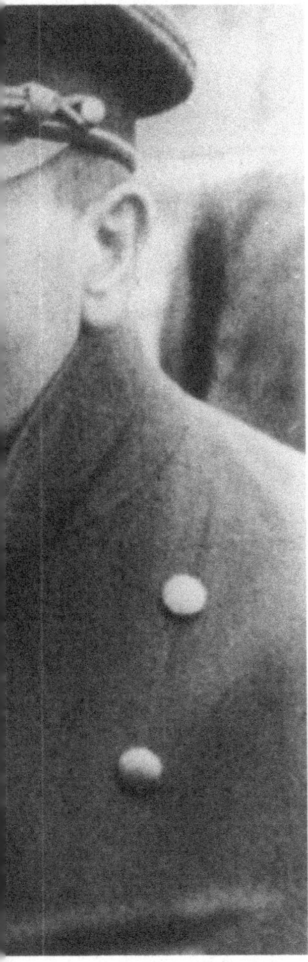

HITLERS ENDE

DER LETZTE AKT

Es war der letzte Akt in der Geschichte eines Reiches, das tausend Jahre dauern sollte und schon nach zwölf in einer Orgie von Gewalt und Feuer unterging. Im April 1945 konnte eigentlich kein Zweifel mehr daran bestehen, dass der Krieg binnen weniger Wochen mit einer deutschen Niederlage enden würde. Im Westen hatten Briten und Amerikaner den Rhein überquert und die Elbe erreicht. Im Osten stand die Rote Armee vor den Toren Berlins. Dennoch hielt sich zäh der Glaube an die »Wunderwaffen«, träumten selbst jene, die es besser hätten wissen müssen, von einem Bruch der gegnerischen Koalition, die Hitlers Reich noch in letzter Sekunde retten würde. Der Kriegsherr selbst trieb seine Soldaten unerbittlich in den aussichtslos gewordenen Kampf. »Hier gibt es kein Ausweichen und Operieren, hier gilt es zu stehen, zu halten oder zu sterben«, lautete nur einer von zahllosen Durchhaltebefehlen, die die letzten Monate des Krieges begleiteten. Aus dem »Führerbunker«, 8 m unter der Erde, kommandierte Hitler Armeen, die oft nur mehr in seiner Phantasie bestanden. Aus dieser »Grabkammer des modernen Pharao«, wie es ein Zeitzeuge nannte, schickte er noch einmal Hunderttausende in einen sinnlos gewordenen Kampf. Von den Menschen, die ihm zugejubelt hatten, war der Kriegsherr längst isoliert. Dass die Städte des Reiches in Trümmern lagen, kümmerte ihn wenig. Bedenkenlos setzte er das Leben und die Existenzgrundlage von Millionen aufs Spiel, um seinen Untergang in einer beispiellosen Weise in Szene zu setzen. Hitlers Vernichtungswut richtete sich nun gegen das eigene Volk. Es war das Werkzeug seines zerstörerischen Wahnes und hatte aus seiner Sicht versagt. Für den Diktator hatte das deutsche Volk mit der Niederlage sein Lebensrecht verspielt. Sollte es doch mit ihm, Hitler, untergehen! Ein schlechtes Gewissen plagte ihn auch in seinen letzten Tagen nicht. Die Niederlage des Reiches führte er nicht auf eigene Fehler, sondern auf die Schwäche und den Verrat der »anderen« zurück. Bis zuletzt blieb er der Dreh- und Angelpunkt des »Dritten Reiches«.

Berlin, 20. April 1945: Der 16-jährige Armin Lehmann konnte sein Glück nicht fassen. In wenigen Augenblicken würde er seinem Idol Adolf Hitler vorgestellt werden, dem »Führer des Reiches und ersten Soldaten Deutschlands«, wie ihn die Propaganda jahrelang gefeiert hatte. Die Umstände ihres Zusammentreffens hatte er sich in seinen jugendlichen Phantasien freilich anders ausgemalt. Aufgeregt blickte der Hitlerjunge auf die Gratulantenschar, die sich um ihn herum zur Feier von Hitlers 56. Geburtstag zusammengefunden hatte. Vorbei die Zeiten, als dieser Geburtstag ihm und seinen Getreuen der Anlass gewesen war, sich selbst und ihr »Tausendjähriges Reich« glanzvoll zu inszenieren. Vorbei die Zeiten der prachtvollen Paraden, bei denen Hunderttausende Hitler zugejubelt hatten. Im kraterübersäten Garten der Reichskanzlei waren nur noch drei dünne Reihen »verdienter Kämpfer« aufmarschiert, die dem »Führer« ihre Glückwünsche überbringen durften. In der Reihe vor Lehmann standen Soldaten der SS-Division Frundsberg, viele davon hochdekoriert mit Ritterkreuz. Hinter ihnen, in der zweiten, mittleren Reihe hatten sich 20 Hitlerjungen aufstellen dürfen, die sich im Kampf um Berlin und anderswo ausgezeichnet hatten, unter ihnen auch Armin Lehmann. Da er der Größte in der Reihe war, stand er als Erster direkt neben dem »Reichsjugendführer« Artur Axmann. In der Reihe dahinter folgten Soldaten der eingeschlossenen »Heeresgruppe Kurland«, die eigens für diese Zeremonie nach Berlin eingeflogen worden waren.

Langsam, fast zögerlich trat Hitler im Garten der Reichskanzlei auf die Reihen der Soldaten und Hitlerjungen zu. Da es bereits wärmer war, trug er keinen Mantel, sondern eine graue Jacke und eine schwarze Hose. Mit gebeugtem Rücken schritt der »Führer« die erste Reihe ab. Einer der Soldaten überreichte ihm etwas – später hörte Lehmann, es sei ein Scheck für die Winterhilfe gewesen. Dann kam Hitler auf Axmann zu, der ihn mit der linken Hand grüßte, da er die rechte im Krieg verloren hatte. Für Lehmann war es ein Schock, als er Hitler nun zum ersten Mal von Nahem sah: »Er kam auf mich zu und fragte, wo ich im Einsatz war und so weiter. Ich war ganz erschrocken. Es war ja sein 56. Geburtstag, aber er sah aus wie 70. Er gab mir erst die rechte Hand und dann auch die linke Hand und er zitterte am ganzen Körper, auch sein Gesicht zitterte. Das Einzige, was noch stark erschien, war sein Blick, der Ausdruck, sonst sah er aus wie ein Greis.« Mit Axmann im Gefolge schritt Hitler die Reihe der Hitlerjungen ab, tätschelte den einen oder anderen an der Wange oder Schulter und sagte, dass die Schlacht um Berlin unter allen Umständen gewonnen werden müsse.

> Seine kalten Augen waren feucht und glänzten. Dunkle Tränensäcke unter den Augen ließen sein runzliges, aschfahles Gesicht noch greisenhafter wirken.
>
> *Armin Lehmann, als Hitlerjunge in der Reichskanzlei*

Nach kurzer Zeit brach er ab. Er hatte wohl selbst das Gefühl, nicht mehr überzeugen zu können, es sei denn, im Mitleid, war der Eindruck seines bei der Zeremonie anwesenden Rüstungsministers Albert Speer. Am Ende rief Hitler mit müder Stimme: »Heil euch!« Doch niemand antwortete. »Nur in der Ferne«, so heißt es im Bericht des Reichsjugendführers Artur Axmann, »hörte man das Grollen der Front, kaum noch 30 km entfernt.«

Hitler war nach dem Beginn der sowjetischen Winteroffensive am 16. Januar 1945 von seinem Hauptquartier Adlerhorst bei Bad Nauheim nach Berlin in die Reichskanzlei zurückgekehrt. Seine Wohnung und die Arbeitsräume waren noch unzerstört. Die vielen Luftangriffe zwangen ihn jedoch immer öfter in den Luftschutzbunker im Garten der Reichskanzlei, so dass er bald beschloss, ganz dorthin zu ziehen. Der Bunker war niemals für eine dauerhafte Benutzung als Hauptquartier vorgesehen, überall herrschte qualvolle Enge. Die alltäglichen Lagebesprechungen fanden fortan in einem kleinen Raum statt, in dem nur der Kartentisch und ein Stuhl für Hitler standen. »Alle anderen mussten stehen, und manchmal drängten sich 20 Personen in den Raum, um den Vorträgen zu folgen«, beschrieb der Augenzeuge Bernd Freytag von Loringhoven die Atmosphäre. »In der stickigen Luft waren die Männer so zusammengepfercht, dass sie oft der Lageentwicklung auf den Karten gar nicht mehr folgen konnten.« Hitler selbst bewohnte nur einen kleinen Raum, der einem kleinen Schreibtisch, einem schmalen Sofa, einem Tisch und drei Sesseln Platz bot. Bezeichnenderweise hatte er hier ein Gemälde Friedrichs des Großen aufhängen lassen. Das verzweifelte Ausharren des Preußenkönigs im Siebenjährigen Krieg, dem es durch allerlei glückliche Umstände schließlich vergönnt war, den Konflikt gegen eine übermächtige Koalition doch nicht zu verlieren, war für Hitler häufig beschworenes Vorbild für den eigenen Kampf. So las Goebbels seinem »Führer« denn auch aus Thomas Carlyles *Geschichte Friedrichs des Großen* vor, um ihn aufzumuntern: »Tapferer König, warte noch eine kleine Weile, dann sind die Tage deines Leides vorbei, schon steht hinter den Wolken die Sonne deines Glücks und wird sich dir bald zeigen. Am 12. Februar starb die Zarin, das Wunder des Hauses Brandenburg war eingetreten.« Hitler standen die Tränen in den Augen, als er Goebbels' Worten folgte. Beide suchten im Geschichtsstudium den inneren Halt, um große Krisen zu bestehen. Realistischere Optionen gab es für die Führung des maroden Reiches ohnehin nicht mehr.

Die Rote Armee hatte eine gigantische Streitmacht vor der Reichshauptstadt versammelt. Drei sowjetische Armeegruppen mit insgesamt 2,5 Millionen Soldaten, 6250 Panzern und Sturmlafetten, 41.000 Geschützen und Granatwerfern standen bereit. Ihr gegenüber standen gerade einmal 44.000 deutsche Soldaten, die durch 42.000 Volkssturmangehörige und 5000 Hitlerjungen »unterstützt« wurden.

> Für den normal denkenden Menschen war die Schlacht um Berlin ein totaler Unsinn. Das Kräfteverhältnis war derartig einseitig, dass diese Schlacht Wahnsinn war.
>
> *Bernd Freiherr Freytag von Loringhoven, Generalstabsoffizier*

Stadtkommandant Hellmuth Reymann war sich nur zu sehr bewusst, dass der Kampf letztlich von regulären Verbänden der Wehrmacht und der Waffen-SS getragen werden musste. Alte Männer und Hitlerjungen würden die Rote Armee nicht lange aufhalten können. Sie mussten zwar einen Eid schwören, lieber zu sterben, »als die Freiheit und damit die soziale Zukunft des Volkes preiszugeben«, doch Lippenbekenntnisse konnten eine gute Ausbildung und Ausrüstung nicht ersetzen. So bestand die Ausbildung vieler Volkssturmkompanien lediglich darin, dass die Männer die Panzerfaust gerade einmal in die Hand genommen hatten.

Die Zeitzeugin Isa Vermehren beschrieb kurz nach dem Krieg das groteske Bild, das die Volkssturmeinheiten in diesen Tagen boten: »Schulkinder im Alter von 15, 16, teils aus Potsdam, teils aus den Trecks, übten sich im Potsdamer Lustgarten an Knüppeln, die das Gewehr ersetzen mussten, und Papphülsen, die als Panzerfäuste dienten. Sie trugen kein Koppel mehr, sondern Stricke jeglicher Art, keine Stiefel mehr, sondern irgendein Schuhzeug, […] und die meisten fanden alles wie die große Pause im Schulhof. Nicht weniger erschütternd war die Tragikomödie, die die älteren Volkssturmjahrgänge aufführten. Eine Kompanie in Hut und Mantel macht keinen vertrauenerweckenden Eindruck, noch weniger dann, wenn sich Einarmige und Einbeinige darunter befinden.«

> Wir hatten Leute, die zum Teil zum ersten Mal im Leben ein Gewehr in der Hand hatten und überhaupt nicht schießen konnten. Die alten Landser schüttelten den Kopf, dass man eine derartige Einheit in den vordersten Graben schickt. Es war ein Wahnsinn, dass man uns da hineingetrieben hat.
>
> *Reinhard Appel, kämpfte als Hitlerjunge in Berlin*

Ungeachtet der schlechten Ausrüstung zogen vor allem die Kindersoldaten mit großer Verbissenheit in die Schlacht. Ihre Idole waren die Kriegshelden, ihr Ideal, »für Führer, Volk und Vaterland« zu sterben. »Auf einer Straße standen etwa zehn Hitlerjungen«, erinnerte sich Inge Deutschkron, die als Jüdin im Untergrund überlebt hatte. »Die sagten ganz stolz: ›Wir verteidigen die Straße hier.‹ Und als ich sie fragte, wie sie das zu tun gedachten, antworteten sie: ›Wir haben doch eine Panzerfaust!‹«

General Reymann erließ in Absprache mit dem »Führerhauptquartier« einen grundsätzlichen Befehl zur Verteidigung Berlins, in dem er in typischer NS-Diktion davon sprach, dass jeder Häuserblock, jedes Haus, jedes Stockwerk, jede Hecke, jeder Granattrichter bis zum Äußersten zu verteidigen sei.

> Über die Barrikaden sagt man, sie würden Berlin retten, denn die Russen würden sich darüber totlachen.
>
> *Hans Georg von Studnitz, Pressereferent im Auswärtigen Amt, 1. Februar 1945*

»Es kommt gar nicht darauf an, dass jeder Verteidiger der Reichshauptstadt die Technik des Waffenhandwerks bis ins Einzelne gut beherrscht, sondern vielmehr darauf, dass jeder Kämpfer vom fanatischen Willen zum Kämpfenwollen beseelt und durchdrungen ist, dass er weiß, dass die Welt mit angehaltenem Atem diesem Kampf zusieht und dass der Kampf um Berlin die Kriegsentscheidung bringen kann.« Es waren die üblichen Phrasen, die Moral und Durchhaltewillen kaum mehr beeinflussen konnten.

Währenddessen versank Berlin im Bombenhagel der alliierten Luftflotten. Die Angriffe im Frühjahr 1945 übertrafen alles, was die leidgeprüfte Stadt bis dahin erlebt hatte. Am 3. Februar 1945 verwüsteten knapp 1000 amerikanische Bomber die Innenstadt und eröffneten eine Luftoffensive mit ungeahnter Vernichtungskraft. Tag und Nacht wurde die Reichshauptstadt in den nächsten Wochen angegriffen und nach und nach in eine Trümmerlandschaft verwandelt. Erst am 20. April 1945 stellten die Amerikaner ihre Luftangriffe ein. In Anbetracht der riesigen Mengen an Bomben, die auf die Stadt herabregneten, war die Zahl von rund 10 000 Toten vergleichsweise niedrig.

> Man lebte von Tag zu Tag, und man lebte von Alarm zu Alarm und war froh, wieder einen Bombenangriff überlebt zu haben. Der Gruß der Berliner in dieser Zeit war »Bleib übrig«, da niemand wusste, ob er den nächsten Angriff überleben würde. Das war ein wilder Lebenswille – in dieser Welt des Todes, des Schreckens und des Horrors.
>
> *Lothar Loewe, als Hitlerjunge im Endkampf um Berlin*

In Berlin war, anders als etwa in Dresden, der öffentliche Luftschutz gut organisiert und es gab zahlreiche Luftschutzbunker.

Unterdessen war Hitler entschlossen, den Kampf bis zur letzten Patrone fortzusetzen und das Reich in den Abgrund zu reißen. Für ihn hatte es immer nur Sieg oder Untergang gegeben, keinesfalls Kapitulation. Und er war gewillt, seinen Abgang möglichst theatralisch zu gestalten. Bormann gegenüber bekannte er: »Ein verzweifelter Kampf behält seinen ewigen Wert als Beispiel. Man denke an Leonidas und seine 300 Spartaner. Es passt auf jeden Fall nicht zu unserem Stil, uns wie die Schafe schlachten zu lassen. Man mag uns vielleicht ausrotten, aber man wird uns nicht zur Schlachtbank führen können.«

> Es war vollkommen klar, solange Hitler am Leben war, wird gekämpft. Wir waren uns bewusst, dass er niemals aufgeben würde.
>
> *Bernd Freiherr Freytag von Loringhoven, Generalstabsoffizier*

Damit freilich war auch die Hoffnung verbunden, dass eine Wende des Schicksals in letzter Minute möglich sei.

Die Abfolge der verheerenden Niederlagen, das verzweifelte Ankämpfen gegen das Unvermeidliche hatten Hitler schwer gezeichnet. »Er bot körperlich ein furchtbares Bild. Er schleppte sich mühsam und schwerfällig, den Oberkörper vorwärts werfend, die Beine nachziehend, von seinem Wohnraum in den Besprechungsraum des Bunkers. Ihm fehlte das Gleichgewichtsgefühl; wurde er auf dem kurzen Weg aufgehalten, musste er sich auf eine der hierfür an beiden Wänden bereitstehenden Bänke setzen oder sich an seinem Gesprächspartner festhalten.

Er hatte die Gewalt über den rechten Arm verloren, die rechte Hand zitterte ständig. Die Augen waren blutunterlaufen; obgleich alle für ihn bestimmten Schriftstücke mit dreimal vergrößerten Buchstaben auf besonderen ›Führerschreibmaschinen‹ geschrieben waren, konnte er sie nur mit einer scharfen Brille lesen. Aus den Mundwinkeln troff häufig der Speichel – ein Bild des Jammers und des Grausens.« So beschrieb ein Generalstabsoffizier den Anblick Hitlers. Schon in früheren Jahren herrschte in den Hautquartieren eine merkwürdig surreale Atmosphäre. Nun, im Bunker der Reichskanzlei, bewegte sich der Diktator vollends in einer düsteren Scheinwelt. Der Unterschied zwischen Tag und Nacht verschwamm, die letzte Lagebesprechung endete meist erst gegen sechs Uhr morgens. Vernünftige Ratschläge zur militärischen oder politischen Situation nahm er längst nicht mehr entgegen. War eine deutsche Abwehrlinie durchbrochen, kannte er hierfür nur einen Grund: Verrat, wie auch die ganze Ostfront nur durch Verrat zusammengebrochen sei.

Doch obgleich ihm die totale Erschöpfung ins Gesicht geschrieben stand, entfaltete Hitler noch immer eine erstaunliche Suggestionskraft. Mitte März 1945 erschien der verzweifelte Gauleiter Albert Forster im »Führerbunker«. Die Rote Armee stand mit einer gewaltigen Übermacht vor den Toren Danzigs, und er werde Hitler die »ganze unheilvolle Wirklichkeit der Lage darstellen«, um ihn zu einer »klaren Entscheidung zu zwingen«, verkündete er im Vorzimmer. Doch schon nach wenigen Augenblicken kam er »völlig verwandelt« zurück, tönte, dass der »Führer« ihm neue Divisionen versprochen habe und er Danzig retten werde, »und da gibt's nichts zu zweifeln«.

Ähnlich wirkte Hitler auf sein unmittelbares Umfeld, etwa auf Goebbels. Der Propagandaminister hatte sich ihm in den Tagen des Unterganges treu an die Seite gestellt. Doch anders als Hitler ging es Goebbels nicht nur um die Inszenierung des Unterganges. Der Trommler hegte noch immer die wahnwitzige Hoffnung auf eine Wende in letzter Minute. Als am Abend des 13. März 1945 sein Propagandaministerium von Bomben zerstört wurde, berichtete er dem »Führer« resigniert vom feindlichen Zerstörungswerk. Hitler aber verstand es, die Vision eines nie endenden »Dritten Reiches« aufzubauen – ganz gleich, was mit ihm selbst geschehen werde. Dieser Suggestionskraft konnte selbst Goebbels nicht widerstehen. In seiner Phantasie sah er sich bereits mit dem Hakenkreuz-Banner auf den Barrikaden sterben.

> Vor allem die Lehren der Geschichte, die ja unverkennbar sind, und die unseren Standpunkt von heute durchaus rechtfertigen, geben uns in der gegenwärtigen Kriegsphase einen sicheren Halt.
>
> *Joseph Goebbels, Tagebuch, 30. März 1945*

Obgleich sich im Angesicht der Niederlage Eigenmächtigkeiten seiner Paladine häuften, hielt Hitler die Zügel fest in der Hand. Solange er den Willen dazu hatte, wurde weitergekämpft. Niemand in seiner engeren Umgebung hatte den Mut, offen gegen diesen Wahnsinn zu rebellieren. Keitel, Jodl, Goebbels und Bormann setzten Hitlers Befehle bis zum Schluss um und hielten die Maschinerie in Gang.

Am Vormittag des 12. April 1945 starb in Warm Springs der amerikanische Präsident Franklin D. Roosevelt. Am Nachmittag desselben Tages gab die Berliner Philharmonie ihr Abschlusskonzert, an dem auch Hitler, Speer, Dönitz und etliche andere prominente Vertreter des Regimes teilnahmen. Im Finale erklang, passend zur Lage, Wagners »Götterdämmerung«. Als die Besucher den ungeheizten Saal verließen, verteilten Hitlerjungen am Eingang Zyankalikapseln. Goebbels erfuhr die Neuigkeit aus Amerika erst am frühen Morgen des 13. April. Aufgeregt erklärte er, dies sei die Wende des Krieges! Die Parallele zum viel beschworenen Mirakel des Hauses Brandenburg lag vermeintlich auf der Hand. Einer der ärgsten Feinde Hitlers war tot, nun musste die feindliche Koalition zerbrechen: »Mein Führer, ich gratuliere Ihnen. Es steht in den Sternen geschrieben, dass die zweite Aprilhälfte für uns den Wendepunkt bringen wird. Heute ist Freitag, der 13. April. Es ist der Wendepunkt.« Freudig erregt von der Botschaft ließ Hitler seine politische und militärische Entourage im Bunker versammeln.

> Als der Pressechef von Goebbels, Lorenz, verkündete, dass Roosevelt gestorben sei, entstand in der Reichskanzlei eine freudige Hektik. Es war fast so wie bei der Geburt eines Kindes. Überall strahlende Gesichter. Die Westmächte beenden den Krieg und kämpfen mit Hitler zusammen gegen den Kommunismus, glaubten nun viele. So naiv war man damals. Aber die Freude legte sich dann sehr schnell wieder.
>
> *Otto Busse, SS-Begleitkommando Hitlers*

Die Vorsehung schien wieder einmal eine wundersame Fügung für ihn bereitzuhalten. »Hier! Sie wollten es nie glauben! Wer hat nun recht?«, triumphierte er. »Das Wunder, das Friedrich den Großen 1762 rettete, kehrt wieder. Der Krieg ist nicht verloren! Lesen Sie! Roosevelt ist tot!« Noch einmal kam im Bunker Optimismus auf, Hoffnung stand in den Gesichtern – ein Moment der Selbstsuggestion. Doch der dauerte nicht lang. Bald saß Hitler »erschöpft, wie befreit und zugleich benommen in seinem Sessel; dennoch wirkte er hoffnungslos«, erinnerte sich Speer später.

Am Morgen des 16. April 1945 begann die lang erwartete sowjetische Großoffensive an der Oder. Zwei Millionen Rotarmisten setzten zum letzten Stoß an. Die deutschen Verteidiger konnten die »Dampfwalze« zwei Tage lang aufhalten, dann rollten die übermächtigen russischen Panzer unaufhaltsam nach Berlin.

> General Bersarin begrüßte uns und befahl: »Auf die Faschisten in Berlin – Feuer!« Wir waren noch nie so eifrig bei der Sache gewesen wie in diesem Augenblick.
>
> *Nikolai Wassiljew, sowjetischer Artillerist*

An seinem Geburtstag am 20. April empfing Hitler dann nicht nur die Abordnung von Kindersoldaten und anderen Kämpfern. Zum letzten Mal versammelte sich die NS-Führung in der Reichskanzlei: Göring, Goebbels, Himmler, Bormann, Speer, Ley und Ribbentrop, dazu die Spitzenvertreter der drei Wehrmachtsteile. Hitler stieg aus seinem Verlies, nahm Glückwünsche entgegen und plauderte mit den Gästen. »Auf Sekt« jedoch, erinnerte sich Hitlers Sekretärin Traudl Junge, »wurde verzichtet.« Die von Bombentreffern schwer beschädigte Reichskanzlei, aus der die Bilder und viele Möbel geräumt worden waren, gab der düsteren Szenerie den passenden Rahmen. Sirenen heulten pausenlos, Hitler wirkte wie »galvanisiert«. Die NS-Entourage wartete nervös das Ende der Veranstaltung ab, um nach einer letzten Lagebesprechung schleunigst das Weite zu suchen. Mit fadenscheinigen Ausreden verabschiedeten sich etliche Paladine von ihrem »Führer« und flüchteten samt ihren Dienststellen in den Westen. Auch Hitler hatte ursprünglich mit dem Gedanken gespielt, sich nach Süden auf den Obersalzberg abzusetzen und von dort den Endkampf weiterzuführen. Goebbels hatte ihn dann aber überzeugt, »ein Mann seiner Größe dürfe sich nicht in seinem

Sommerhaus verkriechen«. Nur in Berlin, auf das die Augen der Welt gerichtet seien, könne ein »moralischer Welterfolg« erzielt werden.

> Bis zu Hitlers Geburtstag wurde noch mühsam eine Art von Geplauder aufrechterhalten. Es war wohl eine Art Galgenhumor oder fatalistische Lebenseinstellung, die es einem ermöglichte, auch noch mal ein Späßchen zu machen oder mal über einen Film zu reden, um wieder ein bisschen Kraft zu schöpfen.
>
> *Traudl Junge, Sekretärin Hitlers*

»Wie soll ich die Truppen zum entscheidenden Kampf um Berlin bewegen, wenn ich mich im gleichen Augenblick in Sicherheit bringe«, bemerkte Hitler zustimmend.

Noch am 20. April befahl er, die an der Stadtgrenze gesichteten sowjetischen Verbände in einem mit allen Kräften geführten Gegenangriff zu vernichten. Doch er war längst unfähig, die militärische Lage nur halbwegs realistisch einzuschätzen. Um seinen ständigen Wutausbrüchen zu entgehen, hatte der Generalstabschef des Heeres, General Hans Krebs, schon lange kein genaues Bild der Lage mehr gezeichnet. Der »Führer« des Großdeutschen Reiches plante Offensiven mit Divisionen, die es gar nicht mehr gab, und verkündete großspurig, »der Russe« werde die blutigste Niederlage seiner Geschichte vor den Toren Berlins erleiden. Hitler war längst zum Opfer seiner Scheinwelt geworden. Er witterte hinter jedem Widerspruch Verrat, war zu einem halbwegs normalen Gespräch nicht mehr fähig. Mit aller Gewalt stemmte er sich gegen die Einsicht, dass die deutsche Verteidigung von der Roten Armee zerschlagen worden war und die Eroberung Berlins nur noch eine Frage von wenigen Tagen sein konnte. Den ganzen 21. April hatte Hitler versucht, einen Entsatzangriff unter SS-General Felix Steiner aus dem Raum Oranienburg zustande zu bringen. Unablässig telefonierte er, ermahnte, drohte, befahl. Doch mit Worten ließ sich keine Streitmacht aufstellen. Die Kampfgruppe war ein zusammengewürfelter Haufen, viel zu schwach, um einen erfolgreichen Angriff vorzutragen. Steiner war sich der Lage bewusst und weigerte sich, seine Verbände in einer sinnlosen Offensive zu verheizen. Alles Befehlen, Bitten, ja Betteln von Jodl und Hitler, Steiner möge angreifen, da von seinem Erfolg das Schicksal der Reichshauptstadt abhänge, konnte ihn nicht umstimmen.

Am 22. April begann nachmittags gegen drei Uhr die Lagebesprechung im »Führerbunker«. Krebs trug die Lage rund um Berlin vor. Am Nordabschnitt der Oderfront, südlich von Stettin, war den Sowjets der Durchbruch gelungen, im Süden von Berlin waren Zossen und das Hauptquartier des Oberkommandos des Heeres verloren gegangen, im Norden waren Kämpfe im Bereich Frohnau–Pankow entbrannt, im Osten stand die Rote Armee in Lichtenberg, Mahlsdorf und Karlshorst. Hitler nahm diese dramatische Entwicklung mit stoischer Gelassenheit hin. Dann fragte er nach Steiners Angriff. Seine Generale antworteten nur zögernd und ausweichend, schließlich musste Krebs eingestehen, dass er gar nicht stattgefunden hatte.

Hitler schwieg und grübelte einen Moment lang – dann brach maßlose Entrüstung aus ihm heraus. Er sprang auf, warf seine Stifte über den Kartentisch, tobte und schrie. In einer nie da gewesenen Heftigkeit verdammte er die Generalität, brüllte, er sei im Stich gelassen worden, faselte von Korruption, Schwächen und Lügen. Seit Jahren sei er von Verrätern und Versagern umgeben. Er fuchtelte mit den Fäusten, Tränen rannen ihm über die Wangen. Alle Anwesenden starrten stumm und verlegen vor sich hin. Nun sei es nicht mehr möglich, sich der endgültigen Einsicht in die Niederlage zu verschließen. Unter diesen Umständen könne er nicht mehr führen, seine Befehle würden nicht mehr befolgt, er wisse nicht mehr weiter. »Der Krieg ist verloren!«, schrie er. »Aber wenn Sie, meine Herren, glauben, dass ich Berlin verlasse, irren Sie sich gewaltig! Eher jage ich mir eine Kugel durch den Kopf.« Wer wolle, könne sich nach Süden absetzen. Ermattet sank er zusammen.

> Krebs erzählte mir unmittelbar nach der Besprechung, dass er zum ersten Mal erlebt hätte, dass Hitler aufgrund der katastrophalen Lage alles verloren gegeben hätte.
>
> *Bernd Freiherr Freytag von Loringhoven, Generalstabsoffizier*

Erst jetzt fanden die Anwesenden ihre Sprache wieder, versuchten, ihn davon zu überzeugen, nach Berchtesgaden zu fahren. Doch Hitler lehnte ab. Die Nachricht von seinem Wutausbruch verbreitete sich in Windeseile. Auch die Versuche von Dönitz und Himmler, Hitler zur Flucht in den Süden zu überreden, schlugen fehl. Außenminister Ribbentrop wollte er erst gar nicht sehen.

Mittlerweile war Goebbels in den Bunker geeilt und hatte Hitler wiederaufrichten können. Gefasst kehrte dieser in den Konferenzraum zurück. Das Ende sei jetzt da, er habe keine Hoffnung mehr. Noch einmal versuchten die anwesenden Generale, ihrem »Führer« Mut zu machen, verwiesen auf die Armee Wenck, auf die Einheiten des Generaloberst Busse und die östlich von Dresden fechtende Heeresgruppe Mitte unter Schörner. Doch Hitler winkte ab. »Tun Sie, was Sie wollen. Ich habe keine Befehle mehr.« Er lasse sich nicht mehr weiterschleppen und hätte schon die »Wolfsschanze« in Ostpreußen nicht verlassen dürfen. Als wolle er sich selbst die Tragweite seiner Worte verdeutlichen, erklärte er, er werde auf den Stufen der Reichskanzlei fallen.

> Hitler hat die Sekretärinnen und Eva Braun zusammengerufen: »Packen Sie alles zusammen, in zwei Stunden geht das letzte Flugzeug.« Eva Braun sagte: »Aber du weißt doch, dass ich bei dir bleibe.« Er ging auf sie zu und hat ihr einen Kuss gegeben, was er noch nie unter Zeugen getan hatte.
>
> *Traudl Junge, Sekretärin Hitlers*

Dann befahl er seinem Adjutanten Schaub, seine persönlichen Papiere im Garten der Reichskanzlei zu verbrennen. Goebbels zog nach dem denkwürdigen Vorfall mit seiner Frau und den sechs Kindern in den Bunker. Er hatte sich entschlossen, seinem Meister nicht von der Seite zu weichen und notfalls mit ihm in den Tod zu gehen. Auch Magda Goebbels schloss eine Flucht nach Berchtesgaden aus. Sie wollte an der Seite des von ihr so heiß verehrten »Führers« bleiben. Die Anordnung ihres Mannes, auch die sechs Kinder mit in den Tod zu nehmen, bereitete ihr unerträgliche Qualen. Doch sie fügte sich.

In Berlin herrschte derweil Untergangsstimmung. Über der Stadt lag seit Tagen ein Feuerschein, die Feuerwehr hatte alle Versuche eingestellt, die von den ständigen Luftangriffen immer wieder angefachten Brände zu löschen. Asche und Staub wirbelten durch die Luft, russische Tiefflieger kreisten unablässig am Himmel und stürzten sich auf alles, was sich bewegte. Zerschossene und zurückgelassene Wehrmachtsfahrzeuge säumten die Straßen. Unaufhörlich heulten die Sirenen. Auf den Bahnhöfen herrschte heilloses Chaos.

> In einem Hauseingang gab sich ein Weib einem Landser hemmungslos hin. Gegenüber waren ein alter Mann und einige Frauen damit beschäftigt, große Stücke aus einem aufgeschwollenen Pferdekadaver zu reißen. Eine Granate heulte heran. Sie warfen sich für einen Augenblick hinter den Pferdekörper und setzten gleich danach mit blutigen Händen ihre Arbeit in dem Kadaver fort. Keinen Blick widmeten sie den beiden im Hauseingang.
>
> *Wiking Jerk, schwedischer SS-Mann,*
> *über die letzten Tage in Berlin*

Zahllose Züge mit Nachschubgütern, Verwundeten und Flüchtlingen stauten sich auf den Gleisen. Nur ab und zu kam noch einer in den Westen durch. In der Stadt stellten die Betriebe endgültig die Arbeit ein, Strom und Wasser fielen immer öfter aus. Unter Androhung der Todesstrafe durfte seit dem 22. April nicht mehr mit Strom gekocht werden. Auf den Straßen türmten sich Schutt, Trümmer und Müll, ein beißender Gestank verbreitete sich. Unter dem Druck der heranstürmenden sowjetischen Übermacht versuchte General Krebs, alle irgendwie verfügbaren Verbände von der zerborstenen Oderfront nach Berlin zu dirigieren. In der Stadt befanden sich nur noch zusammengewürfelte schwache Einheiten, da die kampfkräftigsten Volkssturmbataillone in den vergangenen Tagen zur Stärkung der Oderfront nach Osten geschickt worden waren. Den Westen und Norden verteidigten Ausbildungseinheiten, Volkssturm und ein Hitlerjugend-Regiment.

Stalin trieb seine Truppen mit unerbittlicher Härte nach vorn, verlangte, dass zu den Feierlichkeiten des 1. Mai die Stadt eingenommen sein musste. Die Soldaten hatten für den Ehrgeiz ihrer Führung nicht mehr allzu viel Verständnis. Der Krieg war gewonnen, so viel war auch dem einfachen Rotarmisten klar. Keiner wollte kurz vor Schluss noch sein Leben verlieren. Die Stoßtrupps gingen daher überaus vorsichtig vor, versuchten hart verteidigte Widerstandsnester zu umgehen oder durch die Artillerie ausschalten zu lassen. Nur so ist es zu erklären, dass Berlin nicht viel schneller besetzt wurde.

Je näher die Angriffskeile der Innenstadt kamen, desto härter wurde der Kampf. Jetzt trafen sie immer häufiger auf große natürliche Hindernisse, wie den Teltow-Kanal oder die Spree, und das Stadtbild veränderte sich grundlegend. Die mehrgeschossigen Wohnblocks boten den Verteidigern ein hervorragendes Terrain für Angriffe aus dem Hinterhalt. Sogar den zusammengewürfelten Einheiten aus Volkssturm, Hitlerjugend und Versprengten gelang es hier, die Angreifer immer wieder in verlustreiche Gefechte zu verwickeln. Die meisten Rotarmisten hatten noch nie in einem solchen Gewirr von Straßenschluchten und Trümmerbergen gekämpft. Die sowjetischen Soldaten mussten mühsam Haus für Haus, Stockwerk für Stockwerk durchkämmen. Immer wieder rückten sie dabei mit der Masse ihrer Panzer in die engen Straßenschluchten vor, wo sie zur leichten Beute wurden. Viele Hitlerjungen, die noch weniger Blick für die Kriegswirklichkeit hatten als ihr »Führer«, zogen in die Schlacht, um so viele russische Panzer wie möglich abzuschießen. Reichsjugendführer Arthur Axmann hatte für sie den Titel »Panzerknacker« kreiert. Über 800 ihrer Stahlkolosse verlor die Rote Armee im Kampf um Berlin. Oft stellten sich den sowjetischen Soldaten 14- und 15-Jährige entgegen.

Frontkameramann Michail Poselskij schilderte: »Man konnte ja nicht sagen, dass das Soldaten waren. Das waren Jungen, kleine Buben, Muttersöhnchen, die zu Hause wohnten. Das waren keine Soldaten, aber sie verhielten sich so. Sie trugen Soldatenmäntel, die an ihnen herumschlotterten, weil sie viel zu groß waren, nicht für sie gemacht.«

> Wir hatten einfach Mitleid mit diesen Kindern, verstehen Sie? Wenn ein Erwachsener mit seiner Erfahrung, mit der ganzen Lebenserfahrung, ganz bewusst sich auf so etwas einlässt- aber so ein Junge kann da ja noch gar nicht erfassen, was ihm da bevorsteht.
>
> *Wassilij Manturow, Infanterist der Roten Armee*

Der desolaten Erscheinung zum Trotz kämpften die Jungen oftmals erbittert. »Die gingen mit einem Todesmut an die Panzer heran, das ist wirklich unbeschreiblich«, schilderte Gerd Häffner. »Ich war damals 17, aber die waren 15 oder jünger. Ohne Rücksicht auf sich selbst gingen die in den Tod und zwangen die Russen an vielen Stellen abzudrehen. Aber dann blieben die Kinder in ihren HJ-Uniformen auf der Straße liegen – tot.«

Da die Zivilbevölkerung nicht evakuiert worden war, geriet sie nun mitten in die schweren Gefechte. »Schwere Straßenkämpfe. Viele gefallene Zivilisten. Sterbende Tiere. Frauen auf der Flucht von Keller zu Keller«, notierte ein Offizier der Panzerdivision »Müncheberg« in sein

Tagebuch. In einigen Bezirken hatten die Menschen Glück im Unglück, da hier kaum Widerstand geleistet wurde. Der Volkssturm trat gar nicht erst an, andere fassten sich ein Herz, nahmen übereifrigen Hitlerjungen die Waffen weg, schickten sie nach Hause und beendeten den Wahnsinn. Von den rund 5000 eingesetzten Kindersoldaten in Berlin waren jetzt nur noch wenige hundert am Leben. Völlig übermüdet und ohne Aussicht auf Ablösung kämpften sie weiter.

Am 25. April trafen zwei sowjetische Stoßkeile nordwestlich von Potsdam zusammen. Berlin war nun vollständig eingeschlossen. Nachdem die Rote Armee die Außenbezirke besetzt hatte, brach die einheitliche Führung der Verteidigung allmählich zusammen. Bernd Freytag von Loringhoven, der Adjutant von General Krebs, ließ im Berliner Telefonbuch einfach Straßen aus den umkämpften Stadtvierteln heraussuchen, dort beliebig Leute anrufen und fragen, ob die Russen schon da seien. Nachrichten von »Feindsendern« vervollständigten das Lagebild. Eine einheitliche Frontlinie bestand bald nicht mehr, es war kaum auszumachen, wo Freund und Feind standen. Die Schlacht zerfiel in unübersichtliche Gefechte isolierter Kampfgruppen. Im Szenario dieses Unterganges entfaltete das NS-Regime noch einmal seine ganze Terrorkraft. Aus den Kerkern des Gestapo-Hauptquartiers in der Prinz-Albrecht-Straße verschleppte man die letzten noch einsitzenden Häftlinge und erschoss sie auf einem Trümmergelände. Unter ihnen waren auch die dem deutschen Widerstand nahestehenden Klaus Bonhoeffer und Albrecht Haushofer. Fliegende Standgerichte, Patrouillen der SS, suchten nach Deserteuren und Wehrfähigen jeglichen Alters, die sich weigerten, für Hitler ihr Leben aufs Spiel zu setzen. Hingerichtete, in Zivilkleidern oder in Uniform, hingen an Laternenmasten oder Barrikaden.

> Da war das Mietshaus mit den weißen Betttüchern an den Fenstern. Das werde ich nie vergessen, da kam die SS, und die sind dann in dieses Haus hinein, haben da die Männer herausgeholt und mitten auf der Straße erschossen. Das war schrecklich. Die Wut darüber war bei uns groß. Wir wagten nichts dagegen zu unternehmen.
>
> *Lothar Loewe, als Hitlerjunge im Endkampf um Berlin*

Täglich forderte das immer noch intakte Netz von Gestapo, Sicherheitsdienst und Spitzeln seinen Tribut. »Ich war zu feige, für Frau und Kind zu kämpfen. Deshalb hänge ich hier. Ich bin ein Schweinehund.« Manchmal mussten die Opfer den Text selbst auf das weiße Schild schreiben, das ihnen ihre Mörder später zur Abschreckung um den Hals hängten.

Während Berlin im Straßenkampf unterging und Zehntausende den Endkampf mit ihrem Leben bezahlten, ging im »Führerbunker« das unwirkliche Possenspiel der »Götterdämmerung« weiter. Am Abend des 23. April kam ein Telegramm Görings aus Berchtesgaden, in dem er nachfragte, ob der Entschluss Hitlers, in der Reichshauptstadt zu bleiben, die Anordnung vom 29. Juni 1941 in Kraft setze, wonach er selbst Hitlers Nachfolger in allen Ämtern werde, sobald dieser seiner Handlungsfreiheit beraubt sei. Die Nachrichten von Hitlers Wutausbruch einen Tag zuvor schienen diese Interpretation nahezulegen. In ergebenem Ton erbat Göring bis 22 Uhr eine Antwort. Hitler nahm das Telegramm ruhig auf. Erst als am Abend ein zweites Telegramm eintraf, das Außenminister Ribbentrop bei Inkrafttreten der Nachfolgeregelung sofort nach Berchtesgaden beorderte, gelang es Bormann, Görings Verhalten als Verrat hinzustellen. Hitler, hoch erregt, warf Göring Faulheit und Versagen vor, nannte ihn einen »Morphinisten«, beschuldigte den Reichsmarschall des Hochverrates und enthob ihn aller Ämter. Zum Leidwesen von Goebbels und Bormann ließ er ihn jedoch nicht unverzüglich liquidieren, sondern befahl der SS-Wache auf dem Obersalzberg lediglich, ihn zu verhaften. Nach seinem Zornesausbruch sank Hitler in seinen apathischen Zustand zurück und resignierte: »Aber von mir aus. Göring kann ruhig Kapitulationsverhandlungen führen. Wenn der Krieg verloren geht, dann ist sowieso gleichgültig, wer das macht.«

> Immer noch führt der Führer sein Schattendasein im Bunker. Ruhelos wandert er durch die Räume. Manchmal frage ich mich, worauf er noch wartet, warum er nicht endlich ein Ende macht, es ist doch nichts mehr zu retten.
>
> *Hitlers Sekretärin Traudl Junge, Tagebuch, 26. April 1945*

Am 27. April waren die Verteidiger in einem schlauchartigen Kessel von 15 km Länge und 2 bis 4 km Breite zusammengedrängt. An diesem Tag fiel auch der letzte Berliner Flughafen, Gatow, in russische Hand. Schweres Artilleriefeuer lag auf der ganzen Innenstadt und ließ die Bunker unter der Reichskanzlei erzittern. Seit nunmehr acht Tagen hausten die Berliner ohne Unterbrechungen in den Kellern, U-Bahn-Tunneln und Ruinen der Stadt. Eine einigermaßen geregelte Versorgung gab es nicht mehr. Noch schlimmer als der Hunger war der quälende Durst. Die Wasserversorgung war im Bomben- und Granatenhagel zusammengebrochen. Die Sowjets feuerten in nur zwei Wochen 40 000 Tonnen Bomben und Granaten auf die Stadt ab, Briten und Amerikaner hatten es in fünf Jahren Luftkrieg auf 65 000 Tonnen gebracht. Berlin war ein einziges Ruinenfeld. Noch immer hofften viele Soldaten, dass die Armee Wenck sie bald entsetzen würde. Gerüchte von Verhandlungen mit den Westmächten machten die Runde. Briten und Amerikaner würden nicht dabei zusehen, wie Berlin russisch werde. Man müsste nur noch 24, längstens 48 Stunden kämpfen, hieß es. Verzweifelte Hoffnungen, um dem eigenen Handeln noch einen Sinn zu geben. Aber auch die Angst vor den allgegenwärtigen »Fliegenden Standgerichten« trieb die Männer weiter an.

In der Innenstadt herrschte Weltuntergangsstimmung. Immer wieder waren hemmungslose Saufgelage und sexuelle Exzesse zu beobachten. »Ringsum Schwerverwundete, Sterbende, Leichen; ein Verwesungsgeruch, der kaum zu ertragen war. Dazwischen betrunkene Uniformierte, die mit ebenso betrunkenen Frauen eng umschlugen herumlagen«, berichtete ein Zeitzeuge. Plünderungen kamen immer häufiger vor. Viele versuchten, sich etwas Essbares, Alkohol oder Hausrat zu organisieren.

In den von den Sowjets besetzten Stadtteilen begann unterdessen ein Martyrium ganz anderer Art. Die Führung der Roten Armee hatte seit April 1945 zwar versucht, dem unablässigen Morden, Plündern und Vergewaltigen einen Riegel vorzuschieben. Sie wurde die Geister, die sie einst gerufen hatte, aber nicht mehr los.

> Es gab ältere Ehemänner, die nicht mehr in der Armee waren, die mit ansehen mussten, wie ihre Frauen vergewaltigt wurden, vor ihren und unseren Augen. Die Soldaten haben die Frauen gar nicht erst mitgenommen, sie haben sie gleich auf dem Fußboden vergewaltigt.
>
> *Doris Bober, damals 18 Jahre alt*

Wenngleich die Exzesse in Berlin nicht mit jenen östlich der Oder zu vergleichen waren, vergewaltigten die oft betrunkenen Soldaten doch auch hier Frauen jeden Alters, raubten die Zivilbevölkerung aus, liquidierten jeden, den sie für einen SS-Mann hielten, auch wenn er nur eine Postuniform trug. Insgesamt wurden in Berlin rund 135 000 Frauen vergewaltigt.

Auch die damals 18-jährige Renate Giese gehörte zu den Opfern. Sie hatte Glück im Unglück – tausende Frauen überlebten die Schändungen nicht. Rotarmisten drangen in den Bunkerraum, in dem sie sich mit ihrer Familie versteckte; einer zog sie in einen Nebenraum. »Er war nicht grob, aber natürlich tat es weh. Es war ja das erste Mal. Als wir alle später wieder bei uns in dem Raum waren, haben wir uns fürchterlich geschämt voreinander. Wir haben gar nicht gewagt, uns in die Augen zu schauen.«

Am Abend des 28. April traf im Bunker die Reuters-Meldung ein, dass Himmler über den schwedischen Grafen Bernadotte versuchte, Friedensverhandlungen mit den Westmächten aufzunehmen. Hitler war geschockt. Selbst Himmler, der dem SS-Orden den Leitspruch »Meine Ehre heißt Treue« gegeben hatte, fiel nun also ab. Das Versagen der »unpolitischen« Generale, des dekadenten Göring, waren an sich nicht so schmerzlich gewesen. Der Verrat seines vermeintlich treuesten Paladins traf den Diktator jedoch ins Mark. Noch einmal ergriff zügellose Energie seinen fahlen, todgeweihten Körper. »Er tobte wie ein Verrückter, wurde purpurrot, und sein Gesicht war fast unkenntlich«, erinnerte sich ein Augenzeuge. »Armer, armer Adolf«, hatte sie zuvor bemerkt, »alle haben dich verlassen, alle haben dich verraten«, jammerte Eva Braun, die einen Tag später im Angesicht des Todes noch zu »Frau Hitler« werden sollte.

Am Abend des 29. April hatte Hitler noch einen Funkspruch an den Wehrmachtsführungsstabs in Norddeutschland absetzen lassen: »Wo sind die Spitzen von Wenck und der 9. Armee?« Doch die angeordneten Entsatzaktionen waren aberwitzig. Berlin erhielt in seinem Todeskampf keine Hilfe von außen. In seinem Testament hatte er geschrieben, dass er den Tod suchen werde, sobald abzusehen sei, dass die Reichskanzlei nicht mehr zu halten sei. Dieser Zeitpunkt war gekommen, als ihm General Weidling am Mittag des 30. April offenbarte, dass die Rote Armee in der Nähe der Reichskanzlei stehe und im Begriff sei, den Reichstag zu stürmen. Hitler nahm ein letztes Mittagessen ein und erhob sich mit den Worten: »Nun ist es so weit, es ist zu Ende.« Gegen 15.30 Uhr erschoss er sich, Eva Braun nahm Gift. Wunschgemäß verbrannte die noch im Bunker verbliebene Entourage die beiden Leichname im Garten der Reichskanzlei.

Gegen Mitternacht war der Widerstand fast überall gebrochen, und eine aus verdienten KPdSU-Parteigenossen zusammengestellte Mannschaft schwenkte die Rote Fahne auf dem Dach des Reichstages. Die Prozedur wurde später für die Kameras wiederholt. Schukow hatte Stalin gegenüber

Wort gehalten und pünktlich zum 1. Mai den Sieg verkündet. Ironischerweise galt den Sowjets der von Hitler stets so verachtete und im »Dritten Reich« bedeutungslose Reichstag als Sinnbild und Machtzentrum Deutschlands. Eigentlich hätte es nahegelegen, die Reichskanzlei zu stürmen.

Nachdem General Krebs vergeblich versucht hatte, mit den Sowjets Kapitulationsverhandlungen zu führen, begingen auch Goebbels und seine Frau am Abend des 1. Mai Selbstmord. Ihre sechs Kinder hatten sie zuvor vergiftet.

> Frau Goebbels blieb eisenhart, bis die Kinder tot waren, dann kam sie weinend runter. Sie ging an mir vorbei, ging um den Tisch im Nebenraum und begann Karten zu legen, eine Patience. Jetzt war der Bunker wirklich der Totenbunker, ein großer Betonsarg.
>
> *Rochus Misch, Telefonist im Bunker*

Die in der weitläufigen Reichskanzlei noch verbliebenen mehreren hundert Frauen und Männer versuchten sich nach Westen durchzuschlagen. In mehrere Gruppen aufgeteilt, brachen sie auf und versuchten in dem Gewirr der Kämpfe durch die U-Bahn-Tunnel hinter die russischen Linien zu gelangen. Doch im Chaos der Nacht ging der Zusammenhalt bald verloren, viele kamen um, wie Bormann, der es gerade einmal bis zum Lehrter Bahnhof geschafft hatte. Oder sie gerieten, wie Mohnke, in sowjetische Gefangenschaft.

Nur wenige kamen in den Westen, darunter Reichsjugendführer Arthur Axmann, zwei von Hitlers Sekretärinnen und Otto Busse vom SS-Begleitkommando Hitlers. Kurz vor dem Ende hatte er in den Räumen der Reichskanzlei seine Verlobte geheiratet und versuchte nun, der russischen Gefangenschaft zu entgehen. »Nach Hitlers Tod waren wir irgendwie erlöst. Es hatte niemand mehr Befehlsgewalt über uns. Wir konnten tun und machen, was wir wollten«, berichtete er. »Ich hatte ein nagelneues Sturmgewehr, den Brotbeutel voll Handgranaten, drei Pistolen und die Tasche voll Zigaretten und noch einen Teelöffel als Souvenir. Wir krochen aus der Reichskanzlei raus und sind dann am Hotel Kaiserhof in die U-Bahn eingestiegen. Hier unten war zunächst alles leer. Je näher wir Richtung Friedrichstraße kamen, desto lauter hörten wir das Klirren der russischen Panzer über uns. Dann erreichten wir den U-Bahnhof Friedrichstraße. Als wir wieder an die Oberfläche stiegen, standen wir vor einer Hölle, einem Inferno. Überall Feuer, Schießen,

Schreie, Mord und Tod, Leichen und Verwundete. Im mörderischen Feuer der Russen blieben wir liegen, krochen zurück in die U-Bahn-Schächte, die überfüllt waren mit angstvoll dreinschauenden Zivilisten.«

Die Reste der SS-Division »Nordland« hatten mit ihren letzten Fahrzeugen in derselben Nacht noch einen verzweifelten Ausbruchsversuch über die Weidendammer Brücke unternommen und waren dann von den Sowjets zusammengeschossen worden. Den sinnlosen Versuch, der Gefangenschaft zu entkommen, bezahlten die meisten Teilnehmer dieses Himmelfahrtskommandos mit dem Leben. Endlich hatte Stadtkommandant General Weidling ein Einsehen und war bereit, den Kampf einzustellen.

> Am 30. April hat der Führer Selbstmord begangen und damit alle, die ihm Treue geschworen haben, im Stich gelassen. Getreu dem Befehl des Führers wart ihr, deutsche Soldaten, bereit, den Kampf um Berlin fortzusetzen, obwohl eure Munition zur Neige ging und die Gesamtlage den Widerstand sinnlos machte. Ich ordne die sofortige Einstellung jeglichen Widerstandes an.
>
> *Kapitulationsaufruf General Weidlings, 2. Mai 1945*

Da zu den meisten versprengten Einheiten keine Verbindung bestand, einigte er sich mit dem Sowjetgeneral Wassilij Tschuikow darauf, am Morgen des 2. Mai einen Aufruf zur Niederlegung der Waffen über Lautsprecherwagen in den Ruinen zu verkünden. In dem Chaos kapitulierten indes nicht alle Soldaten – sei es, weil sie den Durchsagen misstrauten oder weil sie nicht bereit waren, aufzuhören. Schließlich ebbten die Kämpfe dennoch ab. Aus Bunkern, Ruinen und Tunneln krochen die Überlebenden. In langen Schlangen sammelten sich die Gefangenen. Das Schießen hörte auf, die Brände erloschen.

> Wir kennen die Filmbilder von jubelnden Menschenmassen, tanzenden Soldaten und Konfettiparaden, mit denen das Ende des Krieges in vielen Ländern gefeiert wurde. In Berlin war das anders. Bedrückende Stille lag über der Stadt, die im Wesentlichen nur noch aus Ruinen bestand. Friedhofsstille.
>
> *Stefan Doernberg, damals Offizier der Roten Armee*

»Eines Tages war plötzlich Stille. Eine wahnsinnige Stille, eine Stille, die man hören konnte«, schilderte Inge Deutschkron. »Ich sagte zu meiner

Mutter: ›Hörst du, es ist ganz still! Du, ich glaube, das ist der Frieden!‹« Euphorisch feierten die Rotarmisten auf den Straßen ihren Sieg. Die Schlacht war zu Ende. »Ich weiß noch, dass ich mich hingestellt habe und gesagt habe: ›Das war das Schlimmste, was wir je erlebt haben.‹«, erinnerte sich Renate Giese. »Schlimmer kann es nicht mehr kommen. Jetzt kann uns nichts mehr passieren.«

Fünf Tage später, am 7. Mai 1945, unterzeichnete General Alfred Jodl in Reims die bedingungslose Kapitulation der Wehrmacht an allen Fronten – eine Zeremonie, die eineinhalb Tage später auf Wunsch Stalins im sowjetischen Hauptquartier in Berlin-Karlshorst noch einmal wiederholt wurde. Ab dem 8. Mai um 23.01 Uhr mitteleuropäischer Zeit, so wurde vereinbart, sollten die Waffen schweigen. Nach sechs Jahren war der Krieg in Europa zu Ende. Mehr als 13 Millionen Menschen waren allein durch die Verbrechen des NS-Regimes gestorben, nicht durch Kriegshandlungen, darunter sechs Millionen Juden, über drei Millionen sowjetische Kriegsgefangene, mindestens 2,5 Millionen Polen und hunderttausende Zwangsarbeiter aus allen europäischen Nationen. Hinzu kamen 17 Millionen Soldaten, die auf alliierter Seite gefallen waren, und mehr als vier Millionen auf deutscher. Insgesamt, so schätzt man, hatte der von Hitler entfesselte Weltkrieg mehr als 50 Millionen Tote gefordert.

Das Nazireich versank. Sein mörderisches Dasein hing allein von Hitler ab. Ohne ihn war es ein Totenschiff. »Hitlers Tod«, sagte eine seiner Sekretärinnen, die bis zum Ende bei ihm ausgeharrt hatten, »war für uns wie das Ende eines Zustandes der Massenhypnose. Plötzlich entdeckten wir in uns wieder eine unbezwingbare Lust zu leben, wir selbst zu werden, menschliche Wesen zu sein. Hitler interessierte uns nicht mehr.« Traudl Junge, der Hitler zuvor selbst sein Testament diktiert hatte, war mit dieser Sehnsucht nicht allein. Hitler zu vergessen war in der Nachkriegszeit der sehnlichste Wunsch der meisten Deutschen. Überleben, Wiederaufbau, Kalter Krieg – man hatte ja genug zu tun.

> Die neuere Geschichte kennt kein katastrophisches Ereignis, das dem Untergang von 1945 vergleichbar wäre. Niemals zuvor sind im Zusammenbruch eines Reiches so viele Menschenleben ausgelöscht, so viele Städte vernichtet und ganze Landstriche verwüstet worden.
>
> *Joachim Fest, Historiker*

Doch verdrängen hieß nicht entkommen. Hitlers langer Schatten war immer da – und ist es noch heute. Wir, die nach dem Krieg Geborenen, sind für Hitler nicht verantwortlich zu machen. Doch wir sind verantwortlich für das Erinnern, gegen das Vergessen und Verdrängen – und das Leugnen. Keine Kollektivschuld, aber Kollektivverantwortung – für Auschwitz und für Hitler. Wir müssen beide Wunden annehmen. Wir müssen uns zu ihrem Schmerz bekennen. Beide sind ein unauslöschlicher Bestandteil unserer Geschichte.

LITERATURLISTE »HITLERS WELT«

Götz Aly: »Endlösung«. Völkerverschiebung und der Mord an den europäischen Juden. Frankfurt am Main 1998.

Götz Aly: Hitlers Volksstaat: Raub, Rassenkrieg und nationaler Sozialismus. Frankfurt am Main 2006.

Wolfgang Benz (Hrsg.): Die Vertreibung der Deutschen aus dem Osten. Ursachen, Ereignisse, Folgen. Frankfurt am Main 1995.

Christopher R. Browning: Der Weg zur »Endlösung«. Entscheidung und Täter. Reinbek 2002.

Joachim Fest: Der Untergang. Hitler und das Ende des Dritten Reiches. Berlin 2002.

Joachim Fest: Hitler. Eine Biographie. Berlin 1973.

Joachim Fest: Speer: Eine Biographie. Berlin 1999.

Jörg Friedrich: Der Brand. Deutschland im Bombenkrieg 1940–1945. München 2002.

Christian Gerlach: Krieg, Ernährung, Völkermord. Deutsche Vernichtungspolitik im Zweiten Weltkrieg. Zürich 2001.

Heike B. Görtemaker: Eva Braun. Leben mit Hitler. München 2010.

Sebastian Haffner: Anmerkungen zu Hitler. München 1978.

Brigitte Hamann: Hitlers Wien: Lehrjahre eines Diktators. München, Zürich 1996.

Christian Hartmann u. a. (Hrsg.): Hitler, Mein Kampf. Eine kritische Edition (2 Bände). München, Berlin 2016.

Christian Hartmann / Johannes Hürter / Ulrike Jureit (Hrsg.): Verbrechen der Wehrmacht. Bilanz einer Debatte. München 2005.

Raul Hilberg: Die Vernichtung der europäischen Juden. 3 Bände. Berlin 1982.

Peter Hoffmann: Stauffenberg und der 20. Juli 1944. München 2007.

Anton Joachimsthaler: Hitlers Ende. Legenden und Dokumente. München 1998.

Thomas Karlauf: Stauffenberg: Porträt eines Attentäters. München 2019.

Michael H. Kater: Hitler-Jugend. Darmstadt 2005.

Ian Kershaw: Hitler: 1889–1945. München 2009

Eugen Kogon: Der SS-Staat. Das System der deutschen Konzentrationslager. München 1946.

Peter Longerich: Hitler. Biographie. München 2015.

Peter Longerich: Politik der Vernichtung. Eine Gesamtdarstellung der nationalsozialistischen Judenvernichtung. München 1998.

Stefan Martens: Hermann Göring. »Erster Paladin des Führers« und »Zweiter Mann im Reich«. Paderborn 1985.

Rolf-Dieter Müller: Der Bombenkrieg 1939–1945. Berlin 2004.

Rolf-Dieter Müller / Hans-Erich Volkmann (Hrsg.): Die Wehrmacht. Mythos und Realität. München 1999.

Sönke Neitzel: Abgehört. Deutsche Generäle in britischer Kriegsgefangenschaft 1942-1945. Berlin 2007.

Sönke Neitzel / Harald Welzer: Soldaten: Protokolle vom Kämpfen, Töten und Sterben. Frankfurt am Main 2011.

Richard Overy: Der Bombenkrieg. Europa 1939–1945. Berlin 2014.

Richard Overy: Hermann Göring. Machtgier und Eitelkeit. München 1986.

André Postert: Die Hitlerjugend. Geschichte einer überforderten Massenorganisation. Göttingen 2021.

Wolfram Pyta: Hitler. Der Künstler als Politiker und Feldherr. Eine Herrschaftsanalyse. München 2015.

Ralf Georg Reuth: Erwin Rommel: Das Ende einer Legende. München, Zürich 2004.

Felix Römer: Kameraden. Die Wehrmacht von innen. München, Zürich 2012.

Bodo Scheurig: Alfred Jodl. Gehorsam und Verhängnis. Biographie. Berlin 1991.

Wulf Schwarzwäller: Hitlers Geld: Vom armen Kunstmaler zum millionenschweren Führer. Wien 1998.

Gitta Sereny: Albert Speer: Das Ringen mit der Wahrheit und das deutsche Trauma. München 1995.

Anna Maria Sigmund: Die Frauen der Nazis. München 1998.

Albert Speer: Erinnerungen. Berlin 1969.

Peter Steinbach, Johannes Tuchel (Hrsg.): Widerstand gegen die nationalsozialistische Diktatur 1933–1945. Berlin 2004.

Gerd R. Ueberschär (Hrsg.): Hitlers militärische Elite. 68 Lebensläufe. Darmstadt 2011.

Volker Ullrich: Adolf Hitler. Biographie. 2 Bände. Frankfurt am Main 2013 und 2018.

Thomas Weber: Hitlers erster Krieg. Der Gefreite Hitler im Weltkrieg – Mythos und Wahrheit. Berlin 2011.
Harald Welzer: Täter. Wie aus ganz normalen Menschen Massenmörder werden. Frankfurt am Main 2005.
Wolfram Wette: Die Wehrmacht. Feindbilder, Vernichtungskrieg, Legenden. Frankfurt/Main 2002.
Alfred Maurice de Zayas: Anmerkungen zur Vertreibung der Deutschen aus dem Osten. Stuttgart 1993.
Wolfgang Zdral: Der finanzierte Aufstieg des Adolf H. Wien 2002.

BILDVERZEICHNIS

Die abgedruckten Zitate entsprechen nicht der Meinung des Autors und verwenden die zur Zeitpunkt ihrer Veröffentlichung gängigen Begriffe und Schreibweisen.

Edel Books
Ein Verlag der Edel Verlagsgruppe

Neumühlen 17, 22763 Hamburg
www.edelbooks.com

Projektkoordination: Lisa Ebelt
Layout und Satz: Datagrafix GSP GmbH, Berlin | www.datagrafix.com
Coverfoto: picture alliance/United Archives/WHA
Umschlaggestaltung: Groothuis. Gesellschaft der Ideen und Passionen mbH | www.groothuis.de
Lithografie: Frische Grafik, Hamburg
Druck und Bindung: GGP Media GmbH, Pößneck

FSC www.fsc.org
MIX
Papier aus verantwortungsvollen Quellen
FSC® C014496

Printed in Germany

ISBN 978-3-8419-0820-9